Hermann Niebaum, Jürgen Macha
Einführung in die Dialektologie des Deutschen

Germanistische Arbeitshefte

Herausgegeben von
Thomas Gloning und Jörg Kilian

Band 37

Hermann Niebaum, Jürgen Macha

Einführung in die Dialektologie des Deutschen

3., überarbeitete und erweiterte Auflage

DE GRUYTER

ISBN 978-3-11-033386-2
e-ISBN 978-3-11-033871-3
ISSN 0344-6697

Library of Congress Cataloging-in-Publication Data
A CIP catalog record for this book has been applied for at the Library of Congress.

Bibliografische Information der Deutschen Nationalbibliothek
Die Deutsche Nationalbibliothek verzeichnet diese Publikation in der Deutschen
Nationalbibliografie; detaillierte bibliografische Daten sind im Internet über
http://dnb.dnb.de abrufbar.

© 2014 Walter de Gruyter GmbH, Berlin/Boston
Druck und Bindung: CPI buch bücher.de GmbH, Birkach
♾ Gedruckt auf säurefreiem Papier
Printed in Germany

www.degruyter.com

Vorwort zur 3. Auflage

Seit Erscheinen der 2. Auflage dieses Arbeitsbuches im Jahre 2006 hat sich auf dem Felde der Dialektologie wiederum eine Menge getan. Wenn wir recht sehen, sind es vor allem die Bereiche der Erforschung dialektaler Syntax und der regional geprägten Alltagssprache, die eine besondere Konjunktur erlebt haben bzw. erleben. Hinzu treten solche neuen oder revitalisierten Forschungsströmungen wie etwa die Wahrnehmungsdialektologie, durch die sich – partiell jedenfalls – neue Horizonte, oder bescheidener gesagt, neue Perspektiven ergeben. Gegenüber solchen ‚boomenden' Forschungsorientierungen sind andere Aspektuierungen des Gegenstandes, die zuvor eine starke Rolle gespielt haben, eher in den Hintergrund getreten. Für die Autoren einer *Einführung in die Dialektologie des Deutschen* ergibt sich damit ein Darstellungsproblem: Manche Kapitel dieses Buches wären – zumindest in Teilen – neu und umfassender abzuhandeln gewesen, um dem aktuellen Stand der Wissenschaft in angemessener Weise Rechnung zu tragen. Demgegenüber hätten einige Abschnitte – aus der momentanen ‚Wichtigkeitsoptik' gesehen – wohl zurücktreten können. Die Autoren haben sich in Abstimmung mit den Herausgebern und dem Verlag, nicht zuletzt auch aus fachhistorischer Sicht, für die weitgehende Beibehaltung der ursprünglichen Konzeption entschieden.

Die seit der 2. Auflage erschienene einschlägige Literatur wurde gesichtet und ggf. in den Text eingearbeitet. In welchem Umfang dies geschah, lässt sich annäherungsweise ermessen, wenn man die Auswahlbibliographien der 2. und der 3. Auflage miteinander vergleicht.

Ein besonders herzlicher Dank gilt Herrn Pepe Droste, Münster, für die umsichtige und tatkräftige Unterstützung bei der EDV-Realisierung des Textes und die Generierung des endgültigen Layouts des Buches.

Osnabrück und Münster, im Januar 2014　　　　　　　　　　Hermann Niebaum
　　　　　　　　　　　　　　　　　　　　　　　　　　　　　Jürgen Macha

Inhalt

I	**Zur Gegenstandsbestimmung der Dialektologie** —— 1	
1	Bezeichnungs- und Bedeutungsgeschichte zentraler Kategorien —— 1	
2	Kleiner systematischer Abriss wichtiger Grundbegriffe —— 5	
II	**Dialektologische Arbeitsverfahren** —— 12	
1	Voraussetzungen —— 12	
1.1	Anforderungen an das Korpus —— 12	
1.2	Anforderungen an die Gewährsleute —— 13	
1.3	Anforderungen an die Exploratoren —— 14	
2	Datenerhebung —— 15	
2.1	Beobachtung —— 15	
2.2	Befragung —— 16	
2.2.1	Direkte Befragung —— 16	
2.2.2	Indirekte Befragung —— 17	
2.2.3	Befragungsinstrumentarium —— 18	
3	Transkription —— 20	
4	Datenpräsentation —— 23	
4.1	Ältere vergleichende Sammlungen —— 23	
4.2	Dokumentarische Präsentation —— 25	
4.3	Kartographische Präsentation —— 28	
4.3.1	Kartiermethoden —— 28	
4.3.2	Kartentypen —— 32	
4.4	Sprachatlas —— 35	
4.5	Monographie —— 39	
4.6	Wörterbuch —— 40	
5	Computative Verfahren —— 44	
5.1	Computative Lexikographie —— 45	
5.2	Computative Sprachkartographie —— 48	
5.3	Dialektometrische Verfahren —— 52	
5.4	Dialektalitätsmessung —— 53	
III	**Wege und Schwerpunkte der deutschen Dialektologie** —— 57	
1	Die Anfänge der Dialektologie —— 57	
1.1	‚Vor- und frühwissenschaftliche' Beschäftigung mit mundartlichem Wortschatz: Idiotismensammlungen/Idiotika —— 57	
1.2	Begründung der wissenschaftlichen Dialektologie im 19. Jahrhundert: Johann Andreas Schmeller —— 61	
2	Herausbildung und Entwicklung der Dialektgeographie: Die ‚Marburger Schule' —— 63	

2.1	„Deutscher Sprachatlas" (DSA) —— 63	
2.2	„Deutscher Wortatlas" (DWA) —— 71	
2.3	„Digitaler Wenker-Atlas" (DiWA) —— 74	
3	Linguistisierung der Dialektologie —— 77	
3.1	Strukturelle Dialektologie —— 78	
3.1.1	Der strukturelle Ansatz —— 78	
3.1.2	Vokalische Diasysteme —— 80	
3.1.3	Strukturelle Wortgeographie —— 81	
3.2	Möglichkeiten und Grenzen einer generativen Dialektologie —— 84	
4	Dialekteinteilung —— 88	
4.1	Ältere Gliederungen der deutschen Mundarten —— 90	
4.2	Strukturelle Dialekteinteilung im Niederdeutschen —— 93	
4.3	Dialektometrische Dialekteinteilung am Beispiel des Projekts „Rheinische Wortgeographie" —— 97	
4.4	Dialekteinteilung auf der Grundlage von Datenaggregation —— 102	
5	Interpretation von Dialektgrenzen I: Die extralinguistische Methode am Beispiel der ostmitteldeutschen Dialektlandschaft —— 105	
5.1	Koinzidenz von Dialekt- und (alten) Verkehrsscheiden —— 108	
5.2	Mischgebiete —— 108	
5.3	Enklaven —— 109	
5.4	Weitere geographische Verbreitungsbilder dialektaler Befunde —— 110	
5.5	Staffellandschaft —— 112	
5.6	Heranziehung historischen Sprachmaterials —— 114	
6	Interpretation von Dialektgrenzen II: Die intralinguistische Methode am Beispiel der ostschweizerischen Vokalspaltung —— 115	
6.1	Koinzidenz von Isoglossen —— 116	
6.2	„Narben" —— 119	
7	Die Dialektlexikographie am Beispiel des „Thüringischen Wörterbuchs" —— 122	
7.1	Materialgrundlage —— 123	
7.2	Lemmaansatz —— 125	
7.3	Anordnung der Stichwörter —— 125	
7.4	Verbreitungsangaben —— 126	
7.5	Wörterbuchartikel —— 127	
7.5.1	Allgemeines —— 127	
7.5.2	Grammatische Kategorisierung —— 127	
7.5.3	Semantische und syntaktische Angaben —— 128	
7.5.4	Formenteil —— 129	
7.5.5	Sach- und Volkskundliches —— 130	
7.5.6	Angaben zur Etymologie —— 130	
7.5.7	Wörterbuchkarten —— 131	
7.6	Artikelvernetzung —— 132	

8	Zweidimensionale Dialektgeographie am Beispiel des „Mittelrheinischen Sprachatlasses" (MRhSA) —— 133	
8.1	Forschungsziel —— 134	
8.2	Kontrastive Sprachkartographie —— 135	
8.3	Kontrastive Interpretation einer MRhSA-Karte —— 136	
8.4	Dialektalitätsareale —— 138	
9	Dialektsyntaxgeographie am Beispiel des „Syntaktischen Atlasses der deutschen Schweiz" (SADS) —— 139	
9.1	Zum Problem der Erhebungsmethoden dialektaler Syntax —— 140	
9.2	Der „Syntaktische Atlas der deutschen Schweiz" (SADS) —— 142	
9.3	Zur Geographie des Anschlusses finaler Infinitive —— 146	
10	Historische Dialektgeographie am Beispiel des „Historischen Südwestdeutschen Sprachatlasses" (HSS) —— 150	
10.1	Historische Sprachdaten —— 152	
10.2	Anlage des HSS —— 154	
10.3	Besprechung einer HSS-Karte —— 156	
11	Alltagssprachenforschung I: Sprachgeographische Ansätze —— 158	
11.1	Erste Ansätze: „Wortatlas der deutschen Umgangssprachen" (WDU) —— 159	
11.1.1	Anlage des WDU —— 159	
11.1.2	Der WDU als Ausgangspunkt weiterführender Forschungen —— 162	
11.2	„Atlas zu deutschen Alltagssprache" (AdA) —— 165	
11.3	Soziolinguistisch verschränkt: „Wortgeographie der städtischen Alltagssprache in Hessen" (WSAH) —— 168	
11.4	Regionale Sprachfärbung: Aussprache des „Gebrauchsstandarddeutschen" —— 170	
12	Alltagssprachenforschung II: Mehrdimensionale Ansätze —— 174	
12.1	„Sprachvariation in Norddeutschland" (SiN) —— 174	
12.2	„Regionalsprache.de" (REDE) —— 177	
12.3	„Gesprochene Standardsprache in der Deutschschweiz" —— 178	
12.4	„Deutsch heute" —— 179	
13	Synchrone gesellschaftsbezogene Dialektologie —— 182	
13.1	Skizze des Forschungshorizonts —— 182	
13.2	Dialekte in ihrer sozialen und situativen Bindung —— 184	
13.2.1	Bundesweite und großregionale Sprachdemoskopie in der Bundesrepublik —— 185	
13.2.1.1	Dialektbeherrschung —— 186	
13.2.1.2	Dialektgebrauch —— 193	
13.2.2	Ortspunktbezogene Untersuchungen —— 195	
13.2.2.1	Erftstadt-Erp ('Erp-Projekt') —— 196	
13.2.2.2	Wittlich/Eifel —— 199	
13.2.2.3	Schleswig —— 200	

13.2.2.4	Basel —— 202	
13.2.3	Aspektbezogene Untersuchungen (Geschlecht, Alter, Beruf) —— 205	
13.2.3.1	Geschlecht und Dialekt —— 205	
13.2.3.2	Alter und Dialekt —— 208	
13.2.3.3	Beruf und Dialekt —— 210	
13.3	Dialekte in der sozialen Wahrnehmung und Beurteilung —— 214	
13.3.1	Dialekte im gesellschaftlichen Bewusstsein —— 214	
13.3.2	Dialekte in der gesellschaftlichen Bewertung —— 216	
13.3.2.1	Historischer Zusammenhang —— 216	
13.3.2.2	Synchrone Bewertung von Dialekt/Regionalsprache —— 219	
13.3.3	Dialekt und die ‚komische Dimension' —— 227	
14	Angewandte Dialektologie —— 232	
14.1	Dialekt und Schule —— 232	
14.1.1	Problemzusammenhang —— 232	
14.1.2	Grundkonstellationen im deutschen Sprachraum: Notwendigkeit einer differenzierten Betrachtung —— 233	
14.1.3	Schulschwierigkeiten aufgrund der Herkunftssprache —— 234	
14.1.4	Perspektiven einer dialektbezogenen Sprachdidaktik —— 237	
14.1.5	Dialekt in ausgewählten aktuellen Lehrplänen —— 239	
14.2	Dialekt und Medien —— 242	
14.2.1	Tagespresse —— 242	
14.2.1.1	‚Mundart-Kolumnen' —— 242	
14.2.1.2	Anzeigen, Werbung etc. —— 243	
14.2.1.3	Radio und TV —— 244	
14.2.1.4	Internet, Chat etc. —— 245	
IV	**Die deutschen Dialektgebiete im Überblick —— 247**	
1	Vorbemerkungen —— 247	
2	Überblick über die deutschen Dialektgebiete —— 250	
3	Textproben —— 253	
V	**Auswahlbibliographie —— 256**	

Abbildungen

Abb. 1	Seite des Fragebuchs für den „Sprachatlas der deutschen Schweiz" (aus Hotzenköcherle 1962b:16f.) —— **19**	
Abb. 2	Internationales Phonetisches Alphabet (API, IPA) (http://www.langsci.ucl.ac.uk/ipa/ipachart.html) —— **21**	
Abb. 3	Punkttextkarte 'en chaleur – brünstig' im nordwestlichen Elsass (aus: ALA II:Karte 9) —— **29**	
Abb. 4	Das variable Verhältnis von ons und uns in ostmnl. und westmnd. amtlichen Texten (aus: Goossens 1983:65, Karte 2) —— **31**	
Abb. 5	Syntaxkarte: Wortstellung -du es / -es du in der deutschen Schweiz (aus: SDS III:Karte 259) —— **33**	
Abb. 6	Quantitative Kombinationskarte des nördlichen Elsass (aus: Bach 1969:61) —— **33**	
Abb. 7	Distributionskarte: Konsonantenphoneme im Anlaut in Südniedersachsen (aus: Wagener 1985:155, Abb. 3) —— **34**	
Abb. 8	Bearbeitungsgebiete der Kleinraumatlanten des Deutschen —— **38**	
Abb. 9	Bearbeitungsgebiete der Dialektwörterbücher des Deutschen (nach Niebaum 1979:373, bearb.) —— **43**	
Abb. 10	Ergebnisliste einer Suchabfrage beim „Pfälzischen Wörterbuch": neutrale Kollektiva auf -ich, -icht (aus: Post 1998:214, Abb. 3) —— **48**	
Abb. 11	„Kleiner Deutscher Sprachatlas", Karte 228: Nasalausfall vor auslautendem Frikativ (aus: KDSA 1.2:Karte 228) —— **51**	
Abb. 12	J. A. Schmellers Karte der Mundarten Bayerns (aus: Schmeller 1821: ausschlagende Karte) —— **62**	
Abb. 13	„Wenkersätze" (aus: DSA, Einführung, S. 1f.) —— **66**	
Abb. 14	Ausgefüllter „Wenker-Fragebogen" (Übersetzung der Sätze): Hilter, Landkreis Osnabrück —— **70**	
Abb. 15	Bezeichnungen für 'Sonnabend/Samstag', Ausschnitt aus dem „Deutschen Wortatlas" (Nordwesten) (aus: DW A Bd. 5 :Karte 11; vgl. auch Bd. 16) —— **72**	
Abb. 16	„Digitaler Wenker-Atlas", Kartenausschnitt ‚(ge)bracht' (Region Mittelrhein) in hoher Zoomstufe (Schwarzweiß-Darstellung) (DiWA-Karte III-I) —— **75**	
Abb. 17	Wortkarte: Bezeichnungen für 'Roggen' (aus: Höing 1958:Karte 1 nach S. 176) —— **83**	
Abb. 18	Bedeutungskarte Korn (aus: Höing 1958:Karte 2 nach S. 176) —— **83**	
Abb. 19	Verbreitungsgebiete der mittelbairischen Liquiden-Vokalisierung (aus: Rein 1974:25) —— **85**	
Abb. 20	Wredes Einteilungskarte der deutschen Mundarten (aus: KDSA 1.1:Karte E5) —— **92**	

Abb. 21	Die Einteilung der westfälischen Mundarten nach der strukturellen Entwicklung der mnd. *ê*- und *ô*-Laute (nach: Niebaum 1980:461, Karte 2) —— **95**	
Abb. 22	Gliederung der deutschen Dialekte (aus: Wiesinger 1983a:Karte 47.4 nach S. 830) —— **96**	
Abb. 23	„Rheinische Wortgeographie": Kombinationskarte (Basis 50 Karten RheinWb) (aus: Lausberg/Möller 1996:276, Karte 3) —— **98**	
Abb. 24	„Rheinische Wortgeographie": Kombination von Ähnlichkeitskarten (aus: Möller 2001:51) —— **98**	
Abb. 25	Ausspracheabstände deutscher Dialekte: Abstände zwischen allen Orten auf der Basis des Levenshteinschen Sequenzvergleichs (aus: Nerbonne/Siedle 2005:138, Abb. 4) —— **105**	
Abb. 26	Karte auf der Basis des Clusterings der Ausspracheabstände deutscher Dialekte (aus: Nerbonne/Siedle 2005:141, Abb. 5) —— **105**	
Abb. 27	Lautformen von '*hinten*' im Ostmitteldeutschen (aus: Frings 1956III: 238, Karte 16) —— **109**	
Abb. 28	Das Gesamtaltenburgische als Reliktgebiet (aus: von Polenz 1954: Karte 1) —— **111**	
Abb. 29	Rheinischer Fächer (nach Frings 1957: Karte 2, aus Moser 1969: Karte 13) —— **113**	
Abb. 30	Lautwandel durch „innere Kausalität" in der Ostschweiz (nach Moulton 1961) —— **119**	
Abb. 31	'*kneifen*' in Nordhessen (aus: HessNassWb Bd. 2:603f., Karte 65) —— **121**	
Abb. 32	Wörterbuchseite aus dem „Thüringischen Wörterbuch" (aus: ThürWb Bd. VI: 139f.) —— **128**	
Abb. 33	Wortkarte: Bezeichnungen für '*Pferdeapfel*' im Thüringischen (aus: ThürWb Bd. IV:1095f.) —— **131**	
Abb. 34	Zentralartikel *Libelle* (aus: ThürWb Bd. IV:256f.) —— **132**	
Abb. 35	„Mittelrheinischer Sprachatlas": Kontrastblatt Kleid (aus: MRhSA Bd. 1: Karten 55/1 und 55/2) —— **137**	
Abb. 36	„Syntaktischer Atlas der deutschen Schweiz": Versuchsanordnung zum finalen Infinitivanschluss (nach Seiler 2005:316f.) —— **146**	
Abb. 37	Quantitative Auswertung von ... *für es Billet z löse* im SADS (aus: Seiler 2005:Karte 1) —— **149**	
Abb. 38	Kombination ... *für es Billet z löse* vs. ... *für izschlafe* im SADS (aus: Seiler 2005:Karte 5) —— **150**	
Abb. 39	„Historischer Südwestdeutscher Sprachatlas": <mb> : <mm> in *krumb-, zimber* in südwestdeutschen Urbaren (aus: HSS Bd. II:Karte 138) —— **157**	
Abb. 40	„Wortatlas der deutschen Umgangssprachen": Benennungen für '*Fleischer*' (aus: WDU Bd. l :Karte 19) —— **161**	

Abb. 41	Diatopische Gliederung des alltagssprachlichen Wortgebrauchs (Clusteranalyse) (aus: Möller 2003:288, Karte 13) —— **164**
Abb. 42	'die Apfelsine' (WDU) (aus: WDU Bd. 2: Karte Nr. 95) —— **167**
Abb. 43	'Orange/Apfelsine' (AdA) (aus: Elspaß/Möller 2006:151, Karte 1) —— **167**
Abb. 44	‚Schriftdeutsche' Aussprache von *S* im absoluten Anlaut vor Vokal im „Atlas zur Aussprache des Schriftdeutschen in der Bundesrepublik Deutschland" (aus: König 1989 Bd. 2:241, Karte S.1) —— **172**
Abb. 45	Aussprache von *einig* im deutschen ‚Gebrauchsstandard' (aus: Kleiner 2010a:270, Karte 1) —— **181**
Abb. 46	Aufgliederung der Sprachwissenschaft (nach: Cherubim 1980:8) —— **183**
Abb. 47	Entwurf einer ‚erweiterten' Dialektologie —— **183**
Abb. 48	Dialektkompetenz (Selbsteinschätzung) in den Alten Bundesländern: Frage nach der Beherrschung des „Dialekts der Gegend" (nach: Allensbach 1987, IPOS 1992) —— **187**
Abb. 49	Dialektkompetenz (Selbsteinschätzung) in den Alten Bundesländern: Frage nach der „Beherrschung von Dialekt überhaupt" (nach: Allensbach 1967, IPOS 1992) —— **188**
Abb. 50	Dialektkompetenz (Selbsteinschätzung) bezüglich des Niederdeutschen (Alte Bundesländer) (nach: Stellmacher 1987:93ff.) —— **190**
Abb. 51	Dialektkompetenz (Selbsteinschätzung) in den Neuen Bundesländern: Frage nach der Beherrschung des „Dialekts der Gegend" (nach: IPOS 1992) —— **191**
Abb. 52	Dialektgebrauch (Selbsteinschätzung) nach Situationen in den Alten Bundesländern (nach: Allensbach 1967, 1981, 1987) —— **194**
Abb. 53	Dialektanteile der Variablen in Erftstadt/Erp in ‚normaler' und ‚formalisierter' Kommunikationssituation (nach: Lausberg 1993:45) —— **197**
Abb. 54	Sprecherprofile in Erftstadt/Erp (nach: Lausberg 1993:181, 198, 207) —— **198**
Abb. 55	Vergleich der Nichtstandard-Anteile im Interview von Vätern und deren Töchtern (aus: Kreymann 1994: 250) —— **199**
Abb. 56	Bewertung verschiedener regionaler Sprechweisen (nach: Schmid 1973:130) —— **221**
Abb. 57	Beliebtheit der „Sprache am Ort" (aus: Macha 1983:169) —— **222**
Abb. 58	Beliebtheit verschiedener Dialekte (nach: Bausinger 1972:21) —— **224**
Abb. 59	Beliebtheit verschiedener Dialekte, aufgeschlüsselt nach regionalen Bewertern (nach: Macha 1983:172) —— **225**
Abb. 60	Beliebtheit verschiedener Dialekte bei ripuarischen Bewertern (nach: Macha 1983:176) —— **225**
Abb. 61	Beliebtheit regionaler Mundarten in der DDR (nach: Macha 1983:177, im Rekurs auf Peine/Schönfeld 1981:255) —— **226**

Abb. 62 Beliebtheit regionaler Umgangssprachen in der DDR (nach: Macha 1983:178, im Rekurs auf Peine/Schönfeld 1981:255) —— **226**

Abb. 63 Gliederung des geschlossenen kontinentalwestgerm. Sprachraums um 1900 (nach von Polenz, aus: Putschke 1974:359, bearb. H.N.) —— **248**

Abb. 64 Objektformen des Personalpronomens der 1. Pers.Sg. im Niederdeutschen (aus: Niebaum 1983b:Kartenanhang, Karte 11) —— **251**

I Zur Gegenstandsbestimmung der Dialektologie

In diesem einführenden Kapitel geht es um die Klärung und Problematisierung von Begriffen, die im weiteren Sinne den Gegenstand Dialekt betreffen. Dabei wird das Thema doppelt perspektiviert, so dass zum einen worthistorische, zum anderen konzeptionell-systematische Aspekte in den Blick kommen.

1 Bezeichnungs- und Bedeutungsgeschichte zentraler Kategorien

Die Geschichte von *Dialekt* (vgl. Löffler 2003:2f.; Alinei 1980) beginnt im antiken Griechenland. Dort hatte 'die dialektale [Sprache]' (*hä diálektos [phoné]*) drei Bedeutungsdimensionen: 1. Gespräch, Unterhaltung, 2. generell: Redeweise und 3. speziell: Redeweise von Personenkollektiven. Ursprünglich ging es also um (mündliche) ‚Kommunikation' bzw. um deren besondere Erscheinungsformen (entsprechend dem verbalen Bezugspunkt *dialegomai* 'sich unterreden, miteinander sprechen'). *Dialekt* ist also etymologisch nicht per se mit regionaler Sprache gleichzusetzen, die Bezeichnung hatte vielmehr ursprünglich ein breiteres semantisches Spektrum als in der heutigen deutschen Mundartforschung und in ‚volkslinguistischer' Sprachverwendung üblich.[1] Zur Kennzeichnung des arealen Aspekts von Sprache benutzten die antiken griechischen Autoren neben *Dialekt* (in der Bedeutung 3) als weitere Bezeichnung auch *glotta* bzw. *glossa*. Homer z.B. charakterisiert in der „Odyssee" (19. Gesang, 172ff., vgl. Homer 1956) sprachliche Unterschiede innerhalb Kretas mit dem Ausdruck *glossa*:

> „Kreta ist ein Land im dunkelwogenden Meere,
> fruchtbar und anmutsvoll und rings umflossen. Es wohnen
> dort unzählige Menschen, und ihrer Städte sind neunzig
> Völker von mancherlei Stamm und mancherlei *Sprachen*. Es wohnen
> dort Achäer, Kydonen und eingeborene Kreter,
> Dorier, welche sich dreifach verteilet, und edle Pelasger."

In der oben genannten dritten Bedeutungsdimension zielt *Dialekt* also auf kollektive Spracheigenarten, die räumlich und/oder mit Bezug auf Volksstämme begründet sind. Dabei wird der Begriff nicht nur zur Kennzeichnung gesprochener, sondern auch geschriebener Sprache verwendet. In literarischen Quellen erscheint das Ionische als der Schreibdialekt des Epos, das Attische als Grunddialekt der Komödie und das Dorische in den Chorliedern der ansonsten attisch gehaltenen Tragödie. Die

---

[1] Insofern ist die im angelsächsischen Sprachraum übliche Verwendung der Bezeichnung *dialect* (auch) für soziale und ethnisch begründete Sprachunterschiede etymologisch sinnvoll.

Epoche der strukturell durchaus unterschiedlichen, dabei jedoch gegenseitig verstehbaren Dialekte wird im Hellenismus ansatzweise und in römischer Zeit weitgehend abgelöst durch eine übergreifende Kompromiss-Sprache: *hä koinè diálektos [phoné]* 'die gemeinsame [Redeweise]', die als ins Bildungsdeutsch entlehnte *Koine* noch heute mit der Bedeutung 'übereinzelsprachliche Ausgleichssprache' geläufig ist. Die Römer übernehmen das griechische Wort in Form und Inhalt als Lehnwort und gebrauchen es entsprechend: Quintilian etwa schreibt in „De institutione oratoria" (1.5,29), die Griechen hätten „plura [...] loquendi genera, quas *dialektous* vocant, et quod alia vitiosum interim alia rectum est" ('[...] mehrere Arten zu sprechen, die sie *Dialekte* nennen, und was in einer falsch ist, mag in der anderen richtig sein'; vgl. zum Zusammenhang Alinei 1980:18). Analog zur griechischen Benennungsweise verwenden die Römer neben *Dialekt* eine Übersetzung von *glotta*, nämlich *lingua*, um räumlich-diatopische Sprachdifferenzen zu charakterisieren.

In mittellateinischer Zeit lässt sich ein auffälliges Fehlen des *Dialekt*-Begriffes konstatieren (vgl. Alinei 1980:18; anders aber Löffler 1980b:453). Dies hat man – in diskussionswürdiger Argumentation – mit dem Gegensatz zwischen der ‚Edelzunge' Latein und den ‚minderwertigen' Volkssprachen in Verbindung gebracht: Da die ‚Übersprache Latein' die wichtigen Volkssprachen Europas überdacht habe, hätten die Unterschiede innerhalb der jeweiligen nicht-lateinischen Sprachen kaum eine Rolle gespielt. Unterschiede zwischen Einzeldialekten einer Volkssprache seien solange irrelevant gewesen, wie sich die Volkssprachigkeit als solche erst vom Latein emanzipieren musste. Ein Reden von *Dialekten*, die möglicherweise konkurrierend nebeneinander bestünden, habe dann wieder Platz greifen können, als die Volkssprachen sich im Ringen mit dem Latein durchzusetzen begannen. Erst gegen 1500 tauche deshalb im Zuge einer humanistisch-philologischen Rückwendung zu den antiken Quellen die Bezeichnung *Dialekt* wieder auf, konkret greifbar im lateinischen Wörterbuch „Calepinus" (vgl. Alinei 1980:22 und 36f.).

Wohl die erste volkssprachige Verwendung erfährt das lateinische *dialectus*, entlehnt als *dialecte*, bei Pierre de Ronsard, einem führenden Vertreter der französischen Renaissance. Er betont 1565 im Rekurs auf die griechische Antike als Legitimationsinstanz die Bedeutung dialektalen Wortschatzes für die Nationalsprache. „Du wirst zu Recht die Wörter der Dialekte unseres Frankreichs, die am meisten geeignet sind, Bedeutung zu tragen, auswählen und Deinem Werk einverleiben. Wenn sie Deiner Nation eigen sind und ausreichend bedeutungsvoll, muss man sich nicht darum sorgen, ob sie aus der Gascogne, dem Poitou, aus der Normandie, Maine, aus Lyon oder aus anderen Landgegenden kommen [...]" (vgl. Ronsard 1949:10f., Übersetzung J.M.).

Im deutschsprachigen Raum ist *dialectus* als lateinischer Terminus in lateinischer Textumgebung im Gelehrten-Diskurs seit dem Anfang des 16. Jahrhunderts (wieder) geläufig (Krantz 1527; Clajus 1578; Wolf 1578). Zudem liegen erste Worterklärungen in der Volkssprache vor: „*diálectos* = eine eigenschaft der sprach oder eigne weis zu reden" heißt es im „Dasypodios", einem Wörterbuch von 1535.

Spätestens seit Luther kursiert der – nach seiner lateinischen Herkunft deklinierte und numeralisierte – Terminus als Versatzstück auch in deutscher Textumgebung. In den zeitgenössischen Aufzeichnungen der Tischreden des Reformators heißt es für 1538: „Es sind aber in der deutschen Sprache viel Dialecti, unterschiedene Arten zu reden, daß oft einer den Anderen nicht wohl versteht [...]" (Luther 1916:78f.).

Die komplette ‚Eindeutschung' des Terminus (vor allem im Blick auf die Flexionsendungen) wird gemeinhin Friedrich Spee für das Jahr 1634 zugeschrieben. Dies kann jedoch nicht als gesichert gelten (vgl. Macha 1995c:117f.), so dass die erste unstrittige Verwendung des Lehnworts *Dialect* von J.P. Titz stammen könnte. 1642 schreibt dieser: „[...] also wird der Leser, er gebrauche sich des Meißnischen oder Schlesischen Dialects, keinen Unterschied im Reim verspüren [...]" (vgl. Titz 1642:I6af).

Um die gleiche Zeit, nämlich 1640, präsentiert Philipp Zesen im „Deutschen Helikon" eine verdeutschende Lehnschöpfung für das lateinische *dialectus*: „[...] wer einen guten Reim wil machen, der muß vor allen dingen die mundart dessen Landes, wo er ist, in acht nehmen" (Zesen 1640:42f.). Die deutsche Bezeichnung verbreitet sich während der Folgezeit rasch in der sprach- und dichtungstheoretischen Diskussion: Gueintz 1641, Schottel 1641 und Harsdörffer 1643 adaptieren Zesens Ausdruck. Für das weitere 17. und für das 18. Jahrhundert ist eine weitgehende Synonymik der beiden Bezeichnungen *Dialect* und *Mundart* als Regelfall anzusetzen. Daneben existieren auch andere Bezeichnungen wie *Redart*, *Sprechart* u.a., die sich freilich nicht durchsetzen können. (Vgl. zum Gesamtzusammenhang Macha 1995c; Reichmann 1995; Reiffenstein 1985; Löffler 1980b).

Im 19. Jahrhundert findet sich bei Jacob Grimm ein interessanter Versuch, zwischen Dialekten und Mundarten zu unterscheiden (vgl. Haas 1990:15f.). Nachdem er den Zusammenfall der Bedeutungen im Sprachusus erwähnt hat, versucht Grimm eine semantische Differenzierung: „Die Sprache [...] zerfällt in dialecte und mundarten; doch pflegt man mit beiden letzten ausdrücken selten genau zu sein, da wenn dialect als sprache gesetzt wird auch seine mundarten sich zu dialecten erheben, es kann aber die sprache wiederum je höher ins alterthum aufgestiegen wird, als dialect oder gar mundart einer früheren, weiter zurückliegenden erscheinen. dialecte sind also große, mundarten kleine geschlechter" (Grimm 1848:829). Auch wenn er sich nicht hat durchsetzen können, so verdient der Grimmsche Differenzierungsversuch Respekt, bringt er doch zum einen den relationalen Aspekt (‚Etwas ist Sprache, Dialekt oder Mundart nur in Bezug auf etwas anderes') und zum anderen den historisch-dynamischen Aspekt (‚Der begriffliche Status der Bezeichnungen von Sprachvarietäten kann sich wandeln') ins Bewusstsein.

Während im Sprachgebrauch der Gebildeten über drei Jahrhunderte hinweg die Austauschbarkeit der Bezeichnungen *Dialekt* und *Mundart* festgestellt werden kann, ändert sich dies – zumindest intentional – nach 1933. Im Zuge einer Wiederbelebung sprachpuristischer Vorstellungen stoßen sich radikal deutsch-gesinnte

‚Sprachfreunde' am griechischlateinischen Lehnwort. Zugleich wird die deutsche Bezeichnung *Mundart* mit einem semantischen Mehrwert versehen, indem sie als Produkt echter Volkshaftigkeit und als Ausdruck eines Willens zur ‚Heimat' gefeiert wird. 1943 heißt es in „Trübners Deutschem Wörterbuch": „Die deutsche Sprachforschung verzichtet heute mehr und mehr auf den Gebrauch des fremden Ausdrucks und redet meist nur noch von ‚deutschen Mundarten' [...]. Auch außerhalb der Sprachforschung dringt im deutschen Schrifttum ‚Mundart' siegreich vor [...], und so ist zu hoffen, daß endlich auch für das deutsche ‚Mundart' erreicht werden wird, was W. Riehl bereits 1849 für ‚Volkskunde' gegen engl. ‚folklore' erkämpfte" (Trübner Bd. IV/1943:698f.). Der Versuch einer ‚Ausmerzung' der Bezeichnung ist gescheitert, *Dialekt* hat vielmehr als Internationalismus das wissenschaftliche Terrain nicht zuletzt mit einer Fülle von Komposita besetzen können. Interessanterweise ist *Dialekt* (und nicht *Mundart*!) auch bei vielen genuinen Dialektsprechern diejenige Bezeichnung, die zur Kennzeichnung der eigenen Redeweise verwendet wird. Zumindest im nördlichen Rheinland ist sie mit dem Genus Neutrum versehen (vgl. nl. *het dialect*), sofern hier nicht *Plattdeutsch* oder *Platt* bevorzugt wird. Häufig in Kombination mit einem Orts- oder Regionalnamen ergibt sich so eine Möglichkeit, die lokale Mundart zu benennen: z.B. *das Eitorfer Dialekt* etc. Eine andere Möglichkeit besteht aus Adjektivbildungen, abgeleitet von Orts- oder Regionsnamen: *Bönnsch*, *Münchnerisch* etc. Wohl vornehmlich im Südwesten des deutschen Sprachgebiets finden sich Zusammensetzungen mit *-deutsch*: *Baseldytsch* etc. Unter Verbreitungsgesichtspunkten scheint die Kombination Ortsname plus *Platt* auf das Niederdeutsche und das Westmitteldeutsche bezogen zu sein: *Öcher* (Aachener) *Platt*, *Mayener Platt*, *Dithmarscher Platt* etc., wobei die genauen Grenzen der Areale mit ihren typischen Selbstbezeichnungen bisher erst ansatzweise bekannt sind (vgl. hierzu die einschlägige Karte „Mundart/Platt" unter http://www.atlas-alltagssprache.de/runde-1/f20/).

Das Wort *Platt* selbst hat eine wechselvolle Geschichte, die durch Arbeiten von Agathe Lasch im ersten Drittel des 20. Jahrhunderts erhellt wurde (vgl. z.B. Lasch 1917). Die Semantik von *Platt*, bisweilen mit dem ‚platten Land' und womöglich mit ‚sprachlich-sozialer Tieflage' in Zusammenhang gebracht, hat ursprünglich mit beiden Aspekten nichts zu tun. Die ersten Verwendungen, im 16. Jahrhundert in den Niederlanden nachweisbar, legen vielmehr eine Anknüpfung an Bedeutungen wie 'deutlich', 'verständlich', 'vertraut', 'rund heraus' u.ä. nahe. Von der Zielsprache ‚gutes plattes Deutsch' für die, die kein Latein verstehen, ist etwa in der Vorrede zur Delfter Übersetzung des Neuen Testaments von 1524 die Rede (vgl. Lasch 1917:136ff.). Als sprachqualifizierende Bezeichnung ähnelt *Platt* somit dem gleichzeitig in mittel- und oberdeutschen Texten kursierenden Terminus *Gemeines Deutsch*, der ebenfalls in Richtung auf ‚populär' im Sinne von 'dem Volke verständlich' gedeutet werden kann (vgl. Werbow 1963; Reiffenstein 1985:1730ff.). Während der Folgezeit erfährt *Platt* eine Bedeutungsveränderung zum Negativen hin, die nach der Übernahme des Wortes in Norddeutschland im 17. Jahrhundert bereits zu dominieren scheint. Mitte des 18. Jahrhunderts schreibt Richey in der Vorrede zu seinem „Idiotikon Hamburgense" (1755:XXXI):

> „Soll aber der ausdrückliche Begriff eines Fehlers mit dem so genannten **platten** verbunden seyn, so wird derselbe entweder in einer gar zu weichen und vollmündigen Dehnung der lautenden und doppellautenden Buchstaben, oder in einer gar zu kurtzen, harten und gepresseten Aussprache bestehen. Ist das erste, so sind gewiß die Oesterreicher, Baiern, Schweitzer, und andere Ober=Länder, mit ihrem ai, au und oa weit platter, als wir. Ist hingegen das letzte, so dürfte wol das platteste Teutsch in Ober=Sachsen gesprochen werden."

Als dialektgeographische Bezeichnung ohne wertende Konnationen erscheint *Platt* wohl erst im letzten Drittel des 19. Jahrhunderts, wenn man etwa an Georg Wenkers Schrift „Das rheinische Platt" aus dem Jahre 1877 denkt.

2 Kleiner systematischer Abriss wichtiger Grundbegriffe

In der deutschsprachigen Fachterminologie[2] wird *Dialekt* bzw. *Mundart* – beides ist hier synonym verwendet – gemeinhin bestimmt im Blick auf die areale, horizontale Dimension sprachlicher Variation. So definiert bereits Adelung 1798 in seinem Wörterbuch: *Mundart* sei „[...] die besondere Art zu reden, wodurch sich die Einwohner einer Gegend von den Einwohnern anderer Gegenden unterscheiden, die Abweichungen einzelner Gegenden in der gemeinschaftlichen Sprache; wohin also nicht nur die Abweichungen in der Aussprache, sondern auch in der Bildung, der Bedeutung und dem Gebrauche der Wörter gehöret [...]" (vgl. Adelung 1793-1801, III:311). Diese klassische Begriffsklärung hat über lange Zeit hinweg gute Dienste geleistet, indem der Aspekt des Raumes mit seiner Bedeutung für Phonetik/Phonologie, Morphologie, Semantik und Pragmatik herausgestellt wurde. Wenn sich die dialektologische Forschung des 18. und 19. Jahrhunderts regionaler Sprachvariation näherte, tat sie dies zumeist unter Bezug auf etwas, was man heute als *Grundmundart* oder *Basisdialekt* bezeichnen würde. „Ein Basisdialekt ist in der Regel ein solcher mit höchster durchschnittlicher Dialektalität und mit einem gewissen exklusiv-lokalen Bestand, der zunehmend als archaisch bewertet wird" (Bellmann 1983: 112f.). Von P. Wiesinger (1980a:188) werden einem *Basisdialekt* die folgenden Merkmale zugeschrieben: ländlich, stark lokal gebunden; entwicklungsgeschichtlich konservativerer Dialekt; von der wenig mobilen Bevölkerung im alltäglichen privaten Gespräch gesprochen; von geringer kommunikativer Reichweite.

Auch wenn mit den genannten Bestimmungsstücken kein Anspruch auf strenge Terminologisierung zu erheben ist, so lässt sich damit doch der idealtypische Unter-

---

2 Vgl. zu den international gebräuchlichen Fachtermini und ihren deutschen Entsprechungen etwa Barbour (1987:230f.), van Coetsem (1992:16-24). Vgl. zur englischen Sicht auf die deutschen Verhältnisse Barbour/Stevenson (1998:145-151).

suchungsgegenstand der traditionellen Dialektologie, wie er bis in die zweite Hälfte des 20. Jahrhunderts favorisiert wurde, durchaus beschreiben. Forschungspraktisch hat man sich ihm über die Sprachkompetenz von jeher dorfansässiger Informanten genähert, deren Auskünfte dann als stellvertretend für die Ortssprache ausgewertet wurden (vgl. Hildebrandt 1968:153). Indem also „die standardfernste Sprechlage der jeweils ältesten immobilen Sprecher" (Schmidt 1998:166) erhoben wurde, ließ sich das gedankliche Konstrukt *Basisdialekt* höchst produktiv operationalisieren. Der entscheidende Vorteil dieser konstruktivistischen Vorgehensweise der Dialektologen war die mittels Gewährspersonen-Auswahl vollzogene ‚Homogenisierung' einer sprachlichen ‚Grundschicht', die man überall im Land registrieren und analysieren konnte. Streng genommen hat also erst eine erhebliche methodisch-erhebungspraktische Reduktion die räumlich-horizontale Vergleichbarkeit und damit die Grundlage geschaffen, von der aus sich dialektgeographische Karten zeichnen ließen. Neben einer von jeher offensichtlichen interdialektalen Verschiedenartigkeit – so schon Martin Luther: „Deudschland hat mancherley Dialectos art zu reden / also das die Leute in xxx. Meilen wegs einander nicht wol können verstehen / Die Osterreicher vnd Beiern verstehen die Düringen vnd Sachsen nicht / sonderlich die Niderländer" (vgl. Aurifaber 1566:605) – war freilich auch bekannt, dass bei genauerem Hinsehen gleichfalls intradialektale Unterschiede zu beobachten sind, deren Bedeutung nicht unterschätzt werden sollte. Sprachliche Verschiedenheit innerhalb dessen, was Adelung *Mundart* genannt hat, ist in der jüngeren Forschung mit verschiedenen Konzepten ins Blickfeld gerückt worden (vgl. etwa Goossens 1977:17-22). Wichtige Dimensionen, in denen Dialektausprägungen variieren, sind dabei die diastratische, sozial-vertikale Dimension (z.B. Bauernmundart, Honoratiorenschwäbisch, Großratsdeutsch, Pfarrerdeutsch etc., vgl. Bach 1969:241), die diatopische Dimension (lokal vs. regional vs. großregional: z.B. Stadtkölnisch, Landkölnisch, Mittelfränkisch etc.) und die diachronische Dimension (alt vs. neu: z.B. Generationenspezifik: Basisdialekt vs. reduzierter Altdialekt etc.). Eine im Sinne linguistischer Pragmatik zu verstehende, diaphasisch-diasituative Dimension ist gleichfalls ins Spiel gebracht worden (vgl. Bellmann 1994a:166ff.). Halten wir also fest: Nicht allein Dialekte im Vergleich untereinander sind verschiedenartig, auch Dialektalität in sich ist vielgestaltig.

Diese Polymorphie hängt damit zusammen, dass Dialekte weder losgelöst voneinander noch unabhängig von der *Standardsprache*, ihrem Gegenstück im sprachlichen Spektrum, existieren und sich entwickeln. Der (gesprochenen) *Standardsprache* lassen sich etwa die folgenden Merkmale attribuieren (vgl. Wiesinger 1980a:187; vgl. zum Zusammenhang auch Bellmann 1983:116 sowie Camartin 1992:121): mündliche Realisierung der Schriftsprache ohne Erreichung der Artikulationsnorm der Hochlautung; in phonetischer Hinsicht großräumig differenziert; öffentlicher bis offizieller Gebrauch in Schule, Kirche und bei öffentlichen Anlässen; größte kommunikative Reichweite aller Systemschichten. Die private und halböffentliche Verwendung ist regional und sozial sehr unterschiedlich.

An den einzelnen Kriterien wird erkennbar, dass auch die Standardsprache – hierin dem konträren Gegenpol *Dialekt* vergleichbar – nicht ganz einfach zu bestimmen ist, wenn man die Definitionsmaximen Explizitheit, Konsistenz und Adäquatheit ernst nimmt (vgl. zum Zusammenhang Ammon 1987). Dennoch lässt sich mit den skizzierten Eckpunkten Basisdialekt und Standardsprache ein sprachliches Kontinuum konstruieren, in dem viele vorfindliche Sprachäußerungen ihren Platz finden. Im Unterschied zur ‚traditionellen Dialektologie' und deren Suche nach der ‚Standardferne' zielt die ‚neue Dialektologie' (vgl. diese Begrifflichkeit bei Barbour/Stevenson 1998:113) exakt auf dieses Kontinuum. (Vgl. hierzu den sprechenden Beitragstitel „Gegenstandskonstitution in der Dialektologie: Sprache und ihre Differenzierungen" bei Löffler 1982b; dazu auch die gewissermaßen gewendete Perspektive bei Löffler 2010, in der von der Standardsprache her argumentiert wird). „Dominierendes Forschungsziel der variationslinguistischen Dialektologie ist nun die Untersuchung des Aufbaus und des Wandels des gesamten Spektrums regionaler Sprachvariation zwischen den Polen Standardsprache und Basisdialekt. Durch die Erhebung des Sprachgebrauchs verschiedener sozialer Gruppen in unterschiedlichen kommunikativen Situationen wird versucht, die rezenten regionalen variativen Register zu beschreiben" (Schmidt 1998:167).[3] Die Frage ist freilich: Wie wird zwischen den Extremen angeordnet? Gibt es eine Organisation in ‚Schichten'/‚Strata', wie es etwa die Redeweise von der sprachlichen ‚Grundschicht' nahelegt? Sind solche Schichten homogen oder vielleicht eher Konglomerate, Variantenmengen mit heterogenen Bestandteilen? Wie viele solcher Strata muss man sich denken? Ist auf solche Fragen möglicherweise keine globale, sondern nur eine räumlich und zeitlich differenzierte Antwort zu geben (vgl. hierzu die dezidierte Meinung von Schmidt 1998:167-174)? Und letztlich: Kann eigentlich ein geologisches Modelldenken der sprachlichen Wirklichkeit adäquat sein, sind entsprechende Analogievorstellungen nicht prinzipiell unpassend?

Ein Minimalkonsens der Forschung besteht hinsichtlich der Auffassung, es gebe „Zwischenschichten [...] und Sprachformen zwischen Grundmundart und Einheitssprache" (Hard 1966:19), also einen ‚intermediären Bereich', der zudem übereinstimmend als ausgesprochen kommunikationsrelevant eingeschätzt wird. „Die praktische Kommunikation der überwiegenden Mehrheit der Individuen findet heute inventarmäßig in dem breiten Spektrum des mittleren Bereiches statt, meidet

---

[3] Bereits an dieser Stelle ist darauf hinzuweisen, dass Forschungen mit entsprechenden Intentionen während der letzten zwei Jahrzehnte eine starke Konjunktur erlebt haben, d.h. es existiert mittlerweile eine Reihe empirisch fundierter Studien bzw. noch laufender Projekte, die im Blick auf das angesprochene Forschungsziel definiert sind und die zur Klärung der Verhältnisse beitragen. In den Kapiteln III.11 und III.12 dieses Buches werden ausgewählte Beispiele genauer vorgestellt und diskutiert. Vgl. in diesem Zusammenhang auch die Monographie von Schmidt/Herrgen, in der ältere und rezente Untersuchungen zum Thema präsentiert und einer kritischen Sichtung unterzogen sind (Schmidt/Herrgen 2011: 241-392).

womöglich überhaupt den Dialekt und erreicht nicht völlig, intendiert oder nicht, die kodifizierte Norm der Standardsprechsprache" (Bellmann 1983:117; Bellmann 1998:23-34). Wie freilich der ‚mittlere Bereich' zwischen Standardsprechsprache und Basisdialekt (vgl. Bellmann 1983:117-122) sinnvoll zu strukturieren ist, darüber gehen die Meinungen auseinander. Zur Illustration seien einige, eher willkürlich ausgewählte Modelle vorgestellt (vgl. auch Mattheier 1990:71):

(Bach 1969:3)
Hochsprache
Umgangssprache
Halbmundart
Mundart

(Knetschke/Sperlbaum 1967:11)
landschaftliche Bildungssprache
allgemeine Umgangssprache
Umgangssprache
Regionalmundart
Halbmundart
Vollmundart

(Ruoff 1973:192)
Landschaftliche Hochsprache
Umgangssprache
gehobene Mundart
Grundmundart

Wiesinger (1980a:186)
Standardsprache
Umgangssprache
Verkehrsdialekt
Basisdialekt

Gehen wir an einem Modell etwas mehr in die Tiefe: Wiesinger unterscheidet, ausgehend von der österreichischen Sprachsituation, zwei intermediäre Formen, die wie folgt charakterisiert sind (vgl. zu den Kennzeichen Wiesinger 1980a: 187ff.):

Umgangssprache:
noch deutliche regionale Bindung, meidet jedoch auf der phonetisch-phonologischen Ebene primäre Dialektmerkmale, während auf der syntaktischen und lexikalischen Ebene verkehrsdialektale Elemente beibehalten werden; alltägliche Sprache der mobilen mittleren und höheren Sozial- und Bildungsschichten der Geschäftsleute, Beamten.

Verkehrsdialekt:
regional verbreitet, städtisch beeinflusst; entwicklungsgeschichtlich modernerer Dialekt; größeres Prestige, größere kommunikative Reichweite; von der mobilen, mit den Wirtschafts- und Verwaltungszentren der Umgebung verbundenen Landbevölkerung gesprochen; verwendet im alltäglichen, privaten bis halböffentlichen Gespräch vor allem von der mittleren und jüngeren Generation.

Allen präsentierten Modellen ist gemeinsam, dass sie mit der Kategorie *Umgangssprache* operieren. Was *Umgangssprache* dabei konkret bedeutet, ist durch die Mehrdeutigkeit der Bezeichnung jedoch durchaus verschieden. Hard listet einige semantische Facetten auf (1966:21, Anm.9). So meint *Umgangssprache* u.a.:

– eine der zahlreichen übermundartlichen ‚Sprachschichten' (Landschafts-, Verkehrs-, Ausgleichssprachen)

- die ‚alltägliche Sprache' der Gebildeten, die von sich glauben, die Einheitssprache (‚hochdeutsch') zu sprechen – eine beträchtlich tiefere Stilebene der Einheitssprache, [...] teilweise so viel wie Slang [...]
- Alltagssprache schlechthin, also eine stilistische ‚Normallage', sei es in einer Mundart, sei es in der Einheitssprache

In der Definition als ‚regionale Umgangssprachen' sind Sprachformen, die zwischen Basisdialekt und Standardsprechsprache angesiedelt sind, in den letzten Jahrzehnten wiederholt untersucht worden. So findet Bellmann in städtisch geprägten Regionen des Westmitteldeutschen Ausprägungen eines *Neuen Substandards* (vgl. dazu auch Lerchner 1989), für den sinngemäß alles gilt, „was über den regionalen Charakter einer schwäbischen, bairischen usw. Umgangssprache gesagt worden ist" (Bellmann 1983:125). R. Lauf verwendet neben *großräumlichen Umgangssprache(n)* synonym die Ausdrücke *Regionalsprachform* und *Regiolekt*. Entscheidend für die Abgrenzung ‚nach unten' ist, „dass keine extrem kleinräumliche Regionalsprache mit sehr starken Abweichungen von der Standardsprache vorliegt [...]" (1996:194).

Aus Raumgründen kann hier keine ausführliche Besprechung der theoretisch und operativ bedeutsamen Arbeiten zur Umgangssprachen-Problematik erfolgen. Im Sinne der oben definierten Forschungsziele einer ‚neuen Dialektologie' liegt es indes auf der Hand, dass solchen Entwürfen in manchem richtungsweisende Funktion zuwächst. Zu nennen sind hier etwa: Bichel 1973, 1988; Müller 1980; Munske 1983; Martin 1996; Eichhoff 1997; Durrell 1998 sowie Weisgerber 1996, Mihm 2000b.

Einer stratigraphischen, d.h. schichtartigen Anordnung der Sprachformationen vom Basisdialekt bis zur Standardsprechsprache liegt – wie es z.B. auch die Bezeichnungen *Platt* (missdeutet als 'sozial niedrig') und *Hochsprache* bzw. *Hochdeutsch* (missdeutet als 'sozial hoch') suggerieren könnten – implizit eine hierarchische Vorstellung der Sprachverhältnisse zugrunde. Diese Oben-Unten-Konstruktion mit sauber getrennten Schichten, die eine Menge empirischer und theoretischer Probleme aufwirft, hat in neuerer Zeit jedoch verstärkt durch andere Modellvorstellungen Konkurrenz bekommen (vgl. dazu Macha 2004). „Voneinander abgehobene, diskontinuierliche Sprachschichten (Mundart – Umgangssprache – Standardsprache) gehören [...] als Realität der sprachlichen Vergangenheit an und bestehen im übrigen lediglich als abstrahierende Konstrukte der Forscher" (Bellmann 1989:204). Ein zentraler Punkt in neueren Konzeptionen ist die Anerkennung der tatsächlichen wechselseitigen Durchdringung und Durchmischung von ideal eher als getrennt gedachten Sprachschichten.[4] Erkenntnisleitend mag dabei die Vorstellung von ei-

---

4 Es verwundert nicht, dass Dialektologen, die sich mit eigener empirischer Arbeit ‚erden', stets diese, in der Sprachrealität zutage tretende Mischqualität erkannt haben. So verfügen „die einzelnen Dorfangehörigen über die Kenntnis von mehreren Systemen, die sie je nach Gesprächspartner und Gesprächssituation zu wählen vermögen, so daß der Gebrauch der einzelnen Systeme aufgelockert ist und eine wechselseitige Durchlässigkeit einzelner Erscheinungen als Varietäten erlaubt"

nem ‚Sprachvariantenraum' sein, in dem alle möglichen Sprachformen nebeneinander, übereinander und ineinander existieren. Insofern sich Mengen von Sprachvarianten zu Aggregaten bündeln lassen – und dies geschieht mittels eines konstruktivistischen Verfahrens durch die Forschung, die bestimmte Merkmale im Blick auf Kohärenz akzentuiert, andere dagegen außer Acht lässt –, kann man von *Sprachvarietäten* sprechen (vgl. zum Thema auch M. Hoffmann 1999). Varietäten sind im Blick auf regionale, soziale, funktionale und situative Kohärenz definierbar, sie erscheinen z.B. als bestimmte Fachsprachen, als Sondersprachen u.a.m.[5] Die Gesamtmenge der Sprachvarietäten wiederum formiert dasjenige, was eine Nationalsprache wie etwa ‚die deutsche Sprache' als Ganzes ausmacht (vgl. Löffler 2010:79ff.). Wichtige Merkmale des hier nur knapp umrissenen Ansatzes sind also Durchlässigkeit und Dynamik der als Varietäten aggregierten Sprachvarianten. Indem zahlreiche sprachliche Varietäten ansetzbar sind, zu denen (neben anderen) die ‚Standardvarietät' gehört, entsteht ein Denkmodell, das Probleme vermeidet, die sich aus einer eher zu geschlossenen Sprachschichten tendierenden traditionellen Auffassung ergeben. Problematiken wie ‚Dialektabbau' und ‚Dialektnivellierung' oder auch die Entstehung von ‚Neuen Substandards' bzw. ‚regionalen Umgangssprachen' sind mit einem offeneren Darstellungsansatz möglicherweise adäquater zu fassen und zu beschreiben. Wechselnde Variantenkonfigurationen im Sprachgebrauch scheinen jedenfalls ein prägendes Kennmerkmal des Sprachlebens der heutigen Zeit zu sein.

Die Idee des Sprachvariantenraumes erweist sich als besonders fruchtbar, wenn die sprechhandelnde Person ins Zentrum der Aufmerksamkeit tritt. „Die Soziolinguistik hat [...] bewirkt, dass die Dialektforschung ihr Augenmerk mehr und mehr auf die Dialekt-‚Sprecher' richtete. Damit wurden die sozialen Determinanten und kommunikativen Bedingungen der Sprecher, des Dialektgebrauchs und dessen Funktionen mit in die Beobachtung einbezogen. Diese neue Richtung der Dialektologie wird ‚Sozio-Dialektologie' (manchmal auch pointiert ‚Sprecher-Dialektologie') genannt" (vgl. Löffler 2010:127; dazu auch Löffler 1986b; Macha 1985:130; Bürkli 1999:12-20). Wenn konkrete Sprechhandlungssequenzen aus dem alltäglichen Leben untersucht werden, ist man mit vielfacher und vielfarbiger Mischung, mit scheinbarer und tatsächlicher Heterogenität konfrontiert. Ihre Musterbildungen lassen sich z.T. auch mit Konzepten erforschen, die der Dialektologie in jüngerer Zeit vor allem aus der internationalen Mehrsprachigkeitsforschung/Kontaktlinguistik und aus Studien interaktionistischer Prägung zugewachsen sind (vgl. Gumperz 1994; Auer 1986; zu begrifflichen Adaptionen aus der Kreolistik Christen

---

(Wiesinger 1980a:180). König hat sein Dreier-Modell (Standardsprache – Regionale Umgangssprachen – Basisdialekte) unter der Prämisse „gegenseitiger Beeinflussung" konzipiert (2004:134).
5 Die theoretische und empirische Problematik des Varietätenkonzepts ist neuerdings facettenreich behandelt in einem Sammelband von Gilles/Scharloth/Ziegler (Hgg.) 2010; vgl. ferner Hettler/Jürgens/Langhanke/Purschke (Hgg.) 2013.

1997:348f.). Sie betreffen u.a. das ‚code-switching', bei dem in sinn- und regelhaftem Handeln zwischen alternativ verwendbaren Sprachformen abgewechselt wird, oder das ‚code mixing' bzw. ‚code shifting', das als gleitendes Ineinander verwandter Varietäten interpretiert werden kann. Soziodialektologische Untersuchungsansätze beziehen sich des weiteren auf den sozialdeiktischen Symptomcharakter verwendeter Varianten, so etwa auf den Eindruck, den regionalsprachliche Elemente in standardsprachlicher Rede beim Interaktionspartner hervorrufen. Auch die sogenannten Hyperkorrektionen, bei denen es sich um die falsche Generalisierung richtig erkannter Sprachregeln handelt, gehören ins Forschungsfeld (vgl. Macha 1999). Ein weiterer Aspekt, der in besonderem Maße durch den Prozesscharakter jeder Interaktion im Spannungsfeld der Varietäten bewirkt ist, betrifft sprachliche ‚Akkomodationen', also wechselseitige oder einseitige Angleichungen von Sprechweisen im Ablauf kommunikativer Ereignisse (vgl. Niedzielski/Giles 1996). Kurzum: Mit den hier nur kurz skizzierten Fragen und begrifflichen Ansätzen sind in den letzten Jahren Problemstellungen ins Blickfeld gerückt (vgl. dazu auch Schwitalla 2012:46-55; Häcki Buhofer 1998; Gilles 2003), die zwar seit den Anfängen der Dialektologie bekannt waren, die jedoch lange Zeit als eher periphere, wenn nicht gar vernachlässigenswerte Erscheinungen behandelt worden sind. K.J. Mattheier resümiert deshalb zurecht: „Dialekte sind heute keine ausschließlich raumgebundenen Varietäten mehr, wenn sie es überhaupt jemals waren. Dialekte sind sprachliche Existenzformen, die eingebunden sind in vielfältige und verschiedenartige gesellschaftliche und situative Bezüge, die nicht ihren Randbereich bilden, sondern das Phänomen der Dialektalität heute zentral prägen" (Mattheier 1980a:199).

Fragen/Aufgaben

1. Welchen bedeutungsmäßigen Zusammenhang gibt es in sprachhistorischer Hinsicht zwischen den Begriffen *Platt* und *Gemeines Deutsch*?

2. Welche Bezeichnungen verwenden Sprecher/Sprechergruppen in der heutigen Zeit zur Charakterisierung ihrer eigenen dialektalen Sprechweise?

3. Durch welche Merkmale lässt sich der ‚Basisdialekt' kennzeichnen und wo liegen die Probleme seiner Definition?

4. Vergegenwärtigen Sie sich die Dialekt/Standardsprache-Situation im deutschsprachigen Raum anhand der Modelle von Schmidt (1998:167-174)!

5. Diskutieren Sie das Verhältnis ‚Umgangssprache' vs. ‚Neuer Substandard' anhand der weiterführenden Literatur (Bellmann, Durrell, Lerchner, Munske u.a.)!

6. Inwieweit erscheint es heutzutage sinnvoll, neben der ‚traditionellen' auch eine ‚neue' (standardnahe) Dialektologie zu betreiben?

II Dialektologische Arbeitsverfahren

1 Voraussetzungen

Im allgemeinen sind die Gegenstände dialektologischer Untersuchungen erst noch empirisch zu erheben. Bevor man an die eigentliche Erhebung des zu untersuchenden sprachlichen Ausschnitts, des sog. Korpus, herangehen kann (hierzu vgl. II.2.), sind einige Grundvoraussetzungen zu bedenken.

1.1 Anforderungen an das Korpus

Die erste Forderung, die an ein sprachwissenschaftliches Corpus gestellt werden kann, geht dahin, dass es für die zu untersuchende Sprache bzw. den interessierenden Sprachausschnitt *repräsentativ* sei. Der Faktor der Repräsentativität ist dabei abhängig vom Forschungsziel. Folgende Passage bei Ruoff 1973 verdeutlicht, was hier gemeint ist:

> „Um ‚Ortssprache' so genau wie möglich zu erfassen, haben wir in den Schwarzwaldweilern alle Einwohner auf Band genommen, viele von ihnen in sehr verschiedenen Sprachsituationen; um südwestdeutsche gesprochene Sprache in ihrer wesentlichen Schichtung (in räumlicher und sozialer Binnengliederung) zu erfassen, muß das dafür repräsentative Korpus einer Auswahl von zufällig gestreuten Aufnahmegesprächen ausreichen. Daß es das wirklich kann, erweisen unsere Aufnahmen in allen bis jetzt vorliegenden oder laufenden Arbeiten" (S. 159).

Zur Ermittlung des Phonemsystems der Mundart eines kleinen Ortes beispielsweise wird man sich auf einen einzigen Gewährsmann beschränken können, da in dieser Hinsicht die Unterschiede zwischen verschiedenen Sprechern derselben Mundart als „mindere Sonderfälle derselben Grundstruktur" (Levine/Arndt 1969:36) werden gelten dürfen. Für moderne Großstadtdialekte mit ihrer stärkeren Veränderungsfreudigkeit aufgrund der komplizierten Sozialgefüge (Seidelmann 1971) dürfte diese Annahme so generell nicht mehr zutreffen. Hier wären auch für ein relativ einfaches Forschungsziel wie das der Ermittlung des Phonemsystems auf jeden Fall umfänglichere Erhebungen notwendig, für die jedoch eine statistische Untergrenze hinsichtlich der repräsentativen Auswahl an Sprechern bisher noch nicht befriedigend operationalisiert worden ist.[6] Die technisch durchaus machbare Gesamtaufnahme eines Ortes ist angesichts der zu erwartenden Materialfülle nur für kleine Orte sinnvoll.

Eine weitere wichtige Forderung an das Korpus ist, dass es *homogen* sei. Bei einer dialektgeographischen Untersuchung beispielsweise kommt es darauf an, die

---

[6] Zu einzelnen Auswahlverfahren vgl. Viereck 1975:11ff.; König 1982:471ff. – Zu Methoden und empirischen Standards in der Sprachgeographie vgl. auch König 2010.

sog. außersprachlichen Variablen möglichst konstant zu halten. Dies betrifft etwa die Dichte des Ortsnetzes, Thematik und Umfang des Befragungsinstrumentariums, den Zeitpunkt der Aufnahmen, die Zahl der Gewährspersonen pro Ort, die Sprachschicht, die Sozial-, Alters- und Berufsstruktur sowie die geschlechtsspezifische Verteilung der Gewährspersonen, die Gesprächssituation usw.[7] Die jeweilige Bedeutung der einzelnen Faktoren ist aber auch hier wieder vom Forschungsziel her determiniert.

Eine dritte bedeutsame Anforderung richtet sich auf das Streben nach einer ‚gewissen Abrundung' des zu untersuchenden dialektologischen Aspekts. Wenn wir etwa wieder an eine dialektgeographische Untersuchung denken, so ist in diesem Zusammenhang darauf zu achten, dass man die Sprachelemente, die man untersuchen will, „so viel wie möglich als Teile eines Systems" betrachtet und „nicht durch eine zu beschränkte Materialsammlung eine solche Betrachtungsweise unmöglich" macht (Goossens 1977:63); weiter heißt es ebda.:

> „Wer etwa die Entwicklung eines Phonems in einem Gebiet untersuchen will, muß, um eine richtige Einsicht in die Verbreitung der Laute, die sich aus diesem Phonem entwickelt haben, zu gewinnen, auch die Entwicklung der angrenzenden Phoneme des Protosystems kennenlernen. Wer die geographisch differenzierten Bezeichnungen für einen bestimmten Begriff kennenlernen will, muß die Überlegung berücksichtigen, daß Wörter sehr häufig Teile eines Wortfeldes sind, die sich gegenseitig inhaltlich begrenzen."

Schließlich ist zu betonen, dass das erhobene Korpus *insgesamt*, nicht nur in Auswahl, ausgewertet wird; ansonsten besteht nämlich die Gefahr, dass man bereits „mit einem bestimmten geistigen Vorgriff" passende Belege sucht (Glinz 1965:81). Von daher ist natürlich auch die Sammlung zufälliger Belege anstelle der Erhebung eines Korpus abzulehnen.

1.2 Anforderungen an die Gewährsleute

Nach herkömmlichem Verfahren werden für die Erhebungen der örtlichen ‚Grundmundart' die ältesten Bewohner herangezogen, und aus dieser Gruppe am liebsten solche, die nie über längere Zeit ihren Heimatort verlassen haben, die im Ort selbst ihren Ehepartner fanden, deren Familien nach Möglichkeit bereits seit Generationen dort ansässig waren. Auf diese Weise hofft man, eine kaum durch äußere Einflüsse verfälschte ortsspezifische Sprache zu erheben. Einmal ganz abgesehen von der oben bereits angeschnittenen Frage, ob diese Sprachform als repräsentativ für den Ort angesehen werden kann, ergeben sich bei solchen Sprechern häufig auch altersbedingte Schwierigkeiten. „Was nicht schon durch artikulatori-

---

[7] Zu den Rededeterminanten vgl. auch Ruoff 1973:181ff.

sche Defekte verfälscht wird, fällt oft dem schlechten Gedächtnis oder der beschränkten Konzentrationsfähigkeit zum Opfer" (Löffler 2003:41). Sprecher mittleren und jüngeren Alters machen ein eventuelles Manko hinsichtlich ihrer durchgehenden Ortsansässigkeit zumeist durch Auffassungsgabe (indem sie beispielsweise merken, „daß der Explorator zu jedem Infinitiv auch das Partizip will, zu jedem Nominativ Singular auch den Plural, die Reihenfolge im Verbparadigma usw.", s. König 1975:355) und Gedächtnis (indem sie sich etwa erinnern können, wie ihr Vater oder Großvater zu der fraglichen Sache gesagt haben) sowie sprachliche Fertigkeiten wett. Vor allem bei der Abfrage umfänglicher Fragebücher (vgl. II.2.2.3) muss die Gewährsperson eine große geistige und körperliche Leistung vollbringen; diese Methode lässt sich erfolgreich nur bei Gewährsleuten mit sehr guter Auffassungsgabe anwenden. Bei solchen Sprechern dürfte dann auch das dauernde Hinüberwechseln in die Umgangssprache bei den Fragen keine übermäßige Fehlerquelle darstellen.

Unter dem Aspekt der Gewinnung möglichst einheitlicher Maßstäbe erscheint eine Charakteristik der für eine Sprachaufnahme bedeutsamen Eigenschaften der Gewährsleute sehr wünschenswert. Einen entsprechenden „Vorschlag zur Operationalisierung individueller Eigenschaften von Informanten" hat König vorgelegt (1975:361ff.). Er bedient sich dabei eines in den Sozialwissenschaften verwendeten Verfahrens. Dabei werden die Eigenschaften oder Verhaltensweisen einer Gewährsperson im Verhältnis zu ihrer jeweiligen Kontraeigenschaft dargestellt (objektsprachliche Kompetenz – keine Kompetenz; metasprachliche Kompetenz – keine Kompetenz; viel redend – wenig redend; schnell redend – langsam redend; viele Erinnerungsformen – keine Erinnerungsformen usw.), und zwar mit Hilfe einer fünfwertigen Rangskala, so dass also nicht nur ja/nein-Entscheidungen, sondern auch graduelle Abstufungen darstellbar sind. Selbstverständlich ist die Problematik solcher Beurteilungen nicht zu verkennen; König meint in diesem Zusammenhang:

> „Für das Endergebnis dürfte nur wichtig werden, ob ein Wert links oder rechts der mittleren Scheidelinie angeordnet ist: das dürfte reichen, um Eigentümlichkeiten des Sprachmaterials – sofern sie durch individuelle Eigenschaften der Gewährsleute bedingt sind – auch auf diese zurückzuführen" (1975:363).

1.3 Anforderungen an die Exploratoren

Ein guter Explorator zeichnet sich dadurch aus, dass er nicht nur den ihm von seiner Arbeit her gestellten Anforderungen (Fähigkeit, die Fragen präzise und verständlich zu stellen, scharfes Gehör, Fähigkeit zu adäquater phonetischer Notation) gerecht wird, sondern auch in der Lage ist, sich in seinem Verhalten und Auftreten auf seine Gewährsleute einzustellen. Ruoff hat dies treffend so beschrieben: „Der gute Interviewer brauche [...] ein Gutteil der Eigenschaften eines guten Vertreters. In einem Punkt noch mehr: Es muß dem Explorator ernst sein, sein sachliches Interesse und seine Freude am Kontakt mit Menschen müssen dem Gewährsmann glaubwürdig erscheinen" (1973:83). Weiterhin sollte der Explorator solide Kenntnisse auf den Fachgebieten haben, auf die seine Fragen sich erstrecken, nicht zuletzt auch aus dem Grunde, um mit den Gewährsleuten besser ins Gespräch zu kommen.

Es ist lange Zeit umstritten gewesen, ob ein Explorator seinem Untersuchungsgebiet selbst entstammen müsse oder besser einem anderen Gebiet. Anhand von Stichproben, bei denen lautgeographische Befunde in Atlaswerken mit ihren Entsprechungen in Mundartmonographien verglichen wurden, kommt Goossens (1965) zu dem Ergebnis, dass die Fehlerhaftigkeit phonetischer Notationen mit dem wachsenden Unterschied zwischen der aufgenommenen Mundart und dem Sprachsystem des Explorators zunimmt. Auch ein erfahrener Explorator transkribiert vor seinem eigenen „phonischen Hintergrund" (Van Coetsem 1965:69). Dieser Tatsache wurde beispielsweise bei den Erhebungen für das Deutsche Spracharchiv (vgl. II.4.2) Rechnung getragen, indem man dort kleineren Aufnahmegebieten jeweils mundartkundige Exploratoren zuwies.

2 Datenerhebung[8]

2.1 Beobachtung

Im allgemeinen wird die *Beobachtung* für die beste Datenerhebungsmethode gehalten, weil durch sie die natürliche Kommunikationssituation am geringsten beeinträchtigt wird. So sagen etwa Jaberg/Jud (1927:173):

> „Das Ideal ist, die Laute so wiederzugeben, wie sie die natürliche Rede bietet, mit allen Unregelmässigkeiten und Inkonsequenzen [...]. Vollkommene Beobachtungsbedingungen bietet ja nun freilich nur die von aussen unbeeinflusste und des Beobachters nicht inne werdende spontane Unterhaltung von Dialektsprechenden."

In diesem Zusammenhang hat dann Labov (1980:17) eingängig formuliert: „Um die Daten zu erhalten, die am wichtigsten für die linguistische Theorie sind, müssen wir beobachten, wie Leute sprechen, wenn sie nicht beobachtet werden." Störende Einflüsse, wie sie etwa bei der sehr künstlichen Interviewsituation der *Befragung* nicht auszuschließen sind,[9] werden hier weitgehend ferngehalten. Als ideale Art der

---

[8] Zum Gesamtzusammenhang vgl. Goossens 1972:56ff., Werlen 1984; Wagener 1988. Vgl. jetzt auch grundsätzlich Seiler 2010. Die Erhebung historischer Sprachdaten wird in diesem Zusammenhang ausgeklammert; hierzu vgl. unten III.10.1.
[9] So verändert der Interviewer „durch sein beobachtendes und beschreibendes Eingreifen in die natürliche Struktur eines funktionierenden Kommunikationssystems (z.B. einer Kleingruppe) eben diese Struktur selbst", vgl. Wodak 1982:541. Labov 1978 nannte dieses Phänomen „Interviewer-

Sprachdatenerhebung wäre wohl die *verdeckte Beobachtung* anzusehen, bei der die Gewährspersonen nicht wissen, dass ihr Sprachgebrauch aufgenommen wird; hier ergeben sich jedoch juristische und ethische Implikationen, die ein solches Verfahren sehr fragwürdig machen (Hufschmidt/Mattheier 1976:109f.). Ganz generell sollte ein Forscher seine Informanten über seine Ziele nicht im unklaren lassen (Menge 1982:547).

Bei der häufiger praktizierten *offenen Beobachtung* geht es in erster Linie um die Erhebung einer bestimmten Materialsorte: des freien Gesprächs oder des Monologs. Mit Hilfe des Tonbandgerätes (bzw. Kassettenrekorders) war es möglich, systematische Sammlungen bzw. Tonbandarchive[10] anzulegen. Solche Sammlungen verschließen sich allerdings weitgehend einer umfassenden dialektgeographischen Auswertung. Dies liegt zum einen daran, dass das Ortsnetz wegen der äußerst zeit- und kostenintensiven Aufnahmen sowie der Notwendigkeit einer späteren Transkription[11] oft nicht dicht genug ist. Für größere dialektgeographische Untersuchungen kommt man an der Methode der *Befragung* nicht vorbei. Allerdings bleibt die Aufzeichnung freier Gespräche bzw. Monologe für die Untersuchung bestimmter sprachlicher Erscheinungen unverzichtbar; außer für Fragen etwa des Sprechtempos, des Akzents, der Assimilation etc. gilt dies natürlich in besonderem Maße für die Erforschung geographischer Differenzen in der Syntax sowie für den gesamten Bereich pragmatischer Zusammenhänge.[12]

2.2 Befragung

2.2.1 Direkte Befragung

Bei der direkten Befragung geht der Explorator von Ort zu Ort und nimmt die Angaben seiner Gewährsleute, die diese aufgrund seiner anhand eines bestimmten Befragungsinstrumentariums gestellten Fragen machen, direkt auf. Dies geschieht entweder durch sofortige schriftliche Aufzeichnung oder mit Hilfe eines Tonbandgerätes. Letzteres hat besonders bei lautlichen Untersuchungen beträchtliche Vorteile,

---

Paradoxon". Zu dessen in den verschiedenen Datenerhebungssituationen unterschiedlich zu gewichtender Bedeutung vgl. Mattheier 1982:633f.

10 Auf diese Weise entstand z.B. das Deutsche Spracharchiv; vgl. Näheres in II.4.2. – Zu den Erhebungen der Tübinger Arbeitsstelle „Sprache in Südwestdeutschland" s. Ruoff 1973, der den Fragen der Datenerhebung unter methodischem Gesichtspunkt große Aufmerksamkeit schenkt (ebda. S. 74ff.).

11 Ziel ist dabei nicht die Ersetzung des Tonbandes durch die Schrift; vielmehr soll „die gesprochene Sprache anhand ihrer visuellen Darstellung in einem Grad gedanklich nachvollziehbar" gemacht werden, der sprachwissenschaftliche Analysen erst ermöglicht (Rhode/Roßdeutscher 1973:30).

12 Hier sind in neuerer Zeit durch eine entwickelte Technologie (tragbare Mikro-Sender) gute Möglichkeiten geschaffen worden, Sprache ‚in vivo', also im praktischen Lebensvollzug zu erheben (vgl. Macha 1991; Hofer 1997:130f.).

ist doch durch die Möglichkeit des beliebig wiederholbaren Abhörens der Aufnahme eine größere phonetische Exaktheit der Transkription gewährleistet. Zuvor ist generell auch die Frage der Repräsentativität bei Sprecherauswahl und Sprechsituation zu bedenken (vgl. König 1982:471ff.). Auf die verschiedenen Aspekte der direkten Befragung wird im Zusammenhang der Darstellung des „Mittelrheinischen Sprachatlas" (MRhSA) ausführlicher eingegangen (vgl. III.8).

Bei weiträumigen dialektologischen Untersuchungen, die mit der Methode der direkten Befragung arbeiten, muss – auch wenn ein Team zur Verfügung steht – wegen des großen Arbeits- und Zeitaufwandes notwendigerweise die Ortsnetzdichte gering gehalten werden. Beim mit der direkten Methode arbeitenden „Schweizerdeutschen Sprachatlas" (SDS) z.B. werden nur 25 bis 66 % der Orte erfasst (Hotzenköcherle 1962a:85f.). Lediglich kleinräumige Untersuchungen können auf eine nahezu hundertprozentige Ortsnetzdichte kommen, so etwa der „Vorarlberger Sprachatlas" (VALTS). In der Sprachgeographie sieht man sich deshalb häufig gezwungen, anstelle der erstrebenswerteren mündlichen Erhebungen die notwendigen Befragungen schriftlich durchzuführen.

2.2.2 Indirekte Befragung

Die indirekte, schriftliche Befragung ist weniger kostenaufwendig. Aus diesem Grunde kann das Befragungsnetz auch dichter sein. Während etwa das Material für den „Atlas linguistique de la France" (ALF) bei einem Ortspunktanteil von nur 2% der französischen Gemeinden noch direkt durch Exploratoren erhoben werden konnte, kam für den „Sprachatlas des Deutschen Reiches", der nahezu 100% aller „Schulorte" abdeckt, lediglich die indirekte Methode in Frage (ausführlicher hierzu in III.2.1.). Man muss bei der schriftlichen Befragung allerdings mit einem bestimmten Rücklaufverlust rechnen. Des weiteren ist natürlich auch in das Kalkül einzubeziehen, dass die Gewährspersonen in ihren Angaben von Dritten beeinflusst sein können.

Da die Informanten im allgemeinen nicht linguistisch ausgebildet sind, erhält man die Antworten zumeist in gewöhnlicher Orthographie (vgl. Abb. 14). Gut geeignet ist indirekt erhobenes Material daher lediglich für die Erforschung von Problemen, bei denen es nicht in erster Linie auf exakte lautliche Notation ankommt, also etwa für wortgeographische Untersuchungen. Im übrigen werden durch die größere Ortsnetzdichte eventuelle Mängel der ‚Laienschreibung' eines bestimmten Ortes durch möglicherweise eindeutigere Belege aus der Umgebung z.T. auch wieder ausgeglichen. Entsprechend wird etwa bezüglich möglicher ‚Fehler in den Dialektübersetzungen' der von Laien ausgefüllten Fragebögen zum Wenkerschen „Sprachatlas des Deutschen Reiches" (vgl. III.2.1.), für den Antwortbögen aus mehr als 40.000 Schulorten gesammelt worden waren, argumentiert:

"Grade diese Menge der vertretenen Orte sichert uns vor unrichtigen Angaben aus einem einzelnen; erscheinen eine oder vereinzelte Übersetzungen irgendwie verdächtig, so liegen Dutzende, ja Hunderte aus der Nachbarschaft zum Vergleich bereit: auf der großen Zahl der Atlasformulare beruht die Sicherheit seiner Ergebnisse" (Wrede 1895:35f.).

Der größte Vorteil dieser Methode besteht darin, innerhalb kurzer Zeit für ein ziemlich dichtes Belegortnetz Informationen zu erhalten. Die Frage allerdings, was die ausgefüllten Fragebögen repräsentieren (welche Sprechergruppe, welche Sprechsituation usw.) ist im allgemeinen nur schwer zu beantworten (König 1982:476f.).

Seit einigen Jahren werden dialektgeographische Daten auch per Internet erhoben. Auf diese Weise werden die Daten „relativ schnell und fast kostenfrei" gesammelt (Möller/Elspaß 2008:115). Im Rahmen des „Atlasses zur deutschen Alltagssprache (AdA)" hat sich dieses Verfahren als sehr tauglich erwiesen; vgl. III.11.2.

2.2.3 Befragungsinstrumentarium

Sowohl bei der direkten als auch bei der indirekten Befragung ist die Vergleichbarkeit der erhobenen sprachlichen Einheiten wünschenswert und letztlich auch methodisch gefordert. Daher ist die Verwendung eines festen Fragekatalogs unumgänglich. Dieser besteht entweder in (1) vorgefertigten Sätzen, die der Informant zu übertragen hat[13] (und die häufig etwas konstruiert wirken, weil in sie die zur Untersuchung anstehenden lautlichen, morphologischen oder syntaktischen Probleme ‚eingebaut' sind), oder aber (2) in Wörterlisten. Ein berühmtes Beispiel für (1) stellen die „Wenker-Sätze" zur Erhebung des Materials für den „Sprachatlas des Deutschen Reiches" dar; vgl. III.2.1. und Abb. 13. Bei der Abfrage von Wörterlisten hat man es mit der wohl künstlichsten Fragesituation zu tun, weil hier vollkommen kontextfrei gefragt wird.

Statt solcher Wörterlisten finden – zumeist bei der direkten Befragung – auch Fragebücher Verwendung, in denen man von der Sache zum Wort kommt (onomasiologische Methode). Hier wird nach einer Sache gefragt, indem das Gemeinte umschrieben bzw. als Bild vorgelegt wird. Zur Abkürzung der Frageprozedur wird der Gewährsperson häufig auch ein Lückentext vorgesprochen, in dem das zu erfragende Wort ausgespart ist. Im gleichen Zusammenhang ist auch die Tatsache zu sehen, dass Fragebücher im allgemeinen nach Sachgruppen gegliedert sind. Als geradezu vorbildlich gilt das Fragebuch des SDS (Abb. 1).

---

13 Zur Problematik der „Elizitierung linguistischer Daten vermittels Übersetzung" s. Wirrer 2011.

12. Heuernte

43.
1. die Gesamtheit aller beim Heuen gebrauchten Werkzeuge
2. das Gras
3. (ungedörrtes) Gras einbringen Transportart und Transportmittel (Traggeräte, ⌐Schleifen¬, Schlitten, Schubkarren, Wagen)
4. „das Heu"
5. „heuen" Zeitpunkt? (Monatsname in Mundart)
6. das Emd (Grummet)
7. emden Zeitpunkt? (Monatsname in Mundart)
8. „mähen" * (die Wiese ist) „gemäht"
8a. welk (vom Gras)
9. der Ertrag an Heu, Emd

44.
1. die Sense
2. der Sensenstiel
2a. der am Stiel anliegende Fortsatz des Sensenblatts
 b. der Handgriff in der Mitte des Stiels
 c. der Handgriff am Ende des Stiels
3. der Dorn am Blattfortsatz
4. „Rücken" (des Sensenblattes)
5. der zur Schneide ausgedengelte Rand des Sensenblattes
6. „es haut nicht mehr" (z.T. übs.) „gehauen"
7. „es hat keine Schneide mehr" (übs.)

45.
1. „dengeln"
1a. (Dengel-) „Maschine"
2. wird zum Dengeln das Blatt am Stiel gelassen oder weggenommen?
3. sofern das Blatt am Stiel gelassen wird: die Vorrichtung zum Auflegen bzw. Aufhängen des Sensenstiels
3a. hält man beim Dengeln die Schneide gegen sich oder nach außen gekehrt?
4. der Dengelhammer

5. wie dengelt man?
 a) mit breitem Hammer auf schmalem Amboß
 b) mit schmalem Hammer auf breitem Amboß
6. der Dengelamboß
7. die Unterlage des Dengelambosses
8. das Dengelwerkzeug als Ganzes (Hammer + Amboß)
9. der Wetzsteinbehälter
* 9a. „wetzen" (die Sense ist) „gewetzt"

Die Fragen auf den Seiten 46-49 beziehen sich ausschließlich auf die älteren (nicht maschinellen) Arbeitsmethoden

46.
1. die Schwaden frisch gemähten Grases, Sg. Pl.
2. die Schwaden zetten (auseinanderlegen)
3. die Zettgabel
4. die Zinken der Zettgabel:
 a) ganz aus Holz
 b) Holzzinken mit Eisenspitze
 c) Zinken aus Draht mit Querverstärkung
 d) geschmiedete oder stählerne Zinken
5. Vorkommen, Lautung und Bedeutung von „Furgge"
6. Traggefäße für die Verpflegung auf dem Feld:
 a) für das Essen
 b) für die Tranksame
 c) die flache Taschenflasche für Schnaps

47.
1. was macht man mit dem am Morgen gemähten und ausgebreiteten Heu bzw. Emd am Mittag oder frühen Nachmittag? (liegen lassen / wenden) Werkzeug
2. was macht man mit dem Heu bzw. Emd am Abend? (liegen lassen / wenden / zu Schwaden zusammenrechen / zu Häufchen schichten; „eintägiges Heu")
3. die Schwaden halbdürren Heues bzw. Emdes (am Abend des ersten Tages), Sg. Pl.
4. das bei 2 verwendete Werkzeug „Rechen"
5. der Rechenstiel
6. das Querjoch am Rechen
7. der Rechenzinken + Pl.
8. aus welchem Material bestehen 5-7?

Abb. 1: Seite des Fragebuchs für den „Sprachatlas der deutschen Schweiz"

Fragen/Aufgaben

1. Diskutieren Sie Grundvoraussetzungen der dialektologischen Datenerhebung!

2. Welche theoretische und praktische Bedeutung hat das sog. ‚Interviewer-Paradoxon'?

3. Machen Sie sich anhand von Hotzenköcherle 1962a mit den Prinzipien der direkten Befragung vertraut!

4. Was sind Vorzüge und Nachteile der beiden Haupttypen von Befragungen?

5. Erheben Sie mittels Kassettenrecorder in Ihrem Heimatort bei einer dialektkompetenten Gewährsperson die mundartlichen Bezeichnungen für *Körperteile* (anhand von Kapitel 21 des Fragebuchs des SDS (Hotzenköcherle 1962b:45-47)!

3 Transkription

Die schriftlich fixierte Sprache stellt, gemessen am Reichtum der vorhandenen Laute, ein nur unvollkommenes Abbild sprachlicher Realität dar. Bereits das Standarddeutsche hat mehr Laute als das Alphabet Schriftzeichen: manche Buchstaben vertreten mehrere Laute (etwa <e> erscheint als [eː] in *Weg*, als [ɛ] in *Bett*, als [ə] in *Gefahr*, außerdem bildet es in *Bein* die erste Diphthongkomponente von [ai]; andere stellen, in Verbindung mit weiteren Buchstaben, einen neuen Laut dar (so beispielsweise <c> als [ts] in *circa* und (anlautendes) <h> als [h] in *Huhn*, kombiniert zu <ch> als [ç x] in *ich, machen*); wiederum andere stehen nicht nur für den entsprechenden Laut, sondern differenzieren darüber hinaus als ‚stumme Schriftzeichen' andere Lautwerte (<h> z.B. entspricht [h] in *Hals*, ist aber Dehnungszeichen für den vorangehenden Vokal in *Sahne*); schließlich begegnen auch unterschiedliche Buchstaben(kombinationen) für dieselbe Lautverbindung (für [ks] erscheint <chs> in *Lachs*, <cks> in *Klacks*, <ks> in *Keks*, <gs> in *flugs*, <x> in *Hexe*.[14]

Da in Normalorthographie die Aussprache nicht genau wiedergegeben werden kann, sind zahlreiche Umschriftsysteme entwickelt worden, die es ermöglichen sollen, die Aussprache der einzelnen Wörter exakter zu fixieren. Erste Entwürfe reichen bis ins 16. Jahrhundert zurück. Viele Systeme konnten sich nicht durchsetzen, weil sie den Anforderungen, die an eine phonetische Umschrift zu stellen sind, nicht genügten. Stötzer (1970) hat diese Anforderungen in vier Punkten zusammengefasst:

1. Jeder Laut hat sein eigenes Zeichen, jedes Zeichen seinen Wert [...]
2. Alle Laute werden direkt, nicht durch ihre Stellung ausgedrückt. Stimmhafte Laute haben andere Zeichen als stimmlose [...]
3. Eine Lautschrift muß leicht lernbar, schreibbar, setzbar und, besonders in zusammenhängenden Texten, typographisch schön und gut lesbar sein.
4. Sie muß auf möglichst viele Sprachen anwendbar sein (...) (S. 816).

Lautumschriften sind entweder analphabetisch (der Phonetiker Otto Jespersen versuchte z.B., die gesprochenen Laute in formelhafter Darstellung zu fixieren) oder alphabetisch. Insbesondere im Zusammenhang mit der Dialektologie ist eine beträchtliche Anzahl von alphabetischen Systemen auf lat. Basis entwickelt worden (vgl. Heepe 1928). In der deutschen Dialektologie sind vor allem zwei Systeme zur Anwendung gekommen. Lange Zeit dominierte die Lautschrift der dialektologischen Zeitschrift „Teuthonista". Seit einiger Zeit wird aber auch zunehmend mit dem Alphabet der „Association Phonétique Internationale" (API, engl. IPA) gearbei-

---

[14] Vgl. hierzu und zum folgenden Stötzer 1970:813ff.; siehe auch Richter 1982.

tet.[15] Die API-Umschrift (erste Fassung 1888) geht vom lat. Alphabet aus und wird ergänzt durch griech. Buchstaben, Neuschöpfungen und diakritische Zeichen; vgl. die Tabelle (Abb. 2). Eine deutsche Adaption dieses Systems wurde als *IPA (G)* von Richter 1973 vorgelegt.

Abb. 2: Internationales Phonetisches Alphabet (API, IPA)

---

15 Zu einem kritischen Vergleich beider Systeme vgl. Almeida/Braun 1982.

Verglichen mit der API-Lautschrift ist das von Teuchert in der Zeitschrift „Teuthonista" vorgestellte Transkriptionssystem[16] verhältnismäßig einfach gehalten. Es ist auf dem lat. Alphabet aufgebaut, das durch Diakritika und einige Sonderzeichen ergänzt wird. Die Vokalquantität ‚lang' wird durch waagerechte Striche über den betreffenden Zeichen angedeutet (z.B. $\bar{a}$); geschlossene Vokale bleiben ohne nähere Bezeichnung, offene erhalten ein nach rechts offenes Häkchen unter das Zeichen (etwa ę). Schwachtonige Vokale werden durch die entsprechenden umgekehrten Buchstaben wiedergegeben (ə, ɐ). Der o-ähnliche velare a-Laut wird durch å bezeichnet. Auch die Wiedergabe der Konsonanten ist unkompliziert. Die Zeichen b, d, g, v, w, f, s, z, m, n, ŋ, j, l, r, ʀ haben den gleichen Wert wie ihre API-Entsprechungen. Hinzu kommen die behauchten ph, th, kh, der stimmlose sch-Laut š und sein stimmhaftes Gegenüber ž, ‚ach'- und ‚ich'-Laut werden durch x und χ dargestellt, ʒ ist stimmhafter ‚Kehlreibelaut'. Palatale Aussprache wird durch ´ (z.B. ń), Mouillierung durch einen übergesetzten, nach unten geöffneten Bogen gekennzeichnet (etwa ĝ).

Trotz der grundsätzlichen Infragestellung seitens der wissenschaftlichen Phonetik, die vornehmlich den ad-hoc-Charakter kritisiert,[17] hat sich das Teuthonista-System in der deutschen Dialektologie bis heute neben der API-Transkription behauptet (vgl. etwa Hofer 1997). Dies wird nicht zuletzt darin seinen Grund haben, dass die Teuthonista-Umschrift aus der praktischen dialektologischen Arbeit erwachsen ist. Sie hat auch, wie Ruoff (1973:127f.) betont, bei der Transkription gewisse Vorteile, die eng mit dem Verfahren des phonetischen Umschreibens zusammenhängen:[18] man braucht beim ersten Hören zunächst nur einen ungefähren Lautwert zu notieren, der hernach – etwa nach Rückfrage bzw. beim (wiederholten) Abhören eines Tonbandes – durch diakritische Zeichen noch präzisiert werden kann; die API-Lautschrift würde die abschließende phonetische Wertung durch die sofort notwendige Entscheidung für ein bestimmtes Lautzeichen eher präjudizieren. Noch heute arbeiten mit der Teuthonista-Umschrift zahlreiche Sprachatlas-Unternehmen (u.a. der SDS und der „Bayrische Sprachatlas" [BSA] mit seinen Regionalteilen), und auch die meisten deutschen großlandschaftlichen Wörterbücher verwenden, teils geringfügig modifiziert, ihr System. Die API-Lautschrift findet im deutschen Sprachraum seit Mitte der 60er Jahre allerdings zunehmend Eingang in monographische Darstellungen.

Abschließend sei zum Vergleich ein identischer Text nach beiden hier besprochenen Systemen verschriftet:

---

16 Teuchert 1924/25. – Vgl. auch Wiesinger 1964a und Möhn 1964.
17 Vgl. z.B. Kohler 1977, S. 153f. – Auf der anderen Seite hat Wiesinger aus der Sicht der deutschen Dialektologie die API-Lautschrift kritisch betrachtet und an Vorschlägen zur Gestaltung eines einheitlichen Transkriptionssystems, die sich bisher aber kaum niedergeschlagen haben, mitgewirkt; vgl. Wiesinger 1964b; Schmitt/Wiesinger 1964.
18 Zu Einflüssen der verwendeten Verschriftungssysteme auf die Transkription vgl. auch König 1988.

ˈapʃliːsn̩t zai̯ tsʊm fɛɐ̯glai̯ç ai̯n iːˈdɛntɪʃɛ̞ tɛkst   ˈapšlīsn̩t zai tsum fẹɐˈglaix ain ˈīdẹntišẹ tẹkst
naːx ˈbai̯dn̩ hiːɐ̯ bəˈʃʀɔxənən zʏsˈteːmən   nāx ˈbaidn̩ hīɐ bəˈšpʀɔxənən züsˈtēmən
fɛɐ̯ˈʃʀɪftət   fẹɐˈšʀiftət

Fragen/Aufgaben

1. Machen Sie sich anhand der einschlägigen Literatur (z.B. Stötzer 1970: 820f.; Wängler 1974:34ff.; Duden Aussprachewörterbuch etc.) mit den für die deutsche Standardaussprache verwendeten API-Zeichen und ihren jeweiligen Definitionen vertraut!

2. Diskutieren Sie anhand der angegebenen Literatur die Vorteile und Nachteile der beiden vorgestellten Systeme!

3. Versuchen Sie, die in II.2 zu Aufgabe 5 gemachte Tonbandaufnahme mit Hilfe einer der beiden vorgestellten Lautschriften zu transkribieren!

---

4 Datenpräsentation

4.1 Ältere vergleichende Sammlungen

Die Beobachtung sprachlicher Unterschiede entspricht sicherlich einer allgemeinen menschlichen Neigung. Bereits im Alten Testament (Richter 12,6) wird davon berichtet, dass man entsprechende Differenzen zur Identifizierung von Volksgruppen herangezogen hat (vgl. das bekannte Beispiel des Gegensatzes *Schibboleth* vs. *Sibboleth*); noch heute können solche Schibboleths (also: ‚Kennwörter'), auch im Rahmen der deutschen Dialekte, eine ausgrenzende Funktion haben (vgl. III.13.3.3 (a)).

Im deutschen Sprachraum finden regionale Besonderheiten des Sprechens schon früh Beachtung. Bekannt ist die Äußerung Bertholds von Regensburg (ca. 1210-1272): „Ir wizzet wol, daz die Niderlender und die Oberlender gar unglîch sint an der sprâche [...]" (vgl. Socin 1888:111). Im Zusammenhang der aufkommenden grammatischen Beschreibungen vor allem ab dem 16. Jahrhundert wird ebenfalls immer wieder auf regionalsprachliche Unterschiede abgehoben. Fabian Frangk z.B. charakterisiert in seiner „Orthographia" (1531; Socin 1888:254ff.) die drei sprachlichen Hauptregionen mit Hilfe eines Kennsatzes:

> „Die Döringer ['Thüringer'] und Hartzlender, darumb das sie zwüschen den Ober- unnd Nidderlendern wohnen, halten sie sich auch jnn der sprache beider seits, das ist halp und halp [...].
> Es spricht der Oberlender: Bezal mir mein wein und gehe mir aus meinem hause.
> Der Döring: Zal mir myn wyn und geh mir uß mym huse.
> Der Niderlender ['Niederdeutsche']: Tal my myn wyn und ga my ut mym huß" (Socin 1888:256).

Schon früh hat man die sprachlichen Unterschiede aber auch bereits unter, wie man heute sagen würde, sprachwissenschaftlichem Aspekt betrachtet. Am Anfang einer systematischeren Beschäftigung mit diesen Fragen stand offensichtlich die Sammlung religiöser Vergleichstexte, was man als Vorform einer ‚vergleichenden Sprachforschung' werten kann. In diesem Zusammenhang machte wohl die Übersetzung des „Vaterunsers" den Beginn (vgl. Pop 1955:5f.). Die ältesten Übertragungen finden sich offenbar in den „Reisen des Johannes Schiltberger aus München in Europa, Asia und Afrika von 1394 bis 1427" (vgl. Langmantel 1885). In seinem „Mithridates de differentiis linguarum [...]" hat dann Conrad Gesner 1555 von diesem Gebet 22 Übersetzungen veröffentlicht (Gesner 1974). Titel und Gegenstand nahm später auch Adelung (1806) auf, der das „Vater Unser als Sprechprobe in bey nahe fünfhundert Sprachen und Mundarten" wiedergibt.

Ende des 18. Jahrhunderts geriet ein anderer religiöser Vergleichstext in den Mittelpunkt nunmehr vornehmlich dialektologisch-antiquarischen Interesses: das „Gleichnis vom verlorenen Sohn". Anregung und Vorbild hierzu kommen aus Frankreich. Nach Pop (1955:10) verwendete Jacques Le Brigant 1778 in seinen „Éléments de la langue des Celtes" dieses Gleichnis als erster „comme texte à traduire en patois". Derselbe Text spielte dann wenig später eine bedeutende Rolle, als nach der Französischen Revolution 1789 – u.a. zur Durchsetzung der *égalité* der Bürger – die Ausrottung der Dialekte gefordert worden war. Am radikalsten vertrat diese Position der Abbé Grégoire, als er im Juni 1794 vor der Nationalversammlung „Sur la nécessité et les moyens d'an-néantir les patois d'universaliser l'usage de la langue française" sprach.

Zuvor allerdings war erst noch zu ermitteln, was das Objekt der Ausrottung zu sein hatte. Schon bald verband sich hiermit ein aufklärerisch-antiquarisches Interesse an dem, was zum Aussterben verurteilt schien (vgl. Knoop 1982:11f.). Der Leiter der Abteilung Statistik im französischen Innenministerium, C.-E. Coquebert, beauftragte im Jahre 1806 die Präfekten der Departements, den Text des Gleichnisses vom verlorenen Sohn von geeigneten Personen in die jeweilige Mundart übersetzen zu lassen (Pop 1950:21).[19] 1824 werden dann 86 Übersetzungen publiziert (Pop 1955:13). Im Zuge dieser Enquête entstand in der Schweiz, die wie andere angrenzende Staaten auch zur Teilnahme aufgefordert worden war, ein umfangreiches Manuskript:

> „Schweizerische Dialektologie in Vergleichung mit andern ältern germanischen Dialekten. Sammt einem Anhang einer Uebersetzung der Parabel vom verlorenen Sohn Lucae XV.11-32. In

---

[19] In ähnlicher Weise hatte übrigens nur wenig später Peter Holthaus versucht, die Unterschiede „des Lautes der Südwestfälischen Mundarten" mit Hilfe eines 1809 gedruckten „Circulare", mit dem er die Übertragung eines kurzen Stückes aus „Engel's dankbarem Sohn" erbittet, zu ermitteln (Niebaum 1979d:179ff.).

allen Schweizerdialekten. von Franz Josef Stalder, Kammerer und Pfarrer zu Escholzmatt im Entlebuch. Im Jahr 1808."

Erst 11 Jahre später wird die „Gleichnisrede vom verlorenen Sohn in allen Schweizermundarten" im Anhang zu seinem Werk „Die Landessprachen der Schweiz" (Stalder 1819) veröffentlicht.

Angeregt von Stalders Werk hat dann Winkler (1874) 186 Übersetzungen des Gleichnisses in niederdeutschen, niederländischen und friesischen Mundarten vorgelegt, jeweils mit einer kurzen dialektgeographischen Einführung in die fragliche Mundart. Im Jahre 1973 ist sogar ein „Nordkalabrischer Sprachatlas anhand der Parabel vom verlorenen Sohn" erschienen (Rensch 1973).

4.2 Dokumentarische Präsentation

Da Dialekte im allgemeinen nur die gesprochene Form kennen, müssen sie für den Fall, dass man sie „über einen einmaligen Sprechakt hinaus festhalten und wiederholbar machen" (Löffler 2003:17) will, dokumentiert werden. Der Wunsch nach einer Fixierung gesprochener Mundart führte im deutschen Sprachraum über das in II.4.1. Vorgestellte hinaus seit Anfang des 19. Jahrhunderts zu einschlägigen Textsammlungen, von denen Firmenichs „Germaniens Völkerstimmen" die bedeutendste darstellt.[20] Der Sinn einer dokumentarischen Präsentation liegt (und lag in gewisser Weise schon bei Firmenich, vgl. dort die Vorrede S. II) in der Bereitstellung von Dialektmaterial zu Forschungs- (und Lehr-)Zwecken; aus heutiger Sicht ergeben sich erweiterte methodische Ansprüche in Richtung auf eine Präsentation, die eine weitgehend unbeeinflusste Interpretation ermöglicht. Gegenstand der frühen Sammlungen waren vor allem geläufige literarische Kleintexte, bei denen allerdings an eine orthographische Vereinheitlichung noch nicht zu denken war. Erst Götze gab Jahrzehnte später (1922), speziell für die Bedürfnisse des akademischen Unterrichts, seine „Proben hoch- und niederdeutscher Mundarten" in einer Lautschrift heraus, die auf einen „gemeinsamen Nenner" gebracht worden war.

Mit den „Proben deutscher Mundarten" (Bethge/Bonnin 1969), die nunmehr aber, modernen methodischen Forderungen gemäß, durch kurze Ausschnitte aus freien Gesprächen belegt werden, spannt sich der Bogen der dokumentarischen Präsentation von der einfachen normalorthographischen Verschriftung der frühen Sammlungen bis hin zur bi-medialen „Lautbibliothek der deutschen Mundarten" (und ihrer Nachfolgerin: „Phonai, Deutsche Reihe"), in der das Deutsche Spracharchiv Tonträger mit Begleitveröffentlichungen herausbringt.

Das 1932 von E. Zwirner in Berlin gegründete Deutsche Spracharchiv (danach in Braunschweig, Münster, Bonn, heute Abteilung des Instituts für Deutsche Sprache

---

[20] Firmenich 1843-67. – Ältere Sammlungen: Vater 1816; Radloff 1821-22.

Mannheim) steht, trotz gewisser anderer Forschungsziele, auch in der Tradition der Lautarchive (hierzu vgl. Möhn 1962). Das erste Phonogramm-Archiv war 1899 in Wien gegründet worden, 42 Jahre nach dem ersten in diese Richtung gehenden Denkanstoß von Raumers[21], im Jahre 1922 entstand innerhalb der Preußischen Staatsbibliothek Berlin eine Lautabteilung. Im Rahmen des Sprachatlas-Unternehmens in Marburg begannen entsprechende Arbeiten Mitte der 30er Jahre;[22] wie beim Deutschen Spracharchiv war aber auch hier eine verstärkte Aufnahme- und Archivierungstätigkeit erst nach dem 2. Weltkrieg möglich.

Das Deutsche Spracharchiv hatte sich zum Ziel gesetzt, in einer über das gesamte deutsche Sprachgebiet angelegten Aufnahmeaktion die konstitutiven Faktoren „Quantität, Akzent, Melodie, Klangfarbe, Pausen" einer exakten Untersuchung zugänglich zu machen,[23] da diese im allgemeinen bis dahin nicht registriert worden waren. Ein zweiter Aspekt war, die „schnell verschwindenden Mundarten des deutschen Ostens wenigstens für die Forschung zu retten" (Zwirner 1965:377). Ab 1955 wurden dann über 5.000 etwa 10minütige Tonbandaufnahmen freier Gespräche Einheimischer und Vertriebener in Mundart in ca. 850 Orten der (alten) Bundesrepublik gemacht. Pro Aufnahmeort, der aus einem Planquadrat mit etwa 15 km Seitenlänge ausgewählt wurde, wurden „je ein Sprecher aus drei Generationen der einheimischen Bevölkerung und der stärksten Flüchtlingsgruppe" (Zwirner 1965:377) aufgezeichnet. Transkriptionen von Aufnahmen erschienen seit 1958 in der „Lautbibliothek der deutschen Mundarten", die seit 1965 als „Phonai, Deutsche Reihe" und seit 1997 – mit einer Erweiterung des Gegenstandsbereichs – als „Phonai. Texte und Untersuchungen zum gesprochenen Deutsch" fortgesetzt wurde. Dem sich methodisch stellenden Problem einer ungewollten interpretativen Bearbeitung im Zuge des Verschriftungsprozesses, die den Wert der Hefte vom do-

---

21 Lange bevor Edison 1877 den Phonographen und Berliner 1887 die Schallplatte erfanden, hatte sich von Raumer 1857 in einem offenen Brief an den Herausgeber der Zeitschrift „Die deutschen Mundarten" einen Apparat gewünscht, „der das Gesprochene ebenso treu auffasste und auf dem Papier befestigte wie das Daguerrotyp das Gesehene" (S. 392). – Weiterhin forderte er die Aufnahme von Sprachproben nach soziologischen und dialekt-geographischen Gesichtspunkten.

22 Eine besondere Position nimmt in diesem Zusammenhang das „Lautdenkmal reichsdeutscher Mundarten zur Zeit Adolf Hitlers" ein, das in den Jahren 1936/37 entstand und eine Sammlung von zunächst 300 Schellackplatten mit Aufnahmen aus allen Regionen des Reichsgebiets umfasste, die Hitler an dessen 48. Geburtstag vom „Reichsbund der deutschen Beamten" überreicht wurde. Das „Lautdenkmal" kann auch heute noch für eine kritische Aufarbeitung ertragreich sein. Es ist deutlich, dass man bestrebt war, „ideologische Inhalte, allen voran die enge Verbindung von Volk, Raum, Kultur und Sprache, in ein volkstümliches Gewand zu kleiden und im Sinne einer ‚volkspolitischen' Aufklärung umzudeuten" (Purschke 2012:105). Gleichwohl lässt sich andererseits dieses Korpus aber auch als sprachwissenschaftliche Erkenntnisquelle nutzen, wie Purschke (2012) in einem ersten Zugriff deutlich machen konnte. – Vgl. zum „Lautdenkmal" auch Wilking 2003:203-220; W. Näser, Das Lautdenkmal reichsdeutscher Mundarten als Forschungsinstrument (2001ff.) [http://www.staff.uni-marburg.de/~naeser/ld00.htm].

23 Vgl. Zwirner 1965:375. – S. auch Zwirner 1962; Bethge 1976.

kumentarischen Standpunkt her beeinträchtigen würde, versuchte man durch mehrere nebeneinander gedruckte Arten von Transkriptionen (phonetische sowie phonologische Transkription, literarische Umschrift und hd. Übertragung), die sich gegenseitig korrigieren, aus dem Wege zu gehen; in einem teilweise sehr umfänglichen Anmerkungsapparat werden überdies bestimmte Entscheidungen, aber auch dialektologische Hinweise, verzeichnet.

In Anlehnung an die soeben skizzierte Aufnahmeaktion wurde in der DDR zwischen 1960 und 1964 vom damaligen Institut für deutsche Sprache und Literatur der Akademie der Wissenschaften zu Berlin unter der Leitung von H.J. Schädlich das Projekt „Tonbandaufnahmen der deutschen Mundarten in der DDR" durchgeführt, das in seiner Aufgabe und Methodik weitgehend dem Vorgehen des Deutschen Spracharchivs entsprach. In 437 Orten wurden 1.576 Gespräche und Erzählungen auf Tonband aufgenommen. Das Tonbandarchiv wurde 1992 in das Institut für Deutsche Sprache Mannheim überführt.[24]

Das „Deutsche Spracharchiv" wurde 2004 in „Archiv für Gesprochenes Deutsch (AGD)" umbenannt (vgl. http://agd.ids-mannheim.de/html/dsav/shtml). Die Zwirner-Aufnahmen sind im neuen Archiv als „Sammlung Deutsches Spracharchiv" erhalten.[25]

Aus einer Außenstelle des Deutschen Spracharchivs entwickelte sich seit 1969 eine selbständige „Tübinger Arbeitsstelle ‚Sprache in Südwestdeutschland'", in der „die systematische Auswertung eines sehr großen Korpus konkreter Sprechakte mit dem Nachweis ihrer räumlichen, sozialen und situativen Bedingtheit und der statistischen Analyse der wechselseitigen Abhängigkeit dieser redebestimmenden Faktoren" (Ruoff 1973:7) angestrebt wird; Publikationsorgan ist die Reihe „Idiomatica".

Im Phonogrammarchiv der Österreichischen Akademie der Wissenschaften in Wien befinden sich 3.871 deutsche Sprachaufnahmen mit Einzelwörtern, initiierten Erzählmonologen und Interviews; zum Archivbestand gehören auch Dialektproben aus dem Belegnetz von Sprachatlanten sowie Sprachmaterial von Sprachinselmundarten (Wagener/Bausch 1997: 241ff.). Das Phonogrammarchiv der Universität Zürich schließlich besitzt rund 800 Aufnahmen (darunter 300 Wachsplatten). Die Tondokumente umfassen ein breites Spektrum von Mundartautortexten über Interviews bis zu sprachwissenschaftlichen Aufnahmen (Stäheli 1997:237f.).

---

24 Näheres vgl. bei Wagener/Bausch 1997:114ff. – Weitere im Deutschen Spracharchiv archivierte Bestände betreffen die Projekte „Deutsche Mundarten: ehemalige deutsche Ostgebiete", das 1962-1965 in enger Zusammenarbeit zwischen dem Deutschen Spracharchiv und dem Forschungsinstitut für deutsche Sprache „Deutscher Sprachatlas" Marburg durchgeführt wurde (vgl. Bellmann/Göschel 1970), „Deutsche Mundarten: Schwarzwald", „Deutsche Mundarten: Südwestdeutschland und Vorarlberg", ferner einige Korpora mit auslandsdeutschen Varietäten („Rumäniendeutsche Mundarten", „Rußlanddeutsche Dialekte", „Niederdeutsch im Altaigebiet", „Brasiliendeutsche Mundarten"); s. Wagener/Bausch 1997:122ff.
25 Zum Projekt „Datenbank ‚Gesprochenes Deutsch' (DGD)" vgl. Wagener 2002; s. auch Wagener 2005.

Zu weiteren Tonaufnahmen deutscher Dialekte in Archiven an Universitätsinstituten, Sprachatlanten, Wörterbuchkanzleien etc. vgl. die nach Aufbewahrungsorten geordnete Zusammenstellung bei Wagener/Bausch (1997).[26]

4.3 Kartographische Präsentation

Die Dialektkarte wird bei Löffler (2003) wie folgt charakterisiert: sie ist „diatopisch in bezug auf Raum, synchron in bezug auf Zeit und syn- oder monosozial in bezug auf die Sprechergruppe. Eine Kartensammlung oder ein Sprachatlas kann jedoch in der Hintereinander-Reihung verschiedener synchroner und monosozialer Kartenschnitte eine Tiefenwirkung oder einen Bewegungsablauf vermitteln, der auch diachrone und diasoziale Vergleiche zuläßt" (S. 61). Dialektkarten lassen sich sowohl von den Kartiermethoden her als auch thematisch-typologisch unterscheiden.

4.3.1 Kartiermethoden

Die in der Dialektkartographie[27] verwendeten Kartiermethoden gehen im Grunde auf zwei Darstellungsformen zurück: die Punktdarstellung und die Flächendarstellung, die beide ihre Gegenstände entweder in Originalform (als unverschlüsselter Text) oder in Symbolform (durch Siglen) präsentieren.[28] Bei der *Punktdarstellung* werden jedem Belegort einzeln die zugehörigen Sprachdaten kartographisch zugeordnet.

Auf der *Punkttextkarte* werden die Sprachformen dementsprechend an den Belegorten in Lautschrift voll ausgeschrieben. Diese Karten haben einen bedeutenden Vorteil, aber auch einen Nachteil: Sie sind in hohem Grade objektiv, da die einzelnen Belege noch keiner interpretierenden Bearbeitung unterworfen waren – wenn man von der Transkription einmal absieht; als nachteilig wird oft empfunden, dass Punkttextkarten nur schwerlich eine „räumliche Vorstellung der sprachgeographischen Verhältnisse" vermitteln können (Goossens). Mit dieser Darstellungsart (vgl. Abb. 3) wird vor allem in den romanischen und einem Teil der niederländischen

---

[26] Zu den vielversprechenden Auswertungsmöglichkeiten all dieser Tondokumente vgl. Schmidt/Herrgen 2011:125-127.
[27] Eine instruktive historisch-methodische Übersicht über die Sprachkartographie des Deutschen bietet Scheuringer 2010.
[28] Vgl. Goossens 1977:71ff. – Zu den Vor- und Nachteilen der vorgestellten Kartiermethoden und zu den Arbeitsschritten bei der Herstellung der einzelnen Kartenformen vgl. Putschke 1969, vor allem Kapitel 1.3 *Kodierungsarten* (S. 54ff.) und 1.4 *Herstellungsverfahren* (S. 61ff.). Siehe jetzt auch Girnth 2010:107ff.

Sprachatlanten gearbeitet (etwa ALF[29] und RNDA), vgl. aber auch den „Elsässischen Sprachatlas" (ALA).

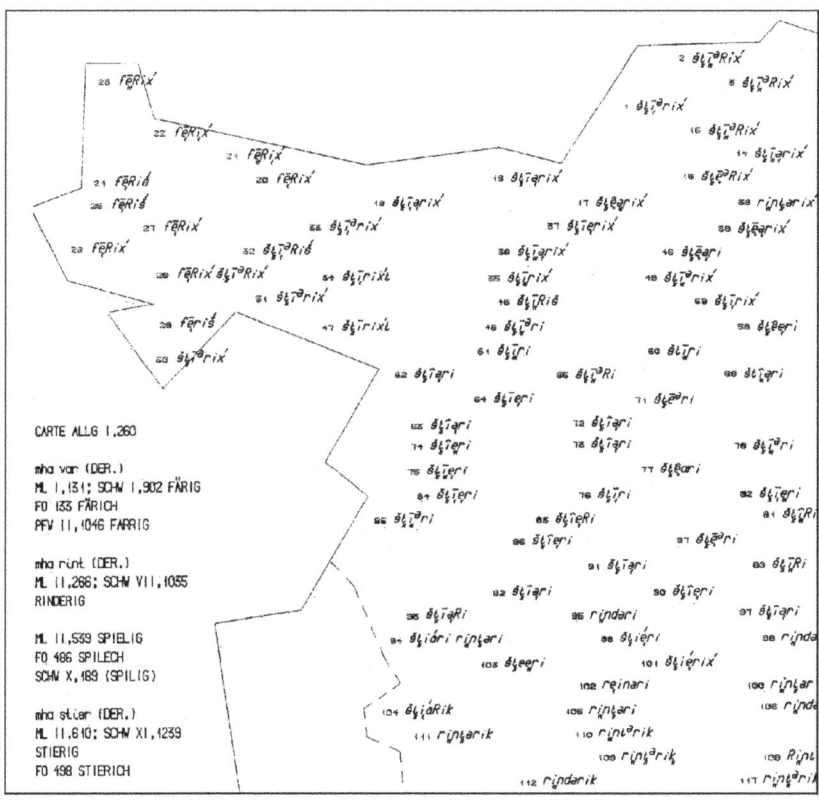

Abb. 3: Punkttextkarte *'en chaleur – brünstig'* im nordwestlichen Elsass

Bei *Punktsymbolkarten* wird an der Stelle des jeweiligen Belegortes der einzelne Beleg durch Symbole (Striche, Kreise, Dreiecke, Vierecke etc.) repräsentiert, die in einer zugehörigen Legende aufgeschlüsselt werden (vgl. auch Abb. 5). Auf diesen Karten werden häufig auch Belege mit als irrelevant angesehenen kleineren Differenzen zusammengefasst; solche Beleg*typen* werden dann nur von einem einzigen Symbol vertreten. Die engere Zusammengehörigkeit bestimmter Sprachformen(typen) kann durch die Verwendung verwandter Symbole (oder identischer Symbole in verschiedenen Farben) augenfällig gemacht werden. Die Punktsymbolkarte, mit der z.B. der SDS arbeitet, hat eine klarere optische Wirkung, bietet aller-

---

29 Zum ALF ist übrigens unlängst ein „Essai d'interpretation des cartes" erschienen, für den die Karten als farbige Flächenkarten mit Leitformen umgezeichnet wurden; vgl. Le Dû/Le Berre/Brun-Trigaud 2005.

dings durch die skizzierte Teilbearbeitung bereits ein gewisses Maß an Vorinterpretation.

Bei der *Flächendarstellung* werden Areale mit für identisch angesehenen Spracherscheinungen durch Linien begrenzt. Die hierdurch entstehenden Flächen können durch Schraffur oder Farbe verdeutlicht werden. Die zur Charakterisierung der sprachlichen Gegebenheiten notwendigen Angaben werden durch Text (entweder auf der Karte selbst oder in der Legende) oder Symbol einmal pro Areal wiedergegeben.

Flächenkarten (aber auch Punktkarten mit geringer Belegortdichte[30]) ermöglichen die Verwendung von komplexen Symbolen. Daher sind *Flächensymbolkarten* besonders zur Darstellung von Sprachstrukturen geeignet (vgl. Abb. 30).[31] Seit einiger Zeit werden sie auch zur Veranschaulichung von Sprachverhältnissen in der Variabilität herangezogen.[32] Als instruktives Beispiel diene Abb. 4. Auf der Karte sind die Belege nach Schreiborten und innerhalb dieser nach Zeiträumen (vgl. die Legende) gegliedert. „Die Chronologie der Belege erweckt im großen und ganzen den Eindruck, daß *ons* im Gebiet, das später zu den Niederlanden gehört, allmählich das Übergewicht bekommt" (Goossens 1983:64).

Demgegenüber werden durch *Flächentextkarten* vor allem einfachere sprachgeographische Verhältnisse wiedergegeben, bei denen beispielsweise Aussprachedifferenzen weitgehend vernachlässigt werden können. Daher sind viele lexikalische Karten als Flächentextkarten konzipiert (vgl. Abb. 18). Diese Darstellungsart zeichnet sich einerseits durch große Übersichtlichkeit aus, bleibt jedoch andererseits in mancher Hinsicht unbefriedigend. So gewährt sie beispielsweise keine Einsichten über die Dichte des Belegortnetzes, und auch die Entscheidungen des Kartenautors bezüglich der Grenzziehung, vor allem in Mischgebieten und bei isolierten Belegen, sind nicht ohne weiteres nachvollziehbar.

Nicht zuletzt auch aus diesen Gründen hat man im DSA und DWA (vgl. III.2.1./2.) versucht, die Vorteile der Flächen- und der Punktdarstellung miteinander zu verbinden. Dabei werden die einzelnen Areale durch „Leitformen" repräsentiert, wobei jeder Belegort durch einen Punkt vertreten ist; abweichende Orte können dann innerhalb des Geltungsbereichs einer Leitform durch Symbole als Ausnahmen charakterisiert werden (als Beispiel vgl. Abb. 15).

Insbesondere im niederländischen Sprachraum wird seit den 1990er Jahren mit *Wahrscheinlichkeitskarten* (probabilistic maps) experimentiert. Durch Interpolie-

---

[30] Vgl. die Beispiele kontrastiver Transformationskarten bei Veith 1970: 419-425, Karten 5-7.
[31] Vgl. vor allem Goossens 1969:38-44 und Karten 2, 3, 6, 7; siehe auch die Abbildungen 7, 21 und 30 in diesem Band.
[32] Vgl. etwa Goossens 1980b, wo z.B. chronologische Verschiebungen im Verhältnis bestimmter historischer Schreibungen, bzw. die Verteilung bestimmter Lauterscheinungen auf dem Wege von einer variablen zu einer kategorischen Regel dargestellt werden. Müller 1979 stellt die in einem bestimmten Raum vorhandenen Familiennamen als variable Realisierungen dar.

rung mit Hilfe eines speziellen EDV-Zeichenprogramms ist es möglich, auch bei unregelmäßiger Verbreitung dialektaler Merkmale (etwa in historischen Kontexten) zu einem flächenhaften Gesamt-Kartenbild (in Graustufen oder farbig) zu gelangen (vgl. Wattel/Van Reenen 2010).

Die Wahl einer bestimmten Kartiermethode ist von verschiedenen Faktoren abhängig: Größe des Untersuchungsgebiets, Belegortdichte, Datenerhebungsverfahren und Forschungsziel. An die Stelle der üblichen manuellen Kartierungsverfahren treten seit den 1970er Jahren zunehmend solche zur automatischen Sprachkartographie (vgl. Naumann 1976; Putschke Hg. 1977; L & S 2, Kapitel III: Computerization); vgl. II.5.2.

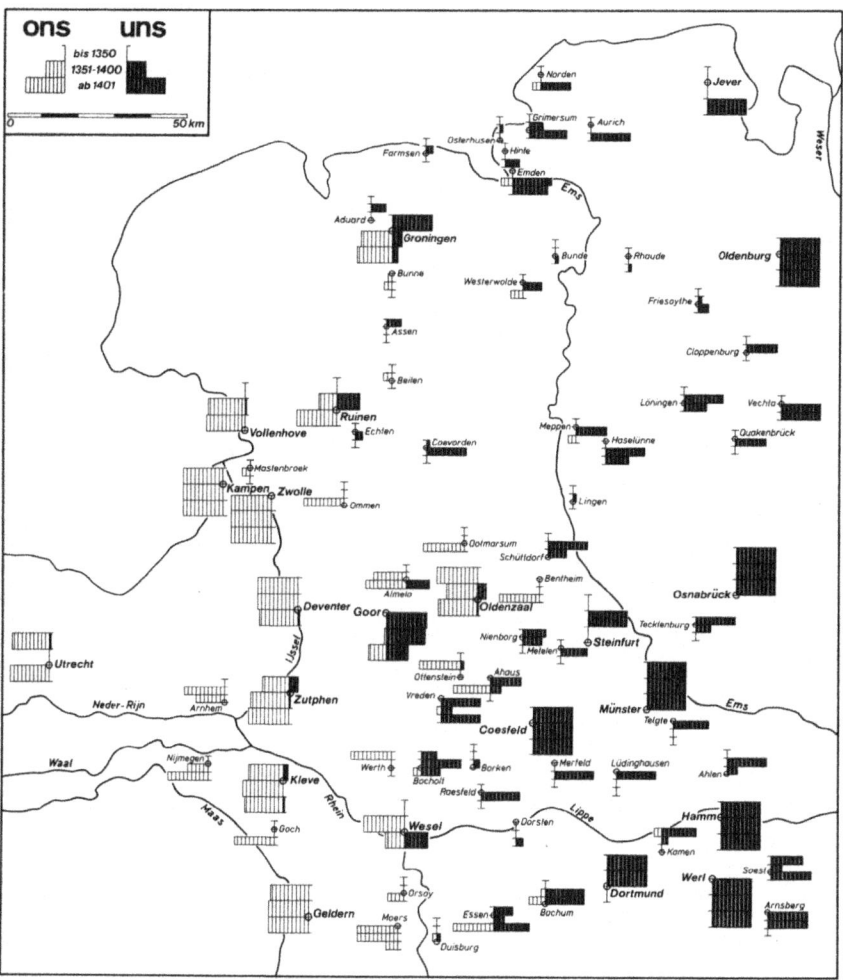

Abb. 4: Das variable Verhältnis von *ons* und *uns* in ostmnl. und westmnd. amtlichen Texten

4.3.2 Kartentypen

In der traditionellen Dialektologie gelangt man aufgrund der üblichen grammatischen Bereiche und der daraus abzuleitenden Kartenthemen zur Unterscheidung folgender Kartentypen: *Lautkarte* (z.B. Abb. 27), *Formenkarte* (Abb. 64), *Wortkarte* (Abb. 17), *Syntaxkarte* (Abb. 5). Hinzu kommt die *Kombinationskarte*, die in ihrer *qualitativen* Form die unterschiedlichen Befunde von sinnvoll kombinierten sprachlichen Elementen (dabei gelegentlich durchaus themenübergreifend) kartiert, während sie als *quantitative* Kombinationskarte „mehr statistisch die Anzahl von Erscheinungen pro Kartenabschnitt" feststellt (Veith 1970:402). Letztere erwecken häufig den Eindruck eines Bienenwabensystems (s. Abb. 6).

Die in der strukturellen Dialektologie (s. III.3.1.) verwendeten Karten müssen systembezogen sein. Von daher ist man zu diffizileren Darstellungsmethoden und einer neuen Kartentypensystematik gekommen. Das Goossenssche System[33] beinhaltet folgende Kartentypen: hinsichtlich der Lautgeographie *Entwicklungskarte, Abstammungskarte, Bezugskarte, Inventarkarte, Distributionskarte*; hinsichtlich der Wortgeographie *Wortkarte* und *Bedeutungskarte*.

Das Ziel der strukturellen Lautgeographie ist die Deutung der Bezugskarte. Sie wird mit Hilfe der anderen vier lautgeographisch orientierten Kartentypen aufgebaut. Die *Entwicklungskarten* (im Grunde Lautkarten traditionellen Typs) zeigen, „was in den verschiedenen Teilen eines Untersuchungsgebietes aus einem Element eines früheren Phonemsystems geworden ist" (Goossens 1969:29), während die *Abstammungskarten* „die Lautentwicklung [...] von einer anderen Perspektive aus" betrachten. „Die Entwicklungskarte zeigt die Lautgeschichte als Vorwärtsbewegung; durch die Abstammungskarte können wir sie rückblickend betrachten" (S. 35). Die *Inventarkarte* „bietet die geographische Verteilung der in einem Gebiet vorkommenden Phoneminventare" (S. 32);[34] die *Distributionskarte* (s. Abb. 7) versucht, „die geographische Verteilung von Übereinstimmungen und Kontrasten in der Phonemdistribution auf Karten zu bringen" (S. 44);[35] *Bezugskarten* schließlich sind kartographische Darstellungen „des phonologischen Diasystems eines Dialektgebiets" mit Hilfe eines Bezugssystems (S. 38); vgl. Abb. 21. Aus praktischen Gründen werden die Daten einer Bezugskarte häufig über mehrere Teilbezugskarten verteilt.

---

[33] Goossens 1969:29-45, 70ff. und Karten. Ein weiteres Typensystem hat Putschke 1969:48-54 vorgelegt.
[34] Der Abb. 30 ist u.a. auch die geographische Verteilung der Phoneminventare zu entnehmen, mit den entsprechenden Angaben dreier typologischer Gegensätze: Länge – Kürze, Dreieckssystem – Viereckssystem, 3stufiges System – 4stufiges System.
[35] „Eine vollständige Distributionsgeographie eines einigermaßen ausgedehnten Gebietes ist nicht realisierbar, weil sie für jeden Ort ein Wortschatzinventar voraussetzt" (Goossens 1969:43). Zu den Aspekten, die hier beachtet werden müssten, vgl. ebda. S. 42.

Datenpräsentation — 33

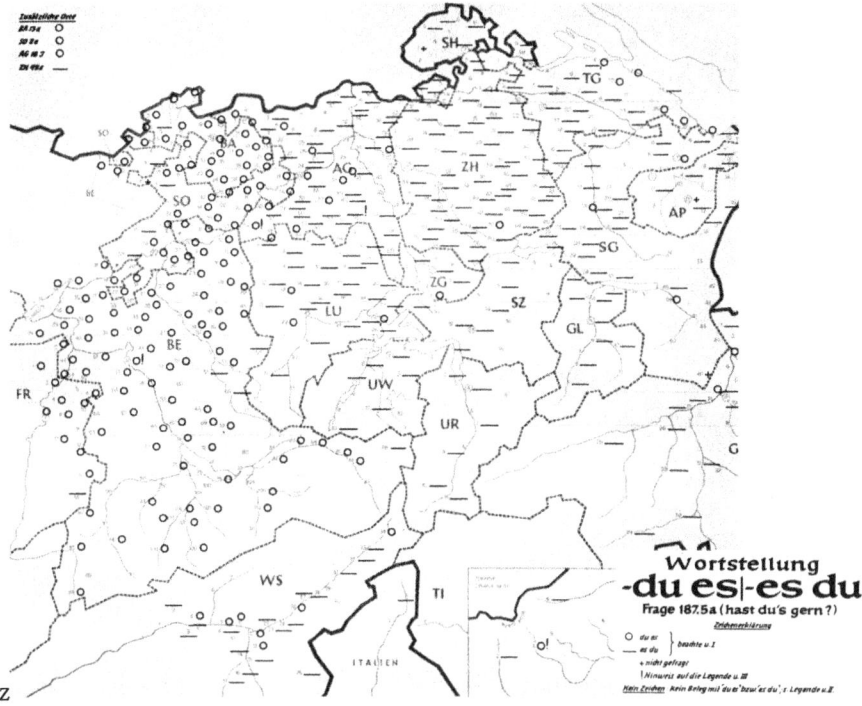

Abb. 5: Syntaxkarte: Wortstellung *-du es* / *-es du* in der deutschen Schweiz

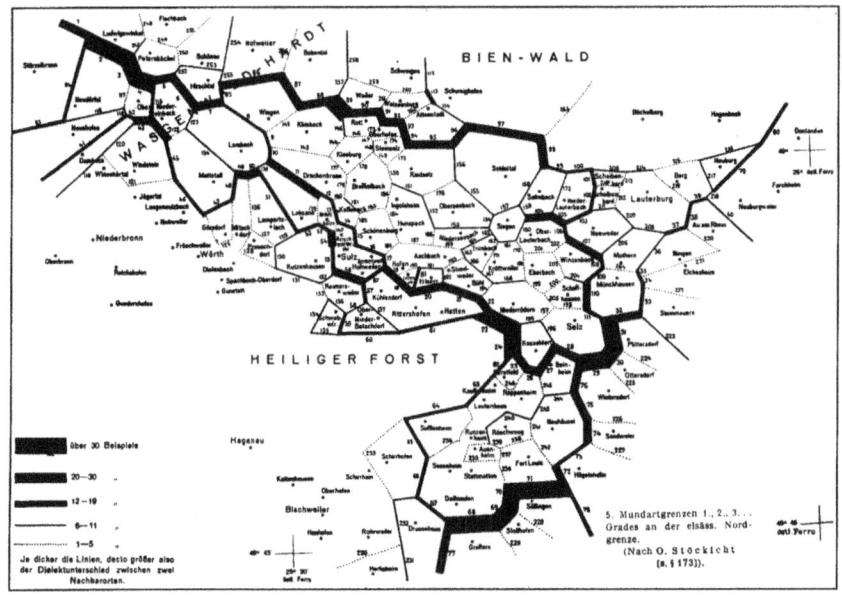

Abb 6: Quantitative Kombinationskarte des nördlichen Elsaß

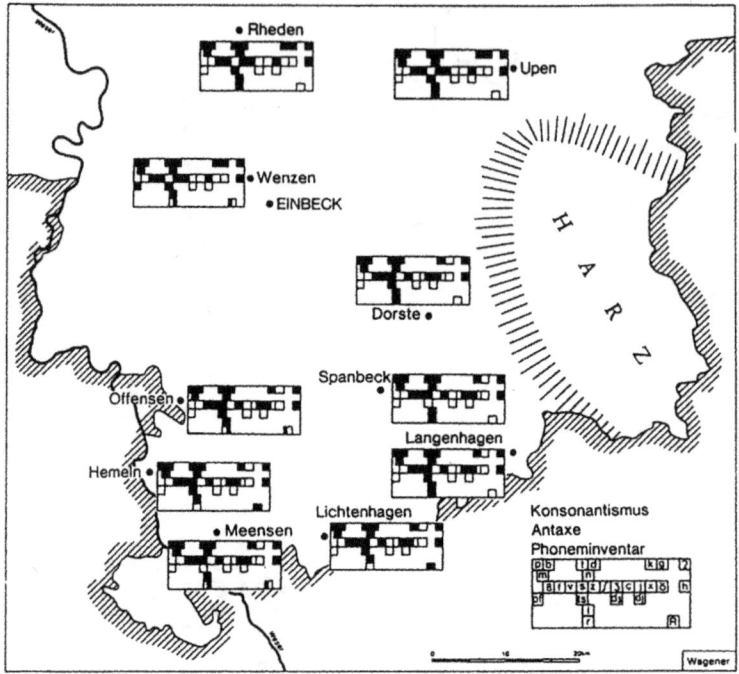

Abb. 7: Distributionskarte: Konsonantenphoneme im Anlaut in Südniedersachsen

Innerhalb der strukturellen Wortgeographie unterscheidet man die rein onomasiologische *Wortkarte* (vgl. Abb. 17), „die für eine gegebene Sache die landschaftlich unterschiedlichen Bezeichnungen [...] kartiert", von der *Bedeutungskarte* (vgl. Abb. 18), die „semasiologisch die landschaftlich unterschiedlichen Inhaltsseiten" eines bestimmten, das Thema der Karte bildenden Wortes bietet (Löffler 2003:98).

Fragen/Aufgaben

1. Lesen Sie die Bibelstelle zum *Schibboleth* im Alten Testament nach (Buch Richter 12,6)!

2. Skizzieren Sie die Entstehung und Fortentwicklung des „Deutschen Spracharchivs"!

3. Wählen Sie eine beliebige Karte aus dem „Elsässischen Sprachatlas" (ALA) aus. Versuchen Sie, diese Karte (a) in eine Punktsymbolkarte, (b) in eine Flächentextkarte umzuzeichnen. Streben Sie dabei ein übersichtliches Kartenbild an. Kleinere Differenzen sollten vernachlässigt werden. Nötigenfalls sollten Sie sich bei der Kartierung auf *eine* Spracherscheinung (etwa Haupttonvokalismus, bestimmte Konsonanten(verbindungen) etc.) beschränken!

4. Verfolgen Sie den Aufbau einer Bezugskarte mit Hilfe von Entwicklungs- und Abstammungskarten anhand von Niebaum (1971)! Lesen Sie dazu die einschlägigen Abschnitte in Goossens (1969)!

4.4 Sprachatlas[36]

Mit Rudolf Hotzenköcherle (1962) unterscheidet man typologisch zwischen Großraum- und Kleinraumatlanten. Unter Großraumatlanten sind solche Atlanten zu verstehen, die mehrere Sprachräume abdecken, während Kleinraumatlanten sich im Allgemeinen auf einen Sprachraum (ggf. wenige zusammenhängende Sprachgebiete) beschränken.

Die ersten Erhebungen zu einem deutschen Sprachatlas gehen in die Jahre 1876/77 zurück, in denen Georg Wenker seinen ersten *rheinischen* Mundartfragebogen versandte und einsammelte (vgl. Knoop/Putschke/Wiegand 1982:47; dort auch Beispielkarten zu den nachstehend genannten Wenker-Atlanten). Die Bearbeitung dieser Daten ergab (neben einer kleinen Schrift über „Das rheinische Platt", Wenker 1877) den „Sprach-Atlas der Rheinprovinz nördlich der Mosel" (Wenker 1878). Während dieser als Kleinraumatlas charakterisiert werden kann, ist der „Sprachatlas von Nord- und Mitteldeutschland" (mit rund 30.000 Belegorten) als erster deutscher Großraumatlas zu betrachten (Wenker 1881). Dieser Atlas wurde später in den von Wenker begründeten „Sprachatlas des Deutschen Reiches" integriert, der dann letztlich zum „Deutschen Sprachatlas" erweitert wurde (vgl. III.2.1.). Weitere Großraumatlanten des Deutschen sind der „Deutsche Wortatlas" (vgl. III.2.2.), der „Kleine Deutsche Sprachatlas" (vgl. II.5.2.), der „Wortatlas der deutschen Umgangssprachen" (hierzu III.11.1.) sowie der „Atlas zur Aussprache des Schriftdeutschen in der Bundesrepublik Deutschland" (vgl. III.11.4.). Über das deutsche Sprachgebiet hinaus gehen der „Sprachatlas des nördlichen Rheinlands und des südöstlichen Niederlands. ‚Fränkischer Sprachatlas' (FSA)" (Goossens 1981ff.) sowie der „Wortatlas der kontinentalgermanischen Winzerterminologie (WKW)."[37]

Ein neuer Ansatz führt zum „dynamischen Sprachatlas", der häufig als Forschungslabor für breit angelegte Real-time-Studien bezüglich sprachlicher Konstanz und Sprachwandel dienen kann.[38] Für ein instruktives Beispiel sei auf den „Digitalen Wenker-Atlas (DiWA)" (s. III.2.3.) verwiesen. Eine dynamische Sprachkarte entwickelt Schmidt (2010b:389ff. und Karte 1905 im zugehörigen Kartenband) auf der Basis von Daten des DiWA, des ALA und des MRhSA.[39]

---

36 Vgl. jetzt auch die Überblicksdarstellung von Lameli 2010 (mit Blick zudem auf die Anfänge der Sprachkartographie und kurzer Besprechung wichtiger Atlasprojekte); s. ferner Schmidt/Herrgen 2011:127-152 (mit z.T. ausführlicher Diskussion wichtiger mono- und mehrdimensionaler sowie sprachdynamischer Atlanten).
37 Mit Blick auf das übrige Kontinentalwestgermanische sei hier ferner auf die großen Projekte des „Fonologische Atlas van de Nederlandse Dialecten (FAND)" (4 Teile in 3 Lfgg. Gent 1998-2005), des „Morfologische Atlas van de Nederlandse Dialecten (MAND)" (2 Bde, 2005-2008) und des „Syntactische Atlas van de Nederlandse Dialecten (SAND)" (2 Bde, 2005-2008) hingewiesen.
38 Vgl. Schmidt 2010a, 2010b.
39 Ebd. (Schmidt 2010b:391ff. mit zugehörigen Karten) finden sich auch Überlegungen zur Validierung dynamischer Sprachkarten.

Über die Kleinraumatlanten des Deutschen (bis 1989) informiert Veith (1989a:5ff.). Zu den jüngeren im Erscheinen bzw. in der Vorbereitung befindlichen Atlanten vgl. man auch die Selbstdarstellungen der Unternehmen bei Wagener/Bausch (Bearb./Hgg. 1997); zu den Projekten im schwäbisch-alemannischen Raum ausführlich König/Schrambke (1999). Den jeweils aktuellen Stand der laufenden Arbeiten bieten auch die Internetauftritte der einzelnen Forschungsvorhaben.

Hinsichtlich der Bearbeitungsprinzipien sind – wie auch bei den Großraumatlanten – z.T. beträchtliche Differenzen zu konstatieren, die etwa auf die unterschiedliche Weise der Datenerhebung (direkte vs. indirekte Befragung, vgl. II.2.2.1./2.) oder aber auf Unterschiede bei der Kartenerstellung (traditionelle Kartierungstechnik ‚von Hand' [vgl. z.B. Trüb 1989 zum SDS] vs. computative Kartographie [vgl. II.5.2.]) zurückgehen. Ganz allgemein kann man sagen, dass die etwa seit Ende der 60er Jahre konzipierten Atlanten computativ erarbeitet werden.

Auch für Regionen außerhalb des zusammenhängenden mitteleuropäischen deutschen Sprachgebiets sind Kleinraumatlanten erarbeitet worden: „Linguistic Atlas of Pennsylvania German" (1954), „Word Atlas of Pennsylvania German" (2001), „Siebenbürgisch-deutscher Sprachatlas" (1961/64), „Siebenbürgisch-deutscher Wortatlas" (1979), „Linguistic Atlas of Texas German" (1972), „Wolgadeutscher Sprachatlas" (1997).

Einen Überblick über die Bearbeitungsgebiete der (mitteleuropäischen) Kleinraumatlanten des Deutschen gibt Abb. 8.[40] Die Bezeichnung *Wortatlas* spricht für sich. Die *Sprachatlas* genannten Werke beschäftigen sich vornehmlich mit lautlichen Themen, daneben werden hier aber auch – bei den einzelnen Unternehmen in jeweils unterschiedlichem Maße – lexikalische und morphologische Fragestellungen kartiert. Die jüngeren Atlasunternehmen bemühen sich jetzt in systematischerer Weise, Fragen zur Morphologie und Syntax zu erheben. Der „Sprachatlas von Niederbayern" z.B. hat ein eigenes Fragebuch zur Syntax entwickelt, das in Teilen auch

---

40 Auf der Karte nicht eingetragen sind der „Historische Südwestdeutsche Sprachatlas" (vgl. hierzu III.10.), dessen Arbeitsgebiet dem des SSA entspricht, der pro Karte mit Kommentar versehene „Rheinische Wortatlas" (Lausberg/Möller 2000, vgl. auch III.11.2.), dessen Arbeitsgebiet mit dem des „Rheinischen Wörterbuchs" (vgl. hierzu Abb. 9) übereinstimmt, und der „Syntaktische Atlas der deutschen Schweiz", der dasselbe Gebiet wie der SDS abdeckt. Auch Fischers 28 Karten umfassender ‚Atlas' zur „Geographie der schwäbischen Mundart" (Fischer 1895) ist nicht berücksichtigt; die Karten sind über einen Link im DiWA (http://www.diwa.info) online verfügbar. – Der „Plattdeutsche Wort-Atlas von Nordwestdeutschland" steht buchstäblich in Klammern, da er nur einen sehr geringen Umfang aufweist: 18 Wortkarten plus Kommentar. Sein Arbeitsgebiet wird auf der Karte durch die gepunktete Linie angegeben. – Ein Teil der niederdeutschen Mundarten wird durch das Projekt „Phonologie niedersächsischer Dialekte" (vgl. etwa Stellmacher 1989) abgedeckt, das in einen phonologischen Atlas münden soll. – Ebenfalls nicht berücksichtigt ist das Arbeitsgebiet des in Vorbereitung befindlichen „Atlasses der historischen deutschen Mundarten in der Tschechischen Republik (ADT)"; vgl. hierzu Bachmann/Tišerová 2000, Christl 2008. Dasselbe gilt für den „Ungarndeutschen Sprachatlas (UDSA)", dessen 1. Band 2008 erschienen ist; zum Projekt vgl. Brenner 2008.

der „Sprachatlas von Oberbayern" verwendet. Lange Zeit lag ein eigenständiger Dialektsyntax-Atlas lediglich für den niederländischen Sprachraum vor (Gerritsen 1991). Nunmehr wird jedoch mit dem „Syntaktischen Atlas der deutschen Schweiz (SADS)" auch innerhalb des deutschen Sprachgebiets ein entsprechendes Projekt erarbeitet (Näheres hierzu und zu weiteren einschlägigen Atlas-Projekten vgl. in III.9).

Nachstehend die Auflösung der in der Karte verwendeten Siglen, mit Angabe des bisherigen Publikationsstandes (per 30.6.2013; * = online konsultierbar über das „Kartenverzeichnis" unter http://www.diwa.info oder http://www.3.diwa.info/DiWA/atlas.aspx).

ALA	Atlas linguistique et ethnographique de l'Alsace. Bd. 1 (1969), Bd. 2 (1985)
ALLG	Atlas linguistique et ethnographique de la Lorraine germanophone. Bd. 1 (1977)
FSA	Fränkischer Sprachatlas. Ortsregister, Grundkarte (1981), Lfg. 1 (1988), Lfg. 2 (1994), Lfg. 3 (2002), jeweils mit Kommentarbänden
LuxSA	Luxemburgischer Sprachatlas. 1 Bd. (1963)[41]
MRhSA*	Mittelrheinischer Sprachatlas. Einführung (1994). 5 Bde (1994-2002)
SAO*	Sprachatlas von Oberösterreich. Bd. 1 (1998-2002), Bd. 2, Lfg. 1ff. (2003ff.), Bd. 4 (2005-2011)
SBS*	Sprachatlas von Bayerisch-Schwaben. 14 Bde. (in 16) (1996-2009)[42]
SchlesSA*	Schlesischer Sprachatlas. 2 Bde (1967, 1965)
SDS*	Sprachatlas der deutschen Schweiz. 8 Bde (1962-1997), Abschlussband (2003)
SMF*	Sprachatlas von Mittelfranken. Bd. 1 (2003), Bd. 2 (2004), Bd. 4 (2007), Bd. 5 (2006), Bd. 6 (2004), Bd. 7 (2007), Bd. 8 (2010)
SNiB*	Sprachatlas von Niederbayern. 7 Bde (2003-2010)
SNOB	Sprachatlas von Nordostbayern. Bd. 1 (2004)
SuddtWA	Sudetendeutscher Wortatlas. 3 Bde (1954-58)
SUF*	Sprachatlas von Unterfranken. 6 Bde (2005-2008)[43]
ThürDA	Thüringischer Dialektatlas. 2 Kartenlieferungen mit Textbänden (1961, 1965)
TirolSA*	Tirolischer Sprachatlas. 3 Bde (1965-1971)
VALTS*	Vorarlberger Sprachatlas – mit Einschluß des Fürstentums Liechtenstein, Westtirols und des Allgäus. 5 Bde (1985-2006), jeweils mit Kommentarlieferungen
(WANwd)	Plattdeutscher Wort-Atlas von Nordwestdeutschland. 1 Heft (1928)
WSAH	Wortgeographie der städtischen Alltagssprache in Hessen. 1 Bd (1988).[44]

---

[41] Die Karten aus dem Atlaswerk von R. Bruch sind jetzt auch im Internet verfügbar (http://www.luxsa.info). Der „Digitale Luxemburgische Sprachatlas" kennt wie der „Digitale Wenker-Atlas" (vgl. III.2.3.) die Möglichkeit, Karten miteinander zu überblenden; ferner sind die nach den Vorgaben Georg Wenkers erstellten, aber für dessen Atlas nicht verwendeten Originalerhebungsbögen integriert. Demnächst sollen Sprachaufnahmen abrufbar sein, die das Bild dann abrunden werden.
[42] Umfassend besprochen durch Haas (2004).
[43] Zum SUF vgl. Wolf 2008. – Der „Dialekt der Enkelgeneration" soll in einem Projekt „Junger Sprachatlas von Unterfranken (JuSUF)" erfasst werden, vgl. A. König 2008.
[44] Innerhalb derselben Grenzen jetzt auch ALRH: Wortatlas zur Alltagssprache der ländlichen Räume Hessens. 1 Bd. (2010).

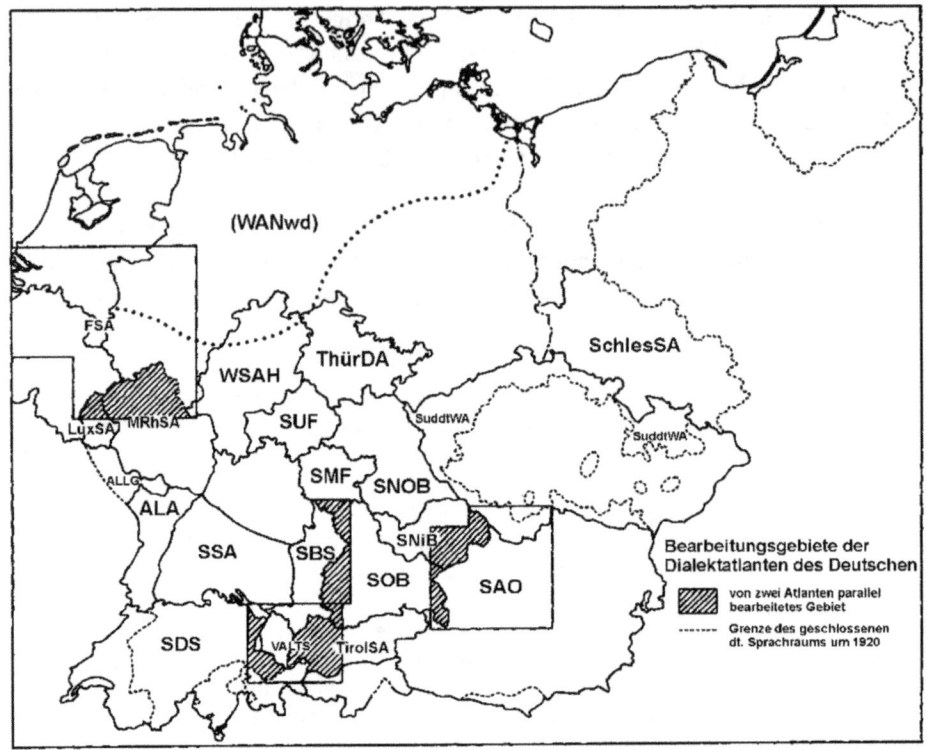

Abb. 8: Bearbeitungsgebiete der Kleinraumatlanten des Deutschen

Eine Reihe von „Kleinen Sprachatlanten" bietet – teils auf der Grundlage der Materialien der entsprechenden „großen" Pendants – ausgewählte Karten in Verbindung mit zugehörigen Kommentaren in allgemeinverständlicher Form.[45]

Einige Sprachatlanten haben auch „sprechende" Sonderprojekte entwickelt.[46] So hat der SNiB 2004 eine CD-ROM herausgebracht; von diesem Beispiel ausgehend

---

[45] Dialekt à la carte: Dialektatlas Westmünsterland – Achterhoek – Liemers (1993); Kleiner Dialektatlas – Alemannisch und Schwäbisch in Baden-Württemberg (³1997); Kleiner Bayerischer Sprachatlas (KBSA, ²2006); Kleiner Unterfränkischer Sprachatlas (KUSs, 2007); Kleiner linksrheinischer Sprachatlas (2008); Kleiner Sprachatlas der deutschen Schweiz (KSDS, 2010); Kleiner Sprachatlas von Vorarlberg und Liechtenstein (2012).

[46] Am Beginn dieser Entwicklung steht der „Sprachatlas des Dolomitenladinischen und angrenzender Dialekte (ALD)", der neben der üblichen geographischen Komponente (Atlaskarte) auch eine akustische Komponente aufweist („Sprechender ALD-I", hg. von R. Bauer, H. Goebl und E. Haimerl. CD-ROM 1-3. Salzburg 1999f. Inzwischen ist der „Sprechende ALD-I" auch im Netz zugänglich (s. unter http://ald1.sbg.ac.at), ebenso wie der ALD-II (http://ald2.sbg.ac.at). Beide Projekte stellen unter diesen Adressen u.a. eine „Sound-Datenbank" und eine „Suchmaschine", die auf die transkribierten Texte der Atlanten zugreift, zur Verfügung.

erschien 2007, ebenfalls auf CD-ROM, grenzüberschreitend ein „Sprechender Sprachatlas Bayerischer Wald und Böhmerwald". Auf der Basis des KBSA ist online ein „Sprechender Sprachatlas von Bayern" zugänglich, der Tondokumente aus 70 Orten per Klick bereitstellt (http://www.bayerische-landesbibliothek-online.de/sprachatlas). Ebenfalls online bietet der sprechende Sprachatlas „Deutsche Dialekte im Alpenraum" (http://www.argealp.org/atlas/index.html) Möglichkeiten des staatsgrenzenüberschreitenden Dialektvergleichs von 27 Orten per Mausklick bezüglich ausgewählter sprachlicher Merkmale (Laut- und Wortformen, Wortschatz und Syntax). – Die bair. Mundarten sind auch über Datenbanken zugänglich. In der Testphase befinden sich „Die bayerische Dialektdatenbank BayDat"[47] auf der Basis des „Bayerischen Sprachatlas (BSA)" und – „[a]n der Schnittstelle von Dialektwörterbuch und Sprachatlas" (Wandl-Vogt 2008) – die „Datenbank der bairischen Mundarten in Österreich".[48]

Fragen/Aufgaben

1. Vergleichen Sie die methodischen Prinzipien zweier ausgewählter Kleinraumatlanten!

2. Informieren Sie sich anhand des WKW über die spezielle Erhebungs- und Darstellungsproblematik eines fachsprachebezogenen Sprachatlasses!

4.5 Monographie

Eine im Rahmen der Dialektologie sehr gebräuchliche Präsentationsform ist die Monographie, die zumeist als „Ortsgrammatik" begegnet, aber auch wohl kleinere Gebiete beschreibt. Berühmtes Vorbild war 1876 die Arbeit von Winteler über die Kerenzer Mundart, zehn Jahre später folgte Holthausens kaum weniger bekannte Studie über die Laut- und Formenlehre von Soest. Zumeist entstanden diese Arbeiten als Dissertationen über die Heimatmundarten der jeweiligen Verfasser, wobei man sich im allgemeinen auf Lautlehre und Flexion beschränkte. Als Bezugssysteme dienten in der Regel die von der junggrammatischen Schule für die historischen Grammatiken aufgestellten mhd. bzw. mnd. ‚Normallaute'.

Dennoch spiegeln die Orts- und Gebietsgrammatiken[49] natürlich auch die methodischen Wandlungen der Dialektologie, von den geschilderten ‚traditionellen' bis hin zu den strukturellen und generativen Beschreibungsverfahren. Noch heute stellen die Monographien eine solide Basis auch für übergeordnete Fragestellungen dar. Gerade die dialektgeographische Betrachtung setzt in vielen Fällen exakt be-

---

47 Vgl. http://www.spr.germanistik.uni-wuerzburg.de/udi/seiten/baydat.html.
48 Vgl. http://ww.oeaw.ac.at/dinamlex/DBOE.html.
49 Vgl. die Bibliographien: Wiesinger/Raffin 1982, Wiesinger 1987.

schriebenes Material an möglichst zahlreichen Ortspunkten voraus; so kommt es nicht von ungefähr, dass modernere strukturelle Einteilungsversuche von Dialekten auf der Analyse traditioneller Ortsgrammatiken beruhen.[50]

Wie rezente Überblicke zeigen, hat auch noch in den jüngeren synchronen Dialektbeschreibungen die Behandlung der dialektalen Lautverhältnisse (vgl. hierzu Wiesinger 1994) eindeutig den Vorrang vor der Darstellung der anderen grammatischen Teilgebiete, wie der Morphologie (hierzu Tatzreiter 1994) oder der Syntax (hierzu Werlen 1994).

Neben detaillierten Spezialuntersuchungen entstehen in den letzten Jahren zunehmend auch zusammenfassende synchrone Überblicksdarstellungen über einen Gesamtdialekt. Beispiele hierfür sind etwa die „Baseldeutsch-Grammatik" (Suter 1976), das „Stuttgarter Schwäbisch" (Frey 1975) oder – bezüglich einer Großregion – die „Niederdeutsche Grammatik" (Lindow/Möhn/Niebaum/Stellmacher/Taubken/Wirrer 1998). Auch die Beschreibung der walserdeutschen Sprachinseldialekte im Aostatal etwa gehört in diesen Zusammenhang (Zürrer 1999).[51] Für breitere Kreise bestimmt, aber durchaus auf wissenschaftlicher Basis, sind die „Dialektbücher" zum Bairischen, Fränkischen, Hessischen und Pfälzischen (vgl. Zehetner (1985), Wagner (1987), Friebertshäuser (1987) oder Post (1990)); hierher ist auch die Einführung in das Moselfränkische von Lenz (2006) zu stellen.[52]

4.6 Wörterbuch

Wörtersammlungen sind nicht nur eine der ältesten Formen dialektaler Datenpräsentation (im deutschen Sprachraum lassen sich die Anfänge planmäßigen Sammelns bis ins 17. Jahrhundert zurückverfolgen; vgl. Näheres in III.1), sondern sie stellen auch den umfassendsten Präsentationstyp dar. Dialektwörterbücher, deren primäre Aufgabe natürlich in der Sammlung, Ordnung und Erklärung des dialektalen Wortschatzes eines bestimmten Ortes oder Areals besteht, beschränken sich nämlich häufig nicht auf den engeren lexikalischen und semantischen Bereich; sie geben darüber hinaus aufgrund der Tatsache, dass die Mundartwörter im allgemeinen lautgetreu und im Kontext verzeichnet werden, innerhalb gewisser Grenzen oft auch Antwort auf phonetisch-phonologische oder syntaktische Fragestellungen.

Hinsichtlich der Bearbeitungsprinzipien der dialektalen Wörterbücher lassen sich teilweise beträchtliche Unterschiede feststellen,[53] die im überwiegenden Maße

---

50 Vgl. (jeweils mit umfangreichen Zusammenstellungen von Ortsgrammatiken) Panzer/Thümmel 1971 und Wiesinger 1970, 1983.
51 Zur Sprachinselforschung ganz allgemein vgl. jetzt Riehl 2010; zum gegenwärtigen Status der deutschsprachigen Sprachinseln ebd. S. 340ff.
52 Vgl. jetzt auch Menge 2013 zum Ruhrdialekt.
53 S. etwa die vergleichende Betrachtung bei Niebaum 1979a. – Siehe jetzt auch Moulin 2010.

materialbedingt sind – einmal davon ganz abgesehen, ob der oder die Verfasser ‚Laien' oder Dialektologen sind, was natürlich auch theoretische und methodische Implikationen haben kann. Gerade bei den großen diatopischen Wörterbüchern, d.h. solchen, die ein umfangreicheres historisch und/oder sprachgeographisch zusammengehöriges Gebiet abdecken, ist das Material oft sehr heterogen und wird heutigen methodischen Ansprüchen an eine Spracherhebung (vgl. II.2.) nicht immer gerecht; dies liegt und lag allerdings weniger an den Lexikographen als an der oft unzulänglichen personellen und finanziellen Ausstattung der Arbeitsstellen, die raschere und homogene Materialsammlungen nicht zuließ. Bei den Orts- oder syntopischen Wörterbüchern stellt sich diese Problematik nicht ganz so krass. In III.7. wird am Beispiel des „Thüringischen Wörterbuchs" u.a. auch auf die angedeuteten Probleme näher eingegangen; zu den Möglichkeiten des Einsatzes der Elektronischen Datenverarbeitung bei der Erstellung eines Dialektwörterbuchs s. II.5.1.

Abschließend sei hier noch darauf hingewiesen, dass sich bezüglich der diatopischen Wörterbücher im Laufe der Zeit eine Entwicklung beobachten lässt, die Bearbeitungsgebiete der einzelnen Unternehmen so aufeinander abzustimmen, dass eine möglichst lückenlose Aufnahme der Dialekte des zusammenhängenden deutschen Sprachgebiets möglich wurde; einen Überblick gewährt Abb. 9.

Es folgt dann die Auflösung der in der Karte verwendeten Siglen, bei noch nicht vollständiger Fertigstellung mit Angabe der bisher publizierten Wortschatzstrecken (Stand 30.6.2013). Zu Wörterbüchern, die Teilbereiche der aufgeführten Gebietswörterbücher abdecken vgl. Niebaum (1979a:349ff.).[54] Ein * hinter der Sigle zeigt an, dass dieses Wörterbuch über das „Trierer Wörterbuchnetz" (http://www.woerterbuchnetz.de)[55] online zugänglich ist.

BadWb	Badisches Wörterbuch 1925ff.: *A - Seichschupfe*
BayrWb	Bayerisches Wörterbuch 1995ff.: Beiheft, *A - Boxhamer*
BrandBerlWb	Brandenburg-Berlinisches Wörterbuch 1968-2001. 4 Bde.
ElsässWb*	Wörterbuch der elsässischen Mundarten 1899-1907. 2 Bde.
HambWb	Hamburgisches Wörterbuch 1956-2006. 5 Bde.
HelgoländWb[56]	Helgoländer Wörterbuch 1957ff.: *A - luuwet*

---

[54] Außerhalb des zusammenhängenden deutschen Sprachgebiets in Mitteleuropa sind folgende Dialektwörterbücher erarbeitet worden bzw. in Arbeit: „Siebenbürgisch-Sächsisches Wörterbuch" (1924ff., Wortschatzstrecke *A - P*; Stand 30.6.2013), „Nordsiebenbürgisch-sächsisches Wörterbuch" (1986-2003, 5 Bde); im Rahmen des Projekts „Wörterbuch der donauschwäbischen Fachwortschätze" sind Wörterbücher zum Bekleidungsgewerbe (1997), Baugewerbe (2000), zur Landwirtschaft (2003) und zu den Lebensformen (2005) erschienen.
[55] Vgl. hierzu auch Hildenbrandt/Moulin 2012.
[56] Die Wörterbücher des Friesischen sind eigentlich nicht zu denen der deutschen Dialekte zu zählen, da das Friesische den Status einer eigenständigen Sprache besitzt. Die friesischen Wörterbücher sind hier aus pragmatischen Gründen angeführt, weil sie einerseits methodisch im Zusam-

HessNassWb	Hessen-Nassauisches Volkswörterbuch 1927ff.: *L - Zankdiviensalat* (veröff. Teile online abrufbar: www.lagis-hessen.de/de/subjects/index/sn/hnwb/)
LothrWb*	Wörterbuch der deutsch-lothringischen Mundarten 1909. 1 Bd.
LuxWb*[57]	Luxemburger Wörterbuch 1950-1977. 5 Bde.
MecklWb	Mecklenburgisches Wörterbuch 1937-1992. 7 Bde. Nachtrag- u. Indexband 1998.
MittelelbWb	Mittelelbisches Wörterbuch 2002ff.: *A - Ōwet*
NdsWb	Niedersächsisches Wörterbuch 1953ff.: *A - över*
NordfriesWb[58]	Nordfriesisches Wörterbuch (erscheint einstweilen in Teilwörterbüchern[59])
ObersächsWb	Wörterbuch der obersächsischen Mundarten 1994-2003. 4 Bde.
OstfränkWb	Ostfränkisches Wörterbuch (noch nichts publiziert)[60]
PfälzWb*	Pfälzisches Wörterbuch 1965-1998. 6 Bde., 1 Beiheft
PommWb[61]	Pommersches Wörterbuch 1997ff.: *A - Ros'*
PreußWb	Preußisches Wörterbuch 1974-2005. 6 Bde.
RheinWb*	Rheinisches Wörterbuch 1928-1971. 9 Bde.
SaterfriesWb[62]	Seelter Woudebouk/Saterfriesisches Wörterbuch/Sealter Wurdboek. 1 Bd.; Näi Seelter Woudebouk/Neues saterfriesisches Wörterbuch/Nij Sealter Wurdboek/New Saterfrisian Dictionary 1992ff.: *A - E*; Saterfriesisches Wörterbuch 1980. 1 Bd.
SchlesWb	Schlesisches Wörterbuch 1963-1965. 3 Bde.
SchlHWb	Schleswig-Holsteinisches Wörterbuch 1927-1935. 5 Bde.
SchwäbWb	Schwäbisches Wörterbuch 1904-1936. 6 Bde (in 7).
SchweizId	Schweizerisches Idiotikon. Wörterbuch der schweizerdeutschen Sprache 1881ff.: *A - Xantippe* (veröffentlichte Teile online abrufbar: www.idiotikon.ch)
ShessWb	Südhessisches Wörterbuch 1965-2010. 6 Bde.
SuddtWb	Sudetendeutsches Wörterbuch 1988ff.: *A, B/P, C - D/T, E, F/V - G, H – herausbrennen*
ThürWb	Thüringisches Wörterbuch 1966-2006. 6 Bde. Beiband 1993
VorarlbgWb	Vorarlbergisches Wörterbuch. 2 Bde (1955-1965)
WbBMÖ	Wörterbuch der bairischen Mundarten in Österreich 1963ff.: Beihefte 1 und 2, *A, B/P, Pf - C, D/T - tętzig, deu - ēigen*
WestfWb	Westfälisches Wörterbuch 1969ff. Beiband, *A - Brūdlocht, dä - Guwernante*

---

menhang der deutschen Dialektlexikographie zu sehen sind und andererseits häufig im Rahmen ihrer niederdeutschen Nachbarunternehmen betrachtet werden.

57 Im selben Bearbeitungsgebiet auch: WbLuxMa* Wörterbuch der Luxemburgischen Mundart. 1906. 1 Bd.

58 Vgl. Anmerkung 56.

59 „Wurdenbuk för Feer an Oomram" (1986); „Frasch Uurdebök" (1988, ²2002); „Freesk Uurdebuk" (1994); „Feering-Öömrang Wurdenbuk" (2002); „Sölring Uurterbok" (2006).

60 Erschienen ist bisher: Handwörterbuch von Bayerisch-Franken (2007).

61 Vgl. auch „Hinterpommersches Wörterbuch des Persantegebietes" (1995).

62 Vgl. Anmerkung 56.

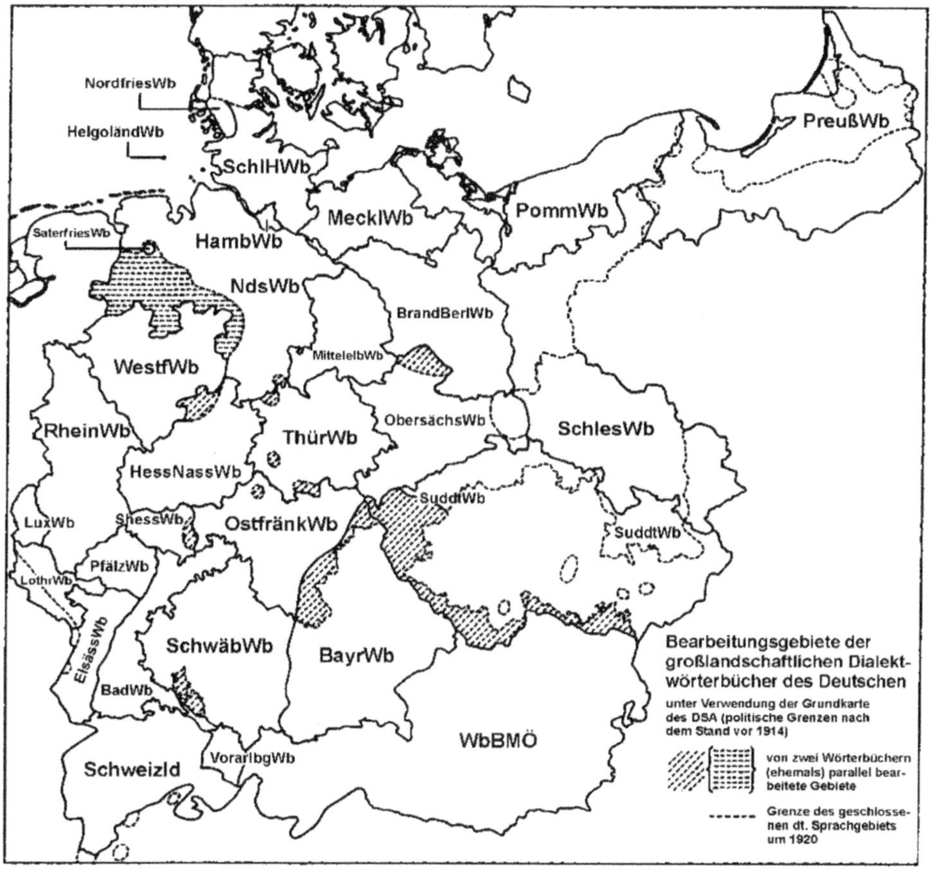

Abb. 9: Bearbeitungsgebiete der Dialektwörterbücher des Deutschen

---

Fragen/Aufgaben

1. Ermitteln Sie anhand der einschlägigen Bibliographien (z.B. Wiesinger/Raffin 1982, Wiesinger 1987) die für Ihren Heimatort ‚zuständige' Orts- oder Gebietsgrammatik! Machen Sie sich mit den methodischen Prinzipien sowie den Ergebnissen der Darstellung vertraut! Versuchen Sie (etwa mit Hilfe einer dialektfesten Gewährsperson) anhand ausgewählter Darstellungsbereiche festzustellen, inwieweit der dort vorfindliche Befund noch heute gilt!

2. Vergleichen Sie die lexikographischen Prinzipien ausgewählter großlandschaftlicher Wörterbücher!

3. Im Laufe der z.T. sehr langen Bearbeitungszeit der großen Dialektwörterbücher haben sich die Autoren häufiger veranlasst gesehen, ihre Darstellungsprinzipien zu modifizieren. Welche Gründe werden hierfür angeführt? Versuchen Sie, dieser Frage etwa anhand der Vorworte (Gesamt-, Band-, Lieferungsvorworte) nachzugehen!

5 Computative Verfahren

Die Ende der 1960er Jahre verstärkt aufgekommene Einbeziehung computativer Arbeitsverfahren in die Dialektologie gipfelte in dem Plan, eine „Zentrale Speicherung mundartlichen Wortmaterials des Deutschen" aufzubauen.[63] Dieses seit 1968 vorbereitete Unternehmen, das nicht zuletzt auch gedruckte Regionalwörterbücher überflüssig machen wollte, da alle dort enthaltenen Informationen aus dem projektierten Gesamtkorpus jederzeit abrufbar gewesen wären, scheiterte bald – nicht zuletzt auch wohl daran, dass die großen Dialektwörterbucharchive, bis auf wenige Ausnahmen, ihr Material bereits voll durchgeordnet hatten, so dass ein Hauptargument, die zeit- und kostensparende sowie fehlerfreie Sortierung großer Datenmengen, entfiel. Auch die Einschätzung, dass es möglich sein werde, Programme zu entwickeln, die über die Materialaufbereitungsarbeiten hinaus „eine automatische Weiterbearbeitung zum endgültigen Wörterbuchtext gestatten" (mit einer „von Hand vorzunehmende[n] Zwischenredaktion")[64], war in jener Anfangsphase der EDV-gestützten Dialektologie zunächst noch zu optimistisch. Inzwischen – da die Speicherkapazität kaum noch ein Problem darstellt, der Personal Computer nahezu auf jedem sprachwissenschaftlichen Arbeitsplatz eine Selbstverständlichkeit ist und komfortable Programmpakete auch für Informatik-Laien relativ leicht handhabbar sind – sind diese Vorstellungen zumindest für Einzelprojekte bereits Realität geworden, und es erscheint ohne weiteres möglich, sie auf andere Projekte zu übertragen (wobei nicht geleugnet werden soll, dass es dabei z.T. selbst beträchtliche Anpassungsschwierigkeiten geben kann). Heute erscheint allerdings vorstellbar, dass es – auf der Basis einer Zusammenarbeit aller interessierten Dialektologen und vereinbarter Standards bezüglich Hardware und Software, Datenstruktur, Datenbanksystem etc. – gelingen wird, einen „computerdialektologischen Arbeitsplatz" zu konzipieren, der einen „interaktiven" Prozess zwischen Mensch und System denkbar macht. Eine solche „interaktive Computerdialektologie" ermöglicht es nach Putschke (1994:246) dem Dialektologen, „auf der Basis seiner Arbeitshypothesen und seiner Daten sowie mit Hilfe der vorhandenen Programme direkt mit dem Computersystem zusammenarbeiten und sich die gewünschten Arbeitsunterlagen – beispielsweise Karten, Listen, Statistiken u.a. – herstellen zu lassen, die er dann seiner Validierung unterzieht und ggf. so lange bearbeitet, bis er schließlich die intendierten Ergebnisse erreicht hat."

Im Folgenden werden Anwendungsbereiche vorgestellt, für die computerdialektologische Arbeitsverfahren im Mittelpunkt stehen.[65] Darüber hinaus wird in

---

[63] Keseling/Kettner/Kramer/Putschke/Rössing-Hager/Scheuermann 1970.
[64] Keseling 1969:318; ähnlich Kamp 1969.
[65] Angesichts des rasanten technischen Fortschritts mag der Eine oder Andere manches hier Mitgeteilte vielleicht schon unter dem Rubrum ‚technikgeschichtliche Reminiszenz' ablegen wollen. Die hier skizzierten Arbeitsverfahren der vorgestellten Projekte erscheinen gleichwohl nicht nur aus

Kapitel III bei einer Reihe von „Schwerpunkten der deutschen Dialektologie" der Einsatz des Computers eine bedeutsame Rolle spielen.

5.1 Computative Lexikographie

Der Einsatz des Computers ist für die Dialektwörterbucharbeit in den letzten Jahren immer bedeutsamer geworden.[66] Heute kann, so scheint es, keine Wörterbuchkanzlei mehr auf zumindest die computergestützte Manuskriptherstellung verzichten. Ob die Entwicklung allerdings, wie Schröder (1997:59) vermutet, dahin geht, dass Dialektwörterbücher „in Zukunft nur noch in Ausnahmefällen in gedruckter Form erscheinen" und sich im „Regelfall [...] als Datenbanken mit komplexen Abfragemöglichkeiten präsentieren" werden, bleibe einstweilen dahingestellt.[67]

Wenig spektakulär erfolgte der Computereinsatz beim *Pfälzischen Wörterbuch*. Der Computer wurde dort in ein „schon seit Jahrzehnten bestehendes, mit traditionellen Zettelkästen arbeitendes Wörterbuchunternehmen integriert" (Post 1998:211). Die ersten PCs[68] wurden 1982 angeschafft, als man den Buchstaben *K* publizierte; 1997 ist das Wörterbuch mit dem 6. Band abgeschlossen worden.

In einem 1998 erschienenen Artikel berichtet Rudolf Post zusammenfassend über „Möglichkeiten der elektronischen Strukturierung, Vernetzung und Verfügbarmachung von lexikographischen Daten bei der Arbeit am Pfälzischen Wörterbuch". Der Einsatz der EDV war von der Überlegung geleitet, dass in den

> „Zettelsammlungen einer Wörterbucharbeitsstelle und in den schon publizierten Bänden eines laufenden Wörterbuchunternehmens [...] eine Fülle von z.T. kompliziert strukturierten und verschachtelten Informationen [stecken], auf die in der Regel nur über wenige Findekriterien systematischer Zugriff besteht. Meist sind Zettel und Wortartikel systematisch nach Stichwor-

---

wissenschaftsgeschichtlichen Gründen nach wie vor als bedeutsam; sie sind überdies von ihren methodischen Ansätzen her interessant, machen sie doch in überzeugender Weise deutlich, wie selbst noch vollkommen traditionell erhobenes Dialektmaterial computativ erschlossen und bearbeitet werden kann.

66 Vgl. zuletzt Moulin 2010. Zu den rezenten Entwicklungen bezüglich EDV-gestützter komplexer lexikographischer Informationssysteme, etwa den „Digitalen Verbund von Dialektwörterbüchern (DWV)" (http://www.dwv.uni-trier.de) ebd. S. 600ff.
67 Für Schröder eröffnet sich in der computerunterstützten Dialektlexikographie die Perspektive eines „Deutschen Dialektwörterbuchs" (DDW), „das die divergierenden Einzelprojekte der Territorialwörterbücher" durch „die Vereinheitlichung und Zusammenführung aller dialektalen Sprachdaten des Deutschen in computerisierter Form" zusammenfasst (Schröder 1997:63). Damit schließt sich letztlich der Kreis mit dem einleitend erwähnten, im Jahre 1970 veröffentlichten Plan einer „Zentralen Speicherung mundartlichen Wortmaterials des Deutschen". Bevor es soweit kommen kann, wird man bei den Kanzleien allerdings erst einmal neue Ressourcen schaffen müssen.
68 Wörterbuchprojekte, die zuvor bereits die EDV eingesetzt hatten, waren noch auf Großrechenanlagen angewiesen, so z.B. das Niedersächsische Wörterbuch; vgl. Scheuermann 1974, 1982, 1986.

ten alphabetisch sortiert, dazu werden Komposita oft ihren Grundwörtern zugeordnet oder es existieren mehr oder weniger ergiebige Synonymen- bzw. Heteronymenlisten. Auf andere in die Artikel hineingebaute Strukturen, z.B. Wortartenangaben, Quellen, Beispielsätze, Redensarten, Sprichwörter, Angaben zur Etymologie usw., besteht jedoch kein Zugriff" (Post 1998:211).

Post hat – mit durchaus bescheidenen Mitteln[69] – Verfahren entwickelt, mit denen er sein Material in dieser Hinsicht besser ‚in den Griff bekommen' konnte. Die computative Unterstützung erstreckte sich vor allem auf fünf Bereiche.

Die *elektronische Lemmaliste* (vgl. Post 1998:212ff., s. Abb. 10) macht aus dem „alphabetischen Nachschlagewörterbuch" ein „universelles Abfragewörterbuch", das bequeme und systematische Zugriffe auf die oben angeführten Informationsklassen erlaubt. Die Anzahl der Datensätze ist mit der Anzahl der den Stichwörtern zuzuordnenden Bedeutungsangaben identisch; dies sind beim PfälzWb insgesamt 102.500 Datensätze (bei knapp 70.000 Stichwörtern). Jeder Datensatz kennt fünf gesonderte Informationsklassen: Lemmaansatz, Gliederungsziffer, Wortart, Bedeutungsangabe und eine vierstellige Codeziffer, die den Wortschatz (gemäß dem System Hallig/von Wartburg 1963) nach Sachgruppen gliedert. Anhand der Codenummer lassen sich aus der Lemmaliste sachverwandte Wörter ermitteln, was die Wörterbuchangaben zu Synonymie und Heteronymie auf eine sichere Basis stellt. Die komplette Lemmaliste mit ihren fünf Informationsklassen setzt den Lexikographen in den Stand, „seinen Wortbestand nach formalen grammatischen oder semantischen Kriterien zu durchsuchen" (Post 1998:213). Im übrigen können bei den Suchabfragen die Informationsklassen miteinander verknüpft werden, so dass sich relativ komplexe Informationen gewinnen lassen. Möglich ist – z.B. im Zusammenhang einer Forschungsfrage bezüglich mundartlicher Wortbildung – etwa eine Abfrage wie: Suche alle Neutra, deren Lemmaform auf *-ich* oder *-icht* endet. Abfragen im Bereich der Bedeutungsangaben machen die Zusammenstellung von Synonymen bzw. Heteronymen relativ einfach; und mit Hilfe der Codenummer schließlich kann inhaltlich Zusammengehöriges erfasst werden.

Der volle Wörterbuchtext ist in elektronischer Gestalt eine zweite wichtige Strukturierungs- und Auswertungshilfe. Die Möglichkeiten der *Volltextrecherche* skizziert Post wie folgt:

„Immer wieder stellt sich dem Wörterbuchschreiber ja ein Problem, das ihm in ähnlicher Form schon früher begegnet ist, sei es nun eine bestimmte etymologische Angabe, ein Quellenhinweis oder ein bestimmtes Sprichwort. Hat er nun den Text elektronisch vorliegen und dazu

---

69 Vgl. etwa folgendes Zitat: „Was ich über den Einsatz von EDV beim Pfälzischen Wörterbuch berichten kann, ist nicht spektakulär, wir beschäftigen keine Rechenzentren und haben auch keine Informatiker unter Vertrag. Auch die Softwareausstattung besteht aus nicht viel mehr als einer Textverarbeitung und einigen bescheidenen, selbstgeschriebenen Programmen, die Texte durchsuchen und umstrukturieren können" (Post 1998:211); vgl. zuvor bereits Post 1986.

noch bestimmte Textauszeichnungen wie halbfett für Stichwörter, kursiv für Mundartbeispiele oder auch eindeutige Abkürzungen für seine Informationsklassen in den Wortartikeln, wie z.B. RA. für Redensart, Etym. für Etymologie, so kann schon mit einem normalen Textverarbeitungsprogramm eine ganze Menge recherchiert werden" (Post 1998:215).

So wäre z.B. an eine Analyse der phonetischen/phonologischen Struktur des Wortmaterials zu denken (Häufigkeit oder aber Distribution bestimmter Phoneme oder Phonemkombinationen), es ließe sich die Quellensituation analysieren, man könnte sich fragen, welche Wörter/ Wortarten französische Herkunft zeigen usw.

Beim PfälzWb wurde der ‚Volltext' ferner zur Verwaltung des Verweissystems herangezogen, wobei das betreffende Programm etwa immer dann, wenn es auf ein gesperrt gesetztes Wort (im PfälzWb Andeutung für einen Verweis) trifft, eine Zeile für die Verweisdatei ausgibt, die den Verweis selbst wie auch das Lemma, unter dem der Verweis stand, enthält.

Der dritte Bereich, in dem der Computer eine bedeutsame Rolle spielte, war die automatische *Erstellung von Laut- und Wortkarten*. Auf der Basis von Fragebögen mit zusammen ca. 2.000 Fragen hat das PfälzWb insgesamt 420 Karten publiziert. Durch den Einsatz des Computers ließ sich der Zeitaufwand gegenüber der Erstellung ‚von Hand' auf etwa 40% reduzieren (Post 1998:217). Die Fragebogenantworten wurden in eine Ortsmatrix eingegeben, danach den Belegen Symbole zugeordnet, worauf die Karte automatisch gezeichnet werden konnte. Auf der Basis der Karte lassen sich auch sortierte Beleglisten bzw. Belegzettel für den Zettelapparat erstellen.

Eine wichtige Hilfe stellte die EDV auch bei der *Quellenexzerption* dar. Diese gestaltete sich besonders komfortabel, wenn z.B. die auszuwertende Mundartliteratur von den Verlagen in elektronisch lesbarer Form zur Verfügung gestellt wurde. Elektronisch vorliegender Text konnte dann automatisch in eine Wortkonkordanz umgewandelt werden, von der aus am Bildschirm lemmatisiert werden konnte, wobei das Programm dem Bearbeiter jeweils den zugehörigen Kontext zeigt (Post 1998:218). Alle Lemmata wurden dann mit Kontext und Quellenangaben in Zettelform ausgedruckt. Die lemmatisierten Belege hätten allerdings auch in einem „elektronischen Zettelkasten" abgelegt werden können. Beim PfälzWb stellte sich diese Alternative nicht mehr, da hier bei Einführung des Computers der Zettelapparat weitgehend abgeschlossen und bereits mehr als die Hälfte des Wörterbuchs publiziert war.

Schließlich hat sich der Computer beim PfälzWb zudem im Rahmen der *Literatur- und Fragebogenrecherche* als sehr effektives Arbeitsinstrument erwiesen.

Ähricht	-	n	/mit dem Siebe (mit der Windmühle) ausgesonderte Ähren/	7440
Birkicht	-	n	FIN	8140
Blattericht	-	n	/Rübenblätter, als Grünfutter abgerissen/	3400
Blatticht	-	n	Grünfutter aus Rübenblättern	3400
Brunzich	-	n	Urin	5340
Butzicht	1	n	Überrest des gegessenen Obstes	3120
Putzicht, Pützicht	1	n	Nachgeburt der Kuh	4111
Putzicht, Pützicht	2	n	Abfälle beim Putzen von Gemüse	7740
Putzicht, Pützicht	3	n	Abfälle beim Darmputzen	7565
Dickicht	-	n	wie schd »Dickicht	3110
Eckerich	1	n/m	Eicheln	3110
Eckerich	+2	n/m	Eichel- und Bucheckernmast der Schweine	7450
Eichicht	-	n	FIN	8140
Grutzich, Grützich	1	n	Rest vom gegessenen Apfel	3120
Grutzich, Grützich	2	n	Blätterschopf der Rüben	3400
Grutzich, Grützich	3	n	Gemüseabfälle, Kartoffelschalen u. dgl.	7740
Häselich	+	n	Haseldickicht	3210
Käficht¹	1	n	Abbruch beim Putzen des Getreides	7440
Käficht¹	2	n	vom Flegeldrusch herrührende Strohteilchen	7440
Käficht²	-	n	zerkautes Stroh, Papier u. dgl.	9130
Kotzicht	1	n	das Erbrochene	5340
Kotzicht	2	n	ausgeworfener Schleim	5340
Rechzich	-	n	zusammengerechtes Heu	7450
Redich	-	n	Abfall beim Sieben	7440
Saufzich	1	n	mit heißem Wasser angemengtes Viehfutter	7450
Schälich	-	n	beim Schälen (der Kartoffeln, Äpfel u.a.) entstehender Abfall	7740
Schälsich, Schalsich	1a	n	beim Schälen (der Kartoffeln, Äpfel u.a.) entstehender Abfall	7740
Schälsich, Schalsich	1b	n	Rückstand von gekelterten Weintrauben und Obst	7470
Schärbich	-	n	Wasserschosse der Rebe (die ausgebrochen werden müssen)	7470
Schwitzich	1	n	Schweiß	5340
Seichzich	-	n	Urin	5340
Spänich	-	n	Späne	7520
Spauchzich	-	n	Speichel	5340
Spauzich	-	n	Speichel, Spucke	5340

Abb. 10: Ergebnisliste einer Suchabfrage beim „Pfälzischen Wörterbuch": neutrale Kollektiva auf -ich, -icht

Fragen/Aufgaben

1. In welchen Dimensionen erweist sich (zur Zeit) der Gebrauch des Computers als hilfreich für die Dialektlexikographie?

2. Diskutieren Sie vor dem Hintergrund einer computerunterstützten Dialektlexikographie mögliche Perspektiven eines „Deutschen Dialektwörterbuchs" bzw. eines „Verbundes von Dialektwörterbüchern"! Lesen Sie dazu Schröder (1997) bzw. Fournier (2003).

5.2 Computative Sprachkartographie

Methoden der Computer- oder automatischen Sprachkartographie[70] werden bei vier (auch) den deutschen Sprachraum betreffenden Großraumatlanten angewendet:

---

70 Vgl. Putschke/Neumann 1982; dort wird u.a. auch auf die Arbeitsverfahren bei ALE, FSA und KDSA eingegangen. Vgl. ferner Kelle 1997, der den SSA vorstellt.

„Atlas Linguarum Europae" (ALE), „Fränkischer Sprachatlas" (FSA), „Wortatlas der kontinentalgermanischen Winzerterminologie" (WKW) und „Kleiner Deutscher Sprachatlas" (KDSA). Von den Kleinraumatlanten (vgl. Abb. 8) sind die seit den 1980er Jahren erschienenen größtenteils computativ orientiert. Traditionell begonnen, aber computativ fortgesetzt wurden ferner der „Elsässische Sprachatlas" (ALA) und der „Lothringisch-deutsche Sprachatlas" (ALLG).

Der von W.H. Veith (dialektologisch) und W. Putschke (computativ) bearbeitete „Kleine Deutsche Sprachatlas" (KDSA), der im folgenden näher vorgestellt werden soll, trägt seinen Namen in Anlehnung an den „Deutschen Sprachatlas" (DSA). Ihm liegen die gleichen Rohdaten zugrunde wie jenem: Angaben zur örtlich gesprochenen Sprache auf rund 50.000 Fragebogeneinheiten aus den Jahren 1877-1888 und 1926-1933 (vgl. III.2.1.). Das Attribut „Kleiner" erklärt sich dadurch, dass die Rohdaten für den KDSA nicht voll in Anspruch genommen worden sind: von den 50.000 Fragebögen wurden nur knapp 6.000 verwertet (Veith 1984:297f.; vgl. zum Folgenden generell auch KDSA Bd. 1.1:XIII-XVIII). Vom DSA waren zwischen 1927 und 1956 insgesamt lediglich 128 Karten – „in vereinfachter Form", aber mit einer beeindruckenden Ortsnetzdichte von etwa 50.000 Schulorten – herausgekommen. Angesichts der Tatsache, dass im Marburger Sprachatlas-Archiv noch mehrere hundert bis dahin nicht veröffentlichte handgezeichnete mehrfarbige Karten auf der Basis des Gesamtmaterials lagerten, sollte mit dem KDSA insofern auch der Versuch unternommen werden, den Schatz der Wenkerschen Fragebögen – wenn auch mit der erwähnten Reduzierung der Rohdaten und entsprechender Ausdünnung des Belegnetzes – doch noch zu heben; angesichts des nunmehr im Internet publizierten „Digitalen Wenker-Atlasses (DiWA)" (vgl. III.2.3.) hat dieser Aspekt an Bedeutung verloren. Nach eigenem Bekunden ist der KDSA (wie auch DSA und DWA) ein im weiteren Sinne „historischer Sprachatlas" (Veith 1984:299).[71]

Wie beim DSA stellt sich auch beim KDSA, der aufgrund der Beleglage der Rohdaten „ein Lautatlas sein will" (Veith 1984: 298), das Problem der durch fachunkundige Laien verschrifteten Sprachdaten.

> „Die Schwierigkeit für den Bearbeiter wie für den Benutzer des KDSA besteht darin, auf dem Umweg über die deutsche Hochsprache, der die verwendeten schriftsprachlichen Zeichen normalerweise zugeordnet sind, den Lautwert der jeweiligen Varietät zu erschließen und dabei auch mögliche landschaftliche Schreibtraditionen einzukalkulieren" (Veith 1984:301).

Die Reduktion auf 6.000 Ortspunkte (pro Planquadrat des DSA blieb ein KDSA-Repräsentant übrig) machte es möglich, in dieser Hinsicht undeutliche Wenker-Fragebögen auszuklammern. Die Bearbeitung der Rohdaten muss zwar zur Typisie-

---

[71] Löffler (1986a:189) weist darauf hin, dass „eine Neubefragung der sechstausend Orte schneller und exakter zu bekommen gewesen wäre als die mühsame Aufbereitung der alten Daten. Jene reflektieren aber zum letzten Male einen Sprachzustand, wie er zur Zeit der größten Ausdehnung der deutschen Sprache gegolten hat."

rung von Belegen führen, Veith weist aber nachdrücklich darauf hin, dass diese nicht so weit geht, „die schriftsprachlichen in phonetische bzw. phonologische Zeichen zu verwandeln" (Veith 1984: 302). Der Verzicht auf Unsicheres brachte zugleich auch eine größere Übersichtlichkeit des Materials. Insofern war es dann auch nicht nötig, Isoglossen zu zeichnen: die KDSA-Symbolkarten ergeben bereits deutliche Arealabgrenzungen. Da die Karten die Einzellaute nach Positionen (Anlaut, Inlaut, Auslaut bzw. „An-, In-, Abtaxe") darstellen, sind hier häufig Lücken zu konstatieren, wenn ein Wort etwa „nicht überall verbreitet war oder eine abweichende Morphologie zeigte" (Löffler 1986a:190). *Einfache* Kombinationskarten addieren die Befunde einer bestimmten Spracherscheinung, z.B. Nasalausfall vor auslautendem Frikativ (vgl. Abb. 11). Daneben gibt es aber auch *komplexe* Kombinationskarten, bei denen eine Reihe von Karten mit je einer, aber verschiedenen Spracherscheinung zusammengefasst werden (z.B. Lautverschiebung).

Die Einteilung der Themen und die Reihenfolge der Karten erfolgt mit Bezug auf die heutige Standardlautung. Bei der Problembeschreibung in den Kommentaren – die sich beim aufgeschlagenen Atlas jeweils auf der linken Seite (zusammen mit der Zeichenerklärung sowie Listen von Neben- [d.h. Zweit-] und Sonder- [etwa Heteronyme/Synonyme] Belegen) befinden, während die rechte Seite die Karte einnimmt – wird auf das westgerm. Lautsystem Bezug genommen. Unter dem Gliederungspunkt „Sprachhistorische Erläuterung" werden dann u.a. die historische Entwicklung sowie als deren Niederschlag die areale Distribution behandelt (Veith 1984:314). Im Kommentarteil wird ferner auf das Verhältnis von Belegtypen und Zeichentypen eingegangen und werden ggf. Fragen der Schreibung und Lautung erörtert. Unter dem Punkt „Literaturhinweise" wird angegeben, ob und welche DSA-Karten gedruckt vorliegen, des weiteren werden die Regionalatlanten genannt, die vergleichbare Karten aufweisen, danach die weitere Literatur.

Der größte Teil der Einleitung zum KDSA ist der Erläuterung des Computerverfahrens vorbehalten.[72] Im Zuge dieses Verfahrens wurde das KDSA-Programmsystem so gestaltet, dass es eine „interaktive Materialbearbeitung" zwischen dem Dialektologen und den vom System ausgegebenen „Arbeitsunterlagen" (u.a. Printerkarten, Beleglisten, Legende mit Häufigkeitssortierung, alphabetische Legende, Seltenheitsliste) ermöglichte (KDSA Bd. 1.1: XIX). Ebenfalls in diesem Rahmen erfolgt – im Anschluss an die dialektologische Bearbeitung – die automatische Reinzeichnung der Karten auf einem Plotter in Punktdarstellung (S. XXVII).

---

[72] KDSA Bd 1.1:XIX-XXVIII. – Zur computativen und manuellen Bearbeitung der Daten (Rohdaten – Zwischendaten – reine Daten) und ihrer Klassifikation vgl. auch Veith 1984:302ff. – Orientiert am KDSA ist inzwischen auch ein auf der Basis der in den 1930er Jahren in den Niederlanden erhobenen Wenker-Sätze zu erstellender „Kleiner Niederländischer Sprachatlas (KNSA)" geplant; vgl. Veith 2000.

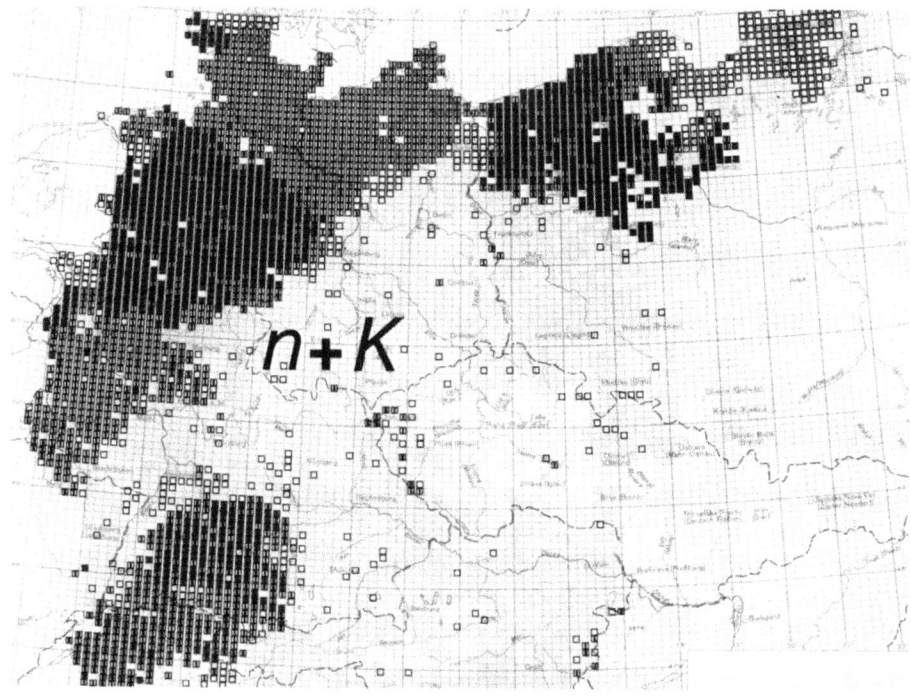

Abb. 11: „Kleiner Deutscher Sprachatlas", Karte 228: Nasalausfall vor auslautendem Frikativ

Löffler sieht den Aspekt der computativen Bearbeitung nicht unkritisch, kommt gleichwohl aber zu einer insgesamt positiven Einschätzung:

„Der computerbedingte manuelle Aufwand scheint beträchtlich gewesen zu sein. Es waren Beleg-Evaluationen, Korrekturgänge, Morph-Zerlegungsdurchgänge und insbesondere eine immense Arbeit des Einlesens nötig, so daß man fragt, ob mit gleichem Aufwand nicht schon die Karten hätten skizziert werden können. Doch scheint die Schnelligkeit der Reinzeichnung, die Möglichkeit der Umzeichnung und Symbolkorrektur mit der Sicherheit, daß keine Übertragungsfehler passieren, den computerbedingten Mehraufwand aufzuwiegen. [...] Der Computer hat wahrscheinlich vom Dialektologen exakteres Arbeiten verlangt. So würde ich den ‚computativen' Teil des Atlasses bei aller Solidität und Originalität doch nicht als eine Fachrichtung, sondern als instrumentelle Hilfe ansehen. Die Hauptleistung war die ‚manuelle', d.h. sprachlich-dialektologische Aufbereitung, die Vor-, Zwischen- und Nachbearbeitung der Belege und die Problembestimmung" (Löffler 1986a:193).

und ferner

„Es ist immer wieder erstaunlich, wie die Bearbeiter durch dank Computer verbesserte Übersichts- und Vergleichsmöglichkeiten der Schreibvarianten hier doch beachtliche Sicherheit in der Lautwert-Zuteilung erzielen" (Löffler 2002:73).

> **Fragen/Aufgaben**
>
> 1. Diskutieren Sie Vorzüge und Probleme des „Kleinen Deutschen Sprachatlasses"!
>
> 2. Vergleichen Sie eine bestimmte Karte des KDSA mit der/den entsprechenden des DSA!

5.3 Dialektometrische Verfahren

In herkömmlicher Betrachtungsweise werden die in den großen Sprachatlanten versammelten riesigen Mengen von Sprachdaten zumeist nur partiell, d.h. an der Oberfläche ausgewertet, da die Atlaskarten im allgemeinen isoliert, allenfalls gelegentlich in beschränkter Zusammenschau, niemals jedoch in ihrer Gesamtheit betrachtet werden. Goebl (2001) unterscheidet hier zwischen „partikulärer" und „globaler" Datenauswertung. Einerseits stellen die Sprachatlanten „ausgezeichnete empirische Datenbasen" dar, zugleich aber sind sie andererseits „in bezug auf die ihnen innewohnende Datenstruktur noch unzulänglich bekannt"; Goebl spricht in diesem Zusammenhang von „Datenfriedhöfen" (1982a:778f.). Erst die verbreitete Anwendung der EDV hat die Voraussetzungen dafür geschaffen, „die Sprachatlasdaten in kumulativer Synopse zu betrachten". Im Rahmen der Dialektometrie ist es nun möglich, die Datenmenge eines Sprachatlasses, die formal einer zweidimensionalen Matrix (N Orts- bzw. Messpunkte mal p Atlaskarten) entspricht, in ihrer Gesamtheit nach den methodischen Prinzipien der Numerischen Taxonomie[73] auszuwerten. Dabei geht es vornehmlich darum, die „ordnungsstrukturelle Vielfalt" des „zweidimensionalen Datenraums eines Sprachatlasses" sichtbar zu machen (Goebl 1986:42). Die „zentrale Aufgabe der Dialektometrie" wird dann „in der Auffindung möglichst hochrangiger Ordnungsstrukturen innerhalb des zu untersuchenden Datenverbundes" gesehen (ebd.).

Die Dialektometrie ist also als datenverdichtende Methode zu begreifen, die vor dem Hintergrund der Unmöglichkeit entstand, „selbst thematisch eng miteinander verwandte Isoglossen (oder Verbreitungsareale)" etwa eines Sprachatlasses „zur Deckung zu bringen" (Goebl 1994:171). Mit ihr lässt sich ein wesentlicher Teil der im Rahmen der klassischen Einteilungsversuche von Dialekten vorgebrachten Kritikpunkte ausräumen, nach denen bei der Dialektgliederung (1) mit einer zu geringen Materialbasis gearbeitet, (2) fragwürdige Einteilungskriterien verwendet bzw. (3) der synchrone Befund zu sehr von historisch-genetischen Einteilungsvorstellungen überdeckt worden sind (vgl. hierzu ausführlich III.4.3.). Putschke weist in diesem

---

[73] Hierunter ist eine Disziplin zu verstehen, die Methoden zur Ähnlichkeitsmessung entwickelt hat und Verfahren bereitstellt, wie auf der Basis solcher Ähnlichkeitsmessungen die Objekte klassifiziert und die ermittelten Klassen interpretiert werden können. Vgl. hierzu zusammenfassend Goebl 1982b:13f.

Zusammenhang allerdings darauf hin, dass diese „Fortschritte [...] nicht irgendwelchen methodischen oder theoretischen Versäumnissen der klassischen Dialektologie anzulasten [sind], sondern [...] sich erst durch den Einbezug der elektronischen Datenverarbeitung ergeben [haben]" (1993:426).[74]

Für die germanistische Dialektologie ist darauf zu verweisen, dass in Zusammenarbeit von Yves Scherrer (Digitalisierung und Web-Programmierung) und Hans Goebl nebst Mitarbeitern (dialektometrische Visualisierung) im Internet eine „Schweizerdeutsche Dialektometrie" auf der Basis ausgewählter Karten (kompletter Datensatz: 216 Karten) des „Sprachatlasses der deutschen Schweiz" (vgl. auch II.4.4.) bereitgestellt wird (http://latlntic.unige.ch/~scherrey/dmviewer/similarity.de.html). Schon die bisherigen Ergebnisse sind vielversprechend.

Die dialektometrische Methode ist in erster Linie im Rahmen der Dialekteinteilung von Bedeutung. Es liegt daher nahe, auf diesen Ansatz und seine wissenschaftsgeschichtlichen Hintergründe dort (im Zusammenhang der Projekte „Rheinische Wortgeographie" und „Dialekteinteilung durch Datenaggregation") näher einzugehen (s. III.4.3. und 4.4.). Vgl. ferner die dialektometrische Auswertung des „Wortatlasses der deutschen Umgangssprachen (WDU)" (III.11.1.2.).

5.4 Dialektalitätsmessung

Während die Dialektometrie misst, inwieweit arealsprachliche Varianten (horizontal) *von einander* abweichen (vgl. II.5.3.), geht es den verschiedenen Verfahren zur Dialektalitätsmessung darum zu messen, inwieweit arealsprachliche Varianten (vertikal) *von der Standardsprache* abweichen.[75] Dabei werden dann je nach Ansatz Systemkontraste (Ammon 1973, 1985; Stellmacher 1977; Reitmajer 1979)[76] oder Hörerurteile (Herrgen/Schmidt 1985) quantifiziert. Bei diesen Verfahren erscheint insbesondere das „‚Prinzip der Gleichgewichtung' unterschiedlichster dialektaler Merkmale" problematisch (E.H. Schmitt 1992:78). Herrgen/Schmidt haben sich 1989 diesen Fragen in einem grundlegenden Aufsatz erneut gestellt. Konzeptionell steht

---

74 Einen rezenten, sehr instruktiven Überblick über die Dialektometrie und quantitative Kartierung bietet Goebl 2010; siehe ferner Nerbonne/Heeringa 2010. – Eine Anwendung der dialektometrischen Methode auf soziolinguistische Fragestellungen findet sich – mit Blick auf das Ladinische – bei Dell'Aquila 2010.
75 Vgl. Herrgen/Schmidt 1989:306. – Ein sprechendes Beispiel für die vielen denkbaren Zwischenstufen zwischen Basismundart und Standardsprache bietet Große für die Meißnische Sprachlandschaft (1955:30): (1: ‚Sprache des Großvaters') *s wạ'd bā̃n ə uɒnfaŋ mid rā̃ⁱn*; (2: ‚Sprache des Sohns') *s wạ'd bālə ā̃nfaŋ mid rā̃n*; (3: ‚Sprache der Schwiegertochter') *s wẹ'd baldə ā̃nfaŋ mid ræχŋ*; (4 ‚Sprache der Kinder') *s we'd baldə anfaŋ dse ræχŋ*; (5: ‚Sprache des Lehrers/Pfarrers') *s wi'd bald anfaŋ dsu rẹ̄χnən* 'es wird bald anfangen zu regnen'.
76 Vgl. jeweils auch den Überblick in Schmitt 1992:64ff. bzw. Steiner 1994:87ff.; s. ferner Mattheier 1980:188ff.

dieser neue Ansatz im Zusammenhang des Dialekt erstmals zweidimensional untersuchenden „Mittelrheinischen Sprachatlasses" (MRhSA; vgl. unten III.8.). Danach sollte ein Dialektalitätsmessverfahren „(1) die vertikale Dimension der Sprache zum Gegenstand haben, (2) sprachliche Kontraste unterschiedlichster Art und Intensität nicht gleichbehandeln, sondern den Grad der Differenz eines Merkmals zur Standardsprache berücksichtigen, (3) nicht auf einige wenige, vorher festgelegte Merkmale beschränkt sein, (4) keine vollständige Beschreibung der Sprachsysteme des Untersuchungsareals voraussetzen und (5) auf der Grundlage schriftlich fixierter Sprachdaten operieren können" (Herrgen/Schmidt 1989:309). Dieses Verfahren beruht auf dem einfachen Grundgedanken der Messung der *„phonetischen Abstände zur Standardsprache"* [im Original gesperrt]. Die Messung erfolgt auf der Basis des Zählens der „von der Standardsprache (gemäßigte Hochlautung) abweichenden segmentellen phonetischen Merkmale" des dialektalen Korpus. Dabei wird jedes phonetische Merkmal „grundsätzlich mit einem Punkt gezählt" (1989:310). Die Variante [soː] 'so' etwa wird angesichts des standardsprachlich geforderten [zoː] mit einem „Dialektalitätspunkt" bewertet. Entsprechend wird bezüglich des Vokalismus verfahren. Dabei ermöglicht jedoch eine „Feindifferenzierung" durch halbe Punkte auch die Berücksichtigung von Öffnungsgraden oder Palatalisierungen und Velarisierungen. Herrgen/Schmidt verdeutlichen ihr Vorgehen an folgendem Beispiel: eine halbstufige Differenz von [ʃtuːl] 'Stuhl' zu [ʃtu̞ːl] wird demnach mit einem halben Punkt, eine ganzstufige zu [ʃtoːl] mit einem, zwei- oder mehrstufige Differenzen (etwa zu [ʃtɔːl]) mit eineinhalb Punkten (1989:310) bewertet. „Wenn ein Laut in mehreren phonetischen Merkmalen von der Standardsprache abweicht, so werden die Punktwerte addiert". Der Vokal in [ʃtu+f] 'Stube' erhält z.B. zwei Punkte, weil er in der Dauer und im Merkmal ‚Zentralisierung' von standardsprachlichem [uː] differiert." Der Gesamt-Dialektalitätswert einer Variante wird dann aus der Summe der Werte ihrer Laute gebildet. Die Gegenüberstellung von dialektalem [dou+f] 'taub' und standardsprachlichem [taup] macht das Verfahren deutlich (Herrgen/Schmidt 1989:310):

Standard	*Dialekt*	*Abweichung*	*D-Wert*
t	d	Lenis + Stimmton	2 Punkte
a	o	Öffnungsgrad	1 Punkt
u	u+	Zentralisierung	1 Punkt
p	f	Frikativ + Labiodental	2 Punkte
		Dialektalitätswert (D-Wert)	6 Punkte

In den Fällen, in denen einem standardsprachlichen Merkmal kein dialektales entspricht (z.B. in [foːl] 'Vogel', [huː] 'hoch'), werden keine „hypothetischen Maximalwerte", sondern Punktwerte angesetzt, die „realistischen Obergrenzen" entsprechen; d.h. „für Vokale beträgt dieser Wert drei, für Konsonanten liegt er [...] niedriger und beträgt zwei Punkte" (Herrgen/Schmidt 1989:311).[77] Bei der Bewertung der Differenzen zwischen Monophthongen und Diphthongen wird ebenfalls der vokalische Höchstwert berechnet.

Nach diesen methodischen Überlegungen wenden Herrgen/Schmidt (1989) ihr Verfahren im Rahmen einer Pilotstudie in der Praxis an. Da es nicht darum gehen sollte, „dialektale Arealstrukturen im einzelnen und detailliert abzubilden", sondern in erster Linie um die Frage, „ob sich *Arealstrukturen der Dialektalität* nachweisen lassen" (1989:312), wurde die Flächenstichprobe gegenüber dem MRhSA extrem verkleinert. Ausgewählt wurden flächendeckend 24 Ortspunkte. Pro Ortspunkt wurden dann für jede Datenserie (Serie 1: alter ortsansässiger Bauer um 75 Jahre, Serie 2: berufspendelnder Handwerker/Arbeiter um 35 Jahre) 100 Belegwörter gemessen. Die „Gesamtdialektalität eines Belegortes" ergibt sich dann durch die Addition der Werte für die einzelnen Belegwörter. Auf dieser Grundlage lassen sich dann Dialektalitätsareale zeichnen (vgl. Herrgen/Schmidt 1989:315f. mit je einer Karte zu den Dialektalitätsarealen der älteren bzw. der jüngeren Generation). Herrgen/Schmidt fassen das Ergebnis ihrer Pilotstudie wie folgt zusammen: „Soweit sich aus synchronischen Befunden auf den Dialektabbau schließen läßt, sind die beschriebenen Kontraste als *Dialektabbau* durch *Dialektausgleich* zu interpretieren" (1989:341). In Band 4 des MRhSA ist vor den thematischen Karten des Bandes (zum Konsonantismus) ein Kontrastblatt (Karte 314/1-2) mit zwei Dialektalitätskarten auf der Basis von 170 Erhebungsorten abgedruckt (s. hierzu unten III.8.4.).

Das Dialektalitätsmessungsverfahren von Herrgen/Schmidt wurde von Steiner (1994) für die automatische Dialektmessung adaptiert; die zentralen Teile des hierfür entwickelten Programmsystems werden in Steiner (1994:96-103) erläutert. In Lameli (2004) wurde der Messalgorithmus erweitert und das Verfahren um ein realisationsphonetisches Regelwerk ergänzt, womit die Messung frei gesprochener Redeeinheiten möglich wird. Der theoretische Eichpunkt des Verfahrens wird zugleich um einen theoretischen „Nullpunkt" in Form der Redeweise von Nachrichtensprechern komplettiert (2004:85-88). Eine ausführliche Beschreibung und Diskussion des Messprinzips findet sich in Lameli (2004:65-84).

---

[77] Herrgen/Schmidt (1989) stützen sich hier auf empirische Studien zur phonetischen Abstandsmessung, vgl. Vieregge 1987:15; Braun 1988.

Fragen/Aufgaben

1. Betrachten Sie das Dialektalitätsmessungsverfahren von Herrgen/Schmidt 1989 in der Anwendung auf den „Mittelrheinischen Sprachatlas" (MRhSA)! Vgl. Sie dort die Karten 314/1-2. (Siehe auch unten III.8.4.).

2. Inwieweit erscheint die phonetische Messung von Tagesschausprechern für die Einordnung intendierter Standardsprecher bedeutsam? Lesen Sie dazu Lameli 2004!

III Wege und Schwerpunkte der deutschen Dialektologie

1 Die Anfänge der Dialektologie

1.1 ‚Vor- und frühwissenschaftliche' Beschäftigung mit mundartlichem Wortschatz: Idiotismensammlungen/Idiotika

Sieht man von einer Reihe lexikographischer Arbeiten (Glossare; Vokabularien) des Spätmittelalters und der frühen Neuzeit ab, mit denen einem zunehmenden Lese- und Schreibbedürfnis und einem überregionalen Kommunikationsanspruch Rechnung getragen wurde (s. Scholz 1933:9-20; Henne 1980:783f.; Kühn/Püschel 1983:1369f.), so beginnt die Dokumentation mundartlicher Wortschätze erst gegen Ende des 17. Jahrhunderts. „Mit der absehbaren Durchsetzung der deutschen Gemeinsprache in der Schrift kam [...] auch das Interesse an jenen Sprachbeständen auf, die der allgemeinen Schriftsprache nicht angehörten – sei es, daß sie nicht allgemein waren, sei es, daß sie mit schriftfernen Sprechergruppen oder Stilschichten konnotiert wurden" (Haas 1994:XXV). Als wichtiger Initiator eines bei den Sprachgelehrten um sich greifenden, neuen ‚Mundart-Bewusstseins', das sich von der bis dahin üblichen Einschätzung stark unterscheidet, kann Gottfried Wilhelm Leibniz gelten.

> „Der **Grund und Boden einer Sprache**, so zu reden, sind die Worte, darauff die Redens-Arten gleichsam als Früchte herfür wachsen. Woher dann folget, dass eine der Haupt-Arbeiten, deren die Teutsche Haupt-Sprache bedarff, seyn würde eine **Musterung und Untersuchung aller Teutschen Worte**, welche, dafern sie vollkommen, nicht nur auf diejenige gehen soll, so jedermann brauchet, sondern auch auf die so gewissen Lebens-Arten und Künsten eigen. Und nicht nur auf die so man Hochteutsch nennet, und die im Schreiben anietzo allein herrschen, sondern auch auff Plat-Teutsch, Märckisch, Ober-Sächsisch, Fränckisch, Bäyrisch, Oesterreichisch, Schwäbisch, oder was sonst hin und wieder bey dem Landtmann mehr als in den Städten bräuchlich" (Leibniz 1697:336).

Der in zahlreichen Briefwechseln gegebenen Anregung, man müsse die *peculiares suae regionis voces* ('die eigentümlichen Sprachen der eigenen Region') sammeln und zugänglich machen, sind im 18. Jahrhundert nicht wenige Forscher gefolgt.[78] Leibniz leiten dabei vor allem zwei Motive:
  (a) Mit Hilfe von landschaftssprachlicher ‚Blutauffrischung' soll einer lexikalischen Verkümmerung der Schriftsprache vorgebeugt werden. (b) Die Untersuchung

---

[78] W. Haas (1994) verzeichnet für den Zeitraum 1689–1810 eine Fülle von Sammlungen, wobei das Spektrum von kleinen, unselbständig veröffentlichten Wortlisten bis zu prachtvoll gestalteten Mundartwörterbüchern reicht.

von Provinzialwörtern/Idiotismen soll helfen, historisch-etymologische Wurzeln der deutschen Sprache zu erkennen.

Am Anfang des planmäßigen Sammelns steht ein elfseitiges „Glossarium Bavaricum", das J.L. Prasch 1689 als Anhang zu seiner „Dissertatio altera de origine Germanica linguae Latinae" herausgibt. Diesem kleinen Wörterverzeichnis, einem ‚embryonalen' Mundartwörterbuch des Bairischen, folgt 1705 mit der „Silesia loquens" von Christian Meisner das erste ‚echte' Idiotikon, d.h. eine Wörtersammlung, die bewusst nur den von der Gemeinsprache abweichenden eigentümlichen Wortschatz eines (in diesem Fall: des schlesischen) Dialekts dokumentiert. Vom zweiten Drittel des 18. Jahrhunderts ab nimmt die Produktion der Idiotika stark zu. Michael Richey, der als ‚Erfinder' des Namens *Idiotikon* gilt (vgl. Haas 1994:XXV), verfasst 1743 (2. Aufl. 1755) ein „Idioticon Hambvrgense", wobei er zu den bereits bei Leibniz anklingenden ‚sprachpflegerischen' und ‚sprachhistorischen' Motiven weitere Gründe für eine Beschäftigung mit den Mundarten im Blick hat (vgl. Knoop 1982:3-11). So tritt der Aspekt einer Bewahrung für die Nachwelt hervor: Es sei an der Zeit, die – in Hamburg – hochgefährdete Sprachform „Mund-Art" aufzuzeichnen, weil sie ständig „in Abnahme gerate" (Richey 1755:XLIII). Ein weiterer gewichtiger Anlass für die Sammlung mundartlichen Wortschatzes war aber auch das Bestreben, einen Beitrag zu einem ‚allgemeinen deutschen Wörterbuch', zum „Dialectus communis", zu leisten, denn das „Wesen der Haupt-Sprache lieget ja in allen Mund-Arten zum Grunde, und muß darin anerkannt und aufgesuchet werden" (Richey 1755:IV; vgl. Niebaum 1986b:375ff.). Zusätzlich wirkt freilich auch im 18. Jahrhundert noch ein anderes Moment nach, das mit der plurizentrischen Sprachgeschichte des Deutschen zu tun hat: Die Gewährleistung überregionaler Kommunikation bzw. die Vermeidung lexikbedingter Missverständnisse. Johann Christoph Strodtmann etwa sieht sein „Idioticon Osnabrvgense" von 1756 deshalb nicht zuletzt einem (übersetzungs-)praktischen Bedürfnis verpflichtet:

> „Ich habe vornähmlich mein Augenmerk auf die Obersächsischen Rechtsgelehrten gerichtet, die ofters übel daran sind, wenn ihnen Acten, um Responsa darüber auszufertigen, aus Westphalen zugeschicket werden, weil darinn Wörter vorkommen, die ihnen schlechterdings unbekannt sind. Ja, man weiß Fälle, daß die Urtheile himmelweit von dem Rechtshandel entfernt und bloße Nullitäten gewesen; blos, weil man die hier in foro aufgenommene und im Lande übliche Wörter und Sachen nicht verstanden hat" (Strodtmann 1756:XI).

Inwieweit im 18. Jahrhundert zudem ein wachsendes Interesse des gebildeten und halbgebildeten Publikums an ‚Kuriositäten' die Beschäftigung mit den Dialekten gefördert hat, ist schwer zu beurteilen. Sicherlich zutreffend ist der Hinweis, Leser und Leserinnen hätten sich – speziell in der zweiten Hälfte des 18. Jh.s – an ‚ethnographischen' Beschreibungen, auch an solchen des eigenen Landes, zunehmend delektiert (vgl. Knoop 1982:7).

Zur Illustration sei hier mit dem „Westerwäldischen Idiotikon" des evangelischen Pfarrers K.Ch.L. Schmidt (Schmidt 1800) ein spätes Idiotikon vorgestellt. „Auf

344 Seiten enthält dieses Werk ca. 1750 laienphonetisch transkribierte Stichwörter mit Bedeutungsangaben und Hinweisen zur Etymologie, so daß das unter den Stichwörtern Zusammengefaßte schon den Artikeln heutiger Mundartwörterbücher ähnelt" (Dingeldein 1981:59). Ansatzweise, muss man relativieren. Denn das Programm, das für jedes der alphabetisch geordneten Lemmata abgearbeitet werden soll, ist gewaltig. Es umfasst neben der grammatischen auch die soziolinguistische Dimension; das komplette Bedeutungsspektrum soll belegt werden, ebenso der regionale Geltungsgrad und die regionale Synonymik. Und nicht zuletzt: Auch die Darstellung der Wortgeschichte und der übergreifende Vergleich zu den Nachbarsprachen will geleistet sein. Eine Realisierung dieses weitgespannten Programms konnte beim Stand der sprachwissenschaftlichen Vorarbeiten zu Ende des 18. Jahrhunderts kaum gelingen. So bleibt vieles an Erklärungen ebenso diffus wie fragmentarisch, und an die Stelle von Worterklärungen treten nicht selten Anekdoten und Erzählungen. Kurzum: Das ganze Idiotikon wirkt ‚wie Kraut und Rüben', systematisch hauptsächlich zusammengehalten durch die alphabetische Anordnung der Stichwörter. Und doch bietet es ein gutes Beispiel für eine sich – noch dilettantisch – entwickelnde dialektologische Forschung, die über wenig methodische Sicherheit verfügt und erst langsam über Ziele, Möglichkeiten und Probleme nachzudenken beginnt. In einer groben Zuordnung lassen sich die Stichwörter des „Westerwäldischen Idiotikons"[79] drei systematischen Bereichen zuweisen:

(a) Mundartlich-fachunspezifisch:

Blattern, von Menschen und Vieh, die eine dünne Leibesöffnung haben, und daher sehr breite Haufen machen. S. Brouch. S. Blatter, f. Kuhfladen. Auch von Menschen. Adj. blatterig (chier).	**Gickel** (g zwischen g und k) m. pl. –, der Haushahn. Auch Hess.; Henn. Gückel, Göker, Schwb. Gockeler, Eisen. und Gotha Gückelhahn Ful. I. Gökel. (F. *Coq*, E. *Cock*, Finn. *Kuko*, Ung. *Kakos*, L. *Gallus*, nach dem Laute des Krähens.)

Die Aufnahme dieser und anderer Bezeichnungen ‚aus dem Leben' zeigt, dass es vielen Idiotikon-Verfassern ernst ist mit ihrem Programm, den „Volkscharakter durch übertriebene Sittsamkeit und Delikatesse nicht zu verwischen" (Schmidt 1800:IX).

(b) Mundartlich-fachsprachlich:

*Afterschwarm, -bien, m. p. schwärm, -bien, Nachschwarm. Er kommt 9. 11. oder 15 Tage nach dem Hauptschwarm, und bisw. 3 Tage nachher noch ein 2ter Afterschwarm. Schwärmt (hier stüßt, stößt) dieser noch in demselben Jahre: so heißt derselbe Jungfern-Bien. (After, nach, hinter. BNS. achter. Goth. *aftaro*, AS. *æfter*. Daher unser: afterreden.)

---

[79] Umgesetzt aus der Fraktur des Originals; Unterstreichungen entsprechen dortigem Antiquasatz.

Es findet sich eine Fülle von mundartlich-fachsprachlichen Stichwörtern:

> **(c) Hochsprachlich-‚eingeplattet':**
> **Dokter, m.** ironisch, eine Person beyderley Geschlechtes, die sich einbildet, viel Verstand zu haben. Auch: Dokterarsch, -förnsel, f. firnzel, Dokter-Furz. <u>Adj.</u> Dokterarschig, -förnslich. (Vielleicht: Anspielung auf After, Afterdokter. Für Bürzel sagen die Jäger: Förzel. Förnsel gehört aber auch vielleicht zu Firlefanz? Fanzen, albern reden.)

An diesem Stichwort wird sichtbar, dass die enge Definition eines Idiotikons als ‚Verzeichnis landessprachlicher Abweichungen von der Gemeinsprache' für die Zeit um 1800 nicht unbedingt maßgeblich ist, sondern dass die Lemmaauswahl stark vom Geschmack des Autors abhängt (vgl. Haas 1994:XXVII).

Erwähnenswert im Zusammenhang mit frühen Idiotika ist, dass es – nach den beiden Sammlungen von Prasch und Meisner – vor allem Arbeiten aus dem norddeutsch-niederdeutschen Raum sind, die das mundartliche Wortgut der Region verzeichnen (vgl. die entsprechende Auflistung bei Haas 1994:XXXVIIIff.). Man kann mit einigem Recht vermuten, dass die Ursache dafür in den besonderen Sprachverhältnissen Norddeutschlands zu sehen ist, die durch einen Rückgang des Dialektgebrauchs in der Bildungsschicht und in den öffentlichen Belangen gekennzeichnet sind.

Der kurze Abriss früher dialektlexikographischer Arbeit wäre unvollständig ohne den Hinweis auf zwei Versuche, die mundartliches Wortmaterial interregional-kontrastiv ausgewertet haben. J.S.V. Popowitschs Werk „Vereinigung der Mundarten von Teutschland als eine Einleitung zu einem vollstaendigen Teutschen Woerterbuche [...]" von 1780, von der Darstellungsstruktur her onomasiologisch nach Sinnbezirken des Wortschatzes angelegt, bietet eine Gegenüberstellung landschaftssprachlicher Synonymwörter und Phraseologismen (vgl. dazu etwa Scholz 1933:47). F.C. Fuldas „Versuch einer allgemeinen teutschen Idiotikensammlung [...]" von 1788, semasiologisch-alphabetisch geordnet, will einen Überblick über „flächendeckende Idiotismen" (Haas 1994:XXVII), gewonnen aus dem Vergleich regionaler Wortschätze, ermöglichen (vgl. dazu etwa Scholz 1933:81). Beide Ansätze, die aufgrund fehlender systematischer Vorstudien zu den Einzelmundarten nicht sonderlich weit gedeihen konnten, sind aufgrund ihrer zukunftsweisenden Konzeption für die Disziplingeschichte der Dialektologie dennoch bedeutsam. In gewisser Weise stehen Popowitsch und Fulda zwischen dem impressionistischen Urteil mittelalterlicher Sprachbeobachter wie Konrad von Megenberg und den empirisch fundierten Aussagen der deutschen Wortgeographie des 20. Jahrhunderts.

1.2 Begründung der wissenschaftlichen Dialektologie im 19. Jahrhundert: Johann Andreas Schmeller

Voraussetzung einer streng wissenschaftlichen Mundartforschung sind die seit dem Anfang des 19. Jahrhunderts in der historisch-vergleichenden Sprachwissenschaft entwickelten Methoden, wie sie sich vor allem in Jacob Grimms „Deutscher Grammatik" (1819-37) niederschlagen. Für die Ausformung der Dialektologie hat Jacob Grimm auf diese Weise durchaus Bedeutung, sein eigenes Interesse an dialektologischen Fragestellungen bleibt indes eher nachgeordnet. Die konzeptuelle und empirische Begründung der Disziplin leistet der Oberpfälzer Johann Andreas Schmeller. „Das Verdienst, die von Grimm in großen Zügen vorgezeichnete wissenschaftliche Behandlungsweise methodisch bis in's Einzelne auf die Mundart angewendet und für ihre lexikalische wie für ihre grammatische Darstellung mustergiltige Werke geschaffen zu haben, gebührt *Schmeller*. Vor Schmeller war die Beschäftigung mit den Mundarten mehr oder weniger ein Tummelplatz des Dilettantismus" (Socin 1888: 502). Schmeller (1785-1852), nicht nur von bayerischen Dialektologen zu einem der ‚Gründerväter' der Sprachgermanistik erklärt, hat – angeregt durch F.J. Stalders „Versuch eines Schweizerischen Idiotikon" (1806/1812) – vor allem durch zwei Großprojekte wegweisend gewirkt: Durch „Die Mundarten Bayerns, grammatisch dargestellt" (1821) und durch das „Bayerische Wörterbuch" (1827-1837). Grammatik und Wörterbuch erfassen die Dialekte innerhalb der politischen Grenzen des damaligen Königreichs Bayern, zu dem außer dem eigentlich Bairischen auch Teile des Westoberdeutschen, des Nordoberdeutschen und des Westmitteldeutschen gehörten (schwäbische und oberalemannische, ostfränkische und rheinfränkische Mundarten). Bei der Wiedergabe dialektaler Formen verwendet Schmeller eine phonetische Notation, mit der sich z.B. offene und geschlossene Vokalqualitäten kennzeichnen lassen, weiterhin Unbetontheit, Nasalierung etc. Im Gegensatz zu Grimm hält er überdies den gesprochenen Laut und den geschriebenen Buchstaben systematisch klar auseinander; dies ist vor allem für sprachhistorische Vergleiche von einiger Bedeutung.

Mit Knoop (1982:14ff.) lassen sich vier Dimensionen unterscheiden, zu denen Schmeller in seiner Grammatik – zumindest idealiter – Auskunft gibt: (1) Mundart in der Geschichte: Hier wird aufgrund des Vergleichs moderner Mundartformen mit entsprechenden Erscheinungen des Altdeutschen argumentiert. Schmeller betont, dass sich die Mundarten eigenständig und gesetzmäßig entwickelt haben, dass sie demnach keine Entstellungen der Schriftsprache, sondern Erscheinungen sui generis darstellen. – (2) Mundart im Raum: Anhand genauer Erfassung und geographischer Ordnung ist es möglich, kartographische Übersichten über Dialektgebiete und -grenzen des Bairischen zu erstellen (vgl. Abb. 12). – (3) Mundart im System: Zumindest ansatzweise wird die atomistische Darstellungsweise der Vorgänger-Studien weiterentwickelt, indem Vernetzungen zu anderen Dialekten des Königreichs in den Blick geraten. – (4) Mundart in der Gesellschaftsgliederung: Bei Schmeller kommt den sozialen Differenzierungen der örtlichen Sprechweisen erhebliche Aufmerksamkeit zu. So werden eine ländliche Aussprache, eine städtische Aussprache („Bürgerklasse in den Städten") und schließlich eine „Aussprache der Gebildeten oder provinzielle Art und Weise, das Schriftdeutsche zu lesen" voneinander abgegrenzt.

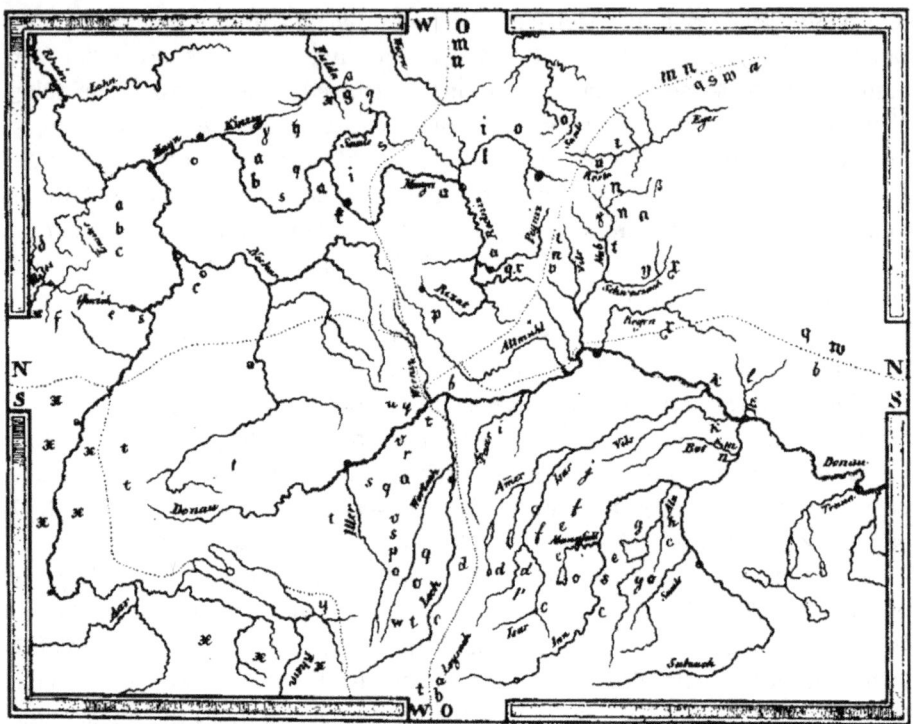

Abb. 12: J.A. Schmellers Karte der Mundarten Bayerns

In der Dialektlexikographie bringt Schmellers vierbändiges Wörterbuch gleichfalls erhebliche Fortschritte. „Was dieses Wörterbuch zum ersten ‚modernen' seiner Art macht, ist einerseits der Versuch, den Wortschatz möglichst vollständig zu erfassen, es also nicht bei ‚Idiotismen' bewenden zu lassen, andererseits die Aufnahme historischer Belege und im Zusammenhang damit der Versuch einer etymologischen Durchdringung des Materials" (Freudenberg 1968:33). Hinsichtlich der Anordnung der Stichwörter beschreitet Schmeller neue Wege. Bei der von ihm entwickelten ‚etymologisch-alphabetischen' Anordnung wird die Reihenfolge zunächst durch die Konsonanten der Stammsilbe bestimmt, erst innerhalb dieser Reihen ordnet man nach Vokalen. Zusammensetzungen mit dem Lemma als Grundwort werden diesem angereiht, die Ableitungen schließen sich an. Bei diesem ‚Schmellerschen Prinzip', das später andere Wörterbücher übernehmen (vgl. etwa das „Schweizerdeutsche Idiotikon" 1881ff. oder das „Wörterbuch der elsässischen Mundarten" 1899-1907), wird das Material also nach etymologischen ‚Nestern' geordnet, d.h. alles vom Wortursprung her Zusammengehörige steht beieinander, was – bis zu einem gewissen Grade – aber auch durch andere Anordnungsprinzipien erreicht werden kann (vgl. Niebaum 1979a:360f.). Zweifellos erschwert Schmellers Stammsilben-System das Auffinden mancher Stichwörter. Das Wörterbuch hat aber durch K.G. Frommann eine benutzerfreundliche Ergänzung in Form eines strengalphabetischen Registers bekommen, das Schmeller bereits selbst geplant hatte.

Fragen/Aufgaben

1. Vergegenwärtigen Sie sich die Anfänge der deutschen Idiotika anhand der Richeyschen Vorrede (Richey 1755: I–LII)!

2. Welche Intentionen haben bei der Sammlung und Herausgabe von Idiotika eine Rolle gespielt?

3. Vergleichen Sie anhand von Original-Abdrucken in Scholz (1933) die lexikographischen Prinzipien von Popowitsch und Fulda!

4 Welche Dimensionen der Worterklärungen lassen sich in Schmellers Wörterbuch ausmachen?

5. Wieso ist die Unterscheidung von gesprochenem Laut und geschriebenem Buchstaben, wie Schmeller sie vornahm, wichtig?

6. Suchen Sie (ggf. anhand von Frommanns Registerband) Schmellers Eintragung zum Lemma *Maß* und interpretieren Sie seinen Beschreibungshorizont!

2 Herausbildung und Entwicklung der Dialektgeographie: Die ‚Marburger Schule'

2.1 „Deutscher Sprachatlas" (DSA)

Die ‚Marburger Schule' entwickelte sich im Zusammenhang mit dem von Georg Wenker (1852–1911) begründeten Sprachatlas-Unternehmen; es besteht noch heute, in einer anderen Organisationsform, als „Forschungsinstitut für deutsche Sprache, Deutscher Sprachatlas".[80]

---

80 Zur Geschichte dieses Unternehmens, die hier nicht in allen Einzelheiten nachgezeichnet werden kann, vgl. neben den Handbüchern vor allem Martin 1934, Mitzka 1952, Kratz 1970, Wiegand/Harras 1971:10-28, Radtke 1974, Mironov 1978, Knoop/Putschke/Wiegand 1982 (dort jeweils auch Kartenbeispiele der verschiedenen Sprachatlanten). Vgl. jetzt auch Schmidt/Herrgen 2011:97ff. Die Karten von Wenkers älteren Atlasprojekten sind über Links im DiWA (http://www.diwa.info) online verfügbar. – Zur institutionellen Geschichte des „Sprachatlas", besonders in der Zeit der Weimarer Republik und des ‚Dritten Reiches', vgl. Wilking 2003. – Zur Entwicklungsgeschichte der

Die Gründung des Sprachatlasses hat man in den einschlägigen Handbüchern immer wieder damit in Verbindung gebracht, dass Wenker hiermit die junggrammatische These von der Ausnahmslosigkeit der Lautgesetze habe beweisen wollen. Urheber diese Annahme, für die sich bisher – wie Veith 1970, Wiegand/Harras 1971 und Knoop/Putschke/Wiegand 1982 übereinstimmend feststellen – in Wenkers Schriften kein Ansatzpunkt gefunden hat, war vermutlich Wenkers Schüler und Nachfolger Wrede, der damit offenbar den Sprachatlas „im Nachhinein in einen größeren theoretisch-linguistischen Rahmen versetzen wollte."[81] Wenker selbst ging es, nachdem der 1875 unternommene Versuch einer Gliederung der Dialekte seiner engeren Heimat, der Rheinprovinz, auf der Grundlage gedruckter Mundartproben wegen des lückenhaften Materials unbefriedigend geblieben war, um „klare Dialektgrenzen", die er auf der Basis zureichenden Datenmaterials geographisch eindeutig festlegen wollte. Ein 1876 an die Lehrer der nördlichen Rheinprovinz versandter erster Fragebogen bestand aus 42 hochdeutschen Sätzen, die mit den Mitteln der aus der Standardsprache geläufigen Orthographie (einschließlich der im Anschreiben näher spezifizierten Zusatzzeichen für Länge und Kürze betonter Silben) in die Mundart übertragen werden sollten. Als ein erstes Ergebnis dieser Befragung veröffentlichte Wenker im darauffolgenden Jahr eine kleine, den Lehrern gewidmete Schrift mit angefügter „Sprach-Karte der Rheinprovinz nördlich der Mosel" (Wenker 1877). Daneben entstand nach der Übersiedlung nach Marburg bis Ende des Jahres 1878 ein auf diesem Material basierender Sprachatlas (Wenker 1878), der jedoch nicht publiziert wurde.[82] Bei dieser Arbeit musste Wenker angesichts der in ihrem Verlauf kaum durchschaubaren Menge von Isoglossen seine Vorstellung von der „klaren Dialektgrenze" revidieren (1886:189f.). Auch eine Erweiterung der empirischen Basis und die Ausdehnung über ganz Nord- und Mitteldeutschland brachte ihn seinem Ziel, „eine neue Vorstellung von Dialektgrenzen zu gewinnen"[83], nicht näher; vom „Sprach-Atlas von Nord- und Mitteldeutschland" (Wenker 1881; dazu Knoop/Putschke/Wiegand 1982:59-64) auf der Grundlage eines umgearbeiteten Fragebogens mit 40 Sätzen erschien nur eine Lieferung. Bei den Arbeiten hieran, so führte Wenker später in einem Vortrag vor der Versammlung deutscher Philologen und Schulmänner 1885 in Gießen aus,

„da begann eine weitere gänzliche Umgestaltung meiner Ansichten von dem eigentlichen Zweck und Wert des ganzen Unternehmens sich durchzusetzen. War früher der Wunsch, *Grenzen* [im Original gesperrt], vor allem *Dialekt*grenzen aufzufinden und festzustellen, gewesen, der den leitenden Gesichtspunkt abgegeben hatte, so brach sich jetzt mehr und mehr die Über-

---

dialektgeographischen Methode ganz allgemein s. Freudenberg 1965; vgl. auch Schrambke 2010, wo neben der „Marburger Schule" auch die „Württemberger Schule" dargestellt wird.
81 Veith 1970:393. – Vgl. weiterhin die ausführliche Kritik an dieser Handbuchauffassung bei Wiegand/Harras 1971:11ff. und Knoop/Putschke/Wiegand 1982:51f.
82 Zu diesem Atlas und seinem Kartierungsverfahren vgl. Knoop/Putschke/Wiegand 1982:52–59.
83 Dazu vgl. Wenker 1886:189f.; Wiegand/Harras 1971:16f., Zitat S. 115.

zeugung Bahn, dass in dieser Suche nach Dialektgrenzen eine – wenn auch praktisch wohl begründete und verständliche – Einseitigkeit sich ausprägt, dass dagegen eine *methodisch umfassende* Betrachtung sprachlicher Erscheinungen jede, auch die scheinbar planlos nur auftauchende, sporadisch sich entwickelnde Umwandlung im Vokalismus, im Konsonantismus, in der Formenbildung zu verfolgen, zu würdigen und zu verstehen suchen müsse" (Wenker 1886:190).

Hiernach wurde der Atlas also nicht mehr primär als Forschungsergebnis angesehen, sondern sein Ziel sollte es sein, „Forschungsinstrument für deskriptive Dialektologie und Sprachgeschichtsschreibung zu werden, und zwar in Form einer möglichst detaillierten und exakten, sprachkartographisch dokumentierten Materialgrundlage" (Wiegand/Harras 1971:116).

Ab 1882 erarbeitete Wenker neue Pläne für die Kartierung der Daten[84] und die Publikation eines Sprachatlasses. Zunächst dachte er an einen „Sprachatlas von Nordwestdeutschland" (vgl. dazu Knoop/Putschke/Wiegand 1982:64-67). Ein Gesuch der Philologenversammlung an Reichskanzler Bismarck brachte zwar einerseits eine materielle Absicherung des Unternehmens in der erweiterten Form eines dann auch Süddeutschland erfassenden „Sprachatlasses des Deutschen Reiches", andererseits aber wurden Sprachmaterial und Karten Staatseigentum, und Wenker hatte eine Reihe von Auflagen zu akzeptieren. Eigene Forschungen waren abzubrechen, Wenker sollte sich mit seinen Mitarbeitern ganz der Erstellung der Karten widmen, die, da eine Veröffentlichung vorerst unterbleiben musste, in je einem Exemplar in Marburg und in Berlin aufbewahrt werden sollten.[85] Aufgrund der aufgeschobenen Drucklegung des Atlasses „erhob sich die Frage, wie der wartenden Gelehrtenwelt, die nur selten den Weg nach Marburg fand, wenigstens die Hauptergebnisse der Großbefragung der Mundarten zugänglich gemacht werden konnten" (Martin 1963:2). Die Aufgabe, im Anzeiger für deutsches Altertum (AfdA) fortlaufend „Berichte über G. Wenkers Sprachatlas des Deutschen Reiches" zu erstatten, wurde Ferdinand Wrede (1863-1934) übertragen;[86] darin ist die Verbreitung von 84 Wörtern aus den „Wenkersätzen" behandelt.

---

84 Schmidt/Herrgen 2011:104-106 sprechen hier nicht zu Unrecht von der Entwicklung der „aus heutiger Sicht perfekte[n] Sprachkarte" durch Wenker (ebd. S. 104).
85 Wenker hat bis zu seinem Tode im Jahre 1911 in entsagungsvoller Weise Karten gezeichnet; vgl. auch Knoop/Putschke/Wiegand 1982:67f. Erst vor kurzem wurde bekannt, dass Wenker gleichwohl regelmäßig Erläuterungen und Interpretationen von Sprachkartenthemen verfasst hat; diese sind handschriftlich in 431 Heften (auf 2.601 Seiten) niedergelegt worden (vgl. Lameli 2008; Lameli hat diese Materialien unlängst in drei Bänden herausgegeben, s. Wenker 2013). – Zu den (sprach)kartographischen Aspekten auch im Vergleich zu anderen Sprachatlasunternehmen vgl. Rabanus 2005b:346-351. Hervorzuheben ist insbesondere die geographische Exaktheit der Wenkerschen Karten.
86 AfdA 18-28 (1892-1902); zusammengestellt in Wrede 1963a.

> 1. Im Winter fliegen die trockenen Blätter in der Luft herum. – 2. Es hört gleich auf zu schneien, dann wird das Wetter wieder besser. – 3. Tu Kohlen in den Ofen, damit die Milch bald zu kochen anfängt. – 4. Der gute alte Mann ist mit dem Pferd(e) auf dem Eis eingebrochen und in das kalte Wasser gefallen. – 5. Er ist vor vier oder sechs Wochen gestorben. – 6. Das Feuer war zu heiß, die Kuchen sind ja unten ganz schwarz gebrannt. – 7. Er isst die Eier immer ohne Salz und Pfeffer. – 8. Die Füße tun mir (so sehr) weh, ich glaube, ich habe sie (mir) durchgelaufen. – 9. Ich bin selber bei der Frau gewesen und habe es ihr gesagt, und sie sagte, sie wolle es auch ihrer Tochter sagen. – 10. Ich will es auch nicht mehr wieder tun/machen. – 11. Ich schlage dich gleich mit dem Kochlöffel um die Ohren, du Affe. – 12. Wo gehst du (denn) hin? Sollen wir mitgehen (mit dir gehen)? – 13. Das/es sind schlechte Zeiten. – 14. Mein liebes Kind, bleib hier unten stehen, die bösen Gänse beißen dich tot. – 15. Du hast heute am meisten gelernt und bist artig gewesen, du darfst früher nach Hause gehen als die anderen. – 16. Du bist noch nicht groß genug, um eine Flasche Wein allein auszutrinken, du musst erst noch wachsen und größer werden. – 17. Geh, sei so gut und sag deiner Schwester, sie soll die Kleider für eure Mutter fertig nähen und mit der Bürste rein machen. – 18. Hättest du ihn gekannt! Dann wäre es anders gekommen, und es täte besser um ihn stehen. – 19. Wer hat mir meinen Korb mit Fleisch gestohlen? – 20. Er tat so, als hätten sie ihn zum Dreschen bestellt (; sie haben es aber selbst getan). – 21. Wem hat er (denn) die neue Geschichte erzählt? – 22. Man muss laut schreien, sonst versteht er uns nicht. – 23. Wir sind müde und haben Durst. – 24. Als wir gestern abend heim/zurück kamen, da lagen die anderen schon im Bett und waren fest eingeschlafen/am schlafen. – 25. Der Schnee ist diese Nacht liegen geblieben, aber heute morgen ist er geschmolzen. – 26. Hinter unserem Hause stehen drei schöne Apfelbäume/drei Apfelbäumchen mit roten Äpfeln/Äpfelchen. – 27. Könnt ihr nicht noch einen Augenblick / ein Augenblickchen auf uns warten? Dann gehen wir mit (euch). – 28. Ihr dürft nicht solche Kindereien treiben. – 29. Unsere Berge sind nicht so (sehr) hoch, die euren sind viel höher. – 30. Wieviel Pfund Wurst und wieviel Brot wollt ihr haben? – 31. Ich verstehe euch nicht, ihr müsst ein bisschen lauter sprechen. – 32. Habt ihr kein Stückchen weiße Seife auf meinem Tisch(e) gefunden? – 33. Sein Bruder will sich zwei schöne neue Häuser in eurem Garten bauen. – 34. Das Wort kam ihm von Herzen. – 35. Das war recht von ihnen! – 36. Was sitzen da für Vögelchen oben auf dem Mäuerchen? – 37. Die Bauern hatten (fünf) Ochsen und (neun) Kühe und (zwölf) Schäfchen vor das Dorf gebracht, die wollten sie verkaufen. – 38. Die Leute sind heute alle draußen auf dem Feld(e) und mähen. – 39. Geh nur, der braune Hund tut dir nichts. – 40. Ich bin mit den Leuten da hinten über die Wiese ins Korn gefahren.

Abb. 13: „Wenkersätze"

Die „Wenkersätze" wirken etwas konstruiert. Sie sind gänzlich lautlichen und morphologischen Gesichtspunkten untergeordnet. Wenker kam es eben darauf an, die wichtigsten lautlichen und grammatischen Erscheinungen im Raume abzugrenzen.[87] Welche Fülle von Sonderfragen sich an einem einzigen Wort stellen kann, hat Bach (1969:17) exemplarisch vorgeführt:

> „In dem Wort *(die) Schäfchen* (Nom. plur., s. DSA 58 [Wenkersatz 37]) z.B. wäre zunächst der Anlaut zu betrachten. Wann wird in dem etymologisch ungedeuteten (west)germ. Wort *skēpo-m*, asächs. *skāp* der Anlaut *sk-* (je nach der Mda) zu *s-ch, sch...*? Ist der Stammvokal *ē*

---

[87] Gleichwohl kann das Wenker-Material aber auch für syntaktische Fragestellungen herangezogen werden, vgl. hierzu Fleischer 2011 und Fleischer 2012.

des nichtdiminuierten Wortes zu *ā* geworden oder, wie im Fries., als *ē* erhalten geblieben? Wird der Stammvokal (*ā*) vor dem Diminutivsuffix *-chen* < *-kīn* > *ä-, ē* umgelautet oder nicht? Bleibt *-p* erhalten? Wann und wo wird es > *-f* verschoben? Bleibt *-k-* der Diminutivendung bewahrt? Wann und wo wird es zu *ch, tj* usw. umgebildet? Ist das *-en* der Diminutivendung > *-e* geworden, und wann ist dies geschehen? Seit wann gilt *-kīn* > *-chen* usw. als Diminutivendung? Ist es überhaupt bekannt, oder gilt ein anderes Suffix? Wie lautet die Mehrzahl des Diminutivs (*Schäfcher, Schäfkes* ...?), und seit wann gelten diese Formen? Seit wann kennt die Mda das Wort *Schaf*? Hat es das idg. Erbwort für „Schaf" *ovi*- > lat. *ovis*, lit. *awis*, ahd. *ou* („Mutterschaf"), engl. *ewe* (dsgl.) ... völlig verdrängt oder es nur eine Sonderbedeutung gewinnen lassen? usw."

Im Jahre 1895 berichtete Wenker noch einmal vor der Versammlung der Philologen. Inzwischen war das gesamte Deutsche Reich abgefragt, 48.500 beantwortete Fragebögen lagen vor. Wenker deutete in seinem Vortrag an, dass er mit den „zusammenhanglose[n] Einzelkenntnisse[n] über die einzelnen Wörter und Formen" nicht mehr zufrieden ist; die Zielbestimmung wird neu formuliert: „Der Atlas aber hat nach seiner ganzen umfassenden Anlage den viel höheren Zweck, unsere mundartliche Forschung *emporzuheben* über den bisherigen Stand der einfachen Beschreibung und sie fortzuentwickeln zu einer *erklärenden Dialekt-Wissenschaft*" (Wenker 1895: 34,43). Diese Forderung, der Atlas solle „als Forschungsinstrument weniger einer deskriptiven, sondern einer explikativen Dialektologie dienen", ist, so vermuten Wiegand/Harras (1971:116), auf Wredes Einfluss zurückzuführen.

Im Rahmen einer solchen „explikativen Dialektologie" hatte Wrede zur Erklärung dialektaler und dialektologischer Phänomene schon früh extralinguistische Methoden (s. III.5.) herangezogen; er selbst bezeichnete diese Arbeitsweise als „soziallinguistisch". Seine diesbezüglichen Auffassungen verdeutlicht folgendes Zitat:

„Die Sprachwissenschaft nennt sich eine Gesellschaftswissenschaft, und sie hat damit recht, wenn sie sich nach Zweck und Wesen ihrer Materie benennt. In Bezug auf ihre M e t h o d e hingegen ist die deutsche Sprachwissenschaft des 19. Jahrhunderts gerade im Gegenteil vorwiegend eine Individualwissenschaft gewesen. Ihr Charakteristikum war die Betrachtung des Sprechens als phonetischen Phänomens, die lautphysiologische Betrachtungsweise, die Lautlehre im engeren Sinne. Diese Art der Spracherklärung aber wird immer eine individuale sein, sie ist exakt möglich nur am Individuum; und wenn wir auch noch so sicher und bewußt bleiben, daß das oder die Individuen hier eine größere Sprachgemeinschaft vertreten, tatsächlich führt die Untersuchung, die Feststellung des Tatbestandes uns immer wieder, wie den Anatomen oder Physiologen, auf den Einzelorganismus. Alle Lautphysiologie ist also, so wenig sie es in der Regel auch Wort [sic!] haben will, im Grunde eine Individualwissenschaft. Neben ihr jedoch muß stehen, um keinen Deut minder gewichtig, das soziallinguistische Moment, das aber bisher die Sprachforscher, zumal die Germanisten, zumeist arg vernachlässigt haben. Es umfaßt alle die sprachlichen Erscheinungen und Wandlungen, bei deren Erklärung das Individuum im Stich läßt, wo vielmehr allein das Aufeinanderwirken vieler Individuen in Betracht kommt, wo mannigfache Kultureinflüsse und alle möglichen Verkehrsakte, wo vor allem Bevölkerungsmischungen zu Grunde liegen. Diese Erkenntnis einer Zweiteilung, die Auffassung der Sprachwissenschaft teils als einer Individual-, teils als einer Sozialwissenschaft hat in der Theorie freilich nie gefehlt, schon seit den Tagen eines Wilhelm von Humboldt, aber über das

Theoretische ist sie selten hinausgekommen, und fast alle Fortschritte der Grammatik im 19. Jahrhundert liegen auf jener, nicht auf dieser Seite" (Wrede 1963a: 310f.).

Als Nachfolger Wenkers führte Wrede die Zeichenarbeit bis 1923 im wesentlichen zu Ende. Damit waren dann „339 Wörter [...] auf 1646 Einzelkarten im Maßstab 1:1 000 000, und zwar ein Nordwest-, ein Nordost- und ein Südwestblatt (50 x 60 cm) eingezeichnet" (Mitzka 1952:12). Aus kartentechnischen Gründen waren manchmal Stamm, Endung, Vorsilbe jeweils für sich zu kartieren. Unter Wrede wurden zwischen 1926 und 1933 noch Ergänzungsbefragungen in den an das Deutsche Reich angrenzenden deutschsprachigen Gebieten (Schweiz, Südtirol, Österreich und vormalige Tschechoslowakei) vorgenommen.

Entsprechend dem „soziallinguistischen Prinzip" stellte sich für Wrede die Frage nach den Zusammenhängen zwischen dem Verlauf dialektaler und historischer Grenzen. Hier strebte er dann genauere Studien für kleinere Gebiete auf der Grundlage der direkten Methode an. Diese zumeist von seinen Schülern angestellten Untersuchungen sind in der seit 1908 von Wrede herausgegebenen Reihe *Deutsche Dialektgeographie* (DDG)[88] erschienen.

Wrede erreichte schließlich auch die Veröffentlichung eines Teils der Karten „in vereinfachter Form", wie es auf dem Titelblatt heißt. Das Werk erschien als *Deutscher Sprachatlas* (DSA) in 23 Lieferungen (mit zusammen 128 Karten) zwischen 1927 und 1956 und wurde von Wredes Nachfolger Walther Mitzka und von Bernhard Martin abgeschlossen. Veröffentlicht sind vor allem lautliche, aber auch morphologische Erscheinungen, vier Karten sind als Wortkarten zu bezeichnen. Der gedruckte DSA kann trotz seiner nicht zu überschätzenden Bedeutung als Quelle für die Lautgeographie der deutschen Dialekte die viel umfassendere handschriftliche Kartensammlung (vgl. hierzu jetzt den „Digitalen Wenker-Atlas", s. III.2.3.) nicht ersetzen. Ein großer Teil der im „dtv-Atlas Deutsche Sprache" abgedruckten Mundartkarten zu Phonologie und Morphologie geht auf den DSA zurück (König 2011:138ff.); verglichen mit den Originalen bieten diese natürlich „nicht mehr als einen typisierten Überblick".

Unter Mitzka wurden weitere Ergänzungsbefragungen vorgenommen, so dass in Marburg nunmehr 51.480 Antworten vorliegen. Mitzka verwirklichte weiterhin den Plan eines *Deutschen Wortatlasses* (DWA, vgl. III.2.2), der unter seinem Nachfolger Ludwig Erich Schmitt fortgeführt wurde. Schmitt erweiterte zudem den DSA um eine Reihe „Regionale Sprachatlanten" (RSA).[89]

---

[88] Deutsche Dialektgeographie. Berichte und Studien über G. Wenkers Sprachatlas des Deutschen Reichs. Erschienen sind (1908-2002) 95 Bände; die (Neben)Reihe *Deutsche Dialektographie* umfasst 11 Bände (1975-1984), gezählt als DDG 100-110. 2013 wurde die „Deutsche Dialektgeographie" (jetzt ohne Untertitel) mit Band 111 wieder aufgenommen.

[89] Bisher erschienen in der Reihe RSA: Siebenbürgisch-Deutscher Sprachatlas (SprA), Luxemburgischer SprA, Tirolischer SprA, Schlesischer SprA, Linguistic Atlas of Texas German, Marburg 1961ff. – Eine Gesamtübersicht über die Kleinraumatlanten des Deutschen bietet Abb. 8.

Versucht man eine zusammenfassende Bewertung des Sprachatlasunternehmens, dann wird man seine Bedeutung vor allem in zwei Bereichen sehen: Zum einen leistet der Atlas eine Gliederung des deutschen Sprachraums nach bestimmten lautlichen und morphologischen Kriterien, zum anderen liefert er einen „wesentlichen Beitrag zur Kenntnis der historischen Schichtung der deutschen Mundarten" (Goossens 1977:114). Denn die einzelnen auf Karten gebrachten Erscheinungen haben ein unterschiedliches Alter (z.B. ist der im Gefolge der Zweiten Lautverschiebung entstandene Konsonantismus im Süden jünger als der Konsonantismus der nichtverschiebenden Mundarten im Norden), so dass der Sprachatlas ein wichtiges Hilfsmittel für die Sprachgeschichte des Deutschen darstellt.

Die vom Sprachatlas gebotenen Daten werden heute im allgemeinen als zuverlässig angesehen.[90] Natürlich darf man die Gesamtheit der „Wenker-Fragebögen" nicht mit einem unter Repräsentativitätsgesichtspunkten ausgewählten Sample verwechseln. Methodisch durchdacht war das Verfahren gleichwohl. Die Fragebögen wurden an Personen verschickt, von denen man annehmen konnte, dass sie über die örtliche Situation genau Bescheid wussten: die Lehrerschaft. Zu Beginn der Atlasarbeit hatte es allerdings gravierende methodische Einwände gegeben (vgl. Bremer 1895), die sich vor allem auf die indirekte Aufnahmemethode und mögliche Fehlinterpretationen des Materials durch den Zeichner bezogen. Wrede hielt dem entgegen, dass die schriftlichen Antworten der Lehrer ebenso zu interpretieren seien, wie der Philologe die alten Handschriften interpretiere, nur mit dem vorteilhaften Unterschied, dass der Sprachatlasbearbeiter mehr als 40.000 handschriftliche Belege zur Verfügung habe (Wrede 1895). Auch heute wird man sagen müssen, dass bestimmte lautliche Erscheinungen (wie Lautverschiebung, Diphthongierung) sich aus dem Material eindeutiger ablesen lassen als andere (etwa Dehnung, Konsonantenschwächung), einfach weil die lautlichen Differenzierungen mit den Mitteln des geläufigen Alphabets (‚Laienschreibung') in den genannten Fällen den Lehrern gar nicht gleich gut gelingen konnten. Die Auseinandersetzung um die Karteninterpretation wird nicht zuletzt aber auch dazu beigetragen haben, dass dem Sprachatlas mit der DDG eine Reihe zur Seite gestellt wurde, die das indirekt erhobene Material des Atlasses zumindest in kleineren Landschaften durch das direkte, vom phonetisch ausgebildeten Forscher erhobene Material ergänzen konnte. Schmidt/Herrgen 2011 sprechen in diesem Zusammenhang von „wissenschaftsgeschichtlich fruchtbaren Folgen dieses methodischen Schwachpunktes des Wenker-Atlasses" (S. 111); zu den „Landschaftsgrammatiken" ebd. S. 112-115.

---

90 Zur generellen Problematik der indirekten Befragung vgl. oben II.2.2.2.; s. auch König 1982:476f. – Zur – für viele Forscher überraschenden – hohen Validität des Wenkerschen Sprachmaterials vgl. jetzt auch Schmidt 2010b:395ff. Vgl. ferner Schmidt/Herrgen 2011:108-111.

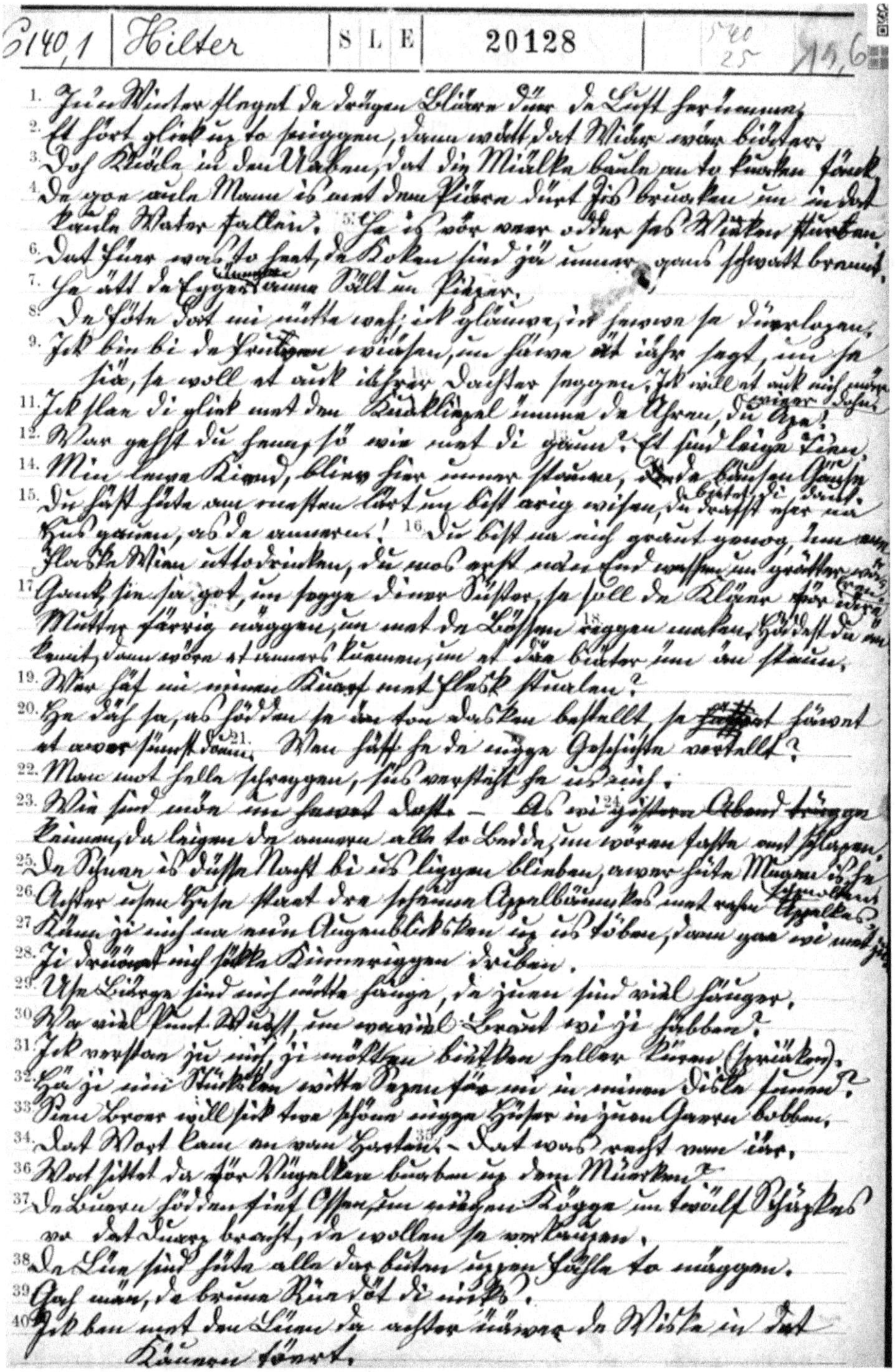

Abb. 14: Ausgefüllter „Wenker-Fragebogen" (Übersetzung)

2.2 „Deutscher Wortatlas" (DWA)

Wenkers Unternehmen war von vornherein ausschließlich ‚laut- und formengeographisch' konzipiert. Dennoch zeigte die sprachkartographische Auswertung der Fragebögen sehr bald, „daß die sogenannte landschaftliche Synonymik die lautgeographischen Absichten Wenkers durchkreuzte" (Wiegand/Harras 1971:28). Das bekannteste Beispiel hierfür brachte wohl die Auswertung des 4. „Wenkersatzes", bei dem es Wenker hinsichtlich der standardsprachlichen Form *'(mit dem) Pferde'* wohl um die Verbreitung der Lautverschiebung von anlautendem *p-* und die der Dativendung gegangen sein dürfte. Er musste jedoch feststellen, dass große Teile des deutschen Sprachraums in den Mundarten das Wort *Pferd* nicht kennen und an seiner Stelle Formen von *Gaul* bzw. *Ross* verwenden; vgl. DSA Karte 8.[91]

Wenkers Nachfolger Wrede schwebte vor, die Wortgeographie auf der Grundlage der Dialektwörterbücher zu erarbeiten; er selbst begründete das „Hessen-Nassauische Volkswörterbuch" (Berthold/Friebertshäuser 1943ff.), in dem das wortgeographische Prinzip in besonderer Weise betont wird.[92] Auch in anderen Teilen des deutschen Sprachraums waren bereits regionale Wörterbücher in Arbeit. Auf verschiedenen Konferenzen der Wörterbuchleiter, die zur Gründung des „Marburger Wörterbuchkartells" führten, wurden auch wortgeographische Fragestellungen erörtert. 1921 wurde beschlossen, über die einzelnen Wörterbuchkanzleien einen gemeinsamen Fragebogen zu verbreiten, dessen Wortfragen Kretschmers „Wortgeographie der hochdeutschen Umgangssprache" (1918) entnommen waren. Denn, gab es bei diesen Fragen schon im Bereich der Umgangssprache überraschend große geographische Differenzierungen,[93] so waren diese auf der mundartlichen Ebene noch in viel größerem Maße zu erwarten. Aus dem eingegangenen Material veröffentlichte Martin für 13 Begriffe Wortkarten mit zugehörigen knappen Kommentaren.[94] Wichtig für die Herausbildung der Wortgeographie wurde auch die „Wörter- und-Sachen"-Methode, die starke Anregungen von der Volkskunde erhielt.[95] Ferner spielte die Wortgeographie von Anfang an auch in den Arbeiten der DDG zumindest eine gewisse Rolle.[96]

---

91 Vgl. auch die Umzeichnungen bei Protze 1969:363, Abb. 4-12, bzw. König 2004:210. – Zur diatopischen Heteronymik im „Sprachatlas des Deutschen Reiches" s. auch Knoop/Putschke/Wiegand 1982:69ff.
92 Berthold 1924/25, 1938, 1955.
93 Vgl. den vierbändigen Atlas von Eichhoff 1977-2000; hierzu Näheres in III.11.1.
94 Martin, Deutsche Wortgeographie. In: Teuthonista 1 (1924/25) 65-70, 186-187, 227-228; 2 (1925/26) 64-67, 134-136; 3 (1926/27) 63-64, 310-314; 4 (1927/28) 282-284; 5 (1928/29) 212-214; 6 (1929/30) 55-57; 8 (1931/32) 108-110; 9 (1933) 47-50; 10 (1934) 103-106; wieder abgedruckt in: DDG 100, 28-66.
95 Vgl. vor allem Peßler 1933.
96 Hierzu Knoop/Putschke/Wiegand 1982:72ff.

In größerem Umfange wurde Wortgeographie aber erst mit der Gründung des *Deutschen Wortatlas* (DWA) durch Walther Mitzka möglich. Dieses Vorhaben ließ sich angesichts der Tatsache, dass mit dem Sprachatlas-Institut eine ausgestattete Forschungseinrichtung zur Verfügung stand, innerhalb einer erstaunlich kurzen Zeit verwirklichen. Mitzka machte seinen Plan 1938 bekannt, 1939 wurde bereits der Fragebogen mit 200 Fragen veröffentlicht.[97]

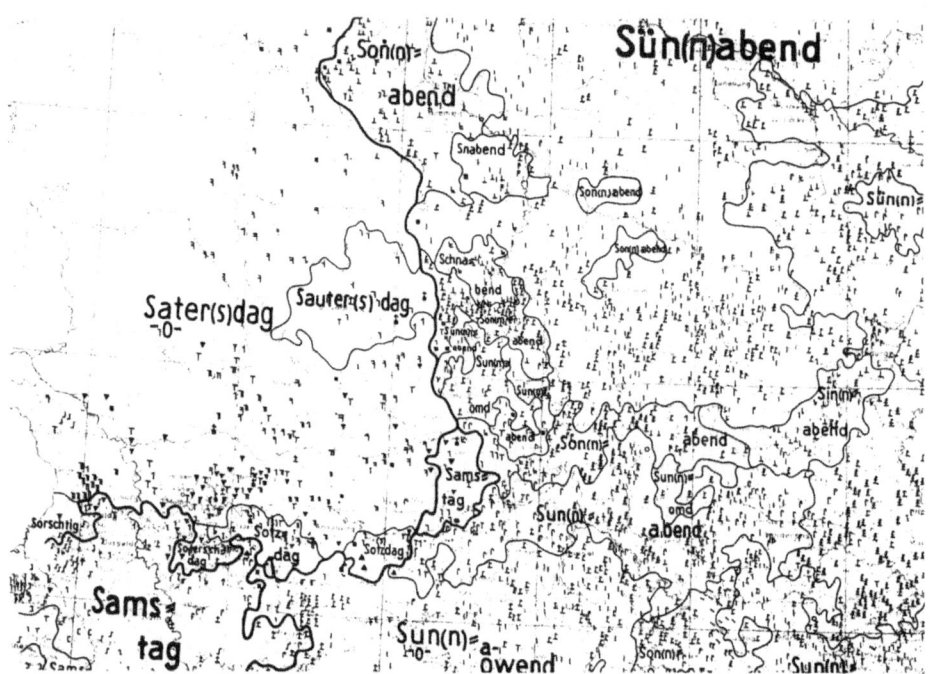

Abb. 15: Bezeichnungen für 'Sonnabend/Samstag', Ausschnitt aus dem „Deutschen Wortatlas" (Nordwesten)

Die Materialsammlung über die Volksschullehrer aus 48.381 Orten des gesamten deutschen Sprachgebiets mit Ausnahme der Schweiz konnte schon 1942 abgeschlossen werden. 1951 wurde mit der Publikation des DWA begonnen, sie wurde 1978/80 mit den Bänden 21 und 22 (Ortsregister und Ergänzungskarten) zum Abschluss gebracht. In den ersten fünf Bänden erschienen die Wortkarten (vgl. etwa

---

97 Mitzka 1939. – Ebenfalls abgedruckt bei Wiegand/Harras 1971:170-176; DWA, Bd 20, Vorwort, ungez. S. 7ff. – Die Fragestellung ist als onomasiologisch zu charakterisieren, d.h. man erstrebt, ausgehend von einem Begriff oder einer Sache, die regionale Bezeichnung für eben diesen Begriff oder diese Sache. Aus dieser Fragestellung resultiert ein deutliches Übergewicht an Lexem-Karten im DWA; semantische Karten hätten eine andere Frageanordnung (vom Wort zum Begriff) erfordert.

Abb. 15) noch in Form von vier Teilkarten, jeweils eine für den Nordwesten, Nordosten, Südwesten und Südosten; seit Band 6 werden große Faltkarten verwendet. Den Karten folgen bzw. werden (ab Bd 6) vorangestellt Verzeichnisse mit „Seltenheiten und Mehrfachmeldungen" und einem alphabetischen „Wortregister" der kartographierten Wörter, jeweils mit Angabe des Vorkommens auf der Karte. Die deutschsprachige Schweiz, die bei der Materialerhebung ausgespart worden war, ist im DWA durch entsprechende Synonymenlisten nach dem Material des SDS bzw. des „Schweizerischen Idiotikons" vertreten, gelegentlich auch durch direkte Verweise auf bereits veröffentlichte SDS-Karten.[98] Von zahlreichen DWA-Karten finden sich im „dtv-Atlas Deutsche Sprache" vereinfachte Umzeichnungen (vgl. König 2004:166ff.).

Das Fehlen von Kommentaren zu den DWA-Karten wird zumindest zum Teil durch eine Reihe von Monographien, Dissertationen und Aufsätzen (bibliographisch aufgeführt in Barth 1972) wettgemacht. Die „grundsätzlich und methodisch wichtigen Arbeiten"[99] erschienen in einer eigenen Reihe, der *Deutschen Wortforschung in europäischen Bezügen*[100]. In der Reihe der „Regionale[n] Sprachatlanten" (RSA) wurden auch entsprechende Wortatlas-Bände[101] als Ergänzung des DWA herausgebracht.

Betrachtet man die methodische Seite des DWA, so lässt sich sagen, dass die indirekte Aufnahmemethode für die Wortgeographie weniger problematisch ist als für die Lautgeographie, da phonetische Feinheiten eine weit geringere Rolle spielen. Ein Wortatlas hat demgegenüber andere Probleme. So ist es z.B. oft schwierig, auf dem Fragebogen die Bedeutung so zu umschreiben, dass sie von den Gewährspersonen verstanden wird; auf Abbildungen hatte Mitzka verzichten müssen. Des weiteren ist zu fragen, ob „sich überhaupt immer von vornherein ein Wortinhalt festlegen [läßt], der genau in dieser Abgrenzung in allen Ortsmundarten existiert?" (Kratz 1970:17f.). Dieses Problem stellte sich z.B. bei der Frage 173 nach den Bezeichnungen für 'Topf (irdener)'. Hierzu führt Hildebrandt (1963:306) aus:

> „Die Antworten auf diese Fragestellung – und damit die Wortkarte selbst – sind ein Spiegelbild des Problems, daß die Sprache im allgemeinen keine Rücksicht auf das Material bei der Benennung der Gefäße nimmt. Ausschlaggebend sind vielmehr allein die *Form*, *Größe* und *Verwendungszweck* [im Original gesperrt] des Gefäßes."

Hildebrandt weist darauf hin, dass auf der betreffenden Karte die Bezeichnungen von wenigstens drei verschiedenen Dingen durcheinandergehen; erst die Berücksichtigung von Informationen aus Mundartwörterbüchern und sachkundiger Literatur habe dann eine angemessene Interpretation ermöglicht.

---

98 Vgl. DWA, Bd 20, ungez. S. 4f.
99 Schmitt, Vorwort zum DWA, Bd 8.
100 Deutsche Wortforschung in europäischen Bezügen (DWEB). Bisher 10 Bde. Gießen 1958ff.
101 Schlesischer Sprachatlas, Bd 2: Wortatlas; Tirolischer Sprachatlas, Bd 3: Wortatlas.

Auf der Basis der Karten des DWA hat Hildebrandt (1983) eine „Typologie der arealen lexikalischen Gliederung deutscher Dialekte" vorgenommen.

„Möglichkeiten und Grenzen" der Interpretation von DWA-Karten bzw. auch der Anwendbarkeit des DWA-Materials auf andere oder erweiterte Fragestellungen sind noch mehrfach erörtert worden;[102] eine „linguistische Beurteilung" sowohl des Konzepts wie auch der Ausarbeitung des DWA haben Wiegand/Harras (1971) vorgelegt.

2.3 „Digitaler Wenker-Atlas" (DiWA)

Wie oben (III.2.1.) bereits näher erläutert wurde, ist Georg Wenkers „Sprachatlas des Deutschen Reiches" bis heute unpubliziert geblieben. Dies erscheint sehr bedauerlich, stellt er doch die einzige Gesamterhebung und kartographische Darstellung der Dialekte einer Sprache dar. Die Kartensammlung mit ihrem Überblick über die Dialekte von 40.736 Orten des Reichsgebietes um 1880 (d.h. ohne die Orte der Ergänzungsbefragungen) bietet die Darstellung einzelner sprachlicher Phänomene auf insgesamt 557 Karten. Um die Fülle an Einzelinformationen bewältigen zu können, sah man sich gezwungen, die Gesamtkarte in drei Teilkarten (Nordwest, Nordost, Südwest) aufzuteilen (vgl. oben). Es lässt sich leicht nachvollziehen, dass die Publikation der insgesamt 1668 handgezeichneten kolorierten Teilkarten aus technischen und finanziellen Gründen nicht realisierbar war. Die Teilveröffentlichung als DSA (128 Karten in vereinfachter Form, schwarzweiß) konnte die umfassende Sammlung handgezeichneter kolorierter Karten nicht ersetzen. Die wissenschaftlichen Auswertungsmöglichkeiten des Wenker-Atlasses waren insofern noch nicht annähernd ausgeschöpft.

Da das empfindliche historische Kartenmaterial in seinem Bestand gefährdet war (die bis zu 22 Farben beginnen zu verblassen), erschien eine Konservierung der Sammlung durch Verfilmung und Digitalisierung dringend geboten. Diese erfolgte dann – finanziert von der Deutschen Forschungsgemeinschaft im Rahmen ihres Programms „Retrospektive Digitalisierung von Bibliotheksbeständen" – in den Jahren 2001 bis 2003 am Marburger „Sprachatlas"-Institut.[103] Mit der Digitalisierung[104] war zugleich die Basis dafür gelegt, Wenkers Atlas, der bislang für die Forschung nur schwer und für die breitere Öffentlichkeit praktisch nicht zugänglich

---

[102] Rawlinson 1972, Van der Elst 1972, Nail 1972, Van der Elst 1976. – S. auch Hildebrandt 1968.
[103] Vgl. zur Projektgeschichte des DiWA den Bericht von Herrgen/Lenz 2003a; s. auch Herrgen/Lenz 2003b. – Zu den technischen Aspekten der Kartenpublikation des DiWA im Internet vgl. die ausführliche Darstellung von Rabanus 2005b:353f. S. jetzt auch Rabanus/Kehrein/Lameli 2010; Schmidt/Herrgen 2011:146-150.
[104] Hierbei wurden die zusammengehörigen drei Teilkarten zunächst einzeln gescannt (600 dpi), danach geokodiert, rektifiziert und nahtlos zu einer Gesamtkarte montiert (Konduktion). Zur DiWA-Technik vgl. Herrgen/Lenz 2003a:46.

war, nun als Online-Publikation über das Internet als „Digitaler Wenker-Atlas (DiWA)" verfügbar zu machen (Adresse: http://www.diwa.info bzw. http://www.3.diwa.info/DiWA/atlas.aspx). Die Sprachkarten erscheinen in einem Fenster, in dem sie stufenlos gezoomt und verschoben werden können. Sie können interaktiv genutzt werden.

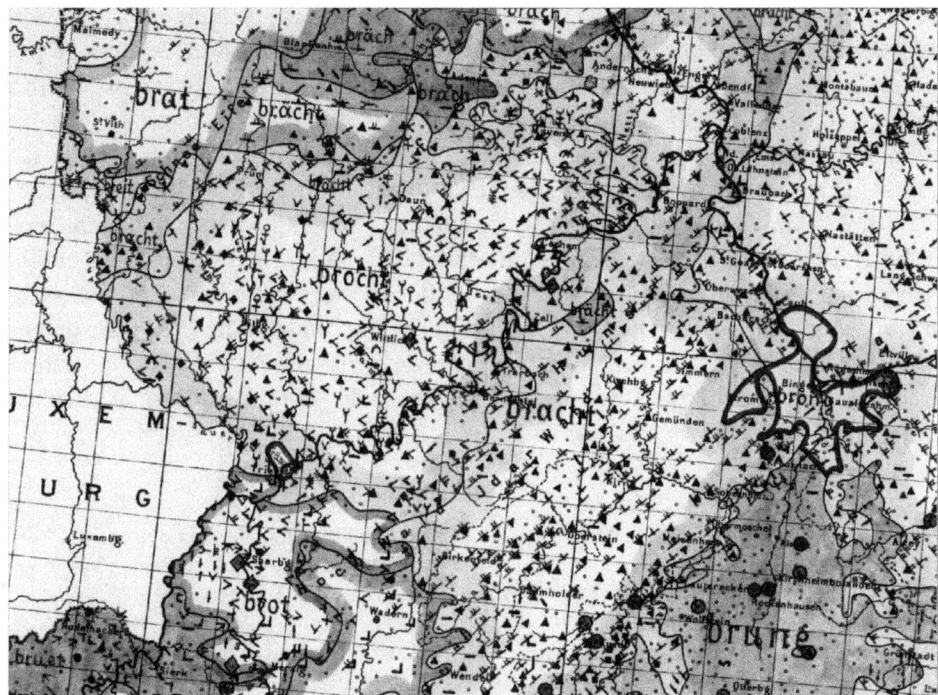

Abb. 16: „Digitaler Wenker-Atlas", Kartenausschnitt ‚*(ge)bracht*' (Region Mittelrhein) in hoher Zoomstufe (Schwarzweiß-Darstellung)

Zum einen werden die Karten über verschiedene Register (Ortslisten, grammatische Verzeichnisse, sprachliche Bezugssysteme) erschlossen. Zum anderen sind sie der Ausgangspunkt für zahlreiche weitere Informationen: Durch Anklicken von Ortspunkten werden die für diesen Ort vorhandenen Wenker-Fragebögen, Tondokumente und bibliographischen Informationen angeboten.

Der DiWA ist jedoch weit mehr als eine Online-Version des „Sprachatlasses des Deutschen Reichs". Da die Karten in ein geographisches Informationssystem (GIS) integriert und damit „georeferenziert" sind,[105] kann jede einzelne Wenker-(Gesamt-)Karte bzw. ein Ausschnitt daraus mit jeder anderen elektronisch verfügba-

---

[105] Vgl. Rabanus 2005b:354-357.

ren kartographischen Darstellung überlagert („Overlay") und direkt verglichen werden. „Dabei dient eine Transparenzfunktion zur übergangslosen Ein- und Ausblendung übereinander liegender Karten" (Herrgen/Lenz 2003b:14). Es können hierbei nicht nur mehrere Wenker-Karten im direkten Vergleich der Ortspunkte aufeinander bezogen werden, sondern diese können auch mit „beliebigen anderen, georeferenzierten Karten in direkten Vergleich gesetzt werden." Damit ergeben sich für die Sprachwandelforschung besondere Möglichkeiten: Nunmehr lassen sich Wenker-Karten etwa mit modernen, 100 Jahre später (ggf. durch professionelle Exploratoren) erhobenen regionalen Dialektatlanten kontrastieren.[106] Der DiWA wird somit zu einem *dynamischen* Sprachatlas (Schmidt 2010a).[107] Auf diese Weise können dann Tendenzen des Sprachwandels systematisch untersucht werden. In das Projekt DiWA sind die Karten einer Reihe von Regionalatlanten online integriert.[108] Natürlich können die Wenker-Karten auch mit topographischem, kulturhistorischem oder soziodemographischem Kartenmaterial punktgenau verglichen werden. Auf diese Weise ist z.B. der denkbare Einfluss naturräumlicher oder politischhistorischer Grenzen einschätzbar. Neben der Overlay-Darstellung (also transparent übereinander) ermöglicht der DiWA auch die Nebeneinander-Ansicht zweier Karten („Split"). Eine instruktive Einführung in die Darstellungs- und Analysemöglichkeiten des DiWA bietet Rabanus (2005b).[109]

---

106 So belegt etwa der Vergleich der Wenker-Karte *hast* (Erhebung um 1880) mit den entsprechenden Karten des „Mittelrheinischen Sprachatlasses" (ältere Generation / jüngere Generation, Erhebung jeweils um 1980) eine Zunahme des *-t-*Ausfalls. Vgl. hierzu Herrgen/Lenz 2003a:47f. – S. auch Herrgen 2006:134-137, Herrgen 2010:680f.
107 Der dynamische Ansatz bietet ein beträchtliches Erklärungspotential mit Blick auf bestimmte Sprachwandelprozesse, vgl. die ausführlich diskutierte Entwicklung des Part.Perf. von *bringen* (vgl. Schmidt/Herrgen 2011:153-167), für das auf der entsprechenden Wenker-Karte (Material von 1880) etwa in der Pfalz und im Saarland die auffällige Form *brung* begegnet (s. auch Abb. 16). Ein Vergleich mit drei Datenserien aus dem 20. Jh. (ALA, Material aus den 1950er Jahren; MRhSA Datenserie 1, 1980-1985, alte immobile Sprecher; MRhSA Datenserie 2, 1985-1988, 30-40jährige Nahpendler) ergibt „verblüffenderweise", dass „die hochauffälligen *brung*-Formen sich nicht abbauen" (S. 156), was nach Schirmunski (1962:81, 591f. bzw. 2010:127, 662) anzunehmen gewesen wäre. Das *brung*-Gebiet dehnt sich in den 1980er Jahren auf das „gesamte mittlere Rheinfränkische" aus. „Die später Geborenen haben also mit *(ge)brung(en)* (= starke Flexion) gegenüber ihren Ahnen die Flexionsklasse gewechselt und sich damit morphologisch sowohl vom alten Dialekt als auch von der Standardsprache entfernt" (Schmidt/Herrgen 2011:156). Dieser Befund wird auf die Zuverlässigkeit der Sprachdaten hin überprüft und überzeugend erklärt (S. 156f., 158ff.). Schmidt/Herrgen analysieren im Weiteren noch drei, z.T. viel komplexere „Typen der Dialektdynamik" im 20. Jh. (2011:167-240).
108 Vgl. die entsprechenden Angaben in der Sprachatlas-Übersicht, oben II.4.4.
109 Rabanus (2005b:357ff.) exemplifiziert die ‚Gebrauchsanweisung' für dialektologische Analysen mit dem DiWA am Unterschied der Realisierung der 2. Person Singular mit finalem Plosiv *-t* (*bischt, hascht, muascht* 'bist, hast, musst') und ohne finalen Plosiv *-t* (*bisch, hasch, muasch*). Ausgangspunkt der Erörterung ist die Wenker-Atlas-Karte *bist* (Satz 15), die zunächst mit der Wenker-Karte *hast* verglichen wird. Durch die Einbeziehung von Karten aus modernen Regionalatlanten (hier etwa den entsprechenden Karten des „Südwestdeutschen Sprachatlasses [SSA]") wird der im Wen-

Fragen/Aufgaben

1. Was waren die Haupt-Streitpunkte bei der methodologischen Auseinandersetzung um den Deutschen Sprachatlas? Vergleichen Sie Bremer (1895) und Wrede (1895)!

2. Wie sieht Frings 1957 (bes. S. 31ff.) den sprachgeschichtlichen Aufbau des deutschen Sprachraums? Verfolgen Sie die Fringssche Argumentation anhand der einschlägigen DSA-Karten!

3. Üben Sie die Interpretation einer DWA-Karte anhand einer beliebigen Arbeit der DWEB, z.B. der Karte 'Topf' (DWA Bd. 8) und der Arbeit von Hildebrandt (1963)!

4. Vergleichen Sie die DWA-Karten '*Junge*' und '*Schornsteinfeger*' (DWA Bd. 4, 11 bzw. Bd. 18, 10/11) mit den entsprechenden Karten im „Wortatlas der deutschen Umgangssprachen" (Eichhoff 1977-2000; dort I,1 und I,22). Zur Erklärung der Entwicklungen siehe, wenigstens für den niederdeutschen Bereich, auch Goossens 1979b! Zum Einfluss der standardsprachlichen lexikalischen Norm auf die norddeutsche Umgangssprache vgl. Müller 1980!

5. Betrachten Sie die DiWA-Karten '*machen*' und '*ich*' in der Overlay-Darstellung! Vergleichen Sie Ihre Wahrnehmung mit den Beschreibungen der Benrather und Uerdinger Linien in den Handbüchern!

6. Versuchen Sie, anhand der Studie „Der Deutsche Sprachatlas im Nationalsozialismus" (Wilking 2003) die Frage zu beantworten, ob und wenn ja, inwieweit die Politisierung der Dialektologie zu einer Neuorientierung der wissenschaftlichen Ziele am Sprachatlas-Institut geführt hat.

3 Linguistisierung der Dialektologie

Die ‚traditionelle' oder auch ‚klassische' Dialektologie (zu ihrer Theoriebildung zusammenfassend Putschke 1982) ist in engem Zusammenhang mit der historischen Sprachwissenschaft zu sehen. Dabei ist es erstaunlich, wie umfassend ihre wesentlichen Komponenten bereits bei einem ihrer ersten Vertreter (Schmeller 1821; vgl. auch III.1.2.) ausgearbeitet erscheinen. Die ‚klassische' Dialektologie, die in den 1880er Jahren ihre abschließende Ausformung gewann, erfüllte zunächst „hilfsdisziplinäre Aufgaben" für die damalige Sprachwissenschaft, bevor sie sich, vor dem Hintergrund der „Beschreibung und Erklärung *dialektaler Raumgliederungen*" neue Zielbereiche erarbeitete. Diese blieben gleichwohl ebenfalls im Rahmen der zeitgenössischen Paradigmen, insofern wichtige Beiträge zur Rekonstruktion sprachhistorischer Entwicklungen beigebracht wurden (Putschke 1982:236). Methodisch arbei-

---

ker-Atlas „statisch fixierte Gegensatz sprachhistorisch und damit als dynamisches Phänomen" interpretierbar (Rabanus 2005b:359). Der Vergleich macht einen von West nach Ost fortschreitenden Tilgungsprozess des finalen -*t* sichtbar, „der sowohl eine artikulatorische Vereinfachung als auch eine Verbesserung der formalen Distinktionen im Paradigma bedeutet" (Rabanus 2005b: 360). Zu weiteren Details dieser Analyse s. Rabanus 2005a.

tete die ‚klassische' Dialektologie hauptsächlich mit Ortsgrammatik und Dialektkarte. Mit der Entwicklung interpretativer Verfahren, die die Sprachkarte über den Status eines Dokumentationsmittels herausheben und zu einem eigenen dialektologischen Forschungsinstrument weiterentwickeln, kann sich die ‚klassische' Dialektologie aus der ursprünglichen hilfsdisziplinären Funktion befreien (Putschke 1982:244). Dabei wird die Verbreitung der Spracherscheinungen bzw. die räumlichen Gegensätze zwischen ihnen in erster Linie mit Hilfe außersprachlicher (extralingualer) Faktoren zu erklären versucht (hierzu ausführlich III.5.).

Während man also in der ‚klassischen' oder ‚traditionellen' Dialektologie die dialektgeographische Fragestellung „weitgehend als eine Funktion von außersprachlichen raumbildenden Kräften, von Geschichte, Kultur und Wirtschaft" betrachtete (Jongen 1982:248), führte die ‚Linguistisierung' der Dialektologie dazu, dass man den rein sprachlichen Aspekt stärker betonte. Der intralinguistische Ansatz (ausführlich III.6.) wird vor allem mit dem Strukturalismus in Verbindung gebracht; dies ist nur zum Teil richtig. Auch in ‚vorstruktureller' Zeit hat man „schon früh das Prinzip der Verbindung zweier sprachlicher Elemente zur Erklärung einer sich auf der Karte manifestierenden Neuerung angewandt" (Goossens 1977:140); u.a. denke man an die intralinguistische Interpretation der Bezeichnungen für den 'Hahn' im Gaskognischen durch Gilliéron und Roques (vgl. dazu III.6.1.). Zur Theoriebildung der strukturellen Dialektologie vgl. zusammenfassend Jongen 1982.

Und schließlich: Der Frage, „wie die gegenwärtigen [sprachgeographischen] Zustände als Resultat sprachlicher Veränderungsprozesse verstanden und erklärt werden können", widmet Haas (1978) eine grundlegende Untersuchung, mit der versucht wird, linguistische Theorie und „praktische Dialektologie" einander anzunähern. Von besonderer Bedeutung ist dabei u.a. der „systematische Bezug von Synchronie und Diachronie" (Zitate: Haas 1978:1). In diesen Zusammenhang gehört auch die kürzlich vom selben Autor gestellte provokante Frage: „Ist Dialektologie Linguistik?" Diese beantwortet er ebenso provozierend: „Schon heute denke ich, dass die Frage [...] verkehrt gestellt ist. Es müsste heissen, ob Linguistik ohne die dringenden Fragen, welche die Dialektologie seit ihrem Anbeginn umtreiben, überhaupt der Mühe wert sei" (Haas 2011:21).

3.1 Strukturelle Dialektologie

3.1.1 Der strukturelle Ansatz

Die Methoden der strukturellen Linguistik sind in der Dialektologie erst verhältnismäßig spät zum Tragen gekommen. Der bereits 1931 geäußerte Vorschlag Trubetzkoys, die Prinzipien des Strukturalismus auch im Rahmen der Dialektologie anzuwenden, wurde zunächst nur zögernd aufgenommen. Die erste strukturalistisch ausgerichtete Monographie scheint die Untersuchung von Ribbert/Baader (1933-1939) gewesen zu sein. Auch Martinet beschränkte sich 1939 auf die strukturelle

Beschreibung eines einzelnen Dialekts[110], was methodisch der Erfassung des Systems einer Standardsprache entsprach. Die Anwendung der strukturalistischen Methode auf dialektgeographische Probleme hält man lange Zeit aus methodischen Gründen für unmöglich. Als diese Problematik 1954 wieder aufgegriffen wird, formuliert Weinreich die Überschrift seines Aufsatzes bezeichnenderweise als Frage: „Is a structural dialectology possible?", wobei *dialectology* mit *Dialektgeographie* zu übersetzen ist.

Die Unterschiede zwischen struktureller und ‚traditioneller' Dialektologie sieht Moulton, bezogen auf die phonologische Ebene folgendermaßen:

> „[...] traditional dialectology asks only a single question, for example: What does the vowel of a given word sound like at each of the many points under investigation? This is a useful sort of question to ask, and it has led to many valuable insights into the geographical dimension of human language. Structural dialectology also tries to obtain exactly this same information; but it then goes on to ask a second and more revealing question, namely: What position does this vowel occupy in the total vowel system at each of the many points under investigation? Though this second question is also quite simple, it leads to many further insights which cannot be revealed by traditional dialectology" (1968:453).

Ein instruktives Beispiel hierfür findet sich bei Weinreich (1954:391), der darauf hinweist, dass ein gegebenes Wort an zwei geographisch verschiedenen Orten mit phonetisch genau demselben Vokal ausgesprochen werden kann, aber dennoch nicht strukturelle Identität vorliegen muss. Weinreich konstruiert folgenden Fall: Vier Sprecher einer Sprache *X* antworten etwa auf die Frage nach der mundartlichen Entsprechung für (engl.) *man* 'Mann': 1. [man], 2. [man], 3. [mån], 4. [mån]. Ein ‚traditioneller' Dialektgeograph wird ohne weiteres die Äußerungen der Sprecher 1 und 2 für identisch halten, gleichfalls die Antworten der Gewährsleute 3 und 4; 1 und 2 aber für verschieden von 3 und 4 ansehen. Wenn man aber nun annimmt, dass Sprecher 1 eine Mundart spricht, in der ein relevanter Quantitätsunterschied besteht, dann ist seine Form phonemisch (1) /mån/. Gewährsmann 2 kennt in seinem Dialekt keine signifikanten Vokallängen, so dass seine Form (2) /man/ ergibt. In der 3. Mundart hat der Vokal mit dem größten Öffnungsgrad zwischen Nasalen eine kombinatorische Variante [å]; phonemisch ergibt sich dann (3) /man/. In der Mundart des 4. Sprechers besteht keine solche kombinatorische Variante; seine Form lautet phonemisch (4) /mon/.

Die nichtstrukturelle Analyse hatte die Formen 1 und 2 sowie 3 und 4 für identisch gehalten, während die strukturelle Betrachtung zeigt, dass 2 und 3 möglicherweise gleich sind (vorausgesetzt, dass auch sonst Identität vorliegt). Die Forderung der strukturellen Dialektologie geht also dahin, die Formen der beteiligten Systeme zuallererst als Bestandteile dieser Systeme zu verstehen. Die formalen Gleichheiten von nicht-identischen Systemen sind im Grunde genommen nämlich unvergleich-

---

110 Revue de linguistique romane 15, 1939. In erweiterter Fassung in Martinet 1956.

bar. Welche Konsequenzen dies für das Zeichnen von Lautkarten hat, zeigen die beiden Karten bei Weinreich (1954:393).

3.1.2 Vokalische Diasysteme

Von der Auffassung ausgehend, dass der Vergleich verschiedener Systeme nur auf einer höheren Abstraktionsebene möglich sei, entwickelte Weinreich das Konzept des *Diasystems*. Dazu führt er (1954:390) aus:

> „A ‚diasystem' can be constructed by the linguistic analyst out of any two systems which have partial similarities (it is these similarities which make it something different from the mere sum of the two systems)."[111]

Die verschiedenen Systeme innerhalb des Diasystems werden jeweils einzeln analysiert und dann, einander zugeordnet, in einer Formel zusammengestellt.[112]

Diasysteme können sprachhistorisch oder sprachgeographisch sein. Die folgende Formel, die das Verhältnis der mhd. und nhd. Kurzvokalsysteme darstellt, diene als Beispiel für ein sprachhistorisches/diachrones Diasystem:

$$\text{Mhd., Nhd.} \quad // \; \frac{i}{i} \approx \frac{\text{ę} \sim \text{ë} \sim \text{ä}}{e} \approx \frac{a}{a} \approx \frac{\text{ü}}{\text{ü}} \approx \frac{\text{ö}}{\text{ö}} \approx \frac{u}{u} \approx \frac{o}{o} \; //$$

(Mhd. Belege: *bitten, bętte, ëzzen, mähte, maht, vüllen, hölzer, munt, holz* und ihre nhd. Entsprechungen: *bitten, Bett – essen – Mächte, Macht, füllen, Hölzer, Mund, Holz*).

In gleicher Weise lassen sich auch miteinander verwandte Dialekte in einem synchronen Diasystem vereinigen. Das komplizierte Verhältnis einer solchen Verwandtschaft wird aber in einer dem Obigen vergleichbaren Darstellungsweise nur unzureichend deutlich. Moulton hat daher angesichts der Tatsache, dass ein und dasselbe Etymon in den einzelnen Varietäten verschiedene phonologische Formen annehmen kann (und andererseits phonologisch identische lexikalische Einheiten nicht ein und demselben Etymon zugehören müssen), das Weinreichsche Diasystem um ein Bezugssystem erweitert.

---

[111] Sein empirisches Korrelat findet das Diasystem insbesondere in der sprachlichen Erfahrung von bilingualen bzw. diglottalen Sprechern, vgl. Weinreich (in unmittelbarem Anschluss an obiges Zitat): „But this does not mean that it is always a scientist's construction only: a ‚diasystem' is experienced in a very real way by bilingual (including ‚bidialectal') speakers and corresponds to what students of language contact have called ‚merged system'."

[112] Die diasystemischen Formeln werden von doppelten Schrägstrichen // eingefasst, die Oppositionen in den Diasystemen sind durch doppelte Tilden ≈ gekennzeichnet; einfache Schrägstriche / bzw. einfache Tilden ~ bezeichnen Phoneme bzw. phonologische Oppositionen innerhalb einer Varietät.

Als Beispiel sei das von Moulton aufgestellte Diasystem von Luzern und Appenzell herangezogen (1960:bes. 176f.). Beide Mundarten haben identische Kurzvokalinventare: /i e ɛ æ a ɔ o ü ö ɔ̈/, dennoch ist lediglich /a/ gleich distribuiert. Zur Aufstellung des Diasystems bedient Moulton sich eines Bezugssystems, das letztlich das um eine (mit Null indizierte) engere Stufe (, deren Vokale lediglich in einigen Fremdwörtern und Kürzungen vorkommen) erweiterte mhd. Kurzvokalsystem darstellt. Die Öffnungsgrade sind durch Ziffern gekennzeichnet:

$$
\begin{array}{lll}
i_0 & ü_0 & u_0 \\
i_1 & ü_1 & u_1 \\
e_2 & ö_2 & o_2 \\
ë_3 & & \\
ä_4 & & a_4
\end{array}
\Bigg\} \text{ Mhd. Kurzvokalsystem}
$$

Vor diesem Hintergrund konstruiert Moulton dann folgendes Kurzvokaldiasystem für die Mundarten von Luzern und Appenzell:

$$
\text{LU, AP} \; \Bigg/\!\!\Bigg/ \; \frac{\text{LU}/i_0 \sim e_1 \sim \varepsilon_2 \sim æ_{3,4}/}{\text{AP}/i_{0,1} \sim e_{1,2} \sim \varepsilon_3 \sim æ_4/} \; \approx a \approx \; \frac{\text{LU}/\mathrm{ɔ}_2 \sim o_1 \sim u_0 \sim ü_0 \sim ö_1 \sim ɔ̈_2/}{\text{AP}/\mathrm{ɔ}_2 \sim o_{1,2} \sim u_{0,1} \sim ü_{0,1} \sim ö_{1,2} \sim ɔ̈_2/} \; \Bigg/\!\!\Bigg/
$$

In diesem Diasystem wird u.a. sichtbar, dass /a/ in beiden Mundarten identisch distribuiert ist; weiterhin, dass die engste Stufe des Bezugssystems (Stufe 0) in beiden Mundarten durch /i ü u/ vertreten ist, während Stufe 1 in Luzern als /e ö o/, in Appenzell hingegen teils als /i ü u/, teils als /e ö o/ begegnet.

Grundsätzlich ist das Bezugssystem nicht mehr als eine Vergleichsgrundlage, es braucht also nicht unbedingt eine historische Vorstufe zu sein. Allerdings werden in der Regel die einschlägigen Untersuchungen mit Hilfe eines Bezugssystems durchgeführt, das als Vorstufe aller im Diasystem vertretenen Systeme (das können auch mehr als zwei sein) aufgefasst werden kann.

3.1.3 Strukturelle Wortgeographie

Die ‚traditionelle' Wortkarte, wie sie sich etwa im DWA findet, ist onomasiologisch angelegt, d.h. man fragt z.B. nach der Bezeichnung für den sechsten Wochentag, erhebt die Wörter, die in den verschiedenen Gegenden hierfür gebraucht werden (etwa *Sünnabend, Sunnowend, Sater(s)dag, Samstag* etc.) und trägt sie in eine Karte ein (zum Ergebnis vgl. Abb. 15), die dann – ggf. in größerem Zusammenhang – interpretiert wird. Seit den dreißiger Jahren spielt die „Wörter-und-Sachen"-Methode in der Wortgeographie eine bedeutende Rolle. Im Rahmen dieser Methode ergab sich, dass die „Sachen", das Bezeichnete, nicht isoliert voneinander stehen, sondern sich zu Sachfeldern gruppieren. Die Bezeichnung einer „Sache" in einem Gebiet kann in einer benachbarten Region eine andere „Sache" aus dem gleichen Feld andeuten. Der Vergleich von Wortkarten führt dann zum Aufbau von dem strukturellen Wortfeld Rechnung tragenden „Bedeutungskarten". Eine zusammenfassende Darstellung der strukturellen Wortgeographie findet sich bei Goossens (1969:69ff.).

Ein instruktives Beispiel für diese Zusammenhänge bietet Höings Untersuchung „Deutsche Getreidebezeichnungen in europäischen Bezügen" (Höing 1958). Es zeigt sich nämlich, dass das Wort *Korn* z.B. im gesamten deutschen Sprachgebiet bekannt ist, dass ihm jedoch regional unterschiedliche Bedeutungen zukommen. Wo *Korn* die Bedeutung 'Roggen' besitzt oder für eine andere Getreideart verwendet wird, fällt dieses Wort als Kollektivbegriff für 'Getreide' (die verbreitetste Bedeutung) aus. Hier müssen dann in dieser Bedeutung andere Wörter an die Stelle von *Korn* treten: etwa *Frucht, Getreide, Gewächs, Saat* (vgl. Höing 1958:Kt. 15 vor S. 177). Eine Darstellung der Glieder eines Wortfeldes erscheint nur im Zusammenhang, als Struktur, sinnvoll. „Nur ein In-Beziehung-Setzen von mehreren Karten von semantisch zusammenhängenden Erscheinungen in verschiedenem Blickwinkel (onomasiologisch – semasiologisch) hat Aussicht, der Vielfältigkeit der Sprache gerecht zu werden" (König 2011:145). Entsprechend wird die Bedeutungskarte aus verschiedenen Wortkarten ‚aufgebaut'. In unserem speziellen Fall war dieser ‚Aufbau' insofern nicht mehr nötig, als im „Atlas der Deutschen Volkskunde" (ADV; Lieferung 1 [1937], Kt. 14a) bereits eine semasiologische Karte (auf der Basis der Frage „Bezeichnet man mit Korn a) eine bestimmte Getreideart und welche? b) die Gesamtheit des Getreides?") zur Verfügung steht (vgl. Abb. 18). Diese Karte hätte aber natürlich auch aus einer Reihe von Wortkarten (neben 'Roggen' [vgl. Abb. 17] dann etwa auch 'Gerste', 'Hafer', 'Weizen', 'Dinkel') aufgebaut werden können. Der prinzipielle Unterschied zwischen *Wortkarte* und *Bedeutungskarte* ist aus dem Vergleich der Abb. 17 und 18 leicht ersichtlich.

Fragen/Aufgaben

1. Stellen Sie das Diasystem des Kurzvokalismus für die deutsche Standardsprache und Ihre Heimatmundart auf! Beschreiben Sie die diasystemaren Zusammenhänge des Vokalismus für das Verhältnis zwischen Ihrem Heimatdialekt und der deutschen Standardsprache!

2. Diskutieren Sie die Möglichkeiten einer strukturellen Wortgeographie anhand von Goossens 1969:69ff.!

Linguistisierung der Dialektologie —— 83

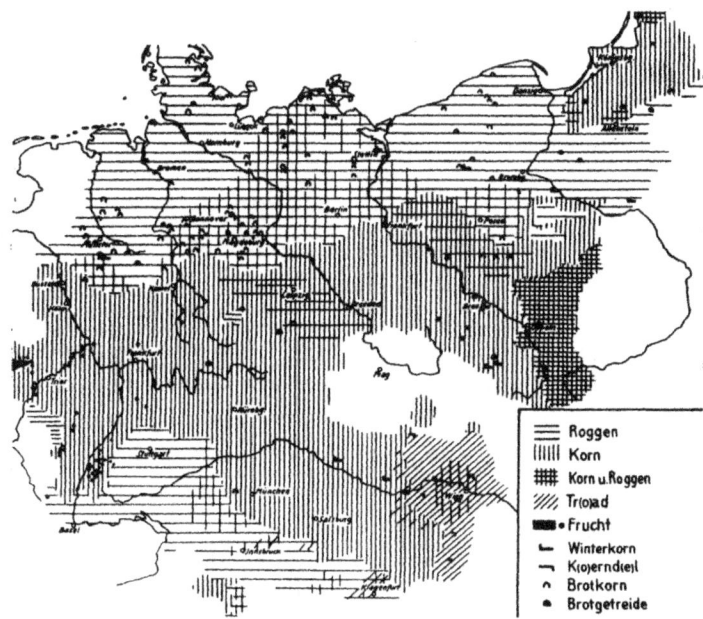

Abb. 17: Wortkarte: Bezeichnungen für 'Roggen'

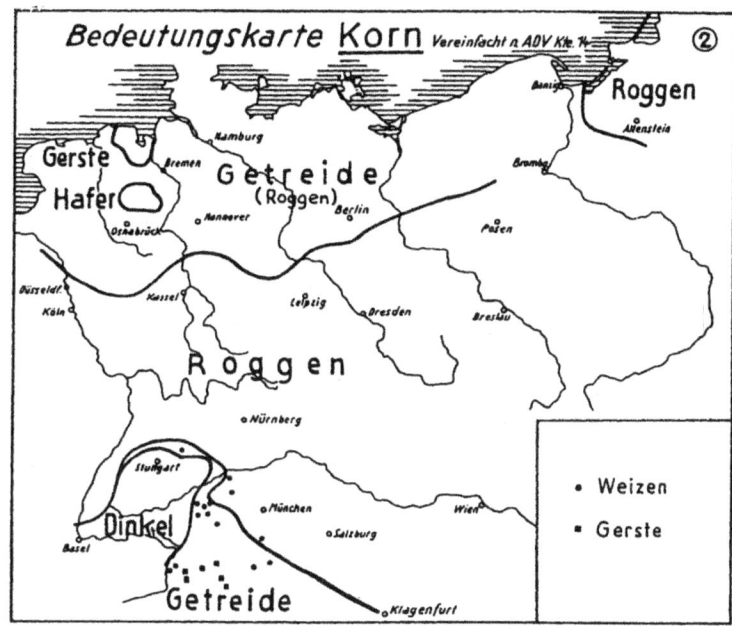

Abb. 18: Bedeutungskarte Korn

3.2 Möglichkeiten und Grenzen einer generativen Dialektologie

Gegenüber der taxonomisch-strukturellen und der ‚traditionellen' Dialektologie sehen die Autoren einschlägiger Untersuchungen die Vorzüge der generativen Dialektologie vor allem in der größeren Beschreibungsadäquatheit und Simplizität der Darstellung. Am Anfang der generativen Dialektologie steht wohl Halles Aufsatz „Phonology in Generative Grammar" (1962), in dem auch die Anwendung der generativ-phonologischen Prinzipien auf die Dialektologie umrissen wird. Zu den „Theorieansätzen einer generativen Dialektologie" hat sich zusammenfassend Veith (1982) geäußert.

Auf deutsche Mundarten bezogene generative Untersuchungen kamen seit Anfang der 1970er Jahre auf. Die erste Arbeit, in der die generativen Prinzipien auf die Phonologie deutscher Dialekte angewendet werden, war 1967 noch in Amerika entstanden.[113] In der Folge hat sich dieser Zugriff innerhalb der Dialektologie aber nicht recht durchsetzen können.

Unter den wenigen Beispielen aus der deutschen Dialektologie, in denen die generative Methode Anwendung fand, ist die einschlägige Darstellung der mittelbairischen Liquiden-Vokalisierung durch Rein (1974) besonders instruktiv. Auch wenn dieser methodische Ansatz dann letztlich kaum weiter verfolgt wurde, erscheint es angebracht, Reins generativ-phonologische Beschreibung eines „historischen Gesamtphänomens" kurz zu skizzieren, um – nicht zuletzt auch in der methodengeschichtlichen Perspektive – die Möglichkeiten dieses Ansatzes zumindest anzudeuten.

Die Vokalisierung des postvokalischen *l*, die man als Hauptcharakteristikum des Mittelbairischen betrachten kann, und die sich dort als „Palatalisierung bis hin zum Ersatz des *l* durch *i*" niederschlägt[114], ist auch innerhalb des Bairischen recht auffällig. Beispielsweise wird die Aussprache der Lautfolgen *il*, *ül* als *ui* in entsprechenden Necksprüchen glossiert: danach hätten die Münchner „*fui tsfui Gfui*", das heißt ‚viel zu viel Gefühl'. Die große Variantenvielfalt bei der Realisierung des *l* (bzw. der Verbindung aus dem Vokal plus dem nachfolgenden Lateral) hat Rein anhand der mundartlichen Entsprechungen für bestimmte hd. Wörter tabellarisch ausgewertet, zu Typen zusammengefasst und dann deutlich abgrenzbaren Verbreitungsgebieten zugewiesen; vgl. Abb. 19.

Dabei sind drei Gebietsgruppen zu unterscheiden (vgl. Rein 1974:24ff.). Die Räume A–E liegen innerhalb des eigentlichen Vokalisierungsgebietes (dicke Borstenlinie auf der Karte). Hier entstanden aus dem alten Vokal plus dem Vokalisierungsprodukt *l > i* zumeist auf *-i*, zumindest aber auf eine palatale Komponente

---

[113] Becker 1967; gekürzt und revidiert als Becker 1975.
[114] Rein 1974:21. – Eine Velarisierungstendenz des *l* bis hin zum Ersatz durch *u* findet sich beispielsweise im Niederländischen, vgl. *hout* ‚Holz', *oud* ‚alt'.

ausgehende Diphthonge (Räume A, B und E), denen in den Arealen C und D in einem Teil der Fälle Monophthonge (in C gerundet, in D entrundet) entsprechen.

	Varianten in hd.					
	wi*l*d	ste*l*lt	Fe*l*d	a*l*t	Ho*l*z	schu*l*d
A	i:/ei	ei	ẹi	ɔi	oi	ui
B	ui	oi	ǫi	"	"	"
C	ü:	ö:	ö̧:	"	"	"
D	i:	e:	ẹ:	"	"	"
E	üi	öi	ö̧ə	"	"	"
F	üλ	öλ	öλ	oλ	uλ/oλ	uλ
G	il	el	ẹl	ol	öl	ül
H	it	et	at	at/au	ut	ɔt

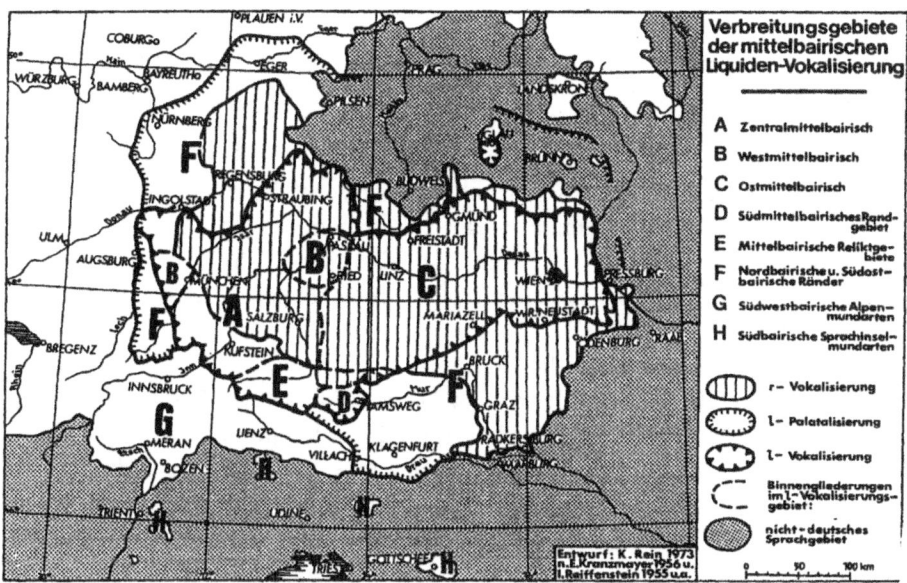

Abb. 19: Verbreitungsgebiete der mittelbairischen Liquiden-Vokalisierung

Um dieses Velarisierungsgebiet herum gruppieren sich ringförmig einige unter F zusammengefasste Gebiete mit nur leicht palatalisiertem, „ü-haltigem" *l*, lautschriftlich [λ] (innerhalb der dünneren Borstenlinie). Diese nord- und südostbairischen Mundartgebiete reflektieren im Vergleich zu den vollpalatalisierenden bzw. vokalisierenden Räumen A–E jeweils ältere Sprachstufen.[115]

---

[115] Diese Aussage lässt sich sowohl auf Grund sonstiger Sprachstrukturen machen, als auch von der phonetischen Überlegung her, dass die leichte Palatalisierung gut als Vorstufe zur Vollvokalisierung denkbar ist; vgl. Rein 1974:26.

Im Raum G, der die noch archaischeren Alpenmundarten Tirols und Westkärntens umfasst, findet sich nicht einmal mehr eine leichte Palatalisierung des *l*. Die mit H bezeichneten südbairischen Sprachinseln (Sieben und Dreizehn Gemeinden, Gottschee), die im allgemeinen ältesten bairischen Sprachstand erhalten haben, zeigen dann sogar eine Velarisierungstendenz (bis hin zum Ersatz des *l* durch *u*), die möglicherweise als noch älter und Vorstufe der skizzierten Palatalisierung anzusetzen wäre.

Auf dieses sich von der Dialektgeographie her bietende Bild wendet Rein dann die generative Konzeption des Sprachwandels (vgl. King 1971) an, wobei er versucht, den mutmaßlichen Ablauf der *l*-Vokalisierung sowie die Entstehung der verschiedenen heute sichtbaren Stufen dieses Phänomens mit Hilfe von sieben Regeln zu beschreiben (1974:29ff.):

(R1) Palatalisierung des *l* > λ; (R2) Rundung der vor λ stehenden Vokale; (R3) Vokalisierung λ > *i*. Bei Anwendung der Regeln R1+R2+R3 auf *l* erhalten wir die vokalisierten Lautungen *öi, o̧i* und *üi* der mit E bezeichneten südmittelbairischen Reliktmundarten. Diese gerundeten Diphthonge, die Rein (1974:31) als „allen mittelbairischen Lautungen zugrundeliegende Form" ansetzt, dienen dann als Input für die folgenden Regeln, nach denen die Lautungen der Areale A–D generiert werden, wobei die Produkte der Regeln 4–7 als alternative Versuche erscheinen, aus jenem „auditiv-artikulatorischen Dilemma" herauszukommen, das diese Zwielaute „wegen der relativ schwierigen Aussprache von *üi, öi*, aber noch mehr wohl [...] wegen der geringen phonetischen Distanz der beiden Diphthongelemente [...] in ihrer Stabilität von vornherein" bedrohte (S. 32).

Der „Ausweg" erfolgt nach (R4) durch Entrundung (Ergebnis: die zentralbairischen Diphthonge des Gebiets A); nach (R5) durch „Entfrontung" (d.h. Verlagerung der Artikulation des ersten Diphthongbestandteils nach hinten: Gebiet B); nach (R6) durch Monophthongierung und (R7) durch Dehnung (Areal C). Das südmittelbairische Randgebiet D kann dann durch Einwirkung von R4 auf die Lautungen des Areals C (demnach R1+R2+R3+R6+R7+R4) erklärt werden.

Damit haben sich alle Realisationstypen des postvokalischen *l* in den heutigen bairischen Mundarten der Gebiete A–F als Outputs bei jeweils verschiedenem Durchlaufen des besprochenen Regelapparats erwiesen. Lediglich die Gebiete G und H werden von keiner dieser Regeln betroffen. Sie stellen sozusagen die „alte Grammatik" dar, die erst durch die Anfügung der Regeln bzw. Regelabfolgen zur jeweiligen „neuen Grammatik" wird.

Insgesamt gesehen scheinen die Möglichkeiten der generativen Methode in der dialektgeographischen Praxis jedoch begrenzter zu sein, als dies in den Anfängen der generativen Dialektologie angenommen wurde. Eine Reihe von Dialektologen erblickt in der Arbeit mit Regelapparaten zwar einen Gewinn, lehnt eine darüber hinausgehende Anwendung der generativen Theorie aber doch ab; andere wiederum versuchen, das generative Modell in Hinsicht auf die Dialektologie zu modifizieren.[116] Als fundamentale Probleme haben sich die Vielfalt der Differenzen zwischen Mundarten als auch die Frage nach der ‚Verwandtschaft' von Mundarten sowie, damit eng verbunden, die Wahl eines angemessenen Bezugssystems bzw. Gesamtsystems (Overallpattern) herauskristallisiert.

Dass sich der generative Ansatz in der Dialektologie nicht hat durchsetzen können, kann nach Wiesinger (1994:16) nicht sonderlich überraschen:

> „Da nach ihrem phonologischen Konzept das Phonem aus einem Bündel binär gefaßter Merkmale besteht und die in Verbindung mit der Morphologie stehende Beschreibung einen umfänglichen, wenig anschaulichen formalisierten Regelapparat erforderlich macht, erweist sich die generative Phonologie zur Erfassung und Deskription dialektaler Lautsysteme wenig geeignet, so daß sie bereits zur Hochblüte des Generativismus kaum Eingang in die Dialektologie fand."

Auch die Erweiterung der generativen Theorie unter dem Aspekt der ‚Natürlichkeit' wird letztlich nur experimentell angewendet. Wiesinger verweist darauf, dass z.B. die Untersuchung „Natürliche generative Morphologie und Phonologie des Dialekts von Ludwigstadt" (Harnisch 1987) den Untertitel trägt: „Die Erprobung eines Grammatikmodells an einem einzelsprachlichen Gesamtsystem". In diesen Zusammenhang passt auch, dass ein einschlägiger Handbuchartikel als „Pilotstudie im Rahmen der generativen Dialektologie" überschrieben ist (Becker 1982).

Während Löffler (2003:114ff.) den Erkenntnisfortschritt innerhalb einer generativen Dialektsyntax außerordentlich kritisch beurteilt, sieht Werlen (1994:55ff.) deren Möglichkeiten insgesamt etwas positiver, nicht zuletzt vor dem Hintergrund, dass gerade innerhalb der „neueren generativen Grammatik" ein „vergleichender Ansatz" entstanden sei, „der davon ausgeht, daß die Theorie auch dialektale Differenzen erklären können muß, weil solche Differenzen mit der postulierten Universalen Grammatik verträglich sein müssen" (Werlen 1994:56). Er kann dabei insbesondere auf Forschungsansätze aus dem alemannischen Raum verweisen.

In jüngerer Zeit spielt eine „spatially determined phonological and syntactic microvariation" eine zunehmend wichtiger werdende Rolle in der generativen Theorie (vgl. Barbiers 2010, Zitat ebd.:139). Im Fokus stehen dabei aber wohl weniger dialektologische Fragestellungen, sondern die Möglichkeit, auf diese Weise die empirische Basis generativer Forschung zu erweitern.

---

[116] Vgl. die kritischen Hinweise von Weijnen 1975, Campbell 1972; ausführlich diskutiert bei Hoebeke 1976:173ff. Vgl. ferner Niebaum 1983a:67ff. – S. auch das Kapitel „Generative Dialektologie" (S. 45-64) in dem ansonsten wenig brauchbaren Buch Markey 1977.

> **Fragen/Aufgaben**
>
> 1. Geben Sie eine Aufstellung der „Typen des Wandels" bei King 1971 und fassen Sie die begründende Argumentation zusammen!
>
> 2. Inwieweit ist es Rein (1974) gelungen, die durch das dialektgeographische Bild dokumentierte Entwicklung der mittelbairischen l-Vokalisierung zu bestätigen?

4 Dialekteinteilung

Die Versuche, die dialektalen Erscheinungsformen des Deutschen in der einen oder anderen Weise zu gliedern, gehen bis ins Mittelalter zurück. Um 1300 zählt der Franke Hugo von Trimberg in seinem mhd. Lehrgedicht „Der Renner" im Kapitel „Von manigerleie sprâch" (1970:220ff.) eine Reihe von Dialekten auf, die er schlagwortartig ‚charakterisiert':

„Swâben ir wörter spaltent,	Die Mîsener si vol schürgent,
Die Franken ein teil si valtent,	Egerlant si swenkent,
Die Beier si zezerrent,	Oesterrîche si schrenkent,
Die Düringe si ûf sperrent,	Stîrlant si baz lenkent,
Die Sahsen si bezückent,	Kernde ein teil si senkent,
Die Rînliute si verdrückent,	[…]"
Die Wetereiber si würgent,	(V. 22265-22276)

Erst seit dem Beginn des 19. Jahrhunderts kann jedoch von einer wissenschaftlichen Dialekteinteilung die Rede sein. Einen ersten Versuch zur Verfertigung einer Sprachkarte legt Johann Andreas Schmeller in seinen „Mundarten Bayerns" (1821) vor, denen er den Untertitel gibt „nebst einem Kärtchen zur geographischen Uebersicht dieser Dialekte" (vgl. Abb. 12). Bezüglich der Gesamtheit der deutschen Dialekte stammt die erste Einteilungskarte von Karl Bernhardi (1844). Dessen „Exaktheit der Grenzziehung" (ausgegangen wird von einer Grobgliederung in Nieder- und Hochdeutsch) „suggeriert hier sprachliche Kenntnisse, die zu dieser Zeit jedoch nicht vorhanden waren".[117] Erst die Erhebungen Wenkers für seinen Sprachatlas in der Zeit zwischen 1876 und 1888 schaffen die empirische Grundlage für fundierte Einteilungsversuche. Aber auch dann ist häufig kritisch anzumerken, „daß man so gut wie durchgängig auf die Darlegungen der jeweils angewandten Gliederungsprinzipien verzichtet" (Wiesinger 1982:145), geschweige denn, dass man methodologische Überlegungen angestellt hätte.

---

[117] Putschke 1993:422f. Bernhardis Karte ist ebd. S. 434 abgedruckt; vgl. jetzt auch den Abdruck in L & S 2, Map 0802.

Die Problematik der Dialekteinteilung ist eng verbunden mit der prinzipiellen Frage, ob es überhaupt möglich ist, dialektale Einheiten abzugrenzen, einer Frage, mit der man sich seit dem Entstehen der Sprachatlanten auseinanderzusetzen hatte (Niebaum 1984a). Anfänglich hatte man hier offenbar kein besonderes Problem gesehen, allerdings aus zwei völlig konträren Sichtweisen. So wurde in Frankreich die Existenz von Dialektgrenzen geleugnet, weil man der Auffassung war, dass die Mundarten fließend ineinander übergingen. Diese These hatte offenbar ideologische Wurzeln und ist vermutlich im Zusammenhang des im Gefolge der Französischen Revolution aufgekommenen Versuchs zu sehen, die der *égalité* entgegenstehenden *patois* zu zerstören.[118] In der Tradition dieser These stehen auch Paul Meyer und Gaston Paris, deren Kontroverse mit Graziadio Isaia Ascoli berühmt geworden ist.[119] In Deutschland war demgegenüber die Tatsache der Abgegrenztheit der Dialekte zunächst unumstritten. Man ging anfänglich davon aus, dass die Dialektgrenzen die alten Stammesgrenzen fortsetzten („Stammeshypothese'). Diese ‚romantische' Vorstellung, die wohl erstmals von Jacob Grimm (1968 [1822]:37) formuliert worden war, wurde erst durch Wenkers Sprachatlas-Karten erschüttert (vgl. III.4.1.). Anders aber als die Franzosen, gab Wenker das Ziel einer Mundartabgrenzung nicht auf, sondern lediglich die ‚naive' Vorstellung einer „klaren Dialektgrenze". „Wenker hatte gelernt: *Dialekte liegen nicht abgegrenzt vor, sondern sie müssen abgegrenzt werden* [im Original gesperrt]" (Knoop/Putschke/Wiegand 1982:59).

---

118 Vgl. Lang 1982:184f.; s. auch Hagen 1983:2f., Geerts 1983:547f.
119 Diese Kontroverse hatte folgenden Hintergrund: Im Jahre 1874 (gedruckt 1878) hatte Ascoli eine Studie vorgelegt, in der er zwischen dem Nordfranzösischen und dem Okzitanischen einen eigenständigen Übergangsdialekt, das Frankoprovenzalische, postulierte. In seiner Rezension dieser Studie vertrat P. Meyer demgegenüber den prinzipiellen Standpunkt, dass es unmöglich sei, Dialektgrenzen wissenschaftlich festzulegen: „[...] toute définition du dialecte est une *definitio nominis* et non une *definitio rei*" (1875:295). Am Beispiel des Pikardischen zeigt Meyer, dass man bei der Abgrenzung normalerweise dasjenige, was abgegrenzt wird, nicht aufgrund der Lage der Sprachgrenzen entdeckt, sondern die Grenzabschnitte so auswählt, dass sie das abgrenzen, was man abgrenzen möchte: „[...] le dialecte [...] n'est lui-même qu'une conception assez arbitraire de notre esprit" (1875:294). Ascoli reagierte hierauf (1876) mit der Feststellung, dass es darauf ankomme, das intuitive Vorwissen von Dialekt gerade durch die dialektologische Forschung zu bestätigen oder zu verwerfen. Dialektunterschiede kommen, so sagt er, nicht durch Einzelmerkmale („singoli caratteri") zustande, sondern durch Koinzidenz und Kombination solcher Merkmale („ma il distintivo necessario del determinato tipo sta appunto nella simultanea presenza o nella particolar combinazione di quei caratteri", 1876:387). Gleichwohl können bestimmte Merkmale („caratteri specifici") ein besonderes Gewicht haben. Meyer (1876) wiederholt letztlich nur seinen früheren Standpunkt. – G. Paris greift (1888) diese Diskussion wieder auf. Wie Meyer geht auch er davon aus, dass es in Wirklichkeit keine Dialekte gebe: „[...] dans une masse linguistique de même origine comme la nôtre, il n'y a réellement pas de dialectes" (1888:163). Zwar kenne man unterschiedliche örtliche Sprechweisen, ansonsten aber habe man von einem geographischen Dialektkontinuum auszugehen, das nirgends feste Grenzen kenne. – Ausführlicher zu diesen Aspekten Hagen (1984); vgl. auch Wolf (1975:26-32). Kritisch zu den französischen „typophoben" Postulaten Goebl 2001:1476f.; Goebl 2010:434f.

4.1 Ältere Gliederungen der deutschen Mundarten

Auf dem Material des Wenkerschen „Sprachatlas des Deutschen Reiches" und älteren Angaben fußend, veröffentlichen Otto Behaghel in seiner „Geschichte der deutschen Sprache" (1891) und Otto Bremer in „Brockhaus' Konversationslexikon" (1892) die ersten wissenschaftlich fundierten Einteilungskarten der deutschen Dialekte (Abdruck beider Karten auch bei Putschke 1993:435f.). Behaghel geht dabei von der herrschenden historisch-genetischen Sprachauffassung aus und begreift „die rezenten Dialekte als Spiegelungen frühdeutscher Verhältnisse" (Wiesinger 1982:151). Dabei greift er auch die Stammesbezeichnungen der Frühzeit auf. Die Auswahl der kartierten Einzelerscheinungen erfolgt weitestgehend aufgrund ihres Alters. Bremer setzt demgegenüber andere Schwerpunkte, er betont eher den synchronischen „Gesamtcharakter" der einzelnen Dialekte „in Aussprache, Betonung und Ausdrucksweise" (1892:34). Diese Faktoren betrachtet Bremer letztlich als von den Stämmen der Frühzeit ererbt. Seine Einteilung ist in erster Linie nach den stark differenzierten Vokalentwicklungen vorgenommen worden, auch wenn er die vornehmlich an Hand der (den Konsonantismus betreffenden) Zweiten Lautverschiebung erfolgte Dreiteilung in Nieder-, Mittel- und Oberdeutsch übernimmt.

In einer Fußnote zu seiner Karte charakterisierte Bremer die ersten für den „Sprachatlas des Deutschen Reiches" gezeichneten Wenkerschen Karten von 1891 als „zum grossen Teil nicht zuverlässig" (Bremer in Mentz 1892:VIf. Anm.); diese Bemerkung bezog sich auf das Faktum, dass Bremers eigene „über sprachliche und außersprachlich-soziale Kriterien" gewonnenen Mundartgrenzen und Wenkers Isoglossen nicht zur Deckung zu bringen waren. Bremer war insofern „altertümlicher" als Wenker, als er „‚noch' an die Existenz geschlossener Mundarten glaubte" (Haas 1995:332). Demgegenüber hatte Wenker bereits während der Vorarbeiten zum „Sprachatlas der Rheinprovinz" (1876/77) frustriert feststellen müssen, dass seine ursprüngliche Vorstellung von einer klaren – über sprachliche Gegensätze zu definierenden – Dialektgrenze nicht zu halten war.[120] Bremers Kritik wurde von Wenker und seinem Mitarbeiter Wrede als Verunglimpfung empfunden; die Auseinandersetzung wurde in der Folge von beiden Seiten in aller Schärfe geführt.[121] Walter Haas hat in diesem Zusammenhang festgestellt, dass der „Kommunikationsabbruch" zwischen beiden Lagern wissenschaftsgeschichtlich gesehen eine Tragödie war, und er hat eindrucksvoll dargelegt, „welche Möglichkeiten sich aus einer Zusammenarbeit der Marburger Empiriker und der sächsischen Theoretiker [gemeint sind Bremer und seine Vorgänger, d.Verf.] hätten ergeben können" (1995:338).

---

[120] „Und je weiter die Arbeit im Rheinlande vorrückte, um so bunter ward die Verwirrung, um so verwickelter zeigte sich der Lauf der Linien in ihrer Gesamtheit" (Wenker 1886:190).
[121] Vgl. Wrede 1894, 1895; Bremer 1895; Wenker 1895.

Vor dem Hintergrund dieser Auseinandersetzung strebte Ferdinand Wrede dann mit seiner seit 1903 entwickelten Einteilungskarte, die erst postum im Jahre 1937 von Bernhard Martin veröffentlicht wurde,[122] letztlich eine rein praktische Klassifikation an. Dabei konzentrierte er sich auf möglichst alte (vgl. Behaghels Prinzipien) und möglichst binär trennende Merkmale (ein methodisch vollkommen neuer Ansatz, der bislang eigentlich noch nicht ausreichend gewürdigt wurde). Die Prinzipien der Wredeschen Vorgehensweise fasst Martin (1959:139) wie folgt zusammen:

> „Die Wredesche Karte will Altes und Neues sinnvoll verbinden, indem sie die aus dem Sprachatlasstoff zu gewinnenden Linienbündel, die für den Raum Trennkraft haben, durch eine Linie darstellt, die von der Einzelforschung gleichzeitig als aus der geschichtlichen Untersuchung im weitesten Sinne erwachsene Scheide ermittelt ist."

Hierbei ist von großer Bedeutung, dass die einzelnen Linien von der kleinräumigen Einzelforschung[123] als relevant bestätigt worden sind. Wredes Dialekteinteilung basiert auf *linguistisch* exakt verifizierbaren Grundlagen; dies versucht er auch terminologisch einzuhalten und demnach auf stammes- oder territorialhistorische Bezeichnungen zu verzichten.

Dazu arbeitet er mit einer Siglenkombination, die die zugrundeliegenden Sprachmerkmale vertritt. Die Mundart seines Wirkungsortes Marburg wäre danach wie folgt zu bezeichnen: *A/II/1/β/αα/1,1/aa* (vgl. DSA, Einführung, S. 25f.). Bei Einsetzung der sprachlichen Kriterien ergäbe sich hierfür: *ich/Appel/Pund/was/fest/Eis/Brouder/Fläsch*-Dialekt. Aus praktischen Gründen ist Wrede jedoch zu „namentlichen Konzessionen" gezwungen; gegen sein „theoretisches Konzept" verstößt letztlich auch die „diachronische Rangordnung der einzelnen Dialekte nach der Stammbaumtheorie" (Wiesinger 1982:156). Für die Mundart von Marburg etwa ergibt sich dann folgende aufzählende Definition: hochdeutsch / mitteldeutsch / westmitteldeutsch / rheinfränkisch / nordrheinfränkisch / Lahn-Kinzig-Mundart/ mittelhessisch. – Als Weiterentwicklung der Wredeschen Karte (vgl. Abb. 20) darf die von Peter von Polenz gezeichnete Karte „Das kontinentalsüdgermanische Sprachgebiet"[124] gelten, die der Abb. 63 zugrunde liegt.

Letztlich vertieft und erweitert Wrede den „atomistisch-sprachhistorischen Ansatz" Behaghels mit Hilfe exakter Sprachdaten. Dieser Ansatz bleibt bis weit in das 20. Jahrhundert prägend und ist die Grundlage zahlreicher Einteilungskarten. Lediglich Walther Mitzka greift 1943 das stammeshistorische Prinzip in modifizierter Form wieder auf,[125] indem er davon ausgeht, dass die Stammesgrenzen in den mit-

---

122 Ferdinand Wredes Einteilungskarte der deutschen Mundarten. In: DSA, 9. Lieferung, Karte 56 (Erläuterungen in der Einführung, ebd. S. 25f.). Vgl. auch Martin 1959:138ff.
123 Als Ergänzung zum DSA hatte Wrede seit 1908 die DDG herausgegeben; vgl. auch III.2.1.
124 Abdruck bei Putschke 1974:359. – In einer detaillierteren Version erschien eine entsprechende Karte ohne Autorangabe in DWA, Band 20, 1973:X (ungez.).
125 Kritisch hierzu Wilking 2003:70ff.

telalterlichen Territorien nachwirken „und daher zumindest ein Teil der Dialekte stammessprachliche Grundlagen in weiterentwickelter Form tradiert hat" (Wiesinger 1982:158).

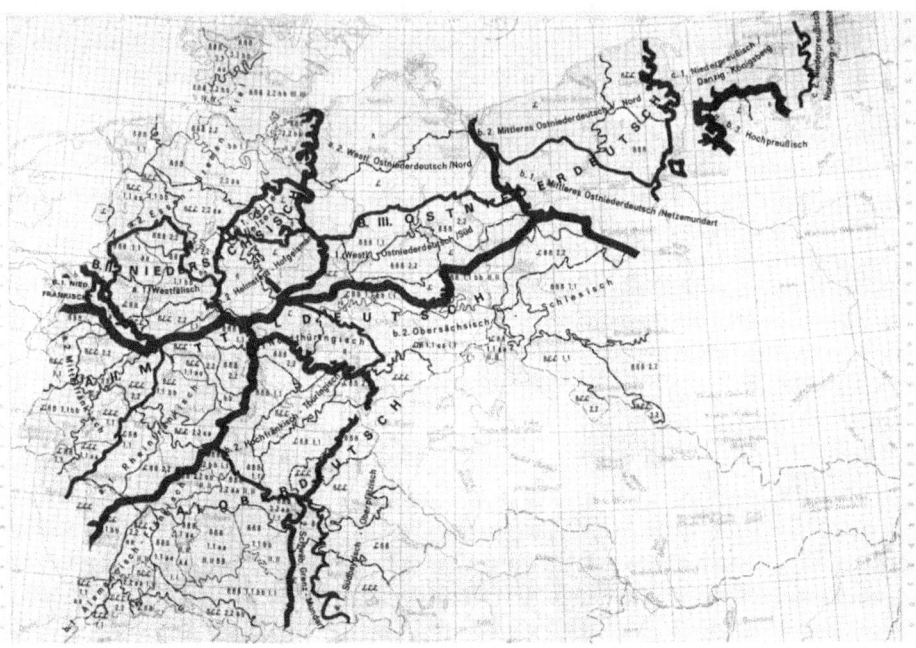

Abb. 20: Wredes Einteilungskarte der deutschen Mundarten

Kritik an den Einteilungsversuchen erhob sich auf zwei Feldern. Der erste Punkt betraf die Tatsache, dass alle Karten bis zu Wrede auf einer sehr schmalen Datenbasis gründeten – und selbst Wrede hat man entgegengehalten, dass seine Einteilung mit ihrer Beschränkung auf die lautlichen Aspekte der deutschen Dialekte einseitig sei. Der zweite Kritikpunkt hinterfragte die verwendeten Abgrenzungskriterien (vgl. Putschke 1993:424f.). Dabei schien vor allem problematisch, dass fast durchweg sprachliche Einzelphänomene die Basis für die Grenzziehung bildeten und diese zudem qualitativ gewertet und gewichtet wurden. Quantitative Kartierungen sind bislang nur für einzelne Regionen vorgenommen worden;[126] es ist davon auszugehen, dass dieses Kartierungsprinzip bei einer großräumigen und umfassenden Dialekteinteilung kein befriedigendes, d.h. übersichtliches Bild ergäbe.

---

126 Vgl. etwa bezüglich der obersächsischen Dialekte Becker/Bergmann 1969:229, Karte 6; bezüglich des nördlichen Elsaß s. oben Abb. 5.

Angesichts dieser kritischen Beurteilung der klassischen Dialekteinteilung hat man sich bemüht, neue einschlägige Methoden zu entwickeln. Nachstehend werden strukturelle (4.2.) und dialektometrische (4.3.) Einteilungsversuche bezüglich einzelner Großregionen vorgestellt, ferner Ansätze zu einer Dialekteinteilung durch Datenaggregation (4.4.). Eine Dialekteinteilung auf generativer Grundlage ist bisher noch nicht vorgelegt worden. Hinsichtlich der Möglichkeiten einer Einteilung auf der Basis subjektiver Dialektgrenzen bleibt Goossens (1972:156ff.) kritisch. Zu rezenteren Anwendungen dieser Methode vgl. jedoch Kremer (1984) und König (1997b:102ff., Karten 15-17);[127] zum Zusammenhang s. auch III.13.3.1.

Fragen/Aufgaben

1. Rekapitulieren Sie die dialektgeographische Grundsatzdebatte zwischen Ascoli und Meyer!

2. Inwieweit ist der Vorwurf eines ‚atomistischen' Verfahrens gegenüber dem Deutschen Sprachatlas gerechtfertigt?

4.2 Strukturelle Dialekteinteilung im Niederdeutschen

Erste Ansätze für eine strukturelle Gliederung der deutschen Dialekte wurden im Jahre 1963 vorgelegt, und zwar unabhängig voneinander durch Walther W. Arndt und William G. Moulton. Die erste umfassendere Darstellung erschien dann 1971 mit Panzer/Thümmels „Einteilung der niederdeutschen Mundarten auf Grund der strukturellen Entwicklung des Vokalismus". Hierfür waren 263 Ortsgrammatiken des niederdeutschen (befremdlicherweise einschließlich des niederländischen) Sprachraums hinsichtlich der Vokalsysteme phonologisch analysiert worden. Bezugssystem ist das Westgermanische. Mit Hilfe bestimmter Formeln versuchen Panzer/Thümmel darzustellen, (a) „wieviele der ursprünglichen 12 wg. Vokale [...] im Nd. erhalten geblieben sind" (S. 102), bzw. (b) „welche wg. Vokale in der Entsprechung der betreffenden Ma. ganz oder teilweise zusammengefallen, also ‚identisch' sind" (S. 101). Es erscheint allerdings fraglich, ob die Anzahl der Elemente eines Systems allein etwas über seine strukturelle Entwicklung aussagen kann. Die angegebenen „LDK-Formeln" (bezogen auf die Anzahl der *L*angvokale, *D*iphthonge, *K*urzvokale) und „HV-Formeln" (bezogen auf die Zahl der *H*intervokale gegenüber den *V*ordervokalen) leisten, wie die Kritik nachgewiesen hat, kaum etwas für die Charakterisierung einer Mundart, zumal sich „auch bei Entwicklungen zu Systemen mit jeweils unterschiedlicher Anzahl von Gliedern identische LDK-Werte ergeben können" (Schophaus 1973:113). Demgegenüber haben für die Charakterisierung der Mundarten die von den Verfassern als „Identifikationsformeln" bezeichneten Rei-

---

[127] Allgemeiner zur „Mundart im Bewußtsein ihrer Sprecher" Macha/Weger 1983.

hen sehr wohl Relevanz; diese Formeln zeigen an, welche westgerm. Vokale in der Entsprechung der betreffenden Mundart total oder partiell zusammengefallen sind.

Weniger abstrakt und durch die weitere Forschung besser gesichert erscheint ein Versuch, die westfälischen Mundarten anhand der strukturellen Entwicklung der mnd. ê- und ô-Laute in vier Gebiete zu gliedern. Dieser geht auf eine Untersuchung Wortmanns aus dem Jahre 1960 zurück, die Foerste (1960:8ff.) dann seinerseits zur Grundlage einer ersten strukturell-phonologischen Mundartgliederung gemacht hat.[128] Die vier Gebiete ergeben sich aus dem jeweils unterschiedlichen Ausgleich des Übergewichts von spätaltsächsisch vier verschieden weit geöffneten ê-Lauten ($ê^1$ < wg. umgelautetem $â$ [z.B. in den mundartlichen Entsprechungen für 'Käse']; $ê^2$ < germ. ai, im Ostwestfälischen gleich dem außerwestfälischen Niederdeutschen in $ê^{2a}$ ['Kleid'] und $ê^{2b}$ ['Stein'] gespalten; $ê^3$ < umgelautetem germ. ai ['klein']; $ê^4$ < germ. $ê^2$ und eo ['tief']) gegenüber den ihnen auf der velaren Seite entsprechenden lediglich zwei ô-Lauten ($ô^1$ < germ. ô ['Fuß']; $ô^2$ < germ. au ['Baum']; dazu noch deren, sich parallel verhaltende, Umlaute $ô̂^1$ ['Füße'] und $ô̂^2$ ['Bäume']):

/$ê^3$/
/$ê^4$/   /$ô̂^1$/   /$ô^1$/
/$ê^2$/   /$ô̂^2$/   /$ô^2$/
/$ê^1$/

Von diesen Lauten hatten $ê^1$, $ê^2$, $ô^2$ und $ô̂^2$ offenen, $ê^3$, $ê^4$, $ô^1$ und $ô̂^1$ geschlossenen Charakter. Damit hing ihre weitere Entwicklung zusammen. Die einzelnen Gebiete gewannen ihr Gesicht (s. Abb. 21) im Zuge zweier im Süden des westfälisch-ostfälischen Raumes ihren Ausgang nehmenden Diphthongierungsbewegungen (Wortmann 1960:14f.), in deren Verlauf es zu strukturell bedingten Kollisionen auf der palatalen Seite (und damit zu dem oben angesprochenen Ausgleich) gekommen war.

Dabei wurden im *Südwestfälischen* zuerst die geschlossenen ê- und ô-Laute diphthongiert (Ergebnis: $ê^4$, $ê^3$ > /ai/, $ô^1$ > /au/), die offeneren – wobei das offenste, $ê^1$, nicht mehr erfasst wurde – dagegen erst sekundär (Ergebnis: $ê^2$ > /äi/, $ô^2$ > /ou/, $ê^1$ > /ẹ/). In den Symbolen auf der Karte stehen die Fortsetzer der ê-Laute auf der linken, die der ô-Laute auf der rechten Seite; die mnd. Ursprungslaute werden jeweils durch ihre Indizes vertreten. Das Südwestfälische unterscheidet also noch drei ē-Qualitäten.

Zwischen dem Südwestfälischen und dem strukturell weitgehend identischen Ostfälischen (ohne das Göttingisch-Grubenhagensche) liegt, unter Einschluss dieses Gebietes, ein breiter *ostwestfälischer* Keil, in dem umgekehrt zuerst die offenen $ê^1$, $ê^{2a}$ und $ô^2$ zu /ai/ bzw. /au/ diphthongiert wurden. Den erst sekundär erfassten, im Diphthongierungsprozess weniger weit (etwa bis /äi/) fortgeschrittenen $ê^4$ und $ê^{2b}$

---

128 Vgl. auch zusammenfassend Teepe 1983:145-149; Niebaum 1980:461f. und Karte 2.

hat sich dann der alte enge Diphthong ê³ angeschlossen; ihnen korrespondiert ô¹ (> /ou/).

Das *Münsterländische* (mit dem sich nördlich anschließenden rückmonophthongierenden Gebiet um Lingen und Bentheim) nimmt dann zwischen dem Südwestfälischen und dem Ostwestfälischen eine Zwischenstellung ein. Es hat einerseits die geschlossenen ê⁴ und ê³ wie das Südwestfälische stark diphthongiert, andererseits aber analog dem Ostwestfälischen auch die offenen ê¹ und ô²; ê² bleibt wie im Süden monophthongisch bzw. wird schwach diphthongiert. Es opponieren demnach ê² > /ē/, dem ô¹ > /ō/ entspricht, mit ê¹, ê³, ê⁴ > /ai/, mit dem ô² > /au/ korreliert.

Das *Westmünsterländische* schließlich geht hinsichtlich der Entwicklungen ê⁴ > $\bar{\imath}$ (→ /ē/), ô¹ > $\bar{u}$ (→ /ō/), ê¹ und ê² > /ē/, ô² > /ō/ mit den benachbarten niederfränkischen (und niederländischen) Mundarten zusammen; auf der palatalen Seite ergibt sich eine Opposition mit ê³ > /äi/.

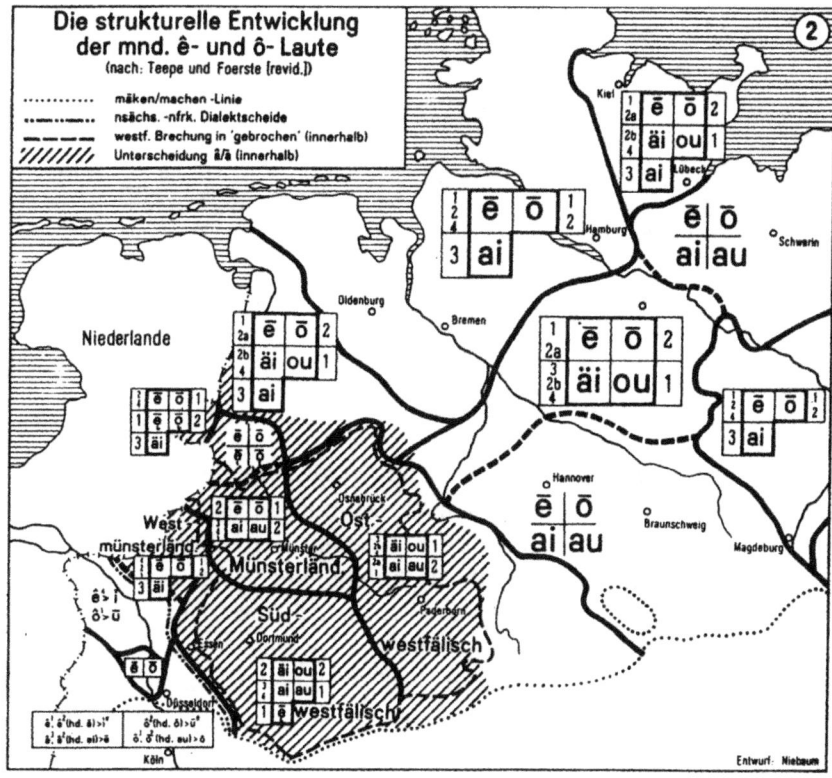

Abb. 21: Die Einteilung der westfälischen Mundarten nach der strukturellen Entwicklung der mnd. ê- und ô-Laute

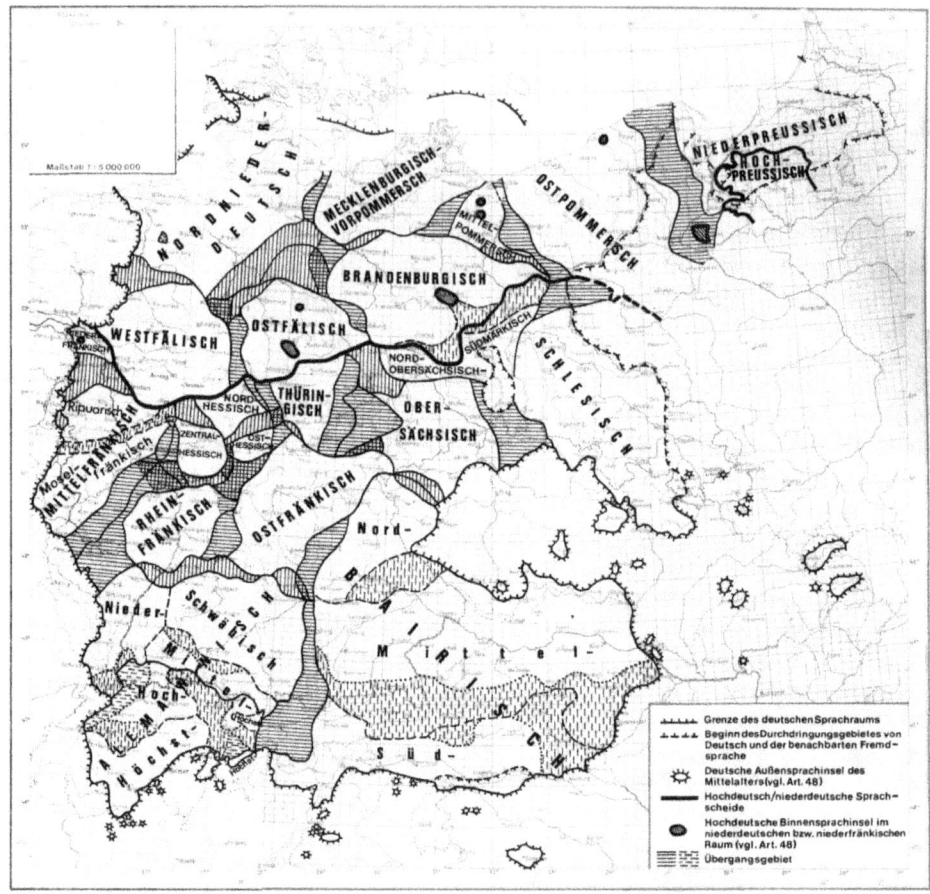

Abb. 22: Die Gliederung der deutschen Dialekte (Wiesinger)

In struktureller Hinsicht sind Südwestfalen und im Nordwesten die Niedergrafschaft Bentheim am konservativsten, weil sie auf einem dreistufigen palatalen System stehengeblieben sind, während die übrigen westfälischen Mundartgebiete die einstmals vier ê-Laute zu einem zweistufigen System reduziert haben. Im übrigen stellt die strukturelle Entwicklung des Systems der mnd. ê- und ô-Laute auch für das restliche westniederdeutsche Gebiet ein wichtiges Gliederungskriterium dar.[129] Allerdings ist nach dem gegenwärtigen Stand der Forschung noch nicht deutlich, ob man diesem Kriterium dieselbe überragende Bedeutung zumessen kann, wie sie hinsichtlich der Einteilung der westfälischen Mundarten erwiesen ist. Mit diesem Versuch ist natürlich bei weitem noch keine absolute strukturelle Gliederung des Westfälischen (geschweige denn des Niederdeutschen) erreicht. Durch ihn konnten

---

[129] Siehe Foerste 1960:8ff.; Niebaum 1980:461 und Karte 2.

nur Räume phonologischer Teilstrukturen ermittelt werden. Im Idealfall müßte eine strukturell orientierte Dialektgliederung alle sprachlichen Teilsysteme berücksichtigen. Hinsichtlich einer anderen Großregion bietet Lauf (1988) Hinweise auf im Gang befindliche Veränderungen im Langvokalsystem nordniedersächsischer Ortsdialekte. Einen eindrucksvollen Versuch, den strukturalistischen Ansatz auf die Einteilung der deutschen Mundarten insgesamt anzuwenden, hat Wiesinger (1983a) vorgelegt. Er arbeitet dabei mit ausgewählten phonologischen und morphologischen Teilstrukturen, die im Rahmen von Diasystemen strukturgeographisch und strukturhistorisch klassifiziert und gegliedert werden. Die in diesem Rahmen entstandene Einteilungskarte (vgl. Abb. 22) macht zugleich auch anschaulich, dass man neben mehr oder weniger festumgrenzten Kerngebieten auch Übergangsgebiete anzunehmen hat.

4.3 Dialektometrische Dialekteinteilung am Beispiel des Projekts „Rheinische Wortgeographie"

Gegenüber den ‚klassischen' Einteilungskarten sind beträchtliche Vorbehalte vorgebracht worden, die sich vornehmlich auf den Umfang der zugrundegelegten Datenbasis sowie die Auswahl der verwendeten Abgrenzungskriterien bezogen. Diese Kritikpunkte spielen im Rahmen der seit Mitte der siebziger Jahre aufkommenden dialektometrischen Dialekteinteilung kaum noch eine Rolle (vgl. Putschke 1993:426). Zum einen ist inzwischen das verfügbare Material im Zuge der dialektologischen Forschung ständig vergrößert worden, und man kann heute mit Hilfe der EDV ohne Schwierigkeiten auch größte Datenmengen verwalten und verarbeiten. Und zum anderen wird im Rahmen dialektometrischer Verfahren grundsätzlich nicht (subjektiv) selektiert, sondern die Gesamtheit der zur Verfügung stehenden Daten (bzw. eine Zufallsstichprobe daraus) einbezogen.

Als datenverarbeitende Methode baut die Dialektometrie letztlich ausschließlich auf der Quellen- bzw. Textsorte ‚Sprachatlas' auf (Goebl 1993:39). Sie versucht, die „untersuchten Sprachatlasdaten und deren ungemein diversifizierten Datenreichtum unter Einsatz *numerischer Methoden* einer *global-induktiven* – das heißt: vom *Besonderen* zum *Allgemeinen* fortschreitenden – Betrachtung zu unterziehen." An anderer Stelle sagt Goebl pointiert: „Banal formuliert versucht sie, durch Zusammenschau vieler *Einzelbäume* die übergeordnete Gestalt des *Waldes* zu erkennen" (1993:39). Der Name dieser neuen Methode geht auf den Romanisten Jean Séguy (1973) zurück, der Sache nach ist sie jedoch älter. Ausgebaut wurde die Methode vor allem von Hans Goebl,[130] der sie dann in der romanistisch-dialektologischen

---

[130] Vgl. etwa Goebl 1982, 1984, 1993, 1994. – Siehe auch die Forschungsübersicht bei Hummel (1993 I:3-9).

Praxis als vielversprechend und erkenntniserweiternd erwiesen hat. Goebl stellt die Dialektometrie als induktives Verfahren in die Tradition typologischer bzw. klassifikatorischer Methoden, wobei gerade innerhalb der Romanistik im letzten Viertel des 19. Jahrhunderts ein tiefgehender Disput um die Frage der Existenz von Dialekten entbrannt war (vgl. auch III.4.0.). Goebl sagt (1994:172):

> „Während G. I. Ascoli – *typologischem* Forschen und *typodiagnostischem* Erkennen gegenüber *freundlich* eingestellt – die Existenz bzw. Konstituierung wissenschaftlicher Objekte namens ‚Dialekte' als ein wesentliches Moment jeglicher wissenschaftlichen Arbeit in geolinguisticis ansah, vertraten P. Meyer und G. Paris – beide einem einzig und allein auf lupenscharfe *Detailerkenntnis* ausgerichteten *Positivismus* verpflichtet – die gegenteilige Ansicht, nämlich daß es wissenschaftlich sinnlos, ja unmöglich sei, nach Ascolis Vorschlag durch ‚combinazione' (also durch *Zusammenschau* bzw. *induktive Globalisierung*) vieler ‚caratteri' (d.h. von flächig verteilten Sprachmerkmalen) auf die Erkenntnis von *höherrangigen geistigen Konstrukten* wie Dialekten hinzuarbeiten."

Letztlich sind die einschlägigen Arbeiten Goebls als Reflexion der Prinzipien typologischen Erkennens und überzeugende Stützung der Ascolischen Positionen zu verstehen.

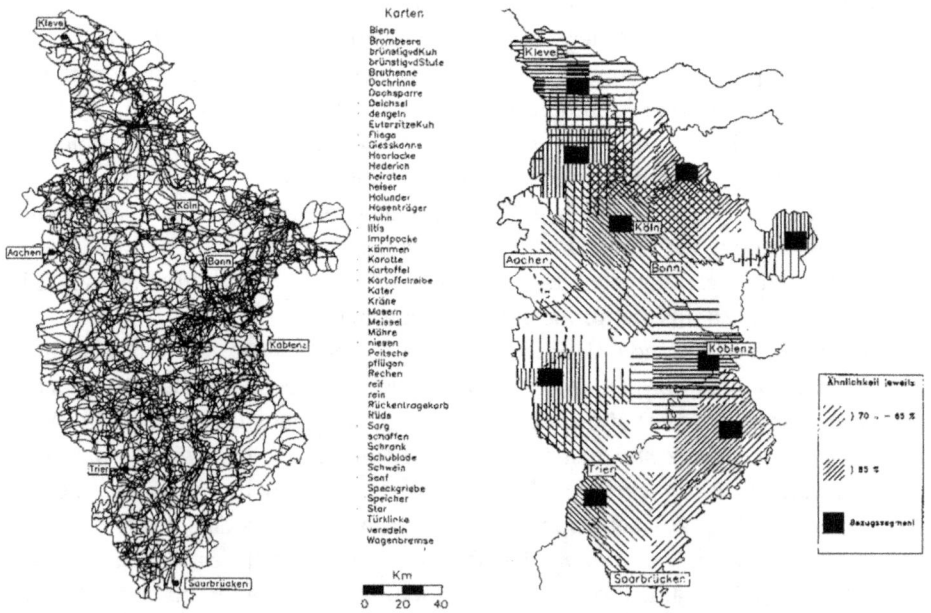

Abb. 23: Rheinische Wortgeographie": Kombinationskarte (Basis 50 Karten RheinWb)

Abb. 24: „Rheinische Wortgeographie": Kombination von Ähnlichkeitskarten

Innerhalb der deutschen Dialektologie ist die Anwendung dialektometrischer Methoden noch jung. Im folgenden sollen wichtige dialektometrische Ansätze und

Arbeitsweisen an Hand des Projekts „Rheinische Wortgeographie" (vgl. Lausberg/Möller 1996-1997, Möller 2001a)[131] erläutert werden. Dieses Projekt ging letztlich von der – bereits in der Auseinandersetzung Ascoli/Meyer (vgl. oben III.4.0.) angelegten – Frage aus, ob es so etwas wie lexikalische Sprachlandschaften gibt. Es ist ja immer wieder betont worden, „jedes Wort habe seine eigene Geschichte und sein eigenes Verbreitungsgebiet" (Bach 1969:76f.). Bisher bedeutete Wortgeographie in erster Linie Interpretation von Einzelkarten. Lausberg/Möller interessiert nun die Frage, ob es „auch bei lexikalischen Arealstrukturen durchaus wiederkehrende Muster" gibt (1996:264). Die Materialgrundlage des Projekts bildet ein „nach praktischen Kriterien zusammengestelltes, im Hinblick auf die Fragestellung jedoch willkürlich ausgewähltes Korpus von Karten" aus dem von 1928 bis 1971 in neun Bänden erschienenen „Rheinischen Wörterbuch"; im weiteren Sinne kann man auch hier von einem ‚Sprachatlas' sprechen. Die ausgewählten (zunächst) 50 Karten[132] wurden digitalisiert, d.h. einer EDV-gestützten Auswertung zugänglich gemacht. Die Ausgangssituation für die weitere Arbeit verdeutlicht Abb. 23; hierbei handelt es sich um eine (prädialektometrische!) Kombinationskarte, bei der alle 50 Karten ‚übereinandergelegt' sind. Die Karte macht deutlich, „daß von eindeutiger Raumbildung mit klaren Grenzen auf lexikalischer Ebene in der Tat keine Rede sein kann" (Lausberg/Möller 1996:275). Allenfalls bei sehr genauem Hinsehen werden in manchen Zonen stärkere Bündelungen erkennbar.

Versuche mit der Umzeichnung in eine „Wabenkarte" (etwa der Art von Abb. 6) boten zwar optisch ein befriedigenderes Ergebnis, als nachteilig erweist sich bei diesem Verfahren aber die Tatsache, dass auf deren Basis nur Aussagen über das Verhältnis zwischen benachbarten Segmenten[133] möglich sind. Übereinstimmungen etwa zwischen entfernteren Gebieten können so nicht erfasst werden. Für die Untersuchung derartiger Fragestellungen ist – übrigens auf der Grundlage derselben Datenbank – nun jedes Segment mit jedem anderen zu vergleichen. Das Problem ist allein, dass man diese Fülle von Daten (bei der „Rheinischen Wortgeographie" das Verhältnis von 311 Segmenten zu jeweils 310 anderen) nicht in *einer* Karte darstellen kann. In der Dialektometrie hat sich in diesem Zusammenhang der Typ der „Ähnlichkeitskarte" etabliert, „der jeweils nur das Verhältnis zwischen einem einzigen Segment (bzw. Belegort) und den übrigen kartiert: Durch Farbe oder Farbintensität wird für jedes andere Segment der Grad seiner Ähnlichkeit mit dem Bezugspunkt

---

[131] Zu weiteren dialektometrischen Projekten vgl. Schiltz 1996 (zu Südwest-Baden), Schiltz 1997 (zu Luxemburg). – Dialektometrische Analysen zum KDSA hat Hummel (1993a) vorgelegt; vgl. dazu auch Hummel (1993b).
[132] In einer zweiten Phase des Projekts wurden weitere 30 Karten hinzugefügt. Dabei stellte sich heraus, „daß die schon in der ersten Phase gewonnenen Ergebnisse durch die Erweiterung des Korpus um 60% nur geringfügig modifiziert worden sind" (Möller 2001a:36f.).
[133] Die Fläche des Untersuchungsgebiets wurde nach dem Gradnetz des DWA in Planquadrate (von etwa 10 x 10 km Länge) unterteilt. Das Untersuchungsgebiet zeigt insofern 311 Segmente.

visualisiert" (Lausberg/Möller 1996:282); vgl. etwa die „Ähnlichkeitskarte ‚Köln'" (Möller 2001a:47)[134]. An Hand einer Reihe von Ähnlichkeitskarten können Lausberg/Möller sichtbar machen, dass es im Rheinland bestimmte wortgeographische Strukturen gibt, die zudem auffällige Parallelen zu von der Forschung herausgearbeiteten phonologisch-morphologischen Strukturgrenzen zeigen. Gleichwohl bieten diese Ähnlichkeitskarten noch nicht den angestrebten Gesamtüberblick über die lexikalische Gliederung des Untersuchungsgebiets. Zur Erstellung eines solchen Gesamtbildes ist im Rahmen der Dialektometrie häufig mit „Kennwertsynopsen"[135] gearbeitet worden. Dieser Weg (etwa Kartierung des jeweils höchsten, jeweils niedrigsten oder jeweils mittleren Ähnlichkeitswertes pro Messpunkt) ist im hier vorzustellenden Projekt nicht verfolgt worden, vor allem weil das Untersuchungsgebiet nicht dialektologisch, sondern politisch (Preußische Rheinprovinz) begründet ist (Lausberg/Möller 1997:271f.). Stattdessen wurden nach dem Verfahren der „Clusteranalyse" diejenigen Raumsegmente zu Räumen zusammengefasst, die sich durch hohe Ähnlichkeit zueinander als zusammengehörig ausweisen.

In diesem Zusammenhang ist die Frage von Belang, was man unter einem „Raum" bzw. unter „Zusammengehörigkeit" verstehen will. Durchgehende Übereinstimmung (100%ige Ähnlichkeit) kommt kaum vor. Wenn schon Segmente mit 90% oder 92% Ähnlichkeit zueinander zusammengefasst werden, ergibt sich jedoch ein Verkettungseffekt, der zwar dem Kontinuum-Charakter vieler Dialektlandschaften entspricht, aber dazu führen kann, dass Räume angenommen werden, die in sich relativ inhomogen sind bzw. vom einen zum anderen Ende hin große Unterschiede aufweisen (Lausberg/Möller 1997:273ff.)

Diesem Problem kann man dadurch begegnen, dass man zwei Teilräume (d.h. Segmentcluster)

> „nicht schon dann zusammen[...]faßt, wenn die Ähnlichkeit zwischen den jeweils **ähnlichsten** Segmenten einen bestimmten Wert erreicht – wie bei den Kontinua [...] – , sondern die schrittweise Zusammenfassung richtet sich nach der Ähnlichkeit zwischen den jeweils **unähnlichsten** Einzelsegmenten, so daß sichergestellt ist, daß in dem resultierenden Cluster bzw. größeren ‚Raum' die Ähnlichkeit jedes Einzelsegments zu jedem anderen mindestens diesen Wert erreicht" (Lausberg/Möller 1997:277).

Problematisch bleibt, dass Übergänge nicht vorgesehen sind, was der Tatsache, dass sprachliche Räume zumeist nicht scharf voneinander abzugrenzen sind, nicht gerecht wird.

Lausberg/Möller erstellen vor diesem Hintergrund eine Karte, bei der sie als Kriterium für die Einordnung in „Kernräume" und „Übergangsräume" eine mittlere

---

[134] Die Möllerschen Karten 5 und 6 (2001a:46f.) sind ganz offensichtlich bei der Seitenmontage vertauscht worden: Die im Text als Karte 5 angesprochene „Ähnlichkeitskarte ‚Köln'" steht (mit der unzutreffenden Unterschrift „Ähnlichkeitskarte ‚Stolberg'") als Karte 6 auf S. 47.
[135] Vgl. etwa Goebl 1993:51ff.; Schiltz 1996 I:42ff..

Ähnlichkeit von mindestens 90% mit den acht unmittelbar benachbarten Segmenten nehmen. Aus dieser Hierarchie wurden dann diejenigen Segmente ausgeschlossen, die in den Einflussbereich eines anderen, höhergestellten gehören. Damit bleibt tatsächlich nur ein stellvertretendes Bezugssegment pro Raum übrig (Lausberg/Möller 1997:281f.). Die Ähnlichkeitskarten dieser Segmente wurden dann zu einer Karte kombiniert (Ähnlichkeit über 70%). Abb. 24 lässt – auf der Basis von 80 Wortkarten – „deutlich den Kreis um Köln erkennen, wobei nach Norden und Osten Übergänge zum Südniederfränkischen bzw. Bergischen sichtbar werden. Besonders homogen und gut abgegrenzt erscheint auch der Raum im Südosten [...], in etwas kleinerem Maßstab auch das sogenannte Maifeld westlich von Koblenz [...] und schließlich das Siegerland, das ganz für sich steht. Weniger scharf nach Süden abgegrenzt, aber recht homogen, zeigt sich das Kleverland; im westlichen Moselfränkischen schließlich werden zwei homogenere Gebiete sichtbar, die durch eine Übergangszone verbunden sind" (Möller 2001a:50). Die Karte macht – trotz des „expliziten Verzichts" auf „vorwegnehmende Hypothesenbildung" (Lausberg/Möller 1997:282) deutlich, dass die ausgewiesenen Raumstrukturen „zwar nicht vollständig, aber in prägnanten Zügen mit der traditionellen laut- und formengeographischen Gliederung übereinstimmen" (Möller 2001:50). Diese Feststellung sollte nicht als „nachträgliche Legitimation" des dialektometrischen Ansatzes verstanden werden. „Wohl aber kann die festgestellte Übereinstimmung als Argument dafür dienen, daß die Wortgeographie bei Fragen der dialektalen Raumgliederung nicht als Welt für sich abgetan werden sollte" (Möller 2001a:52).

Die Ergebnisse der Dialektometrie werden nur durch eine weitgehende Abstraktion von den zugrundeliegenden Sprachdaten erreicht. Die Methode stellt die Quantität übereinstimmender oder abweichender Belege zwischen den Ortspunkten fest, die sprachliche Gestalt der Belege selbst spielt bei Abgrenzung und Einteilung keine Rolle. Dialektometrische Karten haben prinzipiell lediglich quantitative, nicht aber qualitative Inhalte. Bei der Interpretation dialektometrischer Karten ist also zu berücksichtigen, dass die sprachliche Basis der einzelnen Gebiete nicht unmittelbar erfassbar ist. In ähnlicher Weise können die dialektometrischen Verfahren auch den Raumbezug relativieren. So sind etwa Sonderfälle denkbar, bei denen zwei benachbarte Belegorte identische Ähnlichkeitsmittelwerte besitzen, ohne größere sprachliche Gemeinsamkeiten aufzuweisen; eine vorhandene sprachliche Grenze bliebe also unsichtbar (Putschke 1993:429). Eine Beschränkung auf die Dialektometrie allein erscheint also nicht sinnvoll. „Die Dialektometrie ist der *quantitative* Arm der Sprachgeographie. Als solcher ist sie nicht der Konkurrent des *qualitativen* Armes derselben Sprachgeographie, sondern dessen selbstverständliche Ergänzung" (Goebl 1994:190).

> **Fragen/Aufgaben (zu 4.2. und 4.3.)**
>
> 1. Machen Sie sich mit Wiesingers strukturgeographisch-strukturhistorischem Einteilungsversuch (Wiesinger 1983a) vertraut!
>
> 2. Diskutieren Sie die Vorteile und Nachteile der dialektometrischen gegenüber der strukturgeographischen Dialekteinteilungsmethode!
>
> 3. Diskutieren Sie Vorteile und Nachteile einer wortgeographischen Kartierung mittels (prädialektometrischer) Kombinations- und Wabenkarten und dem von der Dialektometrie entwickelten Typ der Ähnlichkeitskarte!

4.4 Dialekteinteilung auf der Grundlage von Datenaggregation

Vor dem Hintergrund der Tatsache, dass eine traditionelle Dialekteinteilung etwa mit Hilfe ausgewählter Isoglossen (wie oben bereits mehrfach angesprochen) in mancherlei Hinsicht unbefriedigend bleibt – (1) häufig ergeben sich eher Übergangszonen als deutliche Grenzen;[136] (2) die Grenzen unterschiedlicher sprachlicher Kriterien bündeln sich nur selten zu klaren Dialektscheiden; (3) letztlich wird die Dialekteinteilung von einem Dialektologen vorgenommen, sie entzieht sich einem objektiven Verfahren – hat John Nerbonne (zusammen mit Mitarbeitern) ein neues computerbasiertes Einteilungsverfahren vorgestellt (Nerbonne u.a. 1996, Nerbonne/Heeringa 1997, 2001), das den genannten Kritikpunkten begegnet und dessen Ergebnisse gleichwohl in erstaunlichem Maße mit denen der traditionellen Dialektologie übereinstimmen.

Nerbonne wendet dabei, Kessler (1995) folgend und weiterentwickelnd, die Levenshtein-Distanzmessung an, mit der der phonetische Abstand übereinstimmender Wörter in verschiedenen Dialekten gemessen wird. In einem ersten Zugriff werden die phonetischen Notationen von 100 Wörtern in zunächst (1996) zwanzig, später dann (1997) vierzig und schließlich (Heeringa 2004) von 125 Wörtern in 360 niederländischen Dialekten untersucht; als Materialbasis dient die „Reeks Nederlands(ch)e Dialectatlassen". Auf die computerlesbar aufbereiteten Daten wird ein phonetisches Distanzmessungsverfahren auf der Grundlage des Levenshtein-Algorithmus angewendet.[137] Um das Ausmaß der Unterschiede zwischen zwei Rei-

---

[136] So auch Trudgill 1983:51: „isoglosses usually mark transition zones rather than discrete breaks." Vgl. auch Chambers/Trudgill 1998:104f.

[137] Es gibt im übrigen noch andere dialektale Distanzmessungsversuche. Hoppenbrouwers/Hoppenbrouwers (1988; 1993) schlagen z.B. vor, die Frequenz zu messen, mit der phonetische Merkmale realisiert werden. Nerbonne u.a. halten ihren eigenen Ansatz für angemessener, „because it compares the pronunciation of corresponding words directly, and thus provides an implementation of traditional diaclectology. The frequency-based approaches work to some degree because

hen festzustellen, wird ermittelt, wie viele Operationen nötig sind, um die eine Reihe in die andere zu überführen. Verwendung finden hierbei *Substitution*, *Einfügung* und *Tilgung*. Jede ausgeführte Operation verursacht ‚Kosten'. Diese betragen im einfachsten Ansatz jeweils 1; im Weiteren wurde damit experimentiert, die ‚Kosten' in Abhängigkeit von der Ähnlichkeit der betreffenden Laute zu gewichten,[138] wobei die Ähnlichkeit z.B. auf der Grundlage von Merkmalssystemen oder akustischen Messungen ermittelt werden kann. Diese verfeinerten Messmethoden haben übrigens gegenüber den einfachen Messungen kaum ‚bessere' Ergebnisse erbracht. Der Durchschnittsabstand auf der Basis der 100 bzw. 125 Wörter wird berechnet, um als Abstand zwischen den Dialekten zu fungieren. Dies führt zu einer Abstandsmatrix, in der jeder Dialekt mit jedem anderen verglichen wird, und diese wird wiederum einer Cluster-Analyse unterzogen. Die ermittelten vier Cluster entsprechen den traditionellen Dialektgebieten: Nedersaksisch (Niedersächsisch), Limburgisch, (Nieder)Fränkisch und Friesisch (Heeringa 2004:229). Wie schon Nerbonne/Heeringa (1997:18), zeigt auch Heeringa (2004:231) – nun auf der Basis sehr viel umfangreicheren Materials – die computative Umsetzung der Cluster in eine Dialekteinteilungskarte.

Das Nerbonne/Heeringasche Verfahren hat den Vorteil, dass es Dialektübergänge sowohl von der Distanzmessung als auch von der Gewichtung her berücksichtigen kann, dass es prinzipiell alle vorhandenen Daten einbezieht und dass es vergleichsweise objektiv ist.

Dieses Verfahren ist auch auf eine relativ große Stichprobe deutscher Dialekte angewendet worden. In einem ersten Experiment (vgl. hierzu Nerbonne/Siedle 2005; s. jetzt auch Nerbonne 2010) geschah dies auf der Basis phonetischer Transkriptionen von 201 den „Wenkersätzen" entnommenen Wörtern aus 186 Erhebungsorten der heutigen Bundesrepublik Deutschland; die entsprechenden Aufnahmen waren für einen im Rahmen des Forschungsinstituts für deutsche Sprache „Deutscher Sprachatlas" projektierten „Kleinen Deutschen Lautatlas – Phonetik" (vgl. Göschel 1992:64-70) erhoben und transkribiert worden. Die Summe der gemessenen (im Prinzip 201) Wortabstände „gilt als das Maß des Dialektabstands zwischen den jeweiligen Erhebungsorten" (Nerbonne/Siedle 2005:134). Die ermittelten Ausspracheabstände werden in Abb. 25 visualisiert. Diese zeigt die Ausspracheabstände zwischen allen Orten, wobei gilt: je ähnlicher zwei Dialekte, desto dunkler ihre Verbindungslinie. Hierbei fallen vier größere Gebiete ins Auge. „Dies wären zum einen ein jeweils relativ homogenes südliches, östliches und nördliches Dialektgebiet und zum anderen ein offensichtlich extrem heterogenes westliches Gebiet" (Nerbonne/Siedle 2005:135). Zum Vergleich dieser Ergebnisse mit der traditio-

---

differences in pronunciation lead to differences in frequency, but using frequency directly is relatively insensitive – sounds may share frequency without corresponding" (1996:3).
138 Eine Ersetzung durch einen ähnlichen Laut ‚kostet' weniger als die Ersetzung durch einen unähnlichen Laut.

nellen Dialekteinteilung wird wiederum die Methode des Clusterings (hier: Weighted-Average-Linkage-Methode) angewendet (vgl. Abb. 26).[139] Auf der Karte sind ebenfalls drei Hauptgebiete erkennbar, die sich, wie Nerbonne/Siedle (2005:141, Unterschrift zu Abb. 5) feststellen, „im Wesentlichen mit den Verteilungen des Nieder-, Ostmittel- und Oberdeutschen (Cluster 1, 4 und 5) nach traditioneller Einteilung decken, sowie ein heterogenes Gebiet im Westen, das in etwa Ripuarisch (Cluster 3) und Niederrheinisch-Westmünsterländisch (Cluster 2) entspricht."[140]

Die „klaren Grenzen" aus der Clustering-Analyse entsprechen, wie Nerbonne/Siedle (2005:140; vgl. auch Nerbonne 2010:487) herausarbeiten, „nicht unbedingt der Realität". Dialektgrenzen verlaufen nämlich „tatsächlich oft deutlich fließender", so dass man es eher mit Dialektkontinua zu tun hat. Ein solches Kontinuum lässt sich mit Hilfe der „multidimensionalen Skalierung" darstellen, wobei die Abstände in mehreren Dimensionen angeordnet werden (Nerbonne/Siedle 2005:142f.; Nerbonne 2010:487ff.). Auf der so erzeugten polygonbasierten[141] Karte erhält jede Fläche vor dem Hintergrund der hier angewandten drei Dimensionen eine für sie typische Kolorierung, deren jeweilige farbliche Ausprägung auf die „wichtigsten Unterscheidungen" zu beziehen ist: Oberdeutsch grün, Ostmitteldeutsch hellblau, Niederdeutsch lila bis rötlich-violett (vgl. Nerbonne/Siedle 2005:141ff. und Abb. 7 ebd. auf S. 144; s. auch Nerbonne 2010:489ff. und Karte 2405 im zugehörigen Kartenband).

Die Übereinstimmung der mit dem „Levenshteinschen Sequenzabstandsmaß" gewonnenen Ergebnisse mit der Einteilung der „traditionellen Dialektologie" sind natürlich noch kein „Qualitätskriterium an sich". Es „fördert jedoch das Vertrauen in eine neue Methode, dass man eine Kongruenz mit bekannten Techniken und Resultaten sehen kann" (Nerbonne/Siedle 2005:143).

Kürzlich haben übrigens Streck/Auer in einer dialektometrischen Untersuchung zum Alemannischen in Deutschland herausgearbeitet, „dass mittels entsprechender Methoden auch auf der Grundlage eines großen spontansprachlichen Datenkorpus dialektgeografische Räume bestimmt werden können" (2012:184).

---

139 Zu verschiedenen Clustering-Konzepten vgl. Nerbonne 2010:483-486.
140 Vor allem im Westen ist die Ähnlichkeit dieser auf das Clustering dialektaler Ausspracheabstände zurückgehenden Karte mit der ebenfalls auf der Basis einer Cluster-Analyse, nun aber des alltagssprachlichen Wortgebrauchs erstellten Karte Möllers (vgl. Abb. 41; Möller 2003:288) frappant.
141 Bei der Polygon-Methode (vgl. Thiessen-Polygone bzw. Voronoi-Diagramme) handelt es sich um ein nichtstatistisches Interpolationsverfahren der Geostatistik zur einfachen Darstellung der räumlichen Verteilung georeferenzierter Messdaten. Vgl. Goebl 1993:45f.; Goebl 2001:1478f.

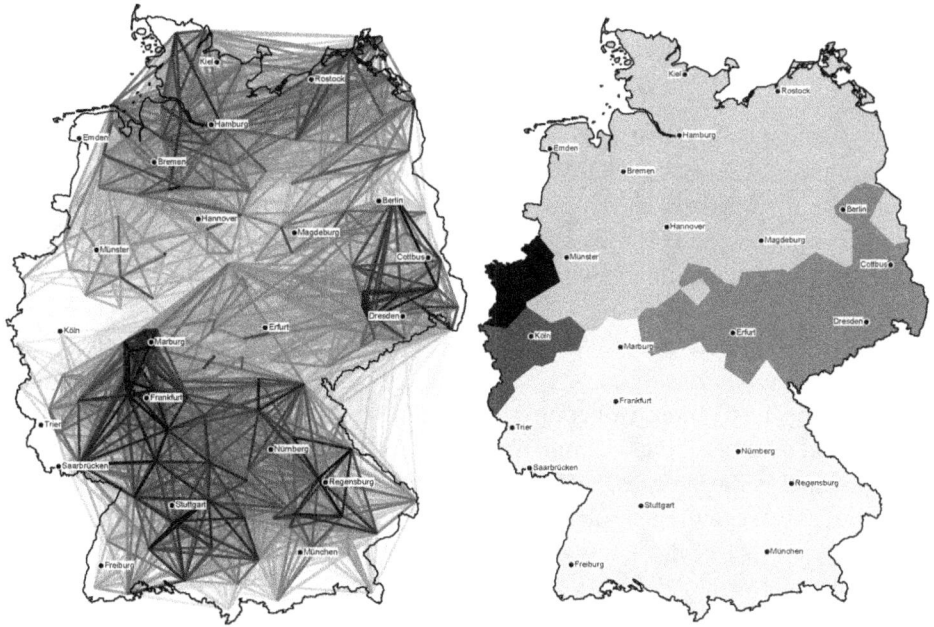

Abb. 25: Ausspracheabstände deutscher Dialekte: Abstände zwischen *allen* Orten auf der Basis des Levenshteinschen Sequenzvergleichs

Abb. 26: Karte auf der Basis des Clusterings der Ausspracheabstände deutscher Dialekte

5 Interpretation von Dialektgrenzen I: Die extralinguistische Methode am Beispiel der ostmitteldeutschen Dialektlandschaft

In der ersten Hälfte des 20. Jahrhunderts war die Dialektgeographie vornehmlich extralinguistisch ausgerichtet.[142] Diese Methode erklärt die Verbreitung von Spracherscheinungen bzw. die Gegensätze zwischen ihnen mit Hilfe außersprachlicher Faktoren. Dabei geht sie von der These aus, dass die heutige dialektgeographische Konstellation eines Gebietes weitgehend von seiner Geschichte geprägt ist. Die politische und ökonomische Entwicklung des betreffenden Raumes schafft menschliche Kontakte, aber verhindert sie auch:

> „Auch langandauernde **politische** oder kirchliche **Grenzen** können Verkehrsgebiete prägen: wer immer in eine bestimmte Stadt auf die Behörde muß, wird in diesem Ort auch einkaufen und andere Geschäfte tätigen, selbst wenn er dies in einer seinem Heimatort näheren Stadt, der

---

[142] Zu dieser Methode vgl. vor allem Bach 1969. – Zum „gesellschaftlichen Faktor in der Deutung der Dialektkarte", der insbesondere auch in der extralinguistischen Methode eine Rolle spielt, vgl. Goossens 1987:515ff.

er aber nicht politisch zugeordnet ist, auch könnte. Auf solchen jahrhundertelang stabilen politischen Grenzen beruht die vielfache Kongruenz des im Spätmittelalter entstandenen politischen Territoriums mit den heute noch bestehenden Mundartgrenzen" (König 1978:143).

Auch die naturräumlichen Gegebenheiten können das sprachgeographische Bild mit bestimmen. Gebirge, große Wald- und Sumpfgebiete hemmen den Verkehr und damit auch die Möglichkeit der gegenseitigen Beeinflussung von Mundarten, während andererseits z.B. große Wasserstraßen (wie etwa der Rhein) kaum eine Mundartscheide bilden, sondern vielmehr als Verkehrsadern sprachliche Neuerungen vermitteln.[143]

Die extralinguistische Methode ist vor allem mit dem Namen Theodor Frings verbunden; sie hat zweifellos in seinen Arbeiten (vgl. vor allem die drei Sammelbände Frings 1956) ihren Höhepunkt erlebt. Die extralinguistische Theorie deutet sich aber bereits bei Frings' Lehrer Wrede an, der schon 1892, in seiner Diskussion der Sprachatlas-Karte *sechs*,[144] Verkehrsfaktoren in die Interpretation einbezogen hat. Ähnliche Wege gingen auch Fischer (1895) und Haag (1929/30). Beide hielten aber noch am Begriff des Lautgesetzes fest; die Tatsache, dass es Verbreitungsunterschiede bei verschiedenen Wörtern derselben Lautreihe gibt, versuchen sie als Wanderung einzelner Wörter zu erklären.[145] In der ‚Marburger Schule' gewann diese

---

143 Auer hält dieses „Modell, demzufolge verbale Interaktion (‚Verkehr') automatisch zu wechselseitiger Akkommodation führt" schon aus methodischen Gründen für „unplausibel": „Die [außerlinguistischen] Dialektgrenzen, von denen Bach [³1969, ¹1934, d. Verf.] spricht, wurden Ende des 19. Jahrhunderts erforscht und im Raum verortet. In dieser Zeit waren die mittelalterlichen und frühneuzeitlichen Territorien, die er zu ihrer Erklärung heranzieht, teilweise schon seit langer Zeit verschwunden. Damit fehlten natürlich auch die politischen Grenzen, die möglicherweise die Kommunikation zwischen den Territorien behindert haben" (Auer 2004:161f.). Nach Auer hinterließen die „alten Grenzen [...] ihre mentalen Spuren im kulturellen Gedächtnis der Bevölkerung" und in ihren „*ethno*dialektologischen", d.h. nicht-professionellen, laiendialektologischen *mental maps*. Auer zufolge sind es „also nicht die faktischen Verkehrsgrenzen, sondern der Raum als mentales Konstrukt, der die Wahrnehmung sprachlicher Variabilität steuert und gegebenenfalls auch in der sprachlichen Produktion sprachliche Grenzen (Isoglossen) bewahrt oder sogar aufbaut. Allenfalls können natürliche oder politische Grenzen für diese mentalen Raumkonzepte auslösend sein, nicht aber für die sprachlichen Divergenzen im Raum selbst" (2004:162).
144 AfdA 18 (1892) 411-413; Neudruck in Wrede 1963a:21-23.
145 Vgl. hierzu die berühmte Passage aus Haag 1929/30: 21f.: „Aus tonangebenden Kreisen muß der Lautwandel stammen. Dort entsteht er; von dort aus erobert er die Ortsmundart. Ist der Ort selber tonangebend, als Vorort einer Landschaft, so teilt sich der Lautwandel der ganzen Landschaft mit; ist die Landschaft tonangebend, so überschreitet er ihre Grenzen. Daß diese Grenzen fast in ihrem ganzen Verlauf politisch sind, zeigen die Karten [...]. Die Art der Ausbreitung kann gesehen werden in dem Bild eines Steins, der ins Wasser geworfen wird. Er zieht immer weitere Ringe. Nun mögen diesen Ringen leichtere und schwerere Schranken entgegenstehen. Blätter, die auf dem Wasser liegen, stauen sich daran. Die Blätterschicht wird von ihnen begrenzt, wird aber auch einen geschlossenen Rand zeigen in kleinen Lücken zwischen den Schranken. Das ist das Raumgesetz des Lautwandels."

Auffassung eine zentrale Bedeutung; damit war das junggrammatische Axiom von der ‚Ausnahmslosigkeit' der Lautgesetze stark in Frage gestellt. Man vertrat nun die Ansicht: „Jedes Wort habe seine eigene Geschichte und sein eigenes Verbreitungsgebiet, gehe seinen eigenen Weg; die Wörter veränderten sich, nicht die Laute" (Bach 1969:76f.).

Nach Auffassung einer ganzen forschungsgeschichtlichen Epoche war die Sprache demnach einer unter zahlreichen anderen raumbildenden Faktoren. Richtungsweisend wurde hier das nach mehreren Vorstudien 1926 aus der Zusammenarbeit des Sprachwissenschaftlers Frings, des Historikers Aubin und des Volkskundlers Müller (sog. ‚rheinische Schule') entstandene Werk „Kulturströmungen und Kulturprovinzen in den Rheinlanden", in dem die mit sprachwissenschaftlichen Methoden herausgearbeiteten Dialektgrenzen in einen größeren kulturräumlichen Zusammenhang gestellt werden.[146] Im Jahre 1936 erschien dann eine dem rheinischen Werk korrespondierende Gemeinschaftsarbeit „Kulturräume und Kulturströmungen im mitteldeutschen Osten"[147], auf deren gleichfalls von Frings verfasstem sprachlichen Beitrag die folgende Darstellung der extralinguistischen Methode weitgehend fußt. Frings behandelt dabei die historische Sprachgeographie der ostmitteldeutschen Mundarten Sachsens und der angrenzenden Gebiete. Infolge der Tatsache, dass dieser Raum in der Hauptsache erst im hohen Mittelalter von bäuerlichen Siedlern aus dem west- und oberdeutschen Sprachgebiet besiedelt wurde, bildeten, wie Frings herausarbeitete, nicht (wie in den Rheinlanden) die Territorien den entscheidenden Faktor bei der Entwicklung dieser Mundarten, sondern die Besiedlung, die „Siedelbahnen". Frings stellt weitestgehende Übereinstimmung von „Sprachbahnen" und Siedlungsbahnen fest, die die Herkunftsgebiete der mittelalterlichen Siedler in Form von „Sprachbogen" mit den von ihnen besiedelten Räumen verbinden. Auf der Grundlage der sich im ostmitteldeutschen Raum allmählich mischenden Siedlermundarten entsteht nach Frings auch die neuhochdeutsche Schriftsprache, was in dieser Ausschließlichkeit allerdings nicht unwidersprochen geblieben ist.

---

[146] Vgl. auch das hierauf basierende Kapitel „Die extra-linguistische Methode" in Goossens 1977:76-87. Siehe ferner Grober-Glück 1982, Cox/Zender 1998. – Vgl. jetzt auch die kritische Auseinandersetzung mit diesem methodischen Ansatz bei Knobloch, der diesen auf zweierlei Weise begreift: „On the one hand, it is an integral part of the aggressively expansionist ethno-science (*Volksforschung*) [...]. On the other hand, cultural morphology is part of the history of a sociolinguistic perspective on language change, language contact and language expansion in space" (2010:108).

[147] Ebert/Frings/Gleissner/Kötzschke/Streitberg 1936. Neuauflage des sprachlichen Teils in Frings 1956 III. – Zitiert wird nach der Neuauflage, dabei beschränken wir uns auf die Angabe der Seitenzahl.

5.1 Koinzidenz von Dialekt- und (alten) Verkehrsscheiden

Die extralinguistische Forschung interpretiert die Koinzidenz von Dialekt- und (alten) Verkehrsscheiden dahingehend, dass das Entstehen der Mundartgrenze auf das Vorhandensein der Verkehrsgrenze zurückzuführen ist. Dabei kann man davon ausgehen, dass die Wahrscheinlichkeit, dass diese Annahme richtig ist, mit der Länge der Strecke, die beide Scheiden zusammengehen, zunimmt. Des weiteren ist die Überzeugungskraft dieses Interpretationsansatzes aber auch vom Charakter der Verkehrsscheide, auf die man sich bezieht, abhängig. Wird diese erst durch Aneinanderreihung der verschiedenartigsten politischen und/oder naturräumlichen Grenzen bzw. Grenzabschnitte gewonnen, so ist die extralinguistische Interpretation einer mit diesem Konstrukt koinzidierenden Sprachgrenze weit weniger schlagend, als wenn man von einer einheitlichen Verkehrsscheide ausgehen kann (Goossens 1969:15).

Vor dem Hintergrund dieser Überlegungen können die Ergebnisse, die Frings hinsichtlich des Ostmitteldeutschen vorgelegt hat, und in denen eine Koinzidenz von Dialektscheide und Verkehrsgrenze über größere Strecken hin festgestellt wird, überzeugen. Das sich in diesem Zusammenhang ergebende Bild ist vor allem durch die Siedelbahnen von West nach Ost sowie die Unterschiede zwischen Ebene und Gebirge geprägt. Eine alte sprachliche Grenze verläuft unmittelbar nördlich der Mainlinie zwischen Rhön und Frankenwald. Diese „Rhön-Frankenwald-Schranke" trennt u.a. nördliches *uns kind* von südlichem *unser kind* (S. 37 und Karte 12, S. 234). Sie spiegelt weiterhin „bis heute jene erschlossene[148] Lautverschiebungslinie, die von *pund/pfund* am längsten gehalten wurde und im Gegensatz von *fund* und *pfund* sich immer noch andeutet" (S. 37). Die „Rhön-Frankenwald-Schranke" hat „eine *mehrhundertjährige Geschichte* [im Original gesperrt], wie die *Schranken der Rheinlinie*; noch nach der Siedlungszeit sammelte sie die Gegensätze" (S. 45). Auf Abb. 27 scheidet sie im Südwesten md. *hingen* von südlichem *hinna, hinten*.

5.2 Mischgebiete

Der Erscheinung der Mischgebiete wurde in den deutschen dialektologischen Handbüchern lange Zeit kaum Beachtung geschenkt, was mit der im deutschen Sprachraum vor allem bevorzugten Isoglossen-Kartiermethode (Flächendarstellung, vgl. II.4.3.1.) zusammenhängen dürfte, die Mischgebiete nicht deutlich werden lässt. Wie Goossens festgestellt hat, können Mischgebiete aber bei der Interpretation eines Kartenbildes wichtige Anhaltspunkte bieten, denn:

---

[148] Vgl. hierzu Frings 1956 III:13f. und Karte 10, S. 232.

„Die Untersuchung solcher Mischgebiete mit zwei Sprachformen zwischen Arealen mit jeweils nur einer Sprachform führt fast immer zu der Feststellung, daß eine der konkurrierenden Formen im Mischgebiet veraltet oder im Veralten begriffen ist, während die andere jünger und lebenskräftiger ist. Aus diesem Verhältnis kann die Richtung der sprachgeographischen Verschiebung abgeleitet werden" (Goossens 1977:79)

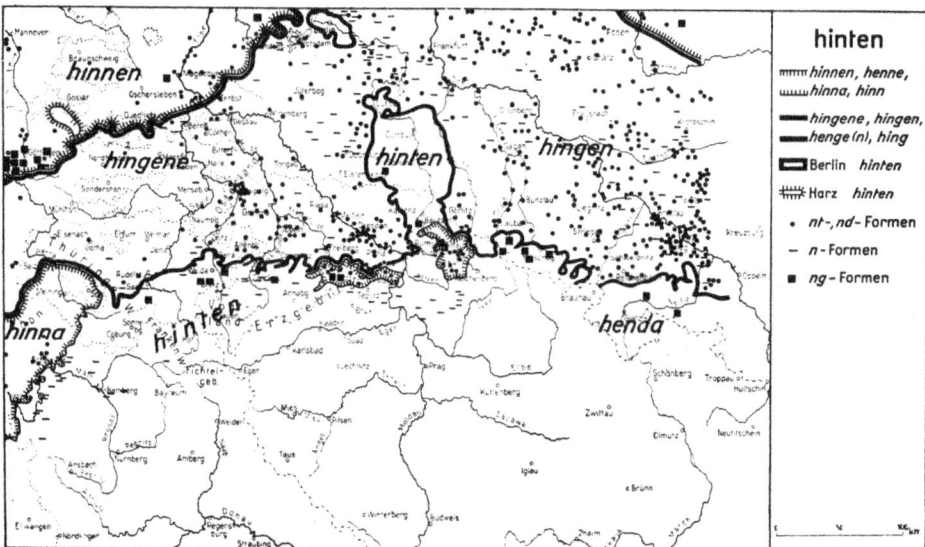

Abb. 27: Lautformen von *'hinten'* im Ostmitteldeutschen

Unser Beispiel für diesen Aspekt entnehmen wir ebenfalls Abb. 27. Auffällig ist dabei in Ostmitteldeutschland die zum Süd- (und Hoch)deutschen stimmende Durchsetzung des *hingen*- Gebiets mit *-nt*-Formen. Nicht weniger interessant sind die über das *hingen*-Areal hinausreichenden *-ng*-Formen und die im Gesamtraum verbreiteten *-nn-*. In seinem Kommentar zielt Frings auf die „Beweglichkeit der verschiedenen Formen" ab, die sich insbesondere im Gebiet zwischen Elbe und Oder zeigt. Hier drängt *hinnen* „gegen das *hingen* des mittleren, das kolonialsprachliche *hingen* seinerseits gegen das *hinnen* der nördlich-niederdeutschen Gebiete vor" (S. 41).

5.3 Enklaven

Gelegentlich begegnet hinter der Grenze zwischen zwei Sprachformen eine Insel, die sich der umgebenden Sprachform widersetzt hat und die Sprachform jenseits der Grenze aufweist. Bei dieser Konstellation wird in der Literatur im allgemeinen von „Sprachinsel" gesprochen; der von Goossens verwendete Terminus *Enklave* erscheint jedoch angemessener, da hiermit der Bezug zur Sprachform jenseits der Grenze gewahrt ist. Hierbei kann man es mit einer *Relikt-Enklave* zu tun haben, bei der eine alte Form, evtl. auch mit der neuen der Umgebung kontaminiert, erhalten blieb; es ist aber auch denkbar – dies vor allem bei großstädtischen Inseln –, dass sie das Ergebnis einer *Neuerung* ist, bei der die Stadt aus einem entfernteren Gebiet eine Prestigeform übernommen hat. Bei der Interpretation von Enklaven ist also Vorsicht geboten; die Kenntnis der näheren soziologischen und topographischen Verhältnisse erscheint unerlässlich.

Abb. 27 enthält mehrere Enklaven. Innerhalb des niederdeutsch-ostfälischen *hinnen*-Gebiets liegt südlich von Goslar eine *hinten*-Insel. Diese verkörpert eine obersächsisch-erzgebirgische Kolonie, die im Zuge der Reaktivierung des Oberharzer Silberbergbaus durch zwischen 1520 und 1620 erfolgenden starken Zuzug aus dem westlichen Erzgebirge entstanden war (Wiesinger 1983b:903). Man kann diese Dialektinsel als Ganzes und natürlich auch das *hinten*-Gebiet aus heutiger Sicht als Relikt-Enklave betrachten. Ein anderes Beispiel für eine Relikt-Enklave wäre in der Fringsschen Studie der *ach*-Flecken zwischen Rhön und Thüringer Wald im ansonsten rein zentralmitteldeutschen *o*- ('auch')-Gebiet (vgl. S. 52f. und Karte 22, S. 244).

Das Beispiel für eine Neuerungs-Enklave sei ebenfalls der Abb. 27 entnommen: in einem überwiegenden *hingene/hingen*-Gebiet befindet sich eine berlinische Neuerungsinsel, die südliches *hinten* aufgreift, eine Form, die sicherlich aber auch hochdeutsch gestützt wurde.

5.4 Weitere geographische Verbreitungsbilder dialektaler Befunde

Auf Dialektkarten lassen sich immer wieder an geometrische Formen erinnernde Typen von sprachgeographischen Verbreitungskonstellationen erkennen, die von der extralinguistischen Dialektologie als durch spezifische Sprachbewegungen zustandegekommen interpretiert werden. Es gibt z.B. kreisförmige, trichter- oder keilförmige, ringförmige, schlauchförmige Gebiete.[149]

Am bekanntesten ist wohl die Deutung des *Trichters* als Ergebnis einer Neuerung[150], wobei „das keilförmige Vordringen einer Spracherscheinung mitbedingt wird durch einen *vor der Spitze des Keils liegenden städtischen Anziehungspunkt* [im Original gesperrt], in dem die von dem Keil vorgetriebenen Formen durch punktuelles Vorrücken [...] bereits üblich geworden sind" (Bach 1969:140). Diese Konstellation begegnet in Abb. 27 in dem Lausitzischen *hinten*-Trichter, der in das *hingene/hingen*-Gebiet weit hineinragt. Als anziehendes städtisches Zentrum ist der Keilspitze die bereits erwähnte *hinten*-Neuerungs-Enklave Berlin vorgelagert. Die Literatur hat aber auch auf Relikttrichter aufmerksam gemacht, bei denen die Stadt

---

149 Vgl. jetzt auch die Übersicht bei Girnth 2010:114ff.
150 Vgl. vor allem Becker 1942. – S. auch z.B. die Feststellungen zur umgangssprachlichen Wirkung Berlins bei Protze 1969:332ff.

an ihrer Spitze die Neuerung abgelehnt hatte, und diese sich damit beiderseits an ihr vorbeischob.¹⁵¹

Auch *schlauchartige* und *ringförmige* Gebiete können sowohl Relikt- als auch Neuerungsareale sein. Sie sind jedoch in der Literatur nicht häufig dokumentiert.¹⁵² Vielleicht darf man das *hingene*-Gebiet in Abb. 27 als einen Reliktschlauch betrachten, den zumindest die *hinten*-Formen zunehmend bedrängen.

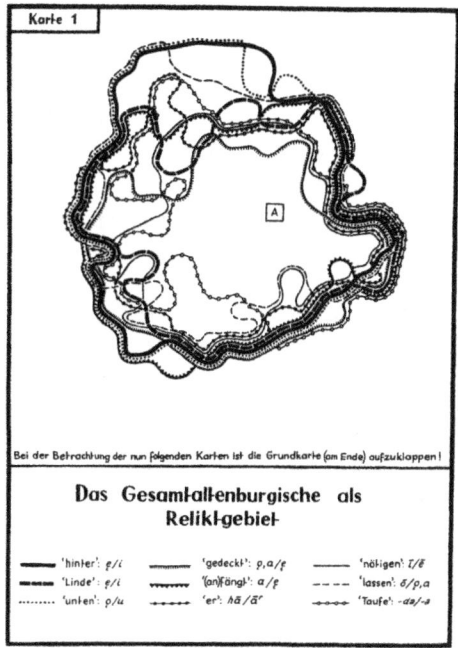

Abb. 28: Das Gesamtaltenburgische als Reliktgebiet

Gleichermaßen lassen sich auch Areale, die sich als konzentrische *Kreise* um bestimmte städtische Mittelpunkte mit hoher Ausstrahlungskraft gruppieren, sowohl als Relikt- wie auch als Neuerungsgebiete interpretieren. „Neuerungskreise" zeigt beispielsweise Großes Karte der *haben*-Formen um Leipzig.¹⁵³ Der unterschiedliche Verbreitungsradius der Kreise wird funktionell (mit der differierenden Bedeutung der einzelnen Formen: 'ich habe', 'wir haben', 'haben [Infinitiv]') bzw. sprachsoziologisch (im Sinne eines Anschlusses an die sich an der Schriftsprache orientierende Umgangssprache) erklärt. Ein anschauliches Beispiel für „Reliktkreise" bietet die Sprachlandschaft um die Stadt Altenburg in Ostthüringen (vgl. Abb. 28). Nach von

---

151 Vgl. Frings in Aubin/Frings/Müller 1926:100 (interpretiert bei Goossens 1977:82).
152 Beispiele für ringförmige Gebiete bei Goossens 1972:82-84; Goossens 1977:82.
153 Große 1955:91-93 und ebda. Abb. 23.

Polenz ist dieser Raum gekennzeichnet „durch ein *aktives Verhalten* [im Original gesperrt] des Kerngebiets gegenüber sprachgeographischen Vorgängen in der Vergangenheit, das sich meist in der *Abwehr von Sprachformen* der Nachbargebiete oder der höheren sprachsoziologischen Schichten, bisweilen auch in einer Neigung zu ‚*Sprachanschluß*' offenbart, aber stets in einer Tendenz zur Sprachvereinheitlichung des Kerngebietes."[154]

5.5 Staffellandschaft

In der dialektologischen Literatur wird der Erscheinung der *Staffellandschaft* (andere Termini: Treppen- oder Stufenlandschaft) große Aufmerksamkeit geschenkt. In seiner „Sprache und Geschichte des mitteldeutschen Ostens" arbeitet Frings eine vierfache „Schlesische Staffel" heraus (1956III:51), die die Entwicklung des unbetonten *-en > -a* darstellt. Frings skizziert den dialektgeographischen Befund so:

> „Über räumlich beschränktem *gefalla* 'gefallen' (1) des Gebirgsrandes erhebt sich ein gegen die Oder gerundetes Hauptgebiet der Erscheinung (2), [...*gebrocha* 'gebrochen']. Den gesamtschlesischen Raum nehmen Fälle ein wie *da* 'den' (3), *ei, a* oder *e* für 'in' (4), das auch die sächsische Oberlausitz umfaßt und zum Osten schlägt" (S. 51).

Es erscheint fraglich, ob man aus einer Staffellandschaft wie der genannten ohne weiteres Schlüsse über die Richtung einer Sprachbewegung ziehen kann, wenn nicht zuvor der innere Zusammenhang der ausgewählten Isoglossen nachgewiesen ist. Dies ist natürlich anders, wenn die Staffel sich auf die Darstellung *eines* Lautgesetzes oder Lautgesetzkomplexes beschränkt.[155]

Dieser Forderung genügt das wohl bekannteste Beispiel einer deutschen Staffellandschaft, der sog. „Rheinische Fächer", mit der Stufung der zweiten oder hochdeutschen Lautverschiebung vom oberdeutschen Bereich, in dem sie konsequent durchgeführt wurde, bis zum niederdeutsch-niederländischen Bereich, in dem sie fehlt. Abb. 29 zeigt die westliche Übergangszone, in der die Zahl der Paradigmata mit Lautverschiebung von Süd nach Nord immer geringer wird: südlich der Speyrer Linie ist die Lautverschiebung in allen sechs Beispielen durchgeführt (*ich, machen, dorf, das, apfel, pfund*); nördlich hiervon bis zur Hunsrück-Linie sind *appel* und *pund* unverschoben; nördlich hiervon bis zur Eifel-Linie hat die Verschiebung auch *dat* nicht erfasst; nördlich hiervon bis zur Benrather Linie ist überdies *dorp* erhalten geblieben; nördlich hiervon bis zur Ürdinger Linie begegnet ebenso *maken* nicht verschoben; schließlich ist nördlich der Ürdinger Linie der unverschobene niederdeutsche Befund *ik, maken, dorp, dat, appel, pund* in allen Paradigmata beibehalten.

---

[154] von Polenz 1954:206f. – Zum Altenburgischen als Reliktgebiet vgl. ebda. S. 85ff. und Karten 1-6.
[155] Zu dieser methodisch wichtigen Differenzierung Goossens 1977:84f.

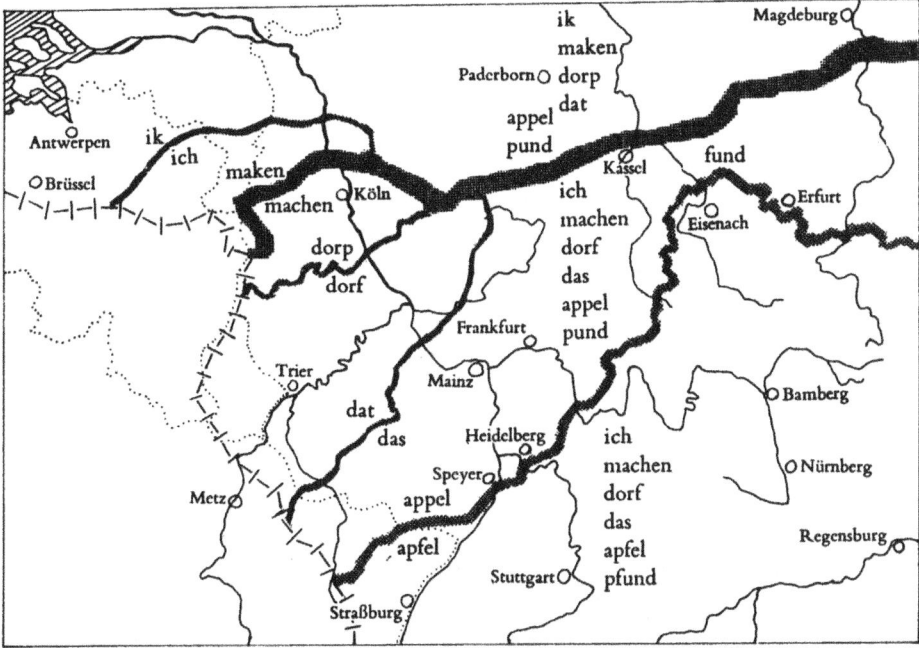

Abb. 29: Rheinischer Fächer

Frings betrachtet die staffelartige Ausdehnung der Zweiten Lautverschiebung im Rheinland als Beweis für seine These, dass die Lautverschiebung in diesem Raum nicht autochthon, sondern aus dem oberdeutschen Süden eingeführt worden sei.[156] Demgegenüber betont Schützeichel (1976 [1961]) das hohe Alter der Zweiten Lautverschiebung im Rheinland und interpretiert sie als selbständige Entwicklung auch im Mitteldeutschen. Einen ganz anderen Ansatz vertritt Vennemann (1984, 1994) mit seiner „Zurückdrängungstheorie", nach der eine ursprünglich im gesamten hochdeutschen Gebiet (d.h. bis etwa zur *māken-machen*-Linie) vollständig durchgeführte Verschiebung dann in Folge der sich ausbreitenden politisch-militärischen und kulturellen Macht der fränkischen Stämme von unverschobenen Formen überlagert worden sei. Und neuerdings betrachtet Lange (2001) die Zweite Lautverschiebung in westfränkisch-romanischen Zusammenhängen und verlegt ihren Ursprung in den Raum der Franken Nordostgalliens. Die Thesen werden teils skeptisch beur-

---

[156] Frings 1922 (1956); 1957:36ff. und Karten 1 und 2. – In diesen Arbeiten äußert Frings sich auch zu den chronologischen Etappen der einzelnen Lautverschiebungslinien; dazu vgl. dann auch die genannte Karte 1.

teilt, teils polemisch diskutiert. Hierauf kann an dieser Stelle nicht ausführlicher eingegangen werden; man vergleiche dazu die betreffenden Darstellungen.[157]

Wie Mattheier 1979 betonte, erscheint die Interpretation von Staffellandschaften auch mit der intralinguistischen Methode (hierzu vgl. unten III.6.) möglich, wenn man nämlich annehme,

> „daß sich eine sprachliche Regel im Raum nur so weit durchsetzt, wie die strukturellen Bedingungen dafür vorhanden sind. Ändern sich diese Bedingungen kontinuierlich, wird z.B. ein Vokalsystem als Rahmenbedingungen [sic!] für eine vokalische Neuerung schrittweise im Raum verändert, dann wird sich auch diese Neuerung nur in einem immer beschränkteren Kontext durchsetzen" (S. 378).

5.6 Heranziehung historischen Sprachmaterials

Man hat dabei allerdings in Rechnung zu stellen, dass die Vorstellung, die man anhand alter Texte von den früheren Mundarten gewinnt, oft schief und unvollständig ist; die alten geschriebenen Sprachformen bilden eben nicht immer die alte gesprochene Volkssprache ab. Wenn man historisches Material aus verschiedenen Orten eines Gebietes zur Verfügung hat, lässt sich – unter den gemachten Vorbehalten – vielleicht etwas über die Richtung der Sprachbewegung aussagen, wenn man das frühere dialektgeographische Bild mit dem heutigen vergleicht (Goossens 1977:86). Im Grunde aber setzt eine solche Untersuchung früherer Texte den Betrachter zunächst nur in den Stand, die geographischen Verschiebungen der damaligen *Schreib*sprache herauszuarbeiten; hierzu ausführlicher in III.10. Bei der Interpretation heutiger dialektgeographischer Konstellationen jedenfalls kann die Heranziehung historischen Sprachmaterials nur ein Argument unter mehreren sein. Zur Problematik der Erhebung von Sprachdaten aus mittelalterlichen Texten vgl. Kunze (1982a).

---

[157] Zur (älteren) dialektgeographischen Diskussion des Problems vgl. Goossens 1968, 1978, 1979a; Schützeichel 1979a, 1979b; Bergmann 1980, Wolf 1983. Zu den neuen Ansätzen s. Vennemann 1984, 1994; Lange 2001. Vgl. auch Siebenhaar 2010:249f. – Zusammenfassend zur Zweiten Lautverschiebung Schwerdt 2000.

Fragen/Aufgaben

1. Was versteht man in der Dialektologie unter der ‚extralinguistischen' Betrachtungsmethode? Setzen Sie diese in Beziehung zu den kritischen Vorstellungen von Auer 2004, nach denen (auch sprachliche) Räume „mentale Konstrukte" darstellen, die unsere Wahrnehmung strukturieren!

2. Versuchen Sie, anhand der Studie „Sprache" in Aubin/Frings/Müller 1926 (1966) die in diesem Kapitel vorgestellten extralinguistischen Interpretationsansätze auf die dialektologischen Gegebenheiten der Rheinlande anzuwenden! Vgl. dazu auch Goossens 1977:76-88!

3. Setzen Sie sich anhand der angegebenen Literatur mit der Frage des Alters der Lautverschiebung im Rheinland auseinander!

4. Studieren Sie den Beitrag „Sprachgeographie und Kulturgeographie" in Frings 1957:13-30, vor allem unter dem Aspekt der Erklärungsstärke des kulturräumlichen Ansatzes!

6 Interpretation von Dialektgrenzen II: Die intralinguistische Methode am Beispiel der ostschweizerischen Vokalspaltung

Bereits die historisch-vergleichende Sprachwissenschaft hat eine Reihe von intralinguistischen Veränderungsmechanismen formuliert. An erster Stelle ist hier wohl die Festlegung des germanischen Wortakzents auf die erste Silbe zu nennen, die bedeutsame Folgen gehabt hat: die nichtstarktonigen Silben wurden abgeschwächt, was letztlich auch für den zunehmend ‚analytisch' werdenden Formenbau des deutschen Flexionssystems verantwortlich ist. Weiterhin wären stichwortartig anzuführen: Analogiebildung aus Systemzwang, Sprachökonomie, Artikulationsverschiebungen u.ä.

Im Rahmen der Dialektologie nun versucht die intralinguistische Methode, Dialektgrenzen aufgrund von entsprechenden Gegebenheiten innerhalb der Sprachsysteme zu interpretieren. Dabei geht sie von der Beobachtung aus, dass Sprachsysteme zu einer gewissen inneren Ausgewogenheit tendieren; Veränderungen an irgendeiner Stelle des Systems führen oft zu einer Umstrukturierung der Elemente bzw. ziehen nötigenfalls Ergänzungen nach sich.[158] Hieraus leitete man für die Sprachentwicklung das Wirken einer Teleologie, d.h. Zielgerichtetheit, ab, die auf ein optimales Funktionieren der Systeme gerichtet ist. Dies führte, ohne dass sich bisher die Tendenzen, die diese Teleologie bestimmen, kausal hätten erklären lassen, zum Postulat einer „inneren Kausalität" in der Sprachentwicklung. Im Rahmen der Phonologie ermittelte man in diesem Zusammenhang vor allem folgende Prinzipien: Tendenz zur Symmetrie im System, Tendenz zur Vermeidung von Sys-

---

[158] Die Prinzipien des internen strukturellen Drucks, der Wandlungen der Phonemsysteme bewirken kann, beschreibt Martinet 1964 (1955). Hinsichtlich des Wortschatzes s. Ullmann 1957.

temlücken, Tendenz zu einem maximalen Zwischenraum zwischen benachbarten Phonemen. Entsprechendes begegnet auch hinsichtlich des Wortschatzes, wo sich etwa, wenigstens in gewissem Ausmaß, Bestrebungen zur Vermeidung von Homonymie, Polysemie und Synonymie feststellen lassen.[159]

Auch wenn, wie gesagt, die kausale Erklärung dieser Tendenzen noch aussteht, erscheint eine intralinguistische Deutung bestimmter Dialektgrenzen durchaus sinnvoll. „Auf diese Weise ist dann zwar nicht die Einsicht in das Warum dieser Tendenzen vertieft worden, wohl aber ist ihre faktische Existenz bewiesen" (Goossens 1977:90).

Die intralinguistische Methode hat die extralinguistische nicht überflüssig gemacht. Beide Methoden ergänzen sich gegenseitig. Man sollte sich bei der Interpretation von Dialektgrenzen jeweils fragen, welche Methode das befriedigendere Ergebnis verspricht.

6.1 Koinzidenz von Isoglossen

Im Gegensatz zur extralinguistischen Methode, die den Zusammenfall bestimmter Isoglossen mit Verkehrsgrenzen untersucht, geht die Argumentation bei der intralinguistischen Methode davon aus, ob bestimmte Isoglossen mit anderen Isoglossen koinzidieren. Den methodischen Ansatz skizziert Goossens 1977 folgendermaßen:

> „Wenn man zwischen zwei verschiedenen Spracherscheinungen einen Zusammenhang vermutet, der darin besteht, daß die eine Erscheinung infolge des Auftretens der anderen, die ohne das Vorkommen der ersten eine Defektivität zur Folge haben müßte, entstanden ist, dann vergleicht man Karten miteinander, auf denen beide abgegrenzt sind. Wenn aus dem Vergleich hervorgeht, daß die Areale, in denen beide Erscheinungen auftreten, bei vollkommenem Zusammenfall der Isoglossen sich gegenseitig überdecken, so hält man den postulierten Zusammenhang für bewiesen" (S. 90f).

Auch hier erscheint die Argumentation desto überzeugender, je länger die Strecke ist, über die die Isoglossen zusammenfallen.

Die intralinguistische Methode ist fast so alt wie die extralinguistische. Seit Gilliéron ist sie in der Wortgeographie zur Anwendung gekommen. Die Interpretation der Bezeichnungen für den *Hahn* im Gaskognischen durch Gilliéron/Roques ist schon klassisch zu nennen; sie sei als Beispiel für die „innere Kausalität" lexikalischer Neuerungen kurz skizziert.[160] Nach der Karte 320 des „Atlas linguistique de la France (ALF)" fallen in Südwest-Frankreich die Verbreitungsgebiete zweier Erschei-

---

[159] Dazu ausführlich Goossens 1969:59-62; 76ff. – Zum Grundsätzlichen der intralinguistischen Methode ebda. S. 18-25. – Vgl. auch Goossens 1970.
[160] Gilliéron/Roques (1912). Eine kartographische Darstellung dieser Erscheinung findet sich bei Goossens 1969:148 (dort S. 110f. eine kritische Erörterung) und Wolf 1975:61f.

nungen zusammen: das Areal des Fehlens von *gallus* 'Hahn' deckt sich mit dem Areal, in dem *gallus* und *cattus* 'Katze' durch lautgesetzliche Entwicklung (*-ll-* > *-t*; *c-* > *g-*) in *gat* zusammenfielen. Nach Gilliéron/Roques hat nun die Furcht vor Homonymie Ersatzwörter an die Stelle von *gallus* treten lassen: *bigey* (= *viguier* 'Dorfrichter'), *azã* (= *faisan* 'Fasan') oder *put* (< lat. *pullus* 'Tierjunges, bes. junges Huhn').

In der Lautgeographie wurde erst spät der Versuch gemacht, die Hypothese eines „Lautwandels durch innere Kausalität" (so der Titel des einschlägigen Aufsatzes von Moulton[161]) zu beweisen. Moulton behandelt vom strukturalistischen Ansatz aus (vgl. auch III.3.1.) die der Forschung schon bekannte ostschweizerische Vokalspaltung, nach der in der Nordostschweiz und im angrenzenden Südvorarlberg und Liechtenstein mhd. *ö o* teilweise als geschlossene *ö o* erscheinen, teilweise aber zu *ǫ̈ ǫ* gesenkt sind; gleichermaßen bestehen die mhd. *i ü u* teils als *i ü u* weiter, in einem kleinen Gebiet sind sie aber auch zu *e ö o* gesenkt. Den Ausgangspunkt für Moultons Untersuchung bilden die mhd. Kurz- und Langvokalphoneme:

i	ü	u		î	û	û
e	ö	o		ê	ô	ô
ë		()		æ		â
ä		a				

Dieser Befund zeigt eine zweifache Asymmetrie. Bei den Kurzvokalen entsprechen den vier Stufen der vorderen Reihe lediglich drei in der hinteren, wo eine Lücke zwischen *o* und *a* besteht. Eine weitere Asymmetrie zeigt sich zwischen beiden Teilsystemen: das Kurzvokalsystem ist vierstufig, das Langvokalsystem dreistufig. Moulton legt nun dar, dass die Symmetrie in den ostschweizerischen Dialekten überall sekundär wiederhergestellt wurde.

Hinsichtlich des Kurzvokalsystems konnte die vorhandene Asymmetrie auf zweierlei Art behoben werden: entweder durch Schaffung eines neuen Hintervokals, der das leere Fach ausfüllt; oder aber durch Kollision zweier Vordervokale, was das Verschwinden des leeren Faches bewirkt.

In den heutigen Mundarten fand Moulton folgende vier Entwicklungen der hier jetzt primär interessierenden kurzen ungerundeten Vordervokale:

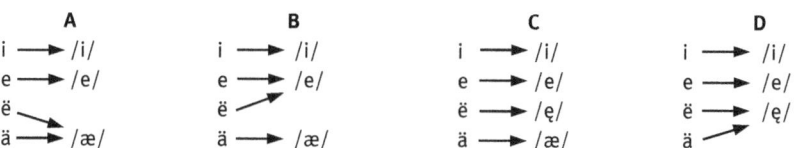

---

[161] Moulton 1961. Eine ausführliche kritische Betrachtung bei Goossens 1969:62-66. – Vgl. hierzu jetzt auch Haas 2010, bes. S. 660ff.; Gilles/Siebenhaar 2010a:771ff.

Bei den Lösungen A und B wurde die Asymmetrie auf die erörterte zweite Art behoben: durch die Zusammenfälle entstand eine dreistufige Vorderreihe (die sich durch die jeweils andere Besetzung der /e/- und /æ/-Fächer unterschied).

Bei den Lösungen C und D konnte es allein von der Entwicklung der Vordervokale her nicht zu symmetrischen Systemen kommen:

C	i	ü	u		D	i	ü	u
	e	ö	o			e	ö	o
	ę	()				ę	()	
	æ		a					a

Bei C blieb das mhd. asymmetrische System bewahrt, bei D war das Ergebnis ein asymmetrisches Dreieckssystem. Gerade im Gebiet dieser asymmetrischen Dreieckssysteme aber nun ist die „ostschweizerische Vokalspaltung" eingetreten. Im Gefolge dieser Entwicklung ist u.a. auch das mhd. o in o und ǫ gespalten worden, wodurch es zur Besetzung des leeren /ǫ/-Faches (und damit zur Behebung der Asymmetrie gemäß der erörterten ersten Art) kommen konnte. Moulton resümiert:

> „Wir wagen also zu behaupten, daß diese Spaltung durch innere Kausalität, durch internen strukturellen Druck, durch den Sog des leeren Faches hervorgerufen wurde" (1961:242).

Dieser strukturelle Druck, so führt Moulton weiter aus – und damit kommen wir dann auch zum Langvokalsystem –, war für sich allein nicht stark genug, „um das mhd. o in die heutige Phoneme /ǫ/ und /o/ zu spalten. Er mußte durch den ähnlichen strukturellen Druck unterstützt werden, der sich aus dem Vorhandensein eines entsprechenden /ọ̄/ und /ō/ bei den langen Vokalen ergab."

Auch bei den Langvokalen sind in der Ostschweiz bestimmte Entwicklungen festzustellen, die vor allem auf die Dehnung alter Kürzen in gewissen Positionen zurückgehen. In dem zentralen Gebiet mit den Lösungen A und B bei den Kürzen (in Abb. 30 unschraffiert) entstanden durch diese Dehnungen jedoch keine neuen Langvokale, so dass hier Kürzen wie Längen dreistufige symmetrische Systeme aufweisen. In den Gebieten C und D, die durch die skizzierte Vokalspaltung vierstufige Kurzvokalsysteme haben, entwickelten sich gedehntes $a \rightarrow$ /ā/ und altes $â \rightarrow$ /ǭ/ (als Ergebnis der analogischen Ausbreitung des Umlauts dazu entsprechend /ǣ/ bzw. /ọ̄/), wodurch hier ebenfalls symmetrische vierstufige Langvokalsysteme entstanden. Damit war die doppelte Symmetrie im Vokalsystem hergestellt (vgl. Abb. 30).

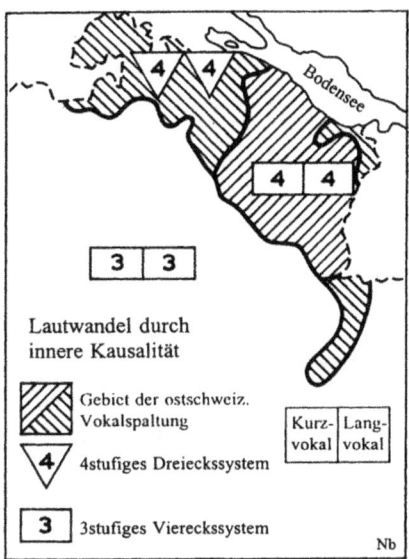

Abb. 30: Lautwandel durch „innere Kausalität" in der Ostschweiz

Die „Koinzidenz von Isoglossen" ließ sich, so kann man zusammenfassen, zweimal argumentativ heranziehen: (1) die Grenzen des Spaltungsgebietes fallen mit den Grenzen des Gebiets zusammen, in dem es durch die Entwicklung der vorderen Kurzvokale allein noch zu keiner Symmetrie im System gekommen war; (2) die Grenzen des Spaltungsgebiets koinzidieren gleichfalls mit denen des Gebiets, in dem sich ein vierstufiges Langvokalsystem herausbildete.

6.2 „Narben"

Der zweite Aspekt der intralinguistischen Beweisführung beschäftigt sich mit der Interpretation von bestimmten Reaktionserscheinungen auf der Grenze zwischen Dialektgebieten. Diese Erscheinungen hat Goossens vom Kartenbild her als *Narben* bezeichnet; er sagt:

> „Die Grenze zwischen zwei geographisch kontrastierenden Spracherscheinungen kann, wenn sie eine Defektivität im System verursacht, bildhaft gesprochen als eine Wunde in der Sprachlandschaft betrachtet werden. Nach der Heilung dieser Wunde kann eine Narbe zurückbleiben: anstelle einer Linie erscheint dann ein schmaler Streifen, ein schlauchartiges Areal zwischen den beiden Erscheinungen, die sich vorher direkt berührten."[162]

---

[162] Goossens 1977:95. – Systematisch und zusammenfassend hierzu Goossens 1969:79-81, 86-98. Vgl. auch Bach 1969:169.

Bislang sind solche Reaktionserscheinungen im lexikalischen Bereich nachgewiesen worden. Luise Berthold hat ein entsprechendes Beispiel vorgelegt: die Karte mit den Bezeichnungen für *kneifen* in Nordhessen (vgl. Abb. 31); sie erläutert:

> „Zwischen einem südlichen *pfetzen-* und einem nördlichen *kneifen*-Gebiet zieht sich ein Misch- und Kampfgebiet von wechselnder Breite hin. In ihm begegnet am Einzelort nicht selten undifferenziertes Nebeneinander von *pfetzen* und *kneipen*. In einer Reihe von Orten aber ist Bedeutungsdifferenzierung eingetreten [...]: *pfetzen* ist das schmerzhafte Kneifen mit den Fingernägeln, *kneipen* das weniger schmerzhafte mit der vollen Hand (oder auch umgekehrt)" (1938:105f.).

Dieses Beispiel macht deutlich, dass es offenbar Tendenzen gibt, eine infolge einer wortgeographischen Kontaktsituation entstandene Synonymie wieder zu beseitigen,[163] und zwar durch Aufgliederung des zuvor von jedem der beiden Ausdrücke voll abgedeckten semantischen Bereichs in zwei Teilbereiche, die jeweils von einer der beiden Wortformen bezeichnet werden. Luise Berthold sagt weiter:

> „Dieses Kartenbild kann zwar nicht erklären, warum überhaupt differenziert wurde. Es läßt aber verstehn, warum das gerade in diesem Mittelstrich geschah. Durch wortgeographische Verschiebungen war hier am Einzelort jener Überfluß an Synonymen entstanden, der zur Differenzierung anreizte oder, anders ausgedrückt, zur Bedeutungsverengerung" (S. 106).

Ungelöst bleibt die Frage, warum solche Bedeutungsdifferenzierung nur in bestimmten Grenzgebieten eintritt, in anderen jedoch, wo sie genau so gut denkbar wäre, aber nicht. Vielleicht müsste hier einmal die Rolle der Exploratoren kritisch beleuchtet werden. Wird in solchen Fällen das Material möglicherweise nicht differenziert genug erhoben? Oder aber wird umgekehrt diese Problematik erst in die Gewährsleute ‚hineingefragt'?

Ähnlich geformte Areale auf der Grenze zwischen zwei verschiedenen Inhalten einer Wortform hat Goossens durch Polysemiefurcht entstanden charakterisiert. Dabei unterscheidet er Fälle, bei denen in diesen Gebieten der polysem, d.h. mehrdeutig gewordene Ausdruck eine übergreifende Bedeutung bekommt, von solchen, bei denen diese Areale gleichsam ‚leer' sind, in denen man offensichtlich das zu Missverständnissen führende Wort vermeidet und an seine Stelle unmissverständliche Ersatzbezeichnungen treten lässt (Goossens 1977:96f.).

---

[163] Dies korrespondiert mit einer These der Semantik, nach der die Sprache keine reine Synonymie erträgt und deshalb hierauf reagiert; vgl. Ullmann 1957:108ff.

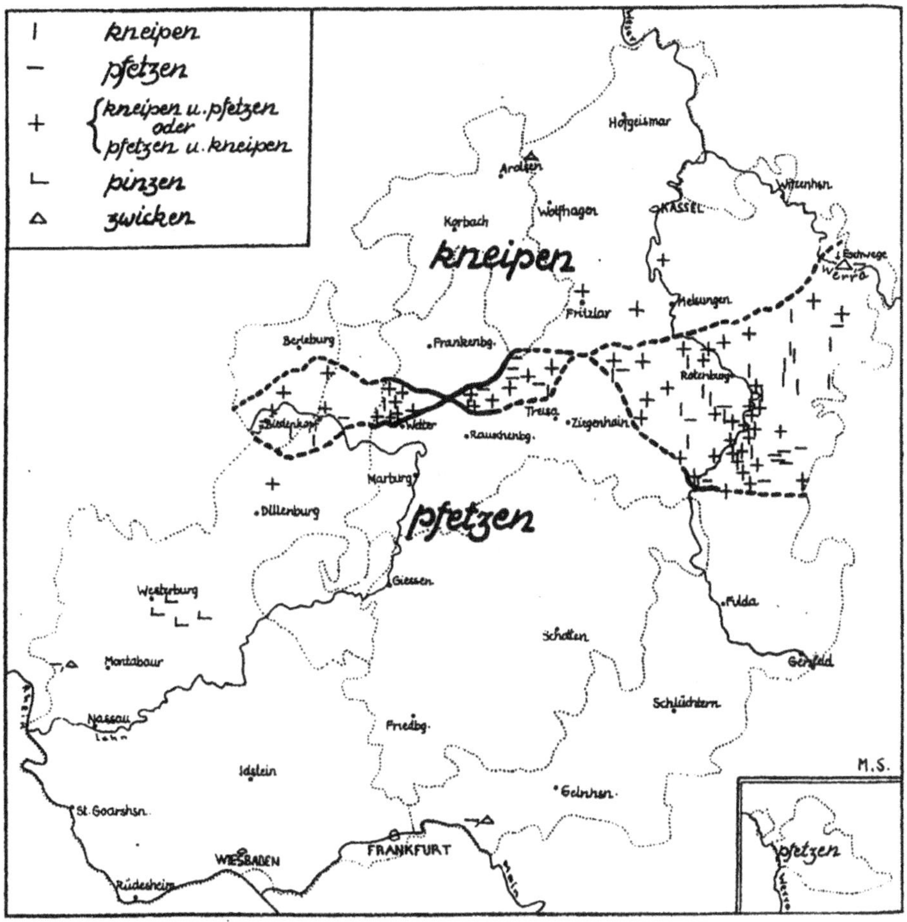

Interpretation von Dialektgrenzen II: Die intralinguistische Methode — 121

Abb. 31: *kneifen* in Nordhessen

Fragen/Aufgaben

1. Vergleichen Sie die extralinguistische und die intralinguistische Methode kritisch miteinander. Stellen Sie die jeweiligen Vor- und Nachteile einander gegenüber!

2. Machen Sie sich mit dem Prinzip des maximalen phonetischen Zwischenraums zwischen benachbarten Phonemen anhand von Moulton 1962 vertraut!

3. Interpretieren Sie das schlauchartige Areal beiderseits der Oder auf der Karte *'Rinde des Nadelbaums und des Laubbaums'* (DWA, Bd. 11, Karte 8); vgl. dazu auch Goossens 1977:95f.

7 Die Dialektlexikographie am Beispiel des „Thüringischen Wörterbuchs"

Unter den Aufgaben eines Dialektwörterbuchs steht die Dokumentierung und Darstellung der Lexik seines Bearbeitungsgebiets in geordneter Form an erster Stelle. Bei den Dialektwörterbuchkonzeptionen ist im allgemeinen das Bemühen spürbar, möglichst viele denkbare Benutzungssituationen im Blick zu haben: neben dem Fachwissenschaftler und sonstigen wissenschaftlichen Benutzern (Historiker, Landeskundler, Volkskundler) sollen auch der ‚gebildete Laie' und der einfach heimatkundlich und heimatsprachlich interessierte Benutzer angesprochen werden. Ein Dialektwörterbuch entspricht am ehesten dem Typus Bedeutungswörterbuch, wenngleich doch einige Besonderheiten festzustellen sind. Von den gängigen gegenwartssprachlichen Bedeutungswörterbüchern (wie „Duden – Das große Wörterbuch der deutschen Sprache", „Wahrig – Deutsches Wörterbuch", „Wörterbuch der deutschen Gegenwartssprache") unterscheidet es sich schon allein dadurch, dass die semantische Beschreibung der sprachlichen Zeichen nicht der zu beschreibenden Objektsprache, sondern der hier als Metasprache fungierenden Standardsprache entstammt. Da ein Dialektwörterbuch sich im allgemeinen nicht auf eine sein Bearbeitungsgebiet abdeckende Grammatik beziehen kann, hat es „neben der die Lexeme betreffenden Diatopik auch die geographische Distribution von Lauten und Formen" zu berücksichtigen (Scheuermann 1978:73f.). Noch auf eine weitere Besonderheit macht Scheuermann aufmerksam: Das Dialektwörterbuch muss „der Tatsache Rechnung tragen, daß die Summe der in ihm vertretenen Dialekte Heteronymie aufweist, woraus sich ergibt, daß die entsprechenden paradigmatischen Strukturen u.a. durch Hinweise auf Heteronyme – früher Synonyme genannt – sowie auf Beziehungen innerhalb von Wortfeldern soweit wie möglich aufgezeigt werden sollten" (S. 74). Die großen deutschen Gebietswörterbücher differieren methodisch z.T. beträchtlich (s. die vergleichende Betrachtung Niebaum 1979a), was vornehmlich mit dem gewählten Ansatz bei der ersten Konzipierung, an dem sich im Verlauf der Arbeiten selbst kaum noch Änderungen vornehmen lassen, zusammenhängen wird. An dieser Stelle müssen wir uns auf die exemplarische Beschreibung der Bearbeitungs- und Darstellungsprinzipien eines Wörterbuchunternehmens, und zwar des „Thüringischen Wörterbuchs"[164], beschränken.

Das Bearbeitungsgebiet des „Thüringischen Wörterbuchs" (ThürWb.) beruht auf Festlegungen der Wörterbuchbegründer aus dem Jahre 1907 und späteren Ab-

---

[164] Zur Geschichte des Unternehmens vgl. die 1965 datierte „Einführung in das Thüringische Wörterbuch" von K. Spangenberg in Bd. IV (nahezu unveränderter Wiederabdruck in Bd. I, Lieferung 1 [1991] – Zitierung hiernach –, mit „Ergänzende[n] Bemerkungen zur Einführung" von W. Lösch). – S. auch Spangenberg 1988a. – Das ThürWb. erschien zwischen 1966 und 2006 in 6 Bänden; 1993 erschien ein Beiband „Laut- und Formeninventar thüringischer Dialekte."

sprachen im Kartell der deutschen Mundartwörterbücher. Es umfasst das heutige Land Thüringen vollständig, im Norden beträchtliche Teile des Landes Sachsen-Anhalt sowie im Süden u.a. auch den Raum Coburg, der zur Zeit der Wörterbuchgründung noch zum Verband der thüringischen Kleinstaaten gehört hatte (zu den Umrissen des Wörterbuchgebiets vgl. auch Abb. 33). Die einzige sprachlich motivierte Grenze ist im Norden die *ik-ich*-Linie, die das md. Sprachgebiet vom Niederdeutschen trennt. Zu seinen Aufgaben rechnet das ThürWb. „die semasiologische und lautliche Darbietung des thüringischen Sprachschatzes in seiner geographischen Verbreitung und soziologischen Schichtung", mit dem Schwergewicht „auf der heute gesprochenen Mundart" (Spangenberg 1991:IV). Historischer Wortschatz findet Aufnahme, „wenn er die Wortgeschichte erhellt, mundartnahe ist oder den bäuerlichen Lebenskreis betrifft".

7.1 Materialgrundlage

Die Herkunft des Wortmaterials eines Dialektwörterbuchs, zumal eines Gebietswörterbuchs, ist in der Regel heterogen. So ist Material unterschiedlichster Provenienz hinsichtlich der Komponenten Material*sorte* (direkt bzw. indirekt erhobenes Material; private Einsendungen und Sammlungen, gedruckte Ortswörterbücher, wissenschaftliche Monographien, Mundartliteratur etc.) und *Zeit* zu verarbeiten, was natürlich allein schon methodische Fragen aufwirft (vgl. Niebaum 1994:81ff.) – ganz zu schweigen von den Schwierigkeiten bei der Abgrenzung der Mundart von der (oder den) Umgangssprache(n). Letztere Problematik stellt sich beim ThürWb. nicht in dieser Schärfe, da es sich bewusst „nicht als Spezialwörterbuch für ausschließlich mundartliches Wortgut (Idiotikon) [versteht], sondern als repräsentatives Gesamtwörterbuch für die Großlandschaft Thüringen, das auch Stichwörter einbezieht, die zum gemeinsamen lexikalischen Grundbestand der thüringischen Dialekte und Umgangssprachen und der diese Varietäten überdachenden Schriftsprache gehören" (Spangenberg 1991:VIII).[165]

Die Heterogenität der Wörterbuchmaterialien ist zumeist von der Entstehung und Geschichte der einzelnen Unternehmen her zu erklären. Häufig stand am Beginn eines Gebietswörterbuchs die Arbeit eines Einzelnen, der allein (oft nebenberuflich) unmöglich eine Dialekterhebung nach heutigen methodischen Ansprüchen durchführen konnte. So wurden dann durch Aufrufe interessierte Bevölkerungskreise zur Mitarbeit aufgefordert und um Beantwortung von Fragebögen und Einsendung frei gesammelten Materials gebeten. Auch beim ThürWb. erfolgte die Materialsammlung in dieser Weise. Dabei wurde auf eine gleichmäßige Streuung im Lande

---

[165] Zur thüringischen Umgangssprache unter systemlinguistischem Aspekt vgl. jetzt auch Spangenberg (1998).

geachtet („Das Thüringische Wörterbuch verzeichnet Wortgut aus nahezu allen Gemeinden des Wörterbuchbereiches"). Wie es in der „Einführung" (S. IV) heißt, entstammt das Belegmaterial (1) „allen erreichbaren gedruckten und handschriftlichen Abhandlungen über thüringische Mundarten"; (2) „freien Beiträgen von ca. 400 ehrenamtlichen Gewährsleuten" (die im übrigen auch für Nachfragen zur Verfügung stehen, vgl. S. III); (3) 13 Fragebogen-Erhebungen aus rund 2000 Orten und 47 Erhebungen aus 200 bis 1000 Orten; (4) den Exkursionsergebnissen des Instituts für Mundartforschung; (5) der Mundartliteratur und dem Heimatschrifttum (in Auswahl); (6) ausgewähltem historischem Schrifttum; (7) dem Tonbandarchiv des Instituts für Mundartforschung. Nach den Angaben von Lösch (1991) enthält das Zettelarchiv im Jahre 1991 rund 1.330.000 alphabetisch geordnete und lemmatisierte Belege; der starke Zuwachs seit 1965 (800.000) ist vor allem auf die Auswertung wissenschaftlicher und populärwissenschaftlicher Schriften zurückzuführen.

Die Erhebung des Materials bestreicht alles in allem einen Zeitraum von mindestens 80 bis 90 Jahren. Insofern erfolgte die Materialerhebung beim ThürWb. sicherlich nicht im Zuge eines ‚synchronen Schnitts', man muss hier wohl eher von einer ‚synchronen Schneise' sprechen. Auf eine nähere diachronische Markierung wird verzichtet, „wenn das Mundartwort oder die betreffende Bedeutung auch heute noch lebendig und sicher bezeugt sind". Bei unsicherer Bezeugung gibt entweder die Quellenzitierung den nötigen Aufschluss, oder aber es werden Jahreszahlen bzw. einschlägige Markierungen (*veraltet, veraltend*) beigegeben.

Über die bei diesen Erhebungen intendierte Sprecherschicht wird expressis verbis nichts ausgesagt, doch wird man davon ausgehen dürfen, dass auch beim ThürWb. (wie bei den meisten Dialektwörterbüchern) in erster Linie auf die ‚bodenständige', möglichst seit Generationen ortsansässige bäuerliche bzw. dörflich-handwerkliche Bevölkerung, die noch die ‚Grundmundart' spricht, gezielt wurde.[166]

Im Zusammenhang der Materialerhebung muss auch ein grundsätzliches lexikographisches Problem erwähnt werden: Die Erhebung erfolgt zumeist unter onomasiologischem Aspekt (d.h. gefragt wird nach den sprachlichen Zeichen für eine Sache), die Darstellung erfolgt aber – im deutschen Sprachraum – in der Regel semasiologisch (beschrieben wird der Bedeutungsinhalt des sprachlichen Zeichens). Beim ThürWb. hat man offensichtlich diesen Widerspruch ansatzweise aufzulösen versucht, indem man den semasiologischen Grundaufbau durch ein differenziertes Verweissystem nach onomasiologischen Gesichtspunkten ergänzt hat, das sich auf „Zentralartikel" für wesentliche Begriffe stützt (Spangenberg 1991:V).

---

166 Die sich in diesem Zusammenhang eigentlich grundsätzlich ergebende Frage der Repräsentativität (vgl. II.1.) des so erhobenen Materials wird bei den Wörterbüchern allgemein ausgeklammert; man muss natürlich sehen, dass eine methodisch befriedigende Lösung nur mit immensen personellen und finanziellen Mitteln denkbar wäre.

7.2 Lemmaansatz

Der sinnvolle Ansatz der Dialektwörterbuchlemmata ist von eminenter Bedeutung. Einerseits muss ein Stichwort den oft stark divergierenden Lautentwicklungen in dem betreffenden Wörterbuchgebiet gerecht werden, andererseits soll eine benutzerfreundliche Handhabung gewährleistet sein, d.h. auch der nicht dialektologisch vorgebildete Leser sollte sich in der Lage sehen, ein gesuchtes Wort ohne größere Schwierigkeiten aufzufinden.

Aus diesen Gründen setzen die Wörterbücher der hochsprachenahen Dialektbereiche (also die mittel- und oberdeutschen, s. IV.) ihre Lemmata zumeist in hochsprachlicher Form an. Auch das ThürWb. verfährt so bei Wörtern, die eine direkte schriftsprachliche Entsprechung haben. So erscheinen dann *Maachen, Moochen* unter **Magen**[1], *nid, ned* unter **nicht** usw. Beim Fehlen solcher Entsprechungen, also bei Wörtern, die ausschließlich mundartlich belegt sind, werden diese der Hochsprache angeglichen, d.h. nach lautgesetzlichen Kriterien ‚verhochdeutscht'; dabei findet man dann *Nister* 'Niete[2] 1, wertlose Spielkarte' unter **Nichtser**, *Rätch, Rötche* 'Rüde' unter **Rüdich(e)**. Erforderlichenfalls wird von der mundartlichen Schreibung auf den schriftsprachlichen Ansatz verwiesen.

Selbstverständlich haben die Lemmata im allgemeinen nur einen Ordnungswert. Die jeweiligen Mundartbeispiele, die in ihrer lautlichen Gestalt häufig von Ort zu Ort wechseln, werden in den Wörterbuchartikeln im Bedeutungsteil mit den Zeichen des schriftdeutschen Alphabets wiedergegeben. Im ‚Formenteil' des Wörterbuchartikels wird die Teuthonista-Lautschrift (vgl. II.3.) verwendet.

7.3 Anordnung der Stichwörter

Neben den Lemmatisierungsprinzipien ist auch die Anordnung der Stichwörter für die Benutzbarkeit der Wörterbücher von großem Gewicht. Aus diesem Grunde ist man bei den großen Raumwörterbüchern nach anfänglich anderen Ansätzen (z.B. der etymologisch-alphabetischen Anordnung in Schmellers „Bayrischem Wörterbuch", vgl. III.1.2.) sehr bald zum rein alphabetischen Prinzip übergegangen, das allerdings in manchen Wörterbüchern unter wortbildungsbezogenem Aspekt durchbrochen wird. Die großen deutschen Dialektwörterbücher sind semasiologisch aufgebaut, d.h. man geht von den sprachlichen Ausdrücken oder Wortformen aus und beschreibt deren Bedeutung. Vor allem im niederländischen Sprachraum entstehen jedoch auch große nach Sach- bzw. Begriffsgruppen geordnete, d.h. systematisch-onomasiologische Dialektwörterbücher.[167] Auf die Vor- und Nachteile beider Wörterbuchanordnungsprinzipien kann hier nicht näher eingegangen werden (vgl. dazu etwa Niebaum 1994:80f.).

Das ThürWb. ist streng alphabetisch geordnet. Jedes Stichwort beginnt in der Regel mit einem neuen Absatz, lediglich Komposita mit gleichem Bestimmungswort erscheinen – aus Gründen der Raumersparnis – in „zusammenhängender Folge", es sei denn, die Länge eines solchen Artikels rechtfertigt ein Absetzen. Homonyme haben eigene Stichwörter (vgl. auf der abgedruckten Wörterbuchseite, Abb. 32: **Ton**^{1} 'wasserundurchlässige Bodenschicht', **Ton**^{2} 'Laut von bestimmter Frequenz'), Polyseme jedoch nicht (z.B. **Pferd** 1a. 'Equus', 2c. 'Turngerät'). Substantivierungen und Diminutiva sind unter ihrem Grundwort eingearbeitet.

7.4 Verbreitungsangaben

Hinsichtlich der großen Gebietswörterbücher kann man allgemein das Bemühen feststellen, alle wichtigen Lautungen und Bedeutungen in ihrer räumlichen Verbreitung zum Ausdruck zu bringen. Hierbei sind textliche Darstellungen von kartographischen Darstellungen (hierzu III.7.5.7.) zu unterscheiden.

Im Wörterbuchtext kombinieren die einzelnen Wörterbücher bei den Verbreitungsangaben zumeist eine Reihe von Beschreibungsmöglichkeiten, deren Exponenten man mit ‚landschaftlich-grob' auf der einen und ‚belegortmäßig-fein' auf der anderen Seite charakterisieren könnte.

Das ThürWb. kennt folgende Verbreitungsangaben, die „in der Regel jeweils unmittelbar hinter der Bedeutung, dem Beispielsatz oder der Lautform" stehen (Spangenberg 1991:VI): (1) bei Verbreitung im gesamten Bereich die Bezeichnung *allg.*; (2) bei großflächiger Verbreitung die Abkürzung der Sprachraumbezeichnung, etwa *NThür* (= Nordthüringisch), *n,öZThür* (= nördl., östl. Zentralthüringisch); (3) bei kleinflächiger Verbreitung die abgekürzte Kreisbezeichnung (mit vorgesetztem Kreissymbol) und hinzugefügter Ortssigle, z.B.°*Altb Pos* (= Posa, Kreis Altenburg).

Die „Gebräuchlichkeit oder Belegdichte" ist angegeben: (1) „durch bloße Verbreitungsangaben bei dichter Belegung innerhalb des bezeichneten Gebietes", z.B. *NThür*; (2) durch *verstr.* (= verstreut) mit Verbreitungsangabe „bei einer mäßig dichten Streuung im bezeichneten Gebiet; d.h. wenn daneben andere Synonyme gelten oder Wort und Sache nicht überall gebräuchlich sind", z.B. *verstr. WThür*; (3) durch *selt.* mit Verbreitungsangabe, „wenn nur vereinzelte Belege im bezeichneten Gebiet bezeugt sind", z.B. *selt. Itzgr* (= selten Itzgründisch); (4) lediglich durch die Be-

---

[167] Vgl. Woordenboek van de Brabantse (1967ff.), van de Limburgse (1982ff.), van de Vlaamse (1979ff.), van de Achterhoekse en Liemerse (1984ff.), van de Overijsselse (2000ff.), van de Gelderse Dialecten (2002ff.).

zeichnungen *allg.*, *verstr.* und *selt.*, „wenn die Gebräuchlichkeit in dieser graduellen Abstufung im gesamten Wörterbuchgebiet gleichmäßig bezeugt ist".

7.5 Wörterbuchartikel

7.5.1 Allgemeines

Ein Wörterbuchartikel ist als Fügung einer Reihe von Informationsklassen zu begreifen. Dabei können *obligatorische* Bausteine (etwa Lemma, Angaben zur grammatischen Kategorie, Bedeutungserläuterung, Belege mit Nachweisen, räumliche Verbreitung, Varianten) von *nicht-obligatorischen* (z.B. Angaben zur Flexion, zur Etymologie, Sach- und Volkskunde, zur Synonymik und Onomasiologie) unterschieden werden, d.h. ein Wortartikel muss nicht immer alle genannten Informationsklassen enthalten (Niebaum 1994:84ff.). Das ThürWb. macht diese Gewichtung auch im Artikelaufbau sichtbar, indem die nicht-obligatorischen Bausteine „entweder an das Ende einer Bedeutungsvariante gerückt werden (z.B. Volkskundliches, Etymologie, Literaturhinweise) oder im kleingedruckten Formenteil erscheinen, der neben Lautformen in Lautschrift spezielle Angaben zur Wortbildung und Etymologie enthält" (Spangenberg 1988a:44).

Im folgenden seien einige wichtige mikrostrukturelle Aspekte am Beispiel des ThürWb. näher besprochen; vgl. dazu die abgedruckte Wörterbuchseite (Abb. 32). Zur Problematik der Artikelgestaltung ganz allgemein vgl. Niebaum (1986a, 1994).

7.5.2 Grammatische Kategorisierung

Auf das *Lemma* (vgl. III.7.2.), gewissermaßen die Adresse des Wörterbuchartikels, folgt im allgemeinen die grammatische Kategorisierung des Lexems, d.h. die Angabe der Wortart, bei den Substantiven mit Nennung des Genus, bei den Verben mit Nennung der Flexionsart. Weitere systematische Angaben zur Grammatik wären wünschenswert, sie würden aber eine das gesamte Wörterbuchareal abdeckende Grammatik voraussetzen. Die Möglichkeit der Realisierung einer solchen Grammatik ist angesichts der „räumlich variierenden Regularitäten" (Witkowski 1988:64 Anm. 3) eher skeptisch zu beurteilen. Zudem haben „grammatische Aspekte beim Sammeln meist nur eine untergeordnete Rolle gespielt" (Meier 1986:169). In jedem Falle dürfen einzelne, im Material zufällig für den einen oder anderen Ortspunkt vorhandene grammatische Angaben nicht verallgemeinert werden. Wo es möglich ist und angebracht erscheint, finden sich entsprechende Angaben im petit gesetzten (Laut- und) Formenteil am Ende des Artikels.

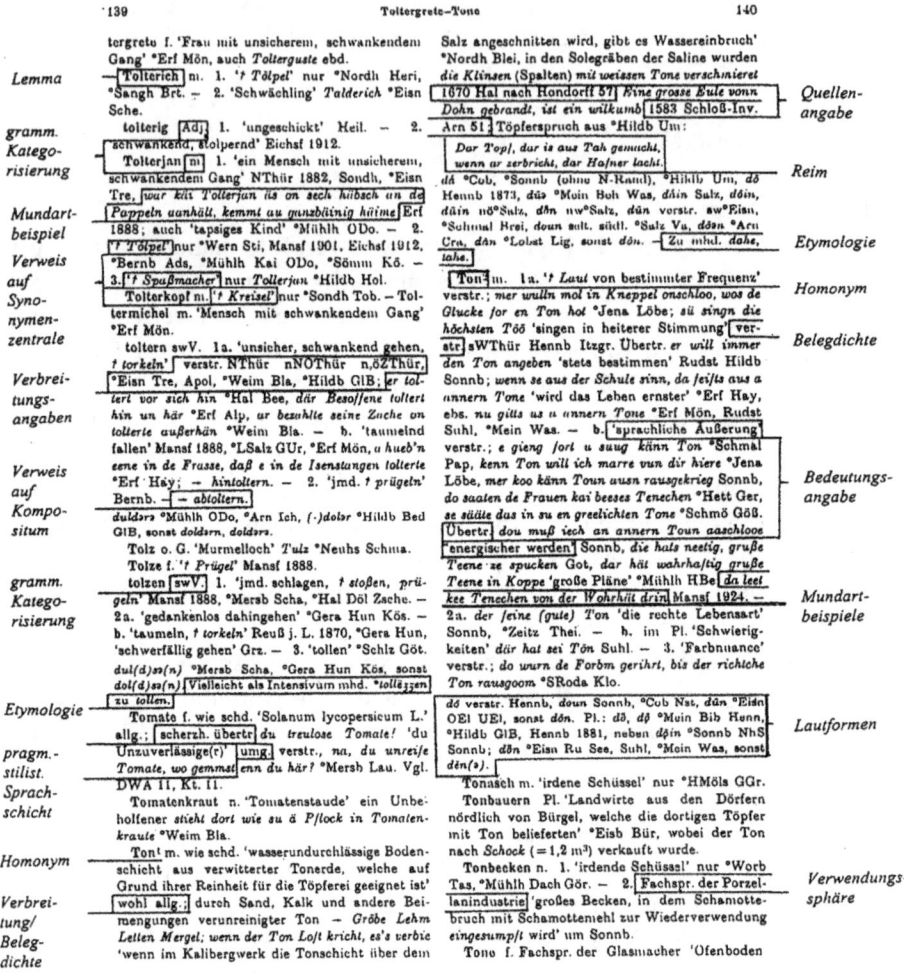

Abb. 32: Seite aus dem „Thüringischen Wörterbuch" (Bd. VI, Sp. 139f.)

7.5.3 Semantische und syntaktische Angaben

Das Belegmaterial zur Semantik und Syntax nimmt in den Gebietswörterbüchern, gemessen an den übrigen Angaben, den größten Raum ein. Eine bedeutende Rolle spielt dabei die Anführung von Beispielen zum Wortgebrauch, zur Verwendung in Redensarten, Sprichwörtern und Reimen. Die Darbietung dieser Belegsätze erfolgt zumeist, auch im ThürWb., in einer Form, die der Schreibschrift möglichst nahe steht, was dem Benutzer entgegenkommen dürfte. Die Textbeispiele machen im Grunde syntaktische Interpretamente nicht überflüssig (vgl. hierzu Meier 1978).

Gleichwohl finden sich in den großen Gebietswörterbüchern Angaben zur Syntax nur vereinzelt, vermutlich – ähnlich wie bezüglich der Grammatik – aufgrund des Fehlens einschlägiger großräumiger Untersuchungen. Bei den Bedeutungsangaben der Verben finden sich nach Möglichkeit Hinweise über die semantische und syntaktische Kombinierbarkeit (etwa Transitivität).

Bezüglich der semantischen Beschreibung in den Dialektwörterbüchern lassen sich einige allgemeine Bemerkungen machen. Die Aufeinanderfolge der einzelnen Bedeutungen eines Lemmas wird selbst in ein und demselben Wörterbuch nicht immer in gleicher Weise entschieden: teils ist eine einfache unsystematische Reihung festzustellen, teils deuten sich logische Beziehungsgeflechte an, teils beruht sie offensichtlich auch auf bedeutungsgeschichtlichen Überlegungen. Das ThürWb. geht im allgemeinen von der Regel aus, „daß man vom Allgemeinen zum Besonderen, vom Konkreten zum Abstrakten oder von referentiellen zu übertragenen Bedeutungen fortschreitet" (Spangenberg 1988b:44). Den Bedeutungserläuterungen gehen gegebenenfalls „Angaben pragmatisch-stilistischer Art" (etwa *Schimpfwort, scherzhaft, ironisch*) oder „Kennzeichnungen der sozialen bzw. gruppenbedingten Verwendungssphäre" (*kindersprachlich, fachsprachlich*) des betreffenden Wortes voran (Lösch 1991:IX).

Ab Bd. I (die Publikationsfolge des ThürWb. war: Bd. IV, V, VI, I, II, III) wird versucht, „etwas deutlicher als bisher die zur Illustration der jeweiligen Wortbedeutung ausgewählten Phraseologismen von nichtphraseologischen Beispielen der Wortverwendung abzuheben" (Lösch 1991: IX). Redensarten werden jetzt in eigenen Abschnitten (nach der Abkürzung *RA*) zusammengestellt; auch Sprichwörter und formelhafte Konstruktionen werden markiert.

7.5.4 Formenteil

Der Formenteil findet sich beim ThürWb. am Ende des Wörterbuchartikels und ist petit gesetzt. Damit soll keineswegs angedeutet werden, dass es sich hierbei um die unwichtigste Informationsklasse handelt. Der Formenteil, der alle wichtigen lautlichen und morphologischen Einzelheiten zum jeweiligen Lemma – primär nach Formen, sekundär nach sprachgeographischen Kriterien geordnet – bereitstellt, ist im Gegenteil unverzichtbar. Seine periphere Positionierung verdankt er wohl der Tatsache, dass er eher Gegenstand spezieller Benutzerinteressen sein dürfte. Die lautlichen Angaben stehen in Teuthonista-Lautschrift; sie beruhen weitestgehend auf wissenschaftlichen Arbeiten bzw. eigenen Kundfahrten und Tonbandaufnahmen der Bearbeiter. Sie werden im Wörterbuch selbst allerdings nicht systematisch gegeben, sondern nur in den vom Bearbeiter für notwendig erachteten Fällen. Seit 1993 steht übrigens ein „Beiband" zur Verfügung, der das „Laut- und Formeninventar thüringischer Dialekte" darstellt. Der Wörterbuchnutzer soll damit „vom Einzelwort des Wörterbuchartikels geradewegs zur Lautproblematik im Beiband gelenkt werden [...], wo eine Karte die areale Variation aufzeigt und im Begleittext auch auf systeminterne Zusammenhänge verwiesen wird" (Spangenberg 1993:4). Seit dem Erscheinen des Beibandes können die Formenteile oft sehr viel knapper gefasst werden. Der Artikel *brauchen* z.B. mit nicht eben einfachen lautlichen und morphologischen Aspekten benötigt jetzt nur noch einen dreizeiligen Formenteil: „Lautformen s. Spangenberg, Beiband ThWb, 165, Kt. 26 sowie S. 170f. (Kürzung vor stimml. Frikativlauten) u. 182f. (Dentalschwund in der 3. Sg.)."

7.5.5 Sach- und Volkskundliches

Mit dieser Informationsklasse kommen wir in den Bereich der „nichtobligatorischen Bausteine". Sach- und volkskundliche Aspekte werden in nahezu allen Dialektwörterbüchern behandelt. Allerdings gibt es hier hinsichtlich der Ausführlichkeit der Darstellung Unterschiede.

Im ThürWb. werden in beträchtlichem Maße Beschreibungen von Brauchtum, Sitten, (Kinder)Spielen, Aberglauben gegeben (vgl. Rosenkranz 1988). Entsprechendes gilt auch für den sachkundlichen Bereich. Wo es möglich ist, werden diese Aspekte im Rahmen sogenannter „Zentralartikel" (hierzu unten III.7.6.) behandelt. So wird etwa ‚Brauchtum und Aberglaube zum Lebensende' in den Artikelkomplexen *Leiche* sowie *Tod* und *Toten-* zusammengefasst, Sachkundliches zu wichtigen landwirtschaftlichen Geräten z.B. unter den Zentralartikeln *Pflug* und *Wagen*. Bestimmte Gegenstände und Sachverhalte aus beiden Bereichen werden zudem durch Skizzen illustriert, die die Dinge häufig einfacher und klarer darstellen können als umfangreiche, oftmals dann auch schwer verständliche Erläuterungen.

7.5.6 Angaben zur Etymologie

Ein beträchtlicher Teil der Dialektwörterbücher verzichtet grundsätzlich auf ausführliche etymologisch-wortkundliche Angaben. Dies mag einerseits der zügigen Herausgabe der Wörterbücher zugute kommen. Andererseits wird es dem Benutzer, dem ja nicht das gesamte Archivmaterial zur Verfügung steht, kaum möglich sein, entsprechende ihm sich stellende Probleme befriedigend zu lösen. Insofern sollte man zumindest für charakteristische Mundartwörter, bei denen kein Anhaltspunkt zu den gängigen wortgeschichtlichen und etymologischen Wörterbüchern führt, entsprechende Angaben vorsehen. Das ThürWb. gibt entsprechende Hinweise teils am Ende einer Bedeutungsvariante, teils auch im Formenteil.

7.5.7 Wörterbuchkarten

Die Wichtigkeit von Wörterbuchkarten ist mehrfach erörtert worden.[168] Neben dem Aspekt der Veranschaulichung steht jener der Entlastung der Artikel, wenn nämlich immer wiederkehrende grammatische Sachverhalte auf Laut- oder Formenkarten dargestellt werden können. Daneben werden in den Wörterbüchern aber auch wortgeographische Befunde, zumeist auf der Grundlage von Fragebögen, kartiert.

Abb. 33: Wortkarte: Bezeichnungen für '*Pferdeapfel*' im Thüringischen

Das ThürWb. bringt verhältnismäßig viele Karten. Band IV z.B. hat 36 Karten (Kreiseinteilung, Sprachraumgliederung, 1 Lautkarte, 2 Formenkarten, 31 Wortkarten). Der vergleichsweise geringe Anteil an Laut- und Formenkarten im Wörterbuch wird seit 1993 durch den Beiband kompensiert. Dieser weist neben 5 Formen- 32 Lautkarten auf sowie 16 (Karten)Abbildungen, die ausschließlich lautliche Aspekte behandeln; Morphologie und Syntax werden vornehmlich textmäßig dargestellt. Vorbildlich ist beim ThürWb., dass auf jeder Wörterbuchkarte die Anzahl der Belege angegeben wird; diese Angabe ist für die Beurteilung der Karten und ihre weitere wissenschaftliche Auswertung von großer Bedeutung. Darstellungsmäßig handelt es sich bei den Karten des ThürWb. um Kombinationen aus Flächen- und Punktkar-

---

168 Vgl. Berthold 1924/25, 1955; Scheuermann 1978.

ten. Die geschlossene Verbreitung eines Wortes wird flächenhaft dargestellt und mit einer ‚Leitform' versehen, in sie eingestreute Heteronyme bzw. abweichende Formen etc. werden durch Symbole vertreten; als Beispiel vgl. Abb. 33.

7.6 Artikelvernetzung

Es wurde bereits darauf hingewiesen, dass die streng alphabetische Anordnung des Sprachmaterials onomasiologische Zusammenhänge zerreißt, Zusammenhänge, die gerade für die diatopische, diastratische und diaphasische Beschreibung des Wortschatzes von besonderem Interesse sind.

Libelle f. 1. wie schd. alle vorkommenden Arten der Insektenordnung Odonaten, vorwieg. Aeschna cyanea, verstr. neben mdal. echterem † *Wasserjungfer* und einer großen Zahl von Syn., die auf kleine Gebiete oder einzelne Orte beschränkt sind und häufig dem kindlichen Wortschatz entstammen. Die Tiere selbst sind nicht überall bekannt. Nach ihrem Aufenthalt an Gewässern heißen sie † *Bade- Fluß- Rösten- See- Teich- Wald- Wasserjungfer, Grabenschneider Otternjüngferle Pfützenhüpfer Schilffliege Sumpfhornisse*, nach der Zeit ihres Fluges † *Sommerjungfer Sonnenkind*. Das schillernde Aussehen führt zu Namen wie † *Braut Edeldame Elfe Glasfalter König Pfauenauge (Seiden)jungfer Tanzjungfer*, aber auch † *Gaukler Grünspan Schillebold (Drachen)hure*, nach der blau-weißlichen Färbung einiger Libellenarten † *Bayer*. Man glaubt, daß die Libelle mit den Flügeln schneiden könne, daher † *Schneider Schnitter, Bach- Bauch- Binsen- Daumen- Glas- Gras- Hafer- Hals- Nasen- Säu- Stroh- Zwirnschneider, Haar(ab)schneider, Schneidehornisse -messer, (Schilf)schere*. Dem Volksglauben nach kann sie wie die Hornisse für Mensch und Tier durch giftige Stiche gefährlich werden, daher † *Augen(aus)stecher, Fisch- Pferde- Seiten- Sieben- Viehstecher, Stechjungfer, Stichbock, Blutsauger* sowie † *Giftfliege -schnake, Skorpion*. Bisweilen werden die Kinder vor der angeblichen Gefährlichkeit des Insekts gewarnt, um sie vom Wasser fernzuhalten, deshalb auch † *Nixe und Häkelmann*, von denen es heißt, daß sie die Kinder ins Wasser ziehen. Ebenfalls auf abergläubischen Vorstellungen beruhen † *Butterhexe Lernmücke Speckjäger Wettervogel*. Der schlanke, gerade Hinterleib und der plumpe, aus der Nähe unheimlich aussehende Kopf sind Anlaß zu den Bezeichnungen † *Bolzen Flinte Heubaum Klopfkeule Richtscheit Säbel Schiebekarre Schließenheinrich Schwanzmücke Teufelsnadel Welle Wetzkumpf* sowie † *Dick- Gauls- Glas- Nattern- Ochsenkopf, Drachen Gespenst Glasauge*, im Verein mit den Flügeln † *Futterbank Garnbock Schneiderbock*, aber auch † *Radfahrer Schlittschuhfahrer*. Mehr auf das Fluggeräusch beziehen sich † *Brummer Grille Schrille Doppeldecker Eindecker Flieger Propeller Quaker Schleppdampfer Schnurrkorks Tambour*, auf das ruckartige Fliegen † *Hüpferling*. Übertragungen von Berufsbezeichnungen sind † *Fleischer Jäger Langholzfahrer Pfaffe Pfannenflicker Scherenschleifer Schlotfeger Schuster Seidenspinner Spinnjungfer Töpfer*. Vereinzelt kommen auch Verwechslungen mit anderen Insekten vor, z. B. *Bremse Franzose Hornisse Motte Schnake Zweifalter*. Selten und z. T. sprachlich undurchsichtig sind *Dorfdunzel Hallotze Hatzige Kieshühnchen Magdfliege Mienzelmatz Miezematz Randstutzer Schnuppe Schotenlapper Tilledei*. Die übrigen Syn. finden sich bei † *Bade- Rösten- See- Stech- Teich- Wasserjungfer, Grasschneider Pferdestecher Scherenschleifer Waschfrau*. — 2. 'Wasserwaage' °Arn Ach, °Neuhs Cur, fachspr. auch weiter verbreitet. — 3. 'Haarspange' °Worb Eck, °Hal Bee. — Vgl. WbTiern Beiheft 3.

li̯ˈu̯ɛl(ə), -b-, le-; Spielformen sind *Niwalle* °Pößn Bod, *Rebelle* südwestl. °Pößn Tri, beide nach DWA 2, Kt. 4, *Isabella* °Saalf Kam.

Abb 34: Zentralartikel **Libelle** aus dem „Thüringischen Wörterbuch"

Beim ThürWb. versucht man, die begrifflich zusammengehörigen Wortschatzelemente an einzelnen Stellen mit Hilfe eines Systems von „Zentralartikeln und Verweisungen" in Form einer Übersicht zusammenzufassen. Dabei kommen zwei Typen von Verweisen zur Anwendung (Spangenberg 1988b:44ff.; vgl. auch Abb. 32). Mit einem waagerechten Pfeil (→) wird von Grundwörtern auf Komposita verwiesen (**toltern** → **abtoltern**), ferner von mundartnahen Schreibungen auf verhochdeutschte Lemmata, gelegentlich auch auf weiterführende sachliche Erläuterungen (z.B. **Lache³** → **lachen²**). Synonyme (bzw. Heteronyme) werden in sog. „Synonymenzentralen" innerhalb eines „Zentralartikels" zusammengefasst: auf sie wird mit Hilfe eines Diagonalpfeils (↗) verwiesen. Ein Zentralartikel (z.B. **Libelle**, vgl. Abb. 34) bietet neben der Synonymenzentrale, soweit notwendig, umfassendere sachliche und volkskundliche Erläuterungen zum in Frage stehenden Begriff; ihm sind ggf. auch die Karten und Abbildungen zugeordnet. Von jedem der aufgeführten Synonyme erfolgt ein Zurückverweis auf den Zentralartikel. Bedauerlicherweise sind die Zentralartikel typographisch nicht eigens gekennzeichnet. Offenbar wird beim ThürWb. daran gedacht, die Synonymenkartei später einmal zu einem Nachtragsband auszubauen, der dann „registerartig die begrifflichen Zusammenhänge" offenlegen könnte (Spangenberg 1988b:46).

Fragen/Aufgaben

1. Erläutern Sie die Bedeutung des Lemma-Ansatzes für Wörterbücher allgemein und für Dialektwörterbücher des ober- und mitteldeutschen bzw. des niederdeutschen Raumes im besonderen!

2. Vergleichen Sie die Wortschatzstrecke, d.h. die Menge der Eintragungen zwischen *Tolterich* und *Tone* im ThürWb (VI, Sp. 139f.) mit der (annähernd) gleichen Strecke im Pfälzischen Wörterbuch!

3. Welche Absichten verfolgen die Autoren des ThürWb mit der Zusammenfassung in sog. „Synonymenzentralen"?

4. Nehmen Sie das Ihren Heimatort abdeckende großräumige Dialektwörterbuch zur Hand (zur Übersicht vgl. Abb. 9) und charakterisieren Sie es mit Hilfe der hier behandelten Kriterien.

5. Was bedeutet in der Lexikographie/Lexikologie die Unterscheidung nach ‚onomasiologischen' vs. ‚semasiologischen' Aspekten?

8 Zweidimensionale Dialektgeographie am Beispiel des „Mittelrheinischen Sprachatlasses" (MRhSA)

Dass wir heute *Dialekt* vornehmlich als ‚Basisdialekt der ältesten bäuerlich geprägten Bevölkerungsgruppen' zu betrachten gewohnt sind, ist auf eine Vereinseitigung des Begriffs im Zusammenhang der ‚Marburger Schule' (vgl. III.2.; dazu auch III.13. sowie I.) zurückzuführen. Wie Günter Bellmann herausgearbeitet hat, lässt sich jedoch die Auffassung, dass Dialekte neben der horizontalen (d.h. arealen) Dimension zumindest noch eine vertikale (und das heißt dann vor allem soziale) Dimension haben, ansatzweise bereits bei Johann Christoph Adelung (1732-1806) nachweisen (1986:7-10). Und schon Rudolf von Raumer (1815-1876) hatte 1857 gefordert, beide Dimensionen im Zusammenhang zu untersuchen (vgl. Bellmann 1986:16f.). Entsprechende Vorstellungen findet Bellmann ferner, um nur einige weitere bedeutende Forscher zu nennen, bei Johann Andreas Schmeller (1785-1852), Philipp Wegener (1848-1916) und Hermann Paul (1846-1921). Erst durch Georg Wenkers Sprachatlasprojekt erfolgt der „Umschlag in den eindimensionalen Dialektbegriff" mit der daraus resultierenden langen Forschungspraxis einer traditionellen Dialektgeographie und -kartographie einerseits und einer später hinzutretenden Soziolinguistik andererseits, die den Begriff jeweils auf eine Dimension reduzierten.

Mit dem „Mittelrheinischen Sprachatlas"[169] (MRhSA), dessen Vorbereitung bis in die Jahre 1978/79 zurückgeht, versuchen Bellmann und seine Mitautoren Joachim Herrgen und Jürgen Erich Schmidt, beide Merkmale von Dialekt, die *Arealität* und die *Vertikalität*, im Rahmen einer „zweidimensionalen Dialektgeographie" zu verbinden.[170] Der MRhSA behandelt die Phonologie und Morphologie der Dialekte des linksrheinischen Teils von Rheinland-Pfalz und des Saarlands. Dialektologisch ist das Arbeitsgebiet des Atlasses zweigeteilt: im Nordwesten erfasst es das Moselfränkische, im Südosten das Rheinfränkische, dazwischen liegt ein relativ breites Übergangsgebiet.

„Die älteren dialektalen Arealdistributionen werden heute überlagert von teils modernisierenden und teils konservativen Teilgebieten, die der Sprache innovatorische Impulse in sehr verschiedene Richtungen verleihen. Zu unterscheiden sind
1. ländlich-konservative Gebiete wie Eifel und Hunsrück,
2. alte, heute jedoch stagnierende Industriegebiete wie das Saarland und
3. moderne, großstädtisch geprägte Ballungsräume wie das Rhein-Main-Gebiet und der Raum Ludwigshafen/Mannheim" (Herrgen 1994:133).

8.1 Forschungsziel

Mit dem MRhSA wird ein doppeltes Forschungsziel verfolgt: Zum einen soll der standardfernste Bereich der gesprochenen Sprache in seiner dialektgeographisch-arealen Struktur ermittelt und dokumentiert werden; zum anderen geht es um die

---

[169] Das Gesamtwerk gliedert sich wie folgt: Einführung (Bellmann 1994b); Bd. 1: Vorkarten, Vokalismus I (Diphthonge des mittelhochdeutschen Bezugssystems) 1994; Bd. 2: Vokalismus II (Langvokale des mittelhochdeutschen Bezugssystems) 1995; Bd. 3: Vokalismus III (Kurzvokale des mittelhochdeutschen Bezugssystems. Vokale in Nebensilben. Sproßvokale) 1997; Bd. 4: Konsonantismus (Dialektalität. Konsonanten des westgermanischen Bezugssystems. Sproßkonsonanten) 1999; Bd. 5: Morphologie (Forschungsstand. Strukturgrenzen. Morphologische Karten. Register) 2002.
[170] Zum Verhältnis eindimensional-vertikaler zu zweidimensionaler Analyse (und zum Erkenntnisgewinn durch letztere) anhand eines konkreten Beispiels vgl. Schmidt 1993.

Ermittlung und Dokumentierung der sozial-vertikalen Dimension, die im ortssprachlichen Kontrast fassbar wird (Herrgen 1994:134).

Die vertikale Dimension fand in das Projekt dadurch Eingang, dass die Datenerhebung biseriell, d.h. in zwei Serien erfolgte (ausführlich hierzu Bellmann 1994b:25f., 37-47). Dabei wurde die aktive dialektale Kompetenz zweier für den heutigen ländlichen Raum typischer sozialdemographischer Gruppen erhoben. Beide Gruppen weisen übereinstimmend die sozialen Merkmale ‹Ortsgebürtigkeit in zweiter Generation› und ‹manuelle Berufstätigkeit› auf, sie differerieren in den Merkmalen ‹Alter› und ‹Mobilität›. Während man für die Datenserie 1 den alten Bauern (um 75 Jahre) als idealtypischen Gewährsmann betrachten kann, ist dies für die Datenserie 2 der berufspendelnde Handwerker/Arbeiter (um 35 Jahre). In beiden Gruppen wird jeweils auf die tiefste noch erreichbare Dialektkompetenz abgezielt; Serie 1 repräsentiert eine maximale durchschnittliche Dialektalität, den *Basisdialekt*, Serie 2 zeigt eine durchschnittlich geringere Dialektalitätsstufe, die *Regionaldialekt* genannt wird (Bellmann 1997: 274).[171] Es ist nicht beabsichtigt, mit der 2. Serie die „Umgangssprache" zu berücksichtigen.

Für den MRhSA sind zwischen 1979 und 1988 insgesamt in 549 Orten seines Arbeitsgebiets Sprachaufnahmen gemacht worden, für Serie 1 in allen diesen Orten, während für Serie 2 das Erhebungsnetz auf 292 Ortspunkte (und das Fragebuch von etwa 1100 auf 440 Stichwörter) verringert wurde. Im übrigen wurden beide Serien mit identischer Methode erhoben.

Die Auswertung und Präsentation der Daten erfolgt in Form eines „semicomputativen Verfahrens", bei dem die „Rohkarten" manuell erstellt werden, während die Reinzeichnung der Karten mittels eines Computer-Plotters erfolgt.

8.2 Kontrastive Sprachkartographie

Der MRhSA verwendet zwei Kartentypen. Zum ersten das „Basisblatt", das im Atlas stets eine rechte Seite einnimmt und im Maßstab 1:600.000 den basisdialektalen Datenbestand für das Ortsnetz der 549 Erhebungspunkte der Serie 1 verkartet. Wenn auch Material aus der Datenserie 2 vorliegt, erscheinen auf der linken Seite, dem „Kontrastblatt", noch einmal zwei Karten im Maßstab 1:1.000.000. „Die linke Teilkarte wiederholt als Vergleichsgrundlage die Sprachdaten der Serie 1 des Basisblattes mit reduziertem Erhebungspunktnetz und entsprechend reduziertem Sprachdatenbestand, während die rechte Teilkarte die Daten der Serie 2 mit denen der Serie 1 im kontrastierenden Vergleich darstellt" (Bellmann 1994b:100f.). Die Belege der

---

[171] Anhand von Stichproben aus 24 Orten haben Herrgen/Schmidt (1989) zwischen den beiden Serien eine maximale Dialektalitätsdifferenz von 18,7%, eine minimale Differenz von 2,4% und eine Durchschnittsdifferenz von 9% berechnet.

Datenserie 2, die von den entsprechenden Angaben der ersten Serie abweichen, sind rot eingezeichnet („interserieller Kontrast"), die anderen – übereinstimmenden – schwarz („interserieller Nullkontrast"); die Zeichengestaltung ist bei identischem Lautwert gleich („Symbolidentität"). „Dieses Verfahren der Kontrastdarstellung hat den Vorzug, daß es die Daten der beiden Serien strikt auseinanderhält und dabei sowohl für den arealen als auch für den sprachsozialen Kontrast eine, wie wir meinen, gelungene Visualisierung bietet" (Bellmann 1994b:101). Unter den beiden Karten des Kontrastblatts erscheint neben der Symbolerklärung ein Häufigkeitsdiagramm, in dem die phonetischen Notationen – jeweils für die beiden Informantengruppen kontrastierend – zu Lauttypen gruppiert sind. Man kann auf diese Weise sofort erkennen, welche Lauttypen am besten repräsentiert sind und bei welchen sich der Generationsunterschied am stärksten auswirkt.

8.3 Kontrastive Interpretation einer MRhSA-Karte

Am „Kontrastblatt" *Kleid* (MRhSA Bd. 1, Karte 55/1,2) seien im folgenden einige Möglichkeiten der kontrastiven Analyse demonstriert (hierzu ausführlicher Herrgen 1994:136ff.). Die basisdialektale Arealstruktur (Datenserie 1, Karte 55/1, vgl. auch das „Basisblatt", Karte 55) zeigt, dass mhd. *ei* im Arbeitsgebiet zumeist monophthongiert ist. Ein überlanger Diphthong [ɑ.i] gilt lediglich in einem Gebiet zwischen Rhein und unterer Mosel, das sich rechtsrheinisch fortsetzt. Gelegentlich findet sich inselhaft [æ.i]. Ansonsten herrschen *e*-Monophthonge vor in unterschiedlichen Öffnungsgraden. Im Rheinfränkischen gilt vor allem offenes [ɛ:], in der Westeifel und im rheinfränkisch-moselfränkischen Übergangsgebiet [e:], im Pfälzischen gelten [e:] und [ɛ:] nebeneinander. Im Saarland und im Hunsrück begegnet überoffenes [æ:], das zum Teil in ein geschlossenes palatales [a:] übergeht. [ɑ:] bzw. auch offenes [ɔ:] findet sich schließlich in Rheinhessen, wo es an ein größeres rechtsrheinisches Areal Anschluss findet.

Ein Vergleich mit dem Dialekt der jüngeren Generation (Datenserie 2, Karte 55/2) zeigt zunächst die gleiche „großareale Verteilung" (vgl. Abb. 35): geschlossenes [e:] in der Westeifel, offenes [ɛ:] im Rheinfränkischen und einige kleinere Gebiete mit [ɑ:] oder [æ:]. Innerhalb dieser „unveränderten großarealen Struktur" zeigen sich jedoch signifikante Veränderungen. Herrgen (1994:137) nennt drei:

> „1. Das großareal verbreitete offene [ɛ:] breitet sich weiter aus. Es ersetzt einmal geschlossenes [e:], wo letzteres im Rheinfränkischen und im rheinfränkisch-moselfränkischen Übergangsgebiet in Serie 1 punktuell oder kleinareal vorhanden war (Pfalz und Nahe). Zum anderen ersetzt es in einigen Fällen überoffenes [æ:] im Saarland und zum dritten [ɑ:] am südlichen Rande des Areals im Rheinknie.
> 2. Dieses [ɑ:]-Areal im Rheinknie ist in Serie 2 in Auflösung begriffen. Dafür würde noch weniger sprechen, daß es im Kern von [ɔ:] nach [ɑ:] hin homogenisiert erscheint. Am Rande wird es aber deutlich reduziert, da [ɑ:] in der Nordpfalz durch offenes [ɛ:] ersetzt wird. Außerdem

dringt standardsprachliches [ai], in Serie 1 nur einmal vorhanden, am Rhein ein – meist allerdings zunächst nur als intraserielle Variante.
3. Die Standardsprache, auch dies sei hervorgehoben, dringt ansonsten keineswegs flächig vor, sondern ersetzt lediglich punktuell phonetisch ähnliche basisdialektale Diphthonge."

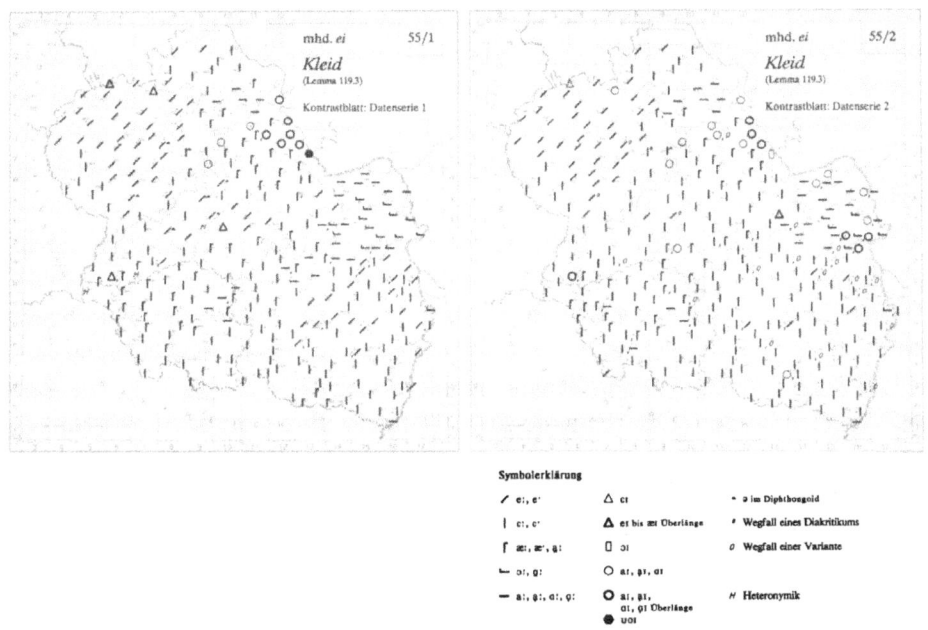

Abb. 35: „Mittelrheinischer Sprachatlas": Kontrastblatt *Kleid*

Der quantitative Befund (vgl. MRhSA Bd. 1, unterhalb von Karte 55/1,2) untermauert das Kartenbild. Die häufigste phonetische Form ([ɛː]) nimmt von der älteren Generation zur jüngeren um 27% zu. Dies geht auf Kosten aller Formen mit geringerer Verbreitung, mit Ausnahme von [ɑi], das von der Standardsprache gestützt wird.

Das Kontrastblatt *Kleid* zeigt insgesamt gesehen eine „Homogenisierung im Gebiet, und zwar in Richtung auf die großareal verbreiteten Formen" (Herrgen 1994:138). Kleinregional belegte Formen gehen zurück. Das Übergangsgebiet schließt sich in seinem südwestlichen Teil dem Rheinfränkischen an. Die konservative Westeifel allerdings neuert nicht. Übrigens sind die großregionalen [ɛː]-Formen bei *Kleid* nur zum Teil auf dem Wege der 1:1-Substitution vorgedrungen. Insbesondere in der Nordpfalz breiten sie sich auf dem Wege der „Varianten-Tilgung" aus.

Hier war die regionaldialektale [ɛː]-Form schon im Dialekt der älteren Generation (in Serie 1) als „intraserielle Variante" (also etwa [ɛː] *neben* [eː]) greifbar; diese wird nun „generalisiert, indem die basisdialektale Variante getilgt wird" (Herrgen 1994:139). Auf jeden Fall verdient festgehalten zu werden – und dieses Ergebnis stabilisiert sich auch in den weiteren Kontrastkarten des MRhSA –, dass sich, sprachgeographisch gesehen, die Areale auflösen.[172] Diese Homogenisierung der sprachlichen Einzelerscheinungen hat „gegenwärtig nur ausnahmsweise" die Standardsprache zum Ziel, häufig dagegen einen neuen eigenen dialektalen Typus, den *Regionaldialekt*[173], der sich durch eine geringere Dialektalitätstiefe auszeichnet. Dieser „gemäßigte und sowohl areal als auch [...] grammatisch abgeglichenere Dialekttypus, der eben durch seine formale Abschwächung eine gehobene kommunikative Leistungsfähigkeit erlangt und unvermindert auch heute seine Eignung als soziales Identifikationsmittel aufrecht erhält, ist vermutlich nicht nur eine Besonderheit der mittelrheinischen Sprachlandschaft" (Bellmann 1997:289f.). Hierauf wäre in anderen Dialektgebieten zu achten.[174]

Das Material des MRhSA erlaubt auch eine Einschätzung der Frage, ob in seinem Arbeitsgebiet generell von Dialektabbau gesprochen werden kann. Herrgen (2000) hat diese Frage unter Auswertung von Kartenmaterial zu Bd. 4 (Konsonantismus, 1999) diskutiert. Er kommt zu dem Schluss, dass mit Blick auf die „ortsgebürtigen, manuell berufstätigen Menschen zweier Generationen", wie sie der MRhSA untersucht hat, zumindest auf der Basis exemplarischer Sprachkarten zum Konsonantismus, „von einem generellen Absterben der Dialekte nicht die Rede sein" kann. „Zwar ist in der Summe der Phänomene eine gewisse Annäherung an die Standardsprache zu beobachten, jedoch muss auch der Dialekt der jüngeren Generation noch als tief dialektal eingestuft werden" (Herrgen 2000:60).

8.4 Dialektalitätsareale

In Band 4 des MRhSA (1999) geht den thematischen Karten (zum Konsonantismus) ein Kontrastblatt mit zwei Dialektalitätskarten vorauf (314/1-2), die auf der Basis des von Herrgen/Schmidt (1989) entwickelten Dialektalitätsmessungsverfahrens (vgl. auch oben II.5.4.) gezeichnet wurden. Diese Karten bieten eine „auf der Grundlage der zu Vokalismus und Konsonantismus erhobenen Daten eine quantitative Gegenüberstellung des phonetischen Abstands von – jeweils – Datenserie 1 und Datenserie 2 zur Standardsprechsprache" (MRhSA, Bd. 4:VII). Die Dialektalitätskarten beruhen auf einer von A. Eyerdam (1996) durchgeführten Messung für 170

---

172 Vgl. jetzt auch Siebenhaar 2010; zum MRhSA ebd. S. 247f.
173 Herrgen (2010:678ff.) diskutiert für das MRhSA-Gebiet die Ausbreitung der Regionaldialekte in der jüngeren Generation anhand dreier sprachlicher Phänomene, die gegenüber dem Standard Divergenz aufweisen: (1) Ersetzung des stimmlosen [s] durch stimmhaftes [z] etwa in *beißen*, (2) Koronalisierung von [ç] zu [ɕ] etwa in *ich* und (3) auffällige Formen für 'gebracht', die Schmidt 2010a:208f. aus sprachdynamischer Perspektive diskutiert (vgl. ferner Schmidt/Herrgen 2011: 153-167, s. auch das in III.2.3. zu Abb. 16 Gesagte).
174 Vgl. jetzt auch eine entsprechende Pilotstudie zu dialektsoziologischen Grenzräumen in der Oststeiermark, bei der drei Generationen berücksichtigt werden; s. Ernst 2004.

Erhebungsorte (einem Ort pro Gradnetzfeld des Atlasses), wobei für beide Datenserien jeweils die ersten 100 Lemmata der Fragebücher einbezogen wurden. „Der Durchschnitt der Dialektalitätswerte für Serie 1 beträgt 285,8 Punkte, der für Serie 2 hingegen 268,2 Punkte, was einer Dialektalitätsminderung von 6 % entspricht" (MRhSA, Bd. 4:VII, vgl. auch Bellmann 1998:32). Eine Kontrastierung der beiden Karten erweist (1) „die Nivellierung von Dialektalitätsmaxima in allen Teilarealen", (2) einen „Wechsel des Dialektalitätsniveaus im zentralen mittelfränkischen Teil des Untersuchungsgebietes" und (3) „die tendenzielle Auflösung des südpfälzischen Reliktgebietes" (MRhSA, Bd. 4:VII, vgl. auch Herrgen/Schmidt 1989:318ff.).

Fragen/Aufgaben

1. Inwiefern ist der MRhSA ein ‚außergewöhnlicher' Atlas?

2. Lässt sich das Ergebnis des MRhSA, dass die Auflösung der alten sprachgeographischen Areale im allgemeinen nicht die Standardsprache zum Ziel hat, sondern sich in Richtung auf einen neuen Regionaldialekt hin bewegt, auch durch Befunde in Ihrem Dialektgebiet stützen?

9 Dialektsyntaxgeographie am Beispiel des „Syntaktischen Atlasses der deutschen Schweiz" (SADS)

„Im Rahmen der Erforschung der deutschen Dialekte ist die Syntax ein notorisch vernachlässigtes Gebiet" (Patocka 1989:47).[175] Dies ist insofern überraschend, als in

---

[175] Schon Weise (1909:742) bezeichnete die Syntax deutscher Mundarten als „ein Gebiet, auf dem es noch viel zu tun gibt". Und auch Schwarz nannte die Syntax in ähnlicher Weise das „Stiefkind der Dialektologie" (1950:118). – Der Überblicksartikel von Henn (1983) verzeichnet zwar eine Vielzahl von Arbeiten, die sich (zumindest teilweise) mit der Syntax deutscher Dialekte beschäftigen, im Verhältnis zur Gesamtheit der wissenschaftlichen Publikationen auf den anderen dialektologischen Feldern nimmt sich dies jedoch eher bescheiden aus; vgl. etwa auch die „Bibliographie zur Grammatik der deutschen Dialekte" (Wiesinger/Raffin 1982, Wiesinger 1987). – Neuerdings ist aber ein stark zunehmendes Interesse an Fragen auch der dialektalen Syntax festzustellen. Vgl. etwa die einschlägigen Beiträge zu den Kongressen der Internationalen Gesellschaft für Dialektologie des Deutschen (Patocka/Wiesinger [Hgg.] 2004, Ernst/Patocka [Hgg.] 2008, Glaser/Schmidt/ Frey [Hgg.] 2011, Christen/Patocka/Ziegler [Hgg.] 2012); s. ferner die Vorträge des „Kolloquiums Niederdeutsche Syntax" (Langhanke/Berg/Elmentaler/Peters [Hgg.] 2013). Sichtbar wird dies auch durch eine Reihe von Projekten, die derzeit erarbeitet werden: an den Universitäten Marburg, Frankfurt und Wien an einem Projekt „Syntax hessischer Dialekte (SyHD)" (s. http://www.syhd.info/), in Wien überdies an einer „Syntax des Bairischen (SynBai)" (vgl. hierzu einstweilen http://linggerm.univie.ac.at/pilotstudie-synbai/) und in Konstanz an der „Syntax des Alemannischen (SynALM)" (vgl. http://ling.uni-konstanz.de/pages/home/synalm/DFG.html). – Anhand des Projekts „Syntax hessischer Dialekte (SyHD)" sind kürzlich Ergebnisse und Erfahrungen bei der „Erhebung syntaktischer Phänomene durch die indirekte Methode" vorgestellt worden (Fleischer/Kasper/Lenz 2012); dabei werden auch die Grenzen der Methode nicht ausgeblendet. Künftig sollen die so erhobenen Daten

den letzten Dezennien gerade die Syntax ein Interessenschwerpunkt auch der germanistischen Linguistik geworden ist. Ganz offensichtlich ist die Syntax aber von der Dialektologie lange Zeit nicht als ein lohnendes Arbeitsfeld gesehen worden. Löffler vermutet als einen „Grund für die auffällige Zurückhaltung auf diesem Gebiet [...] das Problem der zureichenden Menge an sprachlichem Material" (2003:109). Den „Hauptgrund, weshalb mundartliche Syntax wenig bearbeitet ist", sieht er „jedoch in der nicht unbegründeten Annahme, dass dialektale Syntax sich von hochsprachlicher Syntax kaum unterscheidet." Dem widerspricht Patocka nachdrücklich: Es sei „nicht zu verkennen, daß den exklusiv dialektalen Systembesonderheiten noch kaum jemals methodisch einwandfrei und mit ausreichender Materialquantität nachgespürt worden ist. Daß solche existieren, ist so lange nicht auszuschließen, bis die Empirie den Gegenbeweis erbringt" (1989:48f.). Auch Glaser weist die Annahme, „syntaktische Probleme hätten keinen räumlichen Bezug", zurück. In ihrem Plädoyer „Dialektsyntax: Eine Forschungsaufgabe" findet sich eine Reihe von illustrativen Beispielen für sprachgeographisch relevante syntaktische Probleme (1997:12f.).[176] Auch mit dem Argument, die für dialektsyntaktische Untersuchungen notwendigen Materialmengen seien nicht zu bewältigen, setzen sich beide Autoren auseinander. Während Patocka in diesem Zusammenhang darauf verweist, dass „bei der Auswertung bei weitem nicht derselbe Aufwand an Transkriptionsmühen vonnöten ist wie zu phonologischen Zwecken" (1989:51), relativiert Glaser grundsätzlich die Adäquatheit der Methode der Korpusanalyse frei gesprochener Texte hinsichtlich des zu erwartenden Ertrages. Gerade mit Blick auf weniger frequente Phänomene „wäre es völlig unökonomisch, stundenlang Bandaufnahmen daraufhin abzuhören" (Glaser 1997:15).

9.1 Zum Problem der Erhebungsmethoden dialektaler Syntax

In ihrem genannten Beitrag diskutiert Glaser (1997; vgl. auch ausführlicher Glaser 2000) die in der bisherigen Forschung erwogenen Erhebungsmethoden dialektaler Syntax. Während Patocka die „direkte Sprachdatenerhebung" mit Hilfe „vorbereiteter Einzelsätze" (1989:52) vorschlägt, vertritt König die Meinung, Dialektsyntax lasse sich „nicht" ([11]1996:163) bzw. ([17]2011:163) „nur sehr schwer durch direkte Befragung

---

durch direkte Erhebungen ergänzt werden. – Das Projekt „Plattdüütsch hüüt" an der Universität Kiel zielt darauf ab, den gegenwärtigen Stand der niederdeutschen Dialekte in Schleswig-Holstein zu beschreiben. In diesem Rahmen stellt Elmentaler 2013 das Erhebungsdesign mit Blick auf die Syntax vor (Näheres s. auch unter http://www.germsem.uni-kiel.de/ndnl/P.h.start.shtml). Zur niederdeutschen Syntaxgeographie vgl. ferner Weber 2013.
176 Vgl. in diesem Zusammenhang auch die Fallstudie Lötscher 2004. Siehe auch Glaser 2008 und Bucheli Berger/Glaser/Seiler 2012.

oder mit Fragebogen erforschen."[177] Gleichwohl druckt, worauf Glaser nicht zu Unrecht hinweist (1997:18), König in diesem Zusammenhang Maurers, auf der Basis des Materials zum Wenker-Satz 24: ‚Als wir gestern abend zurückkamen' gezeichnete Karte zu den Wortstellungstypen der Perfektkonstruktion im süddeutschen Raum ab (1996/2004:163). Glaser verweist ferner auf die Tatsache, dass auch für den „Sprachatlas der deutschen Schweiz" (SDS) einige syntaktische Karten erstellt werden konnten,[178] und dass auch Sperschneider (1959) im Stande war, für den östlichen Thüringer Wald „sprachgeographisch relevante Phänomene" zu kartieren; insofern sei „nicht daran zu zweifeln, daß grundsätzlich mittels Übersetzungsfragen in direkter Befragung syntaktisch Relevantes zum Vorschein gebracht werden kann" (Glaser 1997:18), auch wenn die „Grenzen der Übersetzungsmethode" (etwa mit Blick „auf das Vorkommen bestimmter Konstruktionen zur Hervorhebung einzelner Satzglieder oder Mittel zum Rückbezug auf vorher Gesagtes") keineswegs zu leugnen seien.

Glaser diskutiert dann im Weiteren die Vorgehensweise von Gerritsen (1991), die für ihr Projekt eines „Atlas van de Nederlandse Dialectsyntaxis" (AND) methodisches Neuland betreten hatte, als sie sich seinerzeit aus Finanzierungsgründen für die indirekte Erhebungsmethode mit Fragebögen entscheiden musste. Dabei wurde eine Kombination aus Übersetzung und Akzeptabilitätstest angewandt: Die Gewährsleute hatten bei jeder Frage zu beantworten, welche der ihnen in der Standardsprache vorgegebenen syntaktischen Varianten in ihrem Dialekt vorkommen, ferner, welche dieser Konstruktionen für sie die gebräuchlichste ist; letztere mussten sie schließlich in ihren Dialekt übersetzen, wobei es möglich war, auch andere als die vorgegebenen Konstruktionen aufzuschreiben (Gerritsen 1991:18-20). Die veröffentlichten 44 Karten des AND werden jeweils kurz kommentiert. Gerritsen betrachtet ihren Atlas selbst nur als einen ersten Überblick über die regionale Verbreitung syntaktischer Variation. Methodisch hätte sie selber eine Kombination zwischen direkter und indirekter Befragung vorgezogen.

In ähnlicher Weise, allerdings bei direkter Explorierung, geht der „Sprachatlas von Niederbayern" (SNiB) vor, von dem 2003 ein erster Band (Wortgeographie I) erschienen ist. Allerdings ist hier, wie Glaser feststellt, bei der Erhebung der syntaktischen Sprachdaten gegenüber dem AND „die Reihenfolge von Bewertung und

---

177 Vgl. ausführlicher mit Blick auf den „Sprachatlas von Bayerisch-Schwaben" (SBS): „Syntax ist mit Hilfe eines Fragebuches nur äußerst schwer erfragbar. Die Sprecher haben in der Regel kein Bewußtsein für die spezifische Syntax ihrer Ortsnorm. Das ist vor allem auch deshalb der Fall, weil sich syntaktische Regeln nicht abrupt von Dorf zu Dorf ändern, sondern nur großräumig und allmählich über eine langsame Änderung der Häufigkeit ihrer Anwendung" (König/Schrambke 1999:40). Im SBS behandeln daher nur „17 Nummern [...] explizit syntaktische Fragen: Es geht hier z.B. um die regional verschiedenen Formen der Nebensatzanknüpfung oder um die Wortstellung" (ebda.:44).
178 Vgl. SDS, Bd. III: Formengeographie (1975), Karten Nr. 259-263, 265-266.

Übersetzung vertauscht, insofern zuerst um Übersetzung eines standardsprachlichen Satzes gebeten und dann erst nach der Bewertung vorgegebener dialektaler Varianten gefragt wird" (1997:22). Problematisch erscheine dabei die mögliche Beeinflussung der Gewährsleute durch die vorgegebene standardsprachliche Satzstruktur.[179] Im Syntax-Fragebuch zum SBS ist die Fragetechnik insofern verfeinert worden, als hier bei der Sprachbeurteilung Ablehnung und Zustimmung sehr viel genauer notiert wird (Glaser 2000:266).

Ihre Betrachtung der verschiedenen Verfahren zur Erhebung von Sprachdaten zur Dialektsyntax resümiert Glaser mit der Feststellung, „daß es die schlechthin gültige Methode nicht gibt" (1997:23). Oft könne die Kombination verschiedener Tests das beste Resultat zeitigen. Das von ihrer Arbeitsgruppe bei der Materialerhebung für den SADS verwendete Verfahren wird bei der Skizzierung dieses Projekts näher besprochen.

9.2 Der „Syntaktische Atlas der deutschen Schweiz" (SADS)

Die in den einschlägigen Beiträgen (Glaser 1997, 2000) vorgetragene „Abwägung der verschiedenen Methoden und ihrer Möglichkeiten und Grenzen" (2000:271) ist im Zusammenhang von Überlegungen für ein Projekt „Dialektsyntax der deutschen Schweiz" vorgenommen worden, das seit Anfang 2000 (Laufzeit bis Ende 2013) an der Universität Zürich unter Glasers Leitung durchgeführt wird und in einen „Syntaktischen Atlas der deutschen Schweiz" münden soll.

Dieses Projekt ist gewissermaßen als Ergänzung des „Sprachatlasses der deutschen Schweiz" konzipiert, mit dem eines der weltweit vorbildlichen dialektologischen Unternehmungen vor wenigen Jahren zum Abschluss gekommen ist. Auch wenn man seinerzeit beim SDS durchaus auch an die Behandlung syntaktischer Fragestellungen gedacht hatte (vgl. Hotzenköcherle 1962:3), so erwies es sich als schwierig, „syntaktische Probleme mit ihren eigenen methodischen Erfordernissen im Rahmen eines schwerpunktmäßig auf Lautliches und Lexikalisches ausgerichteten Sprachatlasses einzubeziehen" (Glaser 1997:25). Der SDS enthält, wie bereits erwähnt, dann auch nur sieben einschlägige Karten. Der SADS ist letztlich die Fortführung des SDS im syntaktischen Bereich.

---

179 Die Bearbeiter des SNiB sehen diese Problematik auch selbst; man hat versucht, ihr durch eine spezielle Abfragetechnik zu begegnen. Auf der Website des Projekts heißt es in diesem Zusammenhang: „Der Explorator beschrieb einen Kontext, in den die Hauptfrage eingebettet wurde, so dass die Gewährsperson weniger von der Vorgabe des Satzes beeinflusst wurde, sondern den Satz leichter in den dialektalen Satzbau umformen konnte" (vgl. http://www.phil.uni-passau.de/germanistik/sprachwiss1/SNiBsyntax.html). – Beim SNiB wurden bei jeder zweiten Ortsaufnahme die Fragen zur Syntax erhoben. Die 13 dokumentierten Phänomene sollen im Einführungsband zum SNiB publiziert werden.

Am Anfang der Projektarbeiten stand dann die Bestandsaufnahme von eine nähere Untersuchung lohnenden syntaktischen Erscheinungen,[180] die man zunächst aus der dialektologischen Literatur und den Wörterbüchern zusammenstellte. Dabei lag der Interessenschwerpunkt auf sprachgeographisch variablen Phänomenen. Auf dieser Grundlage wurden vier Questionnaires mit insgesamt 118 Fragen zu 54 syntaktischen und morphosyntaktischen Phänomenen erstellt (Seiler 2005:315; Bucheli Berger 2008:30), in denen die verschiedenen Phänomenbereiche abgedeckt werden. Nachstehend eine kleine Auswahl zu untersuchender Besonderheiten der schweizerdeutschen Syntax:[181]

(1) Nominaler/ pronominaler Bereich
Stellung/Doppelung des unbestimmten Artikels in der Nominalgruppe:
si wär (e) ganz (e) gueti Frau für de Markus
'sie wäre eine ganz gute Frau für den Markus'

Stellung/Doppelung des bestimmten Artikels:
er isch (dr) vil (dr) besser Choch 'er ist der viel bessere/ein viel besserer Koch'

Stellung von Pronomina und/oder Klitika:
si bringt-mer-s – si bringt-s-mer 'sie bringt es mir'

Einsatz/Fehlen des expletiven *es*:
do wird's gwärchet 'da wird gearbeitet'
im Winter, wenn Ø chaalt is 'im Winter, wenn es kalt ist'

Kongruenz/Markierung von prädikativen Adjektiven[182]:
Fischstäbli mues mer doch gfrore / gfrorni / gfornä aabräätle
'Fischstäbchen muss man doch gefroren anbraten'

(2) Verbalgruppe
Wortstellung im komplexen Prädikat:
ich weiss au nid, ob er ämal wett hürate / hürate wett
'ich weiß auch nicht, ob er einmal heiraten wird'

Infinitivanschluss nach Phasenverben:
er fat a brüele 'er fängt zu heulen an'

Verlaufskonstruktion am + Infinitiv:
si isch am (d) Rüebli rüschte – si isch (d) Rüebli am rüschte
'sie ist am Karotten putzen'

---

180 Vgl. etwa die einschlägigen Zusammenstellungen bei Glaser 1997:12f., 26ff.; siehe auch Bucheli/Glaser 2002:47ff., Glaser 2003:48ff.
181 Vgl. die Projektbeschreibung unter http://dialektsyntax.uzh.ch/index.html. Siehe auch Bucheli/Glaser 2002:55.
182 Vgl. hierzu u.a. die grundlegende Studie Bucheli Berger/Glaser 2004.

(3) Satzverknüpfung   Erweiterung der Nebensatzeinleitung mit *dass*:
i wot wüsse, wenn (dass) du weg geisch
'ich will wissen, wann du weg gehst'

Wahl und Position des Anschlussmittels für finale Infinitive
(hierzu ausführlicher III.9.3.):
ich bruuche Tablette zum / für ii(z)schlaafe
'ich brauche Tabletten zum einschlafen'

Im Rahmen des Projekts wird hauptsächlich mit der indirekten Methode gearbeitet. Um sie nicht zu überfordern, erhalten die Informanten pro Befragung jeweils nur rund 20 schriftliche Fragen zur Beantwortung zugesandt. Bisher wurden 2710 Gewährspersonen an 385 Orten zur Syntax ihres Dialekts befragt, das sind derzeit im Durchschnitt 7 Informanten je Ortspunkt.[183] Die befragten Gewährsleute sollten in zweiter Generation ortsfest sein, „aus allen möglichen sozialen Schichten stammen und verschiedenste Berufe ausüben" (Bucheli Berger/Glaser 2004:190). Die 385 Belegorte entstammen weitestgehend dem 600 Orte umfassenden SDS-Netz; auf diese Weise erscheint eine spätere Vergleichbarkeit der Resultate des SADS mit denen des SDS gewährleistet. Punktuell werden die gewonnenen Ergebnisse durch direkte Kontrollbefragungen vor Ort oder per Telefon ergänzt und überprüft.

Die Elizitierung der Daten erfolgt auf dreierlei Weise: mit Hilfe von Übersetzungsfragen, Einfülltests und Multiple-Choice-Tests, wobei die zu erfragende Konstruktion jeweils in einen kurzen situativen Kontext gestellt wird. Ein solcher „Rahmenkontext" soll möglichst von der syntaktischen Zielsetzung ablenken (Glaser 2000:273) und eine natürliche Dialogsituation schaffen. Die Verwendung dreier verschiedener Fragetypen soll auch die Kontrolle der erhobenen Daten ermöglichen und in einzelnen Fällen zugleich ein Urteil darüber erlauben, inwieweit die einzelne Gewährsperson zuverlässig und dialektsicher geantwortet hat (Bucheli/Glaser 2002:59). Bei den Multiple-Choice-Tests haben die Informanten die Möglichkeit, ihnen (im Dialekt[184]) vorgegebene suggerierte Varianten abzulehnen, zu korrigieren und ggf. eine eigene Variante zusätzlich im Dialekt aufzuschreiben.[185] Die Daten werden in einer Datenbank erfasst und mit einem geographischen Informationssystem kartographisch weiterverarbeitet (vgl. auch Bucheli Berger 2008:34ff.).

Die verwendete Datenerhebungsmethode bietet einige neuartige Auswertungsmöglichkeiten. Insbesondere wird hiermit dem Faktum systematisch Rechnung

---

[183] Es wurde danach getrachtet, an jedem Untersuchungsort 10 Informanten zu gewinnen, was nicht immer gelungen ist (Bucheli/Glaser 2002:52).
[184] Hierbei ist man bemüht, „im lexikalischen Bereich Wörter zu verwenden, die allgemein verständlich sind" (Glaser 2000:273).
[185] Bei „funktionalen und kontextsensitiven Differenzierungen" stößt die skizzierte Erhebungsmethode allerdings an ihre Grenzen. Von daher wird in erster Linie danach gestrebt, „das prinzipielle Vorkommen bestimmter Konstruktionstypen sprachgeographisch nachzuweisen"; vgl. Projektbeschreibung (s. Anm. 181). Siehe auch Glaser 1997:18.

getragen, dass an einem Ort und/oder bei einer Gewährsperson häufig mehrere Varianten nebeneinander auftreten. „Dadurch lassen sich Übergangsgebiete von einer zur anderen Option präziser gliedern, als dies bislang möglich war" (Seiler 2005:315). Überdies sind zahlreiche syntaktische Phänomene mehrfach, an Hand verschiedener Fragen und Fragetypen erhoben worden, nicht zuletzt auch angesichts der Überlegung, dass zwischen den Antworten auf die unterschiedlichen Fragen zu einem Konstruktionstyp möglicherweise interessante Abweichungen zu konstatieren sind, die bei der Erklärung der Raumstrukturen einer bestimmten syntaktischen Erscheinung eine Rolle spielen können.

Nachstehend (Abb. 36) werden als Exempel drei Fragen (mit den Antworten einer Gewährsperson aus Aarburg, Kanton Aargau) zum Phänomen des finalen Infinitivanschlusses angeführt (vgl. Seiler 2005:316f.), das dann im folgenden Abschnitt sprachgeographisch näher betrachtet werden soll.

Frage (1) Übersetzung:
Sie müssen an einer Bahnstation ohne Schalter ein Billett kaufen. Vor dem Automaten merken Sie, dass Sie zuwenig Kleingeld haben. Sie sprechen deshalb eine Passantin an:

* Bitte übersetzen Sie den folgenden Satz in Ihren Dialekt und schreiben Sie ihn so auf, wie Sie ihn sagen würden:

Entschuldigung, ich habe zu wenig Kleingeld, um ein Billett zu lösen:
Äxgüsi, i ha z'wenig Mönz för nes Billett z'choufe

Frage (2) Einfülltest („Wissen Sie, jetzt brauche ich sogar Tabletten..."):
Eine geplagte Politikerin hat Schlafprobleme. Sie erklärt der Presse:

* Vervollständigen Sie den Antwortsatz; er soll Auskunft darüber geben, wozu die Politikerin Tabletten einnimmt („einschlafen"):

Wüsset si, jetzt bruuch ich sogar Tablette *zom ipfuuse*

Frage (3) Multiple choice („Aber jetzt habe ich mich gerade hingesetzt, um ein Buch zu lesen'):
Nach einem anstrengenden Tag machen Sie es sich auf dem Sofa bequem, hören Ihre Lieblingsmusik und wollen den spannenden Roman „Wüstenblume" zu Ende lesen. Da klingelt das Telefon, Ihre Mutter ist dran und will, dass Sie vorbeikommen. Sie antworten ihr ausweichend:

* Welche der folgenden Sätze können Sie in Ihrem Dialekt sagen („ja"), welche sind nicht möglich („nein")?

  ja nein
1) ☒ ☐ Aber jetzt bin i grad aneghocket **für** es Buech **z** läse.
2) ☐ ☒ Aber jetzt bin i grad aneghocket **für** es Buech läse.
3) ☐ ☒ Aber jetzt bin i grad aneghocket es Buech **z** läse.
4) ☒ ☐ Aber jetzt bin i grad aneghocket **zum** es Buech läse.
5) ☒ ☐ Aber jetzt bin i grad aneghocket **zum** es Buech **z** läse.

6) ☐ ☒ Aber jetzt bin i grad aneghocket **um** es Buech **z** läse.
7) ☐ ☒ Aber jetzt bin i grad aneghocket **für zum** es Buech **z** läse.
8) ☒ ☐ Aber jetzt bin i grad aneghocket **für zum** es Buech läse.

* *Welche Variante ist für Sie die natürlichste?*
Nr. *1*

* *Würden Sie den Satz normalerweise in einer Form sagen, die nicht aufgeführt ist?*
☒ ja ☐ nein

* *Wenn „ja": Bitte notieren Sie hier den Satz so, wie Sie ihn normalerweise sagen würden:*
...aneghocket für nes Buech z läse

Abb. 36: „Syntaktischer Atlas der deutschen Schweiz": Versuchsanordnung zum finalen Infinitivanschluss

Aus den vorstehenden Antworten lässt sich mit Seiler (2005:317) folgendes ablesen: „Die Gewährsperson verwendet spontan einmal die *für...z*-Konstruktion [Frage (1)] und einmal die *zum*-Konstruktion [Frage (2)]. Dass beide Konstruktionen für den Informanten prinzipiell möglich sind, stimmt mit dem Befund von Frage [(3)] überein, wo er beide akzeptiert und noch zwei weitere Optionen zulässt, *zum...z* und *für zum*. Dass in [(3)] die präferierte Option *für...z* ist, wird durch die eigene hingeschriebene Variante bestätigt, die sich nur in der lautlichen Ausprägung der Artikelform *nes* 'ein' von der suggerierten Variante unterscheidet." Hieraus können, wie Seiler fortfährt, weitere interessante Beobachtungen und Fragestellungen abgeleitet werden, z.B.: „Haben die beiden Varianten *für...z* und *zum* – wo sie gemeinsam auftreten – eine Distribution? Welchen Einfluss übt die Versuchsanordnung aus (Übersetzung in [1] vs. Multiple-Choice in [3])? Auf welche Art weichen die Raumbilder von akzeptierten vs. präferierten Varianten voneinander ab?"

9.3 Zur Geographie des Anschlusses finaler Infinitive

Eine ausführlichere Untersuchung des Phänomens der finalen Infinitive hat Seiler (2005) vorgelegt. Ihr lagen die Antworten auf die drei oben in Abb. 36 abgedruckten Fragen zugrunde. Hier nun die wichtigsten Ergebnisse Seilers. Insgesamt am häufigsten wurde die *für...z*-Konstruktion angegeben, d.h. der Typus: *Entschuldigung i ha zweni Münz* **für** *nes Billiet* **z***'löse*.[186] Im Rahmen der Übersetzungsfrage (1) wurde sie von 951 Informanten verwendet. Wie Seiler feststellt, dient in dieser Konstruktion „die Präposition *für* als subordinierende Konjunktion, die eine Infinitivphrase

---
[186] Beleg aus Steffisburg, Kanton Bern; vgl. Bucheli/Glaser 2002:60.

einleitet. Der Infinitiv muss dabei in seiner erweiterten Form, d.h. mit *z* 'zu' erscheinen" (2005:318). Mit Blick auf die Entstehungsgeschichte der finalen *für...z* sei davon auszugehen, „dass die ursprüngliche finale Semantik von *zu*-Infinitiven mit der Zeit ausgeblichen ist und zur Auffrischung der finalen Semantik *für* direkt in die Infinitivkonstruktion eingesetzt worden ist" (2005:319).

In der Vorkommenshäufigkeit an zweiter Stelle, d.h. im Rahmen der Übersetzungsfrage (1) mit 820 Belegen, begegnet als Anschlussmittel für den finalen Infinitiv *zum* (554mal *zum*, 266mal *zum...z*); vgl. etwa den Typus: *Entschuldigetzi, i ha zwenig Münz* **zom** *e Billet löse*.[187] Seiler nimmt an, „dass wir es bei der finalen *zum*-Konstruktion mit einem echten, nicht nominalisierten Infinitiv zu tun haben" (2005:321).

Weniger häufig genannte Typen sind *für zum, um...z* oder *dass* + finiter Nebensatz.

In seiner Untersuchung beschränkt sich Seiler auf die Kartierung der beiden häufigsten Varianten. Dabei werden die Ergebnisse auf insgesamt acht Karten dargestellt. Die Karten 1 und 2 bieten jeweils den Befund der beiden am häufigsten genannten Antworttypen auf die Übersetzungsfrage (1).[188] Abb. 37 zeigt die Nennungen des Typs *...für es Billett z löse*. Da das Projekt „Dialektsyntax der deutschen Schweiz", wie erwähnt, mit mehreren Informanten pro Aufnahmeort arbeitet, werden auf den Karten die Quantitätsabstufungen grob symbolisiert.[189]

Das Kartenbild macht zweierlei deutlich. Zum Ersten: Die *für...z*-Konstruktion wird im gesamten Untersuchungsgebiet angetroffen, im Nordosten allerdings mit abnehmender Ortspunktdichte. Zum Zweiten: Quantitativ nimmt die relative Häufigkeit der Variante von Westen nach Osten ab. In dieser Hinsicht lässt sich das Untersuchungsgebiet grob in drei Bereiche einteilen: *für...z* wird im Westen mehrheitlich genannt, im Zentrum vielerorts mehrfach (allerdings nicht mehrheitlich), im Osten schließlich kommt diese Konstruktion nur vereinzelt oder überhaupt nicht vor.

Der Typus *zum...es Billet (z) löse* ist vor allem im (Nord-)Osten zu finden, „in der Tendenz komplementär zum Verbreitungsgebiet der *für...z*-Variante" (Seiler 2005:323 mit Karte 2).

Mit Blick auf den Einfülltest (2) ergibt sich folgender Befund: Die Variante *...für izschlafe* 'um einzuschlafen' ist deutlich stärker auf den (Süd-)Westen beschränkt

---

[187] Beleg aus St. Gallen; vgl. Bucheli/Glaser 2002:59.
[188] Von der Seilerschen Karte 1 (aus Seiler 2005; s. Abb. 37) ist derzeit auf der Webseite des Projekts eine farbiger Version einzusehen (vgl. http://dialektsyntax.uzh.ch/index.html).
[189] Hinsichtlich Abb. 37 bedeutet dies: „Kleine Quadrate geben die Ortspunkte wieder, wo ein einziger Informant die *für...z*-Variante hingeschrieben hat. An den Orten mit ausgefüllten Kreisen haben zwei oder mehr Informanten diese Variante genannt. Schwarz ausgefüllte Kreise stehen für Orte, wo die Mehrheit der Informanten die *für...z*-Variante angegeben hat, grau ausgefüllte Kreise stehen für die Orte, wo die *für...z*-Antworten nicht die Mehrheit bilden" (Seiler 2005:321).

als dies bei der vergleichbaren Konstruktion *...für es Billett z löse* der Fall war. Komplementär kommt die Nennung *...zum ischlafe* fast im gesamten Untersuchungsgebiet vor; sie nimmt allerdings in der relativen Häufigkeit im Südwesten ab (Seiler 2005:323-325 mit Karten 3 und 4).

Auf einer Kombinationskarte (Karte 5, vgl. Abb. 38) vergleicht Seiler dann den Befund der Fragen (1) und (2) hinsichtlich der *für...z*-Konstruktion. Auf dieser Karte „sind Einzelnennungen und die quantitative Dimension ausgeblendet." Die Symbole vertreten jeweils Orte, an denen die betreffende Variante mindestens zweimal genannt ist.[190] Für Seiler deutet sich das Kartenbild durch die Betrachtung des syntaktischen Kontextes der jeweiligen Varianten. Die *für...z*-Konstruktion ist „erheblich stärker vertreten in einem syntaktischen Kontext, wo der Infinitiv (,lösen') ein Komplement zu sich nimmt (Objekt ,ein Billett'). Dies zeigt sich im viel kleineren Verbreitungsgebiet der *für...z*-Variante mit bloßem Infinitiv ohne Komplement (,einschlafen')" (2005:325f.). Die beiden syntaktischen Kontexte stehen bezüglich der *für...z*-Varianten zudem in einem implikativen Verhältnis: „Überall, wo *...für izschlafe* vorkommt, kommt auch *...für es Billett z löse* vor, aber nicht umgekehrt" (Seiler 2005:326). Überdies zeigt die Karte, dass die *für...z*-Variante im Westen deutlich stärker vertreten ist als im Osten.

Dieser geographische Befund wird zusätzlich durch die Ergebnisse aus dem Multiple-Choice-Test (3) gestützt (vgl. Seiler 2005:327, s. ebd. Karte 6 auf S. 326). Dieser Test ermöglicht es darüber hinaus, „zwischen Akzeptanz und Präferenz für eine Variante zu unterscheiden",[191] wobei sich eine geographische Dreiteilung ergibt.

Schließlich vergleicht Seiler aus methodologischen Gründen die Ergebnisse aus der Übersetzungsfrage (1) mit denen aus dem Multiple-Choice-Test (3), denn mit beiden Fragen ist letztlich die gleiche Konstruktion – in anderer Versuchsanordnung, dabei erwartbarer komplementärer Verzerrung der tatsächlichen Verhältnisse[192] – erhoben worden. Die Kombinationskarte macht deutlich, dass sich die Ergebnisse weitgehend entsprechen (Seiler 2005:327ff. und ebd. Karte 7). Ebenfalls aus methodologischen Gründen wird derjenige Befund bei der Übersetzungsfrage (1), der dem standarddeutschen Muster entspricht (d.h. der Typus *...um es Billett z löse*),

---

190 „Grau ausgefüllte Kreise stehen für Nennungen von *...für es Billett z löse* (Frage [1]), schwarze Quadrate *für ...für izschlafe* (Frage [2])" (Seiler 2005:325).
191 Glaser (2000:273) weist darauf hin, dass in vielen Fällen die Variation „vornehmlich passiv zu sein scheint, d.h. manche Sprecher verhalten sich aktiv homogener, als ihre Antworten vermuten lassen." Diese Tatsache spreche aber nicht gegen das methodische Vorgehen, es unterstreiche „allenfalls die Notwendigkeit, bei der Auswertung der Daten die Erhebungsmethoden genau zu reflektieren."
192 Bei der Übersetzungsfrage (1) besteht die Gefahr, dass die Informanten sich zu stark an das vorgegebene standardsprachliche Muster halten. Beim Multiple-Choice-Test (3) ist es demgegenüber z.B. denkbar, dass Gewährsleute vorgegebene Varianten als akzeptabel ankreuzen, auf die sie von alleine nicht gekommen wären (Seiler 2005:327).

kartiert. Interessant ist, dass dieser Typus im Gesamtgebiet verbreitet ist, ohne dass sich ein arealer Schwerpunkt ergäbe. Seiler (2005:330, vgl. ebd. Karte 8 auf S. 329) deutet dies wie folgt: „Im gesamten Untersuchungsgebiet stehen der jeweilige schweizerdeutsche Dialekt und die Standardsprache in diglossischem Verhältnis, und wenn davon auszugehen ist, dass sich die überall nebeneinander existierenden Varietäten Dialekt vs. Standard gegenseitig beeinflussen, dann ist es durchaus erwartbar, dass die standarddeutsche Variante im ganzen Gebiet auftreten kann, aber kein Areal bildet, wo sie gegenüber autochthonen Varianten überwiegen würde."

Der im Entstehen begriffene „Syntaktische Atlas der deutschen Schweiz" hat die Methodik der Sprachgeographie erweitert. Darüber hinaus dürften seine Befunde auch Konsequenzen haben für die allgemeine Grammatiktheorie (vgl. hierzu Seiler 2005:334ff.).

Fragen/Aufgaben

1. Versuchen Sie, anhand der einschlägigen Literatur zu Ihrem Dialektgebiet, einige Besonderheiten zur dialektalen Syntax dieses Raumes zusammenzustellen!

2. Elizitieren Sie die einschlägigen Daten zu einer selbstgewählten dialektsyntaktischen Fragestellung! Diskutieren Sie dabei auch die Problematik der verschiedenen Erhebungsmethoden!

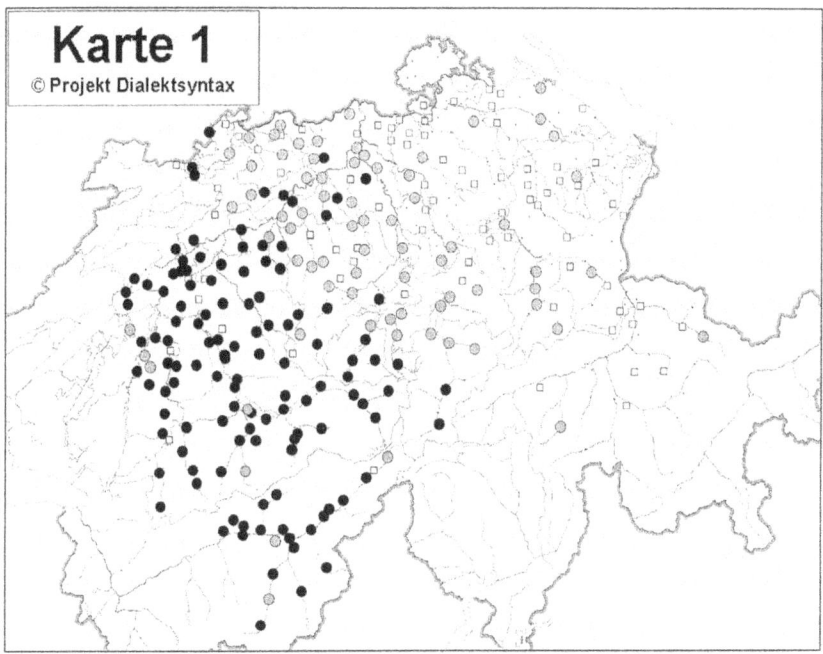

Abb. 37: Quantitative Auswertung von ...*für es Billet z löse* im „Syntaktischen Atlas der deutschen Schweiz" (zur Erklärung der Symbole vgl. Anm. 189)

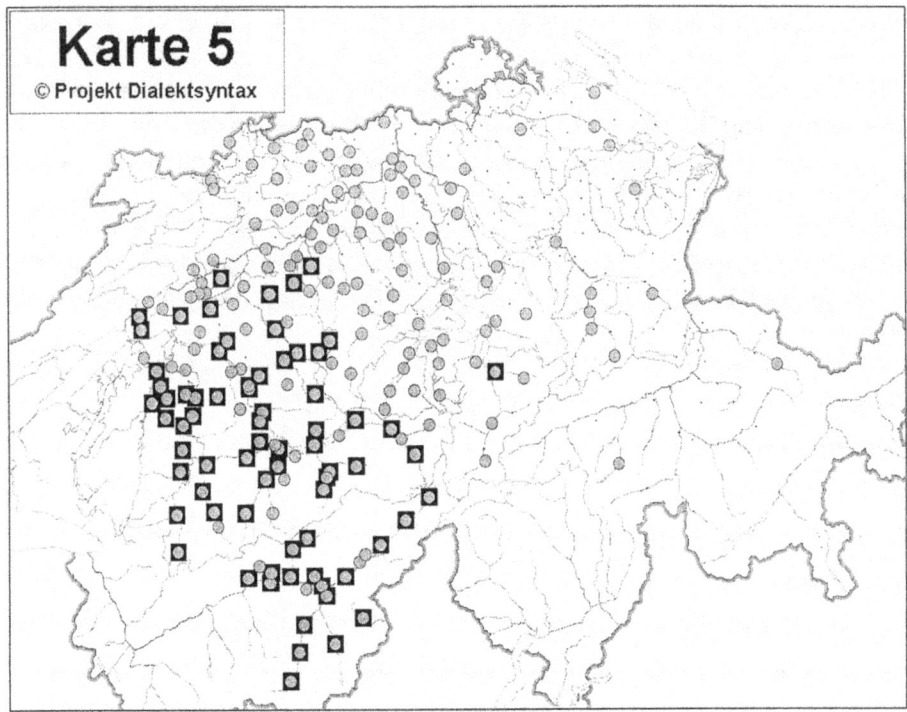

Abb. 38: Kombination *...für es Billet z löse* vs. *...für izschlafe* im „Syntaktischen Atlas der deutschen Schweiz" (zur Erklärung der Symbole vgl. Anm. 190)

10 Historische Dialektgeographie am Beispiel des „Historischen Südwestdeutschen Sprachatlasses" (HSS)

Der historischen Dialektologie ganz allgemein geht es um die Erschließung und Darstellung der historischen Vorstufen heutiger mundartlicher Befunde, seien es Laut- oder Formengrenzen, lokale bzw. regionale Lautsysteme oder aber Wörter. Darstellungsmittel sind u.a. Mundartmonographien, in denen der heutige Dialekt als Ergebnis bestimmter entwicklungsgeschichtlicher Vorgänge und Veränderungen betrachtet wird, oder aber auch den diachronischen Aspekt mit einbeziehende Wörterbücher. Neuerdings geht man sogar noch einen Schritt weiter und beschäftigt sich mit der Konzeption eines „historischen Regionalwörterbuchs".[193]

---

[193] An der Universität Bonn wird derzeit am „Historischen Rheinischen Wörterbuch" als Ergänzung des RheinWb gearbeitet; vgl. Hoffmann 1998, Büthe/Wich-Reif 2012.

An dieser Stelle sei auch auf neuere Ansätze der Sprachgeschichtsschreibung aufmerksam gemacht, die jetzt verstärkt die Regionalsprachgeschichte in den Blick nimmt. Die 2. Auflage des Handbuchs „Sprachgeschichte" versammelt im Kapitel XVII (Bd. 3, 2003:2629-3001) 16 Beiträge, die „die Geschichte der dialektalen Varianten, der in der jeweils behandelten Landschaft verwendeten Schreib- und Druckersprachen" sowie vor allem „den jeweiligen landschaftlichen Beitrag zur Entwicklung oder Übernahme hoch- und literatursprachlicher Varianten des Deutschen" zu beschreiben haben (Sprachgeschichte 2. Aufl., Vorwort, Bd. 1, 1998:XXXVII).[194] In diesen Zusammenhang gehören ferner fünf Artikel zum Gegenstand ‚Stadtsprachgeschichte' innerhalb des Kapitels XV (ebenfalls: Sprachgeschichte 2. Aufl., Bd. 3, 2003: 2297-2377).[195]

Als eine Disziplin der historischen Dialektologie beschäftigt sich die historische Dialektgeographie[196], um die es hier exemplarisch gehen soll, mit der Erforschung der regionalen Gliederung der Dialekte in früheren Zeiträumen.[197] Angesichts der

---

[194] Es finden sich die folgenden Artikel: 178. H. Eickmans: Aspekte einer niederrheinischen Sprachgeschichte; 179. R. Peters: Aspekte einer Sprachgeschichte des Westfälischen; 180. R. Peters: Aspekte einer Sprachgeschichte des Sassischen; 181. U. Scheuermann: Aspekte einer Sprachgeschichte des Ostfälischen; 182. J. Gessinger: Aspekte einer Sprachgeschichte des Brandenburgischen; 183. I. Rösler: Aspekte einer Sprachgeschichte des Ostniederdeutschen; 184. K.J. Mattheier: Aspekte einer rheinischen Sprachgeschichte; 185. H. Ramge: Aspekte einer Sprachgeschichte des Hessischen; 186. G. Lerchner: Aspekte einer Sprachgeschichte des Ostmitteldeutschen; 187. A. Klepsch/H. Weinacht: Aspekte einer fränkischen Sprachgeschichte; 188. F. Hartweg: Die Entwicklung des Verhältnisses von Mundart, deutscher und französischer Standardsprache im Elsaß seit dem 16. Jahrhundert; 189. K. Kunze: Aspekte einer Sprachgeschichte des Oberrheingebietes bis zum 16. Jahrhundert; 190: S. Sonderegger: Aspekte einer Sprachgeschichte der deutschen Schweiz; 191. I. Reiffenstein: Aspekte einer Sprachgeschichte des Bayerisch-Österreichischen bis zum Beginn der frühen Neuzeit; 192. I. Reiffenstein: Aspekte einer bayerischen Sprachgeschichte seit der beginnenden Neuzeit; 193: P. Wiesinger: Aspekte einer österreichischen Sprachgeschichte der Neuzeit. – Einige dieser Beiträger hatten sich zu Teilbereichen ihrer Darstellungen bereits in einem Sonderheft zu Band 117 der ZDPh geäußert (vgl. Besch/Solms [Hgg.] 1998). – Vgl. hier auch allgemeiner Schmidt 1998. – Zur rheinisch-westfälischen Sprachgeschichte s. die Beiträge in Macha/Neuß/Peters (Hgg.) 2000. – Anhand des Mittelalemannischen und südwestlichen Schwäbischen erörtert Wiesinger 2005 die „Möglichkeiten und Grenzen der historischen Dialektologie" auf dem Gebiet der Lautentwicklungen.
[195] Vgl. die Artikel: 160. D. Möhn: Die Stadt in der neueren deutschen Sprachgeschichte I: Hamburg; 161. J. Schildt: Die Stadt in der neueren deutschen Sprachgeschichte II: Berlin; 162. W. Hoffmann/K.J. Mattheier: Die Stadt in der neueren deutschen Sprachgeschichte III: Köln; 163. G. Van der Elst: Die Stadt in der neueren deutschen Sprachgeschichte IV: Nürnberg; 164. P. Wiesinger: Die Stadt in der neueren deutschen Sprachgeschichte V: Wien.
[196] Für einen umfassenden Überblick über die historische Dialektgeographie vgl. Kleiber (1994). – Siehe auch Große 1993. – Zum Beitrag der Sprachgeographie zur Sprachgeschichtsforschung ganz allgemein vgl. Hildebrandt 1998.
[197] Vgl. hierzu auch Debus (1983), mit einer eingehenden Darstellung der bisherigen Forschungsergebnisse. – Zu den Möglichkeiten historischer Sprachgeographie vgl. Goossens 1998, Kleiber 1998. – Zum Beitrag der Dialektologie zur historischen Sprachwissenschaft s. Putschke 2001.

besonderen Art der Sprachdaten sollte man zunächst besser von „Schreibgeographie" (König 1978:83) sprechen.[198] Denn Rückschlüsse auf die hinter den Schreibformen stehende gesprochene Sprache erlaubt erst die genaue Interpretation des kartierten Befundes. Allerdings hängt das Verhältnis zwischen geschriebener und gesprochener Sprache in gewisser Weise von den verschiedenen Textsorten ab, an denen sich im Übrigen auch jeweils unterschiedliche Sprachschichten festmachen lassen.

10.1 Historische Sprachdaten

Im Rahmen der historischen Dialektgeographie bieten sich verschiedene Quellengattungen als Datenträger an (König 2011:83; Debus 1983:932f.; Kleiber 1994:260ff.). Am wenigsten geeignet zu sein scheinen *literarische Texte* im engeren Sinne, da die Dichter des Spätmittelalters im Allgemeinen überregionale Bedeutung zu erlangen (und somit lokale Varianten weitgehend auszuschalten) suchen.[199] Auswertungen der lateinisch-deutschen *Literaturrezeption* eines bestimmten Textes und seiner verschiedenen Übersetzungen (z.B. Bibel) haben sich allerdings als durchaus brauchbar erwiesen (Ising 1968; N.R. Wolf 1975); Ähnliches gilt auch für die Auswertung der deutsch-deutschen Rezeption verschiedener Abschriften eines Textes (z.B. Besch 1967). Vom Standpunkt der Lokalisierbarkeit und der mundartnahen Sprachschicht her wären für die historische Dialektgeographie auch die im Übergang zur Neuzeit bäuerliche Rechtstexte verzeichnenden *Weistümer* von großer Bedeutung (König 1978:83); die Forschung hat diese Quellengattung – nicht selten mangels sprachhistorisch geeigneter Editionen – bisher allerdings wenig genutzt.

Eine relativ umfängliche Überlieferung könnte die *Vokabularien,* d.h. die im Dienste der Erlernung des Lateinischen erstellten Wörterbücher, zu einer wichtigen Quellengattung (insbesondere für die historische Wortgeographie) machen. Für Kunze (1975:bes. 42-46) ergeben sich auf der Basis einschlägigen Sprachmaterials aus dem Südwesten des deutschen Sprachgebiets in diesem Zusammenhang jedoch einige gravierende Unsicherheitsfaktoren: Vokabularien seien schwer zu datieren und nur sehr großräumig zu lokalisieren. Man könne zudem davon ausgehen, dass regionale Varianten gemieden würden, sobald überregionale Formen bekannt sind. Dies trifft nach Damme für die handschriftliche Überlieferung so nicht zu; dieser hält (im Rahmen seiner „Überlegungen zu einer Wortgeographie des Mittelnieder-

---

[198] Zum generellen Problem der phonischen Interpretierbarkeit historischer Schreibsprachen und zu einem neuen Verfahren der graphematischen Analyse vgl. Elmentaler 1998; s. auch Mihm 2000a, 2004. Zusammenfassend Elmentaler 2003.

[199] Allerdings hat Wiesinger (1996) nachweisen können, dass es durch die Zusammenschau von Graphemik, Reimphonetik und rezenten dialektalen Lautverhältnissen möglich sein kann, die komplizierten Beziehungen zwischen Schreibung und Aussprache zu erhellen.

deutschen") eine „differenziertere Auseinandersetzung mit dieser Textsorte" für notwendig (1987:58). Als „wortgeographisch verwertbar" erwiesen sich in jedem Falle jene „Wörter, die dem aktiven Wortschatz des Schreibers zuzurechnen sind." Dieses Wortgut lasse sich überdies „aufgrund seiner weitgehenden Homogenität recht sicher lokalisieren" (Damme 1987:58f.). Anhand eines Textzeugen des „Vocabularius Theutonicus" kann Damme (1995) beispielsweise herausarbeiten, wie „wortgeographisch relevante Wörter den münsterländischen Charakter des Schreiberwortschatzes in deutlicher Weise bezeugen" (S. 60). Die Bedeutung der Vokabularien als Quelle für die historische Wortgeographie zeigt sich nicht zuletzt auch in dem Vergleich zwischen älterem und jüngerem Befund im niederdeutschen Sprachraum. Erste Forschungsergebnisse deuten darauf hin, dass sich in den letzten 600 Jahren der wortgeographische Befund im niederdeutschen Altland nur unwesentlich verändert hat; im niederdeutschen Neuland (den Gebieten der Ostsiedlung des 12. bis 14. Jahrhunderts) scheint er allerdings einer stetigen Umwälzung unterworfen gewesen zu sein (vgl. Damme 1999, 2001).

Von der Lokalisierbarkeit und Datierbarkeit her sind die seit der Mitte des 13. Jahrhunderts zunehmend deutschsprachigen *Urkunden* als Quelle fast nicht zu übertreffen (Löffler 2003:50f.). Die Schreiber nennen sich am Schluss, die Namen des Empfängers und des Ausstellers sind Bestandteil des Urkundentextes. Da die Urkundensprache weitgehend formelhaft ist, lassen sich lokale und individuelle Sprachgewohnheiten leicht ermitteln. Allerdings ist die verwertbare Textmenge der Einzelurkunden, zumal deren lokal oder regional bestimmbarer Teil, recht gering. Wenn man dann noch die oft sehr heterogene Thematik der Urkunden in Betracht zieht, wird deutlich, dass eine Vergleichbarkeit, etwa im lexikalischen Bereich, nur in beschränktem Maße möglich ist.[200]

Die teils deutlichen Einschränkungen in der Verwendbarkeit der bisher vorgestellten Quellengattungen für die Fragestellungen der historischen Dialektgeographie entfallen, wie Kunze in einem entsprechenden Vergleich (1980:bes. 1-7) herausgearbeitet hat, bei den sog. *Urbaren*. Die Leistung dieser (seit dem Ende des 13. Jahrhunderts häufig deutschsprachigen) Güter- und Zinsverzeichnisse für die Anlage historischer Sprachkarten, wie sie im nachstehend näher vorgestellten HSS, der

---

[200] Wie Fischer/Peters (2004) herausarbeiten, lässt sich auf der Basis innerstädtischen Verwaltungsschrifttums (d.h. Urkunden, Stadtbucheintragungen, Stadtrechnungen etc.) jedoch sehr wohl eine vergleichende Untersuchung einzelner (regionaler) Schreibsprachen vornehmen. Beim in der Bearbeitung befindlichen „Atlas spätmittelalterlicher Schreibsprachen des niederdeutschen Altlandes und angrenzender Gebiete (ASnA)" wird man allerdings auf Grund der anders gearteten Materialgrundlage nicht wie bei dem im Folgenden vorgestellten HSS eine „größtmögliche Nähe zur dialektalen Grundschicht" – und damit einen den historisch-*dialektalen* Befund vermittelnden Sprachatlas – erwarten dürfen; das Ziel des ASnA ist ein anderes: die Darstellung der historischen Schreibsprachengeographie auf der Grundlage der Methoden der Variablenlinguistik.

ausschließlich auf Urbaren fußt, sichtbar wird, lässt sich „unschwer aus Funktion und Beschaffenheit des Quellentyps begründen". Kunze führt weiter aus:

> „Durch den Zweck dieser Schriftstücke, die Identifizierung und Beschreibung von Liegenschaften, sind die thematisierten Sach- und Sprachbereiche von vornherein streng ortsbezogen und von Bemühungen um überregionale Verständigung unberührt. Die mündlich-schriftliche Interaktion der Urbarpartner Hintersassen/Schreiber/Grundherr[201] erfolgt nur im lokalen Umkreis. Auch von ihrem Entstehungsprozeß her lassen Urbare größtmögliche Nähe zur dialektalen Grundschicht erwarten. In der Regel wurden sie nach Weisungen aus dem Munde ortsansässiger Bauern aufgenommen [...]. Nach Ausweis eines St. Blasianischen Kellereiurbars von 1334 bevorzugte man als Informanten die *eltesten frovwen unde man*, da deren Erinnerung am weitesten zurückreichte. Und um noch einen Gesichtspunkt von der Schreiberseite her zu nennen: das in den Urbaren erfaßte Sprachmaterial besteht zu einem großen Anteil aus Namen. Bei ihrer schriftlichen Fixierung war, zumal wenn sie etymologisch dunkel waren, die Anlehnung an vorhandene Schreibtraditionen im Sinne der Reproduktion eines gelernten Wortbildes weitgehend unmöglich. So ist bei Namen ein hoher Grad schriftlicher Spontaneität anzunehmen."[202]

Die Datierung macht im allgemeinen keine Probleme. In den meisten Fällen sind die Urbare direkt datierbar; ansonsten liefern etwa die zahlreich vorkommenden Personennamen oder andere externe Datierungsmethoden die nötigen Hinweise (Kleiber 1979:20f.).

10.2 Anlage des HSS

Der HSS umfasst ein Gebiet, in dem heute südwestoberdeutsche (in traditioneller Nomenklatur: alemannisch-südwestoberdeutsche) und mitteldeutsche Mundarten gesprochen werden. Die Autoren stellen ihr Werk selbst in die Nachbarschaft der Kleinraumatlanten, ein Vergleich, der naheliegt, besitzt der HSS mit 114 Ortspunkten doch eine Belegortdichte[203], die es mit modernen Regionalatlanten (vgl. II.4.4) durchaus aufnehmen kann. Des weiteren ist der HSS vor allem durch die Überprüfbarkeit der kartierten Primärinformation in einem umfänglichen Dokumentationsteil (im Textband) charakterisiert. Da die Kartensymbole im allgemeinen nur die

---

[201] Hierzu s. den Abschnitt „Urbarsoziologie" in Kleiber 1979:30ff.
[202] Kunze 1980:7f. – Allerdings sei auch erwähnt, dass die Sprachform der Urbare sich häufig nicht auf lokale Ausprägungen beschränkt. Am Anfang war z.B. deutsch-lateinische Gemischtsprachigkeit geradezu die Regel; Kleiber (1979:13ff.) hat in diesem Zusammenhang von „internem Bilingualismus" gesprochen.
[203] Das Ortsnetz beruht auf der Schreiborts- bzw. Kanzleiortslokalisation. Kleiber (1979:23) schreibt in diesem Zusammenhang: „Die Lokalisierung des Urbarsprachstoffs bietet mehr Chancen als Probleme. Es liegt nahe, daß die Urbare, die ihrem Wesen nach interne Verwaltungsdokumente einer Grundherrschaft darstellen, in der Regel am Sitz eben dieser entstanden und dort auch zu lokalisieren sind."

Summe der Belege pro Ortspunkt darstellen können, ist insofern die Notation des ggf. abweichenden Verhaltens bestimmter Quellen oder Schreiberhände von großer Bedeutung. Hinsichtlich des synchronen Schnitts (die Karten des HSS stellen einen Zeitraum von ca. 150 Jahren dar) und der Homogenität des Materials, das bei modernen Atlanten zumeist auf direkter Exploration beruht, bestehen natürlich Unterschiede zwischen Regionalatlas und historischem Atlas.

Die spezifische Leistung des HSS, der im übrigen auch für außersprachwissenschaftliche Disziplinen benutzbar sein will, wird in der historisch-graphematischen Aussage seiner Karten gesehen. Löffler fasst die Arbeitsweise wie folgt zusammen (1979:43f.):

„Im Historischen Sprachatlas (Schreibatlas) tritt [...] an die Stelle des vollständigen lokalen oder syntopischen Schreibsystems die räumliche Punkt-für-Punkt-Kartierung der graphischen Reflexe desselben Bezugslautes als Interpretationshilfe. Das System des Kartenbildes ersetzt das fehlende Lautsystem. Diese Methode hat den Vorteil, daß man nicht gezwungen ist, jeweils erst für jeden Ortspunkt das gesamte Schreib- und wenn möglich noch das Lautsystem aufzustellen, um dann Schlußfolgerungen auf die graphematisch-phonologischen Beziehungen zu ziehen. Das Kartenbild als Raumstruktur von Einzelelementen läßt die Möglichkeit zu, quellenbedingt auch sprachlich punktuelle Untersuchungen anzustellen. Für Sprach-Korpora mit nur beschränkter lexikalischer Ausstattung scheint dies ein adäquates Vorgehen zu sein. So bringt der Atlas in das immer schon vorhandene Beziehungs-Dreieck ‚historische Schreibung – historischer Bezugslaut – vermutete Lautung' den zusätzlichen Aspekt der arealen Struktur als Instrument zur Rekonstruktion des historischen Lautstandes und dessen diachroner und diatopischer Veränderungen."

Der HSS eröffnet der Forschung demnach neue Möglichkeiten, von der graphemischen auf die phonemische Ebene zu schließen.[204] Dabei ist es im übrigen sehr hilfreich, dass ein großer Teil des HSS-Arbeitsgebiets durch Regionalatlanten der rezenten Dialekte abgedeckt wird (vgl. II.4.4.): ALA, SSA, SDS, VALTS.

Die in Band 2 veröffentlichten 237 Karten stellen in der Mehrzahl graphische Repräsentationen einzelner mhd. oder germ. Bezugslaute dar. Diese Karten bezeichnet Löffler (1979:45) in Übertragung der Goossensschen Typologie der Strukturkarten (Goossens 1969:29ff.) als *Bezugskarten* (Beispiel: HSS-Karte 10: Schreibung <e> : <å> für Sekundärumlaut *ä*). Daneben gibt es gelegentlich auch den Typ der *Inventarkarte* (etwa HSS-Karte 88: Gesamtverbreitung des Zirkumflex), der *Abstammungskarte* (so HSS-Karte 66: <î, ŷ> für *ie, i, î*) oder der *Distributionskarte* (beispielsweise HSS-Karte 173: <s> : <sch> für *s-* vor *l*). In bestimmten Fällen werden Einzelkarten auch zu Teilsystemkarten (etwa HSS-Karte 87: Entrundungsgraphe : Altgraphe) kombiniert.

Es überrascht nicht, dass die Sprachdaten zu den einzelnen Untersuchungsgegenständen in den Quellen quantitativ nicht gleichmäßig belegt sind. Von daher ist

---

[204] Ausführlich zur graphematischen und phonematischen Rekonstruktion anhand des HSS Kleiber (1984:835f.).

die statistische Differenzierung bei der Präsentation der Daten auf den Karten gelegentlich unumgänglich. Der HSS kennt neun statistische Grundtypen, deren Skala von der Angabe „kommt vor" bis zur exakten Prozentangabe bzw. direkten Nennung der Belegzahl reicht (Kunze 1980:13).

10.3 Besprechung einer HSS-Karte

Die Arbeitsmöglichkeiten mit dem HSS und der daraus resultierende Erkenntnisgewinn seien am Beispiel der HSS-Karte 138 „<mb> : <mm> in *krumb-, zimber*" illustriert (s. Abb. 39). Dabei können wir uns auch auf den von Kunze zu dieser Karte ausgearbeiteten Kommentar stützen (HSS Bd I:241-243). Objekt der Karte ist die seit dem Spätahd. beobachtbare Ablösung von <mb, mp> durch <m(m)> (Schatz 1927: 110). Die Karte wurde nach den beiden hinsichtlich dieses grammatischen Bereichs häufigsten Belegwörtern (*vmb* war nicht verzettelt worden) gezeichnet: *krumb-* stammt durchweg aus Flurnamen, *zimber* meist aus dem Personennamen *zimbermann*. Eine evtl. unterschiedliche Behandlung der Belegwörter ist kartographisch sichtbar gemacht worden (mit relativen Frequenzangaben); zum exakten prozentualen Verhältnis der Formen ist die Tabelle im Kommentar (S. 242) zu studieren.

Nach Klappenbach, die die hier kartierten Erscheinungen untersucht hat (1944/45: bes. S. 195-199, 202f.), ist für das 13. Jahrhundert <m(m)> vor allem im Mitteldeutschen, nur gelegentlich im Oberdeutschen festzustellen. Dort wiederum seien die „assimilierten Formen gebräuchlicher im Alemannischen als im Bairischen." Speziell für *zimber* gelte folgender Befund: „Im Norden *-mm-*, im ganzen Süden *-mb-*; im Südwesten daneben [...] *-nb-* und *-m-* [...] *-mm-*."

Die die Verhältnisse der Folgezeit darstellende Karte zeigt eine deutliche, bisher unbeachtete Opposition, mit der Massierung der nichtassimilierten Formen am Oberrhein. Dieser Befund erscheint umso bemerkenswerter, „als in den rezenten Mundarten [mb] wohl vom Hotzenwald an südwärts und in der nordöstlichen Bodenseegegend (und wieder östlich des Lech), nicht aber am Oberrhein bezeugt ist" (Kommentar S. 241). Im übrigen stimmt diese auf Urbaren fußende Karte vollkommen mit den historischen Belegen der einschlägigen Wörterbücher und Ortsmonographien überein. Eine versuchsweise vorgenommene zeitliche Differenzierung des Materials (Verhältnisse vor/nach 1350) brachte nach Kunze keine nennenswerten Abweichungen.

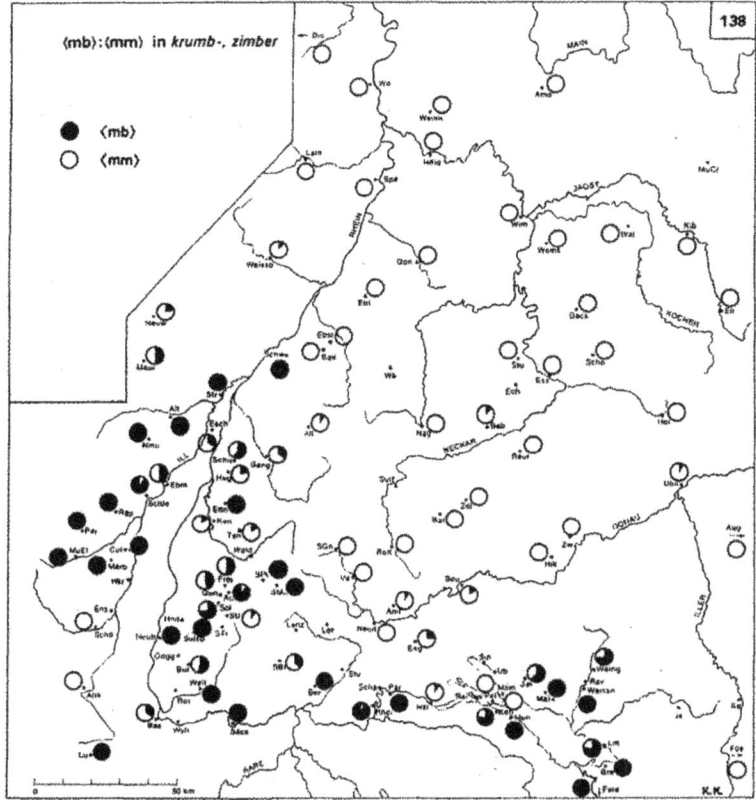

Abb. 39: „Historischer Südwestdeutscher Sprachatlas": <mb> : <mm> in *krumb-, zimber* in südwestdeutschen Urbaren

---

Fragen/Aufgaben

1. Welche Rolle spielt das Problem der Textsorte in der historischen Dialektgeographie? Vgl. Sie dazu auch Kunze (1975).

2. Machen Sie sich anhand der Untersuchung von Ising (1968) mit den wortgeographischen Unterschieden und Ausgleichsbewegungen im Wortschatz spätmittelalterlicher deutscher Bibelübersetzungen vertraut!

3. Stellen Sie das Verhältnis von historischer Schreibung, historischem Bezugslaut und vermuteter Lautung dar! Lesen Sie dazu u.a. Besch (1961), Fleischer (1966), Klein (1977), Löffler (1979), Elmentaler (1998), Mihm 2004.

4. Vergleichen Sie Sprachräume historischer Schriftdialekte mit mundartlichen Sprachräumen der Gegenwart! Als Beispiel können Ihnen die Kartenbilder „*wiederkäuen*" (Ising 1968, Karte 25 bzw. DWA 2, Karte 14) dienen.

11 Alltagssprachenforschung I: Sprachgeographische Ansätze

Auch außerhalb der Dialektologie im engeren Sinne besteht im deutschen Sprachraum ein beträchtliches Interesse an Fragen der sprachlichen Regionalität. Dabei ist, wie Scheuringer (1995:46) konstatiert, gerade für das deutsche Sprachgebiet in dieser Hinsicht eine relativ große Toleranz festzustellen, und zwar auf allen sprachlichen Ebenen (vgl. zur Problematik im Einzelnen III.12.). In historischer Perspektive sind die regionalen Umgangssprachen die Nachfolger der alten Dialekte. Wie in III.11.1. noch näher ausgeführt wird, meint *Umgangssprache* in Süddeutschland durchaus etwas anderes als in Norddeutschland. Während die Umgangssprachen im Süden eher kleinräumig und mundartnah definiert sind, betrachtet man sie im Norden großräumiger und mit Bezug auf die Standardsprache (Macha 2004:22).[205] Eine dezidierte Übersicht über die rezente territoriale Gliederung umgangssprachlicher Erscheinungsformen hat Mihm (2000b) vorgelegt. Neben allgemeineren Charakteristiken zu den norddeutschen, mitteldeutschen, süddeutschen, österreichischen und schweizerischen Umgangssprachen bietet Mihm auch entsprechende Übersichten zu Teilregionen (z.B. Mecklenburg, Südhessen oder Schwaben). Die jeweiligen Auflistungen repräsentieren natürlich den Forschungsstand; sie sind, wie Macha (2004:23) anmerkt, insofern nur begrenzt aussagekräftig.

Ein wichtiger Aspekt im Zusammenhang sprachlicher Regionalität wird erst in jüngster Zeit verstärkt und systematisch in den Blick genommen: die Untersuchung der Intonation von Dialekten und anderen regionalen Varietäten. „Dieses Forschungsdesiderat mag verwundern, wird doch gerade die Sprechmelodie von Laien wie Dialektologen als charakteristisch für bestimmte Dialekte eingestuft" (Auer/Gilles/Peters/Selting 2000:222). Ein unter Leitung von Peter Auer und Margret Selting stehendes Projekt versucht, diese Forschungslücke zu schließen und perzeptuell auffällige Intonationsstrukturen in bestimmten regionalen Stadtsprachen (untersucht werden Hamburg, Berlin, Dresden, Mannheim, Duisburg, Köln und München) zu identifizieren. Ferner geht es darum, die Funktion dieser Konturen in unterschiedlichen Verwendungskontexten zu beschreiben.[206]

---

[205] Ob man allerdings so weit gehen kann wie H. Löffler, der vor dem Hintergrund der im Norden Deutschlands immer weiter fortschreitenden Annäherung an die Standardsprache behauptet, dass beim „Plattdeutschen und bei nordmitteldeutschen Dialekten (Berlin) [...] der Reduktionsprozess so weit fortgeschritten [ist], dass nur noch Reste ehemaliger Dialektsysteme in Form bestimmter Intonationen oder Einzellaut-Realisierungen (*dat/wat*; *berch/tach*) oder einem knappen Dutzend Spezialwörter [...] vorhanden sind" (2000:2041), erscheint fraglich und wäre im Einzelnen zu überprüfen.

[206] Vgl. Auer/Gilles/Peters/Selting 2000, Auer 2001, Gilles 2001, Gilles/Peters/Auer/Selting 2001, Schmidt (Hg.) 2001, Selting 2001, Peters/Gilles/Auer/Selting 2002, Gilles 2005. S. ferner Peters 2006, der u.a. auch die Möglichkeiten der Intonationsanalyse für die Untersuchung regionaler Varianz aufzeigt; zusammenfassend Gilles/Siebenhaar 2010b. Zur dialektalen Intonation des Schweizerdeutschen vgl. Leemann 2011.

Schließlich sei noch darauf hingewiesen, dass selbst in der Forensik das „Bedürfnis nach einem dialektologischen Expertensystem" besteht. In diesem Zusammenhang wurde eine multimediale „Datenbank regionaler Umgangssprachen des Deutschen (DRUGS)" entwickelt (vgl. Künzel 2001).

Nachstehend werden nun vier Sprachatlaswerke und ein Projekt vorgestellt, die nicht mehr von den polaren sprachlichen Varietäten (hier idealisierter ‚Basisdialekt' – dort idealisierte ‚Hochlautung' des Schriftdeutschen) her operieren, sondern den Versuch machen, die in mehrfacher Weise geschichtete komplexe sprachliche Wirklichkeit des ‚Alltags', die ‚gewöhnliche' Sprache des ‚täglichen Umgangs' in den Blick zu nehmen. „Alltagssprache" ist in diesem Sinne „keine linguistische Varietätenbezeichnung, sondern ein pragmatischer Sammelbegriff" (Friebertshäuser/Dingeldein 1988b:630).

11.1 Erste Ansätze: „Wortatlas der deutschen Umgangssprachen" (WDU)

11.1.1 Anlage des WDU

Der „Wortatlas der deutschen Umgangssprachen" von Jürgen Eichhoff geht auf eine erste Erhebung (mittels eines standardisierten Fragebogens[207]) während der Jahre 1971-1976 zurück. Diese umfasste 402 Orte in dem zusammenhängenden deutschsprachigen Gebiet der (alten) Bundesrepublik Deutschland, der damals noch bestehenden Deutschen Demokratischen Republik, Österreichs und der deutschsprachigen Teile der Schweiz und Italiens.[208] Als Resultat wurden 1977 und 1978 zwei Bände mit insgesamt 108 Wortkarten herausgegeben.[209] Eine zweite Umfrage – unter Hinzufügung eines weiteren südtirolischen Ortes sowie der Stadt Luxemburg – wurde im wesentlichen in den Jahren 1977-1987 durchgeführt; sie bildet die Grundlage für zwei weitere Bände mit insgesamt 141 Karten (davon 22 zur Aussprache und Grammatik), die 1993 und 2000 publiziert wurden.

Mit dem WDU verfolgt Eichhoff insbesondere die Absicht, deutlich zu machen, dass „nicht überall im Geltungsbereich der deutschen Sprache [...] dieselbe Sache [...] mit demselben Wort bezeichnet" wird, und zugleich, „für eine Auswahl von geeignet erscheinenden Begriffen die geographische Verbreitung der unterschiedlichen Bezeichnungen darzustellen" (WDU, Bd. 1:9). Eichhoff knüpft dabei an Kretschmers Untersuchung zur „Wortgeographie der hochdeutschen Umgangssprache" (1969 [1918]) an. Während diese jedoch die Sprache der ‚gebildeten Kreise' zum Ziel

---

[207] Fragetyp: etwa „88. Wie heißt an Ihrem Ort der Handwerker, der Holz verarbeitet? Z.B. Schreiner, Tischler."
[208] Für das deutschsprachige Gebiet in Belgien erschien mit Nelde 1987 zum WDU der bisher einzige Ergänzungsband.
[209] Bd. 2 enthält einen Anhang von 17 Karten, auf denen die Verbreitung phonologischer, morphologischer und syntaktischer Varianten in den Umgangssprachen dargestellt wird.

hatte, interessiert Eichhoff die Sprachvariante, die „unter den Bewohnern des jeweiligen Ortes im täglichen Umgang üblich ist" (WDU, Bd. 1:10).[210] Er versteht unter dem im Titel seines Atlasses verwendeten Terminus *Umgangssprachen* (unter bewusster Verwendung des Plurals) „zunächst regionaltypische sprachliche Varietäten, die je nach Region in einem spezifischen Bereich des Spektrums zwischen kleinräumig gegliederten Dialekten und der übergreifenden Standardsprache ihren Platz haben. An welcher Stelle dieses Spektrums die jeweilige regionale Umgangssprache lokalisiert ist, d.h., ob sie diesen oder jener nähersteht, beruht auf historischen Entwicklungen" (Eichhoff 1997:184). In Norddeutschland sind, so sagt Eichhoff (1997:184f.) weiter, die Umgangssprachen „aus der Vorform der heutigen Standardsprache, der neuhochdeutschen Schriftsprache entstanden, die hier zunächst als geschriebene Sprache Aufnahme fand, dann aber auch mündlich in formellen Situationen und als Mittel der überregionalen Kommunikation das Niederdeutsche mehr und mehr ablöste." In Süddeutschland dagegen leiten sich „die städtischen Umgangssprachen von Dialekten her, die in ihrem Umland vielfach noch lebendig sind. Der Unterschied zu den Dialekten ist ein gradueller, nicht, wie im Norden, ein qualitativer."[211]

Im Vergleich zur Darstellung in Bd. 1 (1977:11) hat Eichhoff (1997) seine Skizze der regional unterschiedlichen Verortung der „Umgangssprachen zwischen Standardsprache und Mundarten" insofern revidiert, als nun der „Abstand [...] zwischen der Stufe der norddeutschen Umgangssprache, die der Standardsprache am nächsten steht, und dieser selbst" (so noch 1977) aufgehoben ist und nunmehr für den Norden ein fließender Übergang zwischen Standardsprache und Umgangssprache angenommen wird: „Inzwischen ist der Trend standardnäherer Sprachformen fortgeschritten" (1997:186).

Bei der Belegortauswahl kam es Eichhoff darauf an, „die Voraussetzungen für ein möglichst repräsentatives Abbild des heutigen Sprachgebrauchs zu schaffen. Deshalb wurden die Abfragungen in Städten vorgenommen" (WDU, Bd 1:9). Als Gewährspersonen wurden vor allem Sprecher der mittleren und jüngeren Generation herangezogen, die in der Regel im „Aufnahmeort geboren, aufgewachsen und noch ansässig waren" (WDU, Bd. 1:14), insofern also die Bedingung des Vertrautseins mit den örtlichen Sprachverhältnissen erfüllten. Vertreten sind alle Bevölkerungskreise, insbesondere aber die ‚Mittelschicht'. Befragungsziel war nicht das Sprachverhalten des Informanten, sondern das von diesem als ortsüblich angese-

---

210 *Umgangssprache* wird hier nicht von der Existenzform her definiert, sondern von der Verwendungsweise. Damit entspricht Eichhoffs Begriff *Umgangssprache* dem von Friebertshäuser/ Dingeldein 1988a) vorgezogenen Begriff *Alltagssprache*.
211 In den Städten Österreichs ist nach Wiesinger (1980a:183) unter *Umgangssprache* ein „Ausgleichsprodukt" zwischen Dialekten und Standardsprache zu verstehen, während in den Städten der Schweiz, Südtirols und Luxemburgs im täglichen Umgang eher Dialektformen verwendet werden; vgl. Eichhoff (1997:185).

hene. „Die Erhebung verläßt sich somit auf die ‚volkslinguistische' Kompetenz der Gewährsleute" (Friebertshäuser/Dingeldein 1989:115).

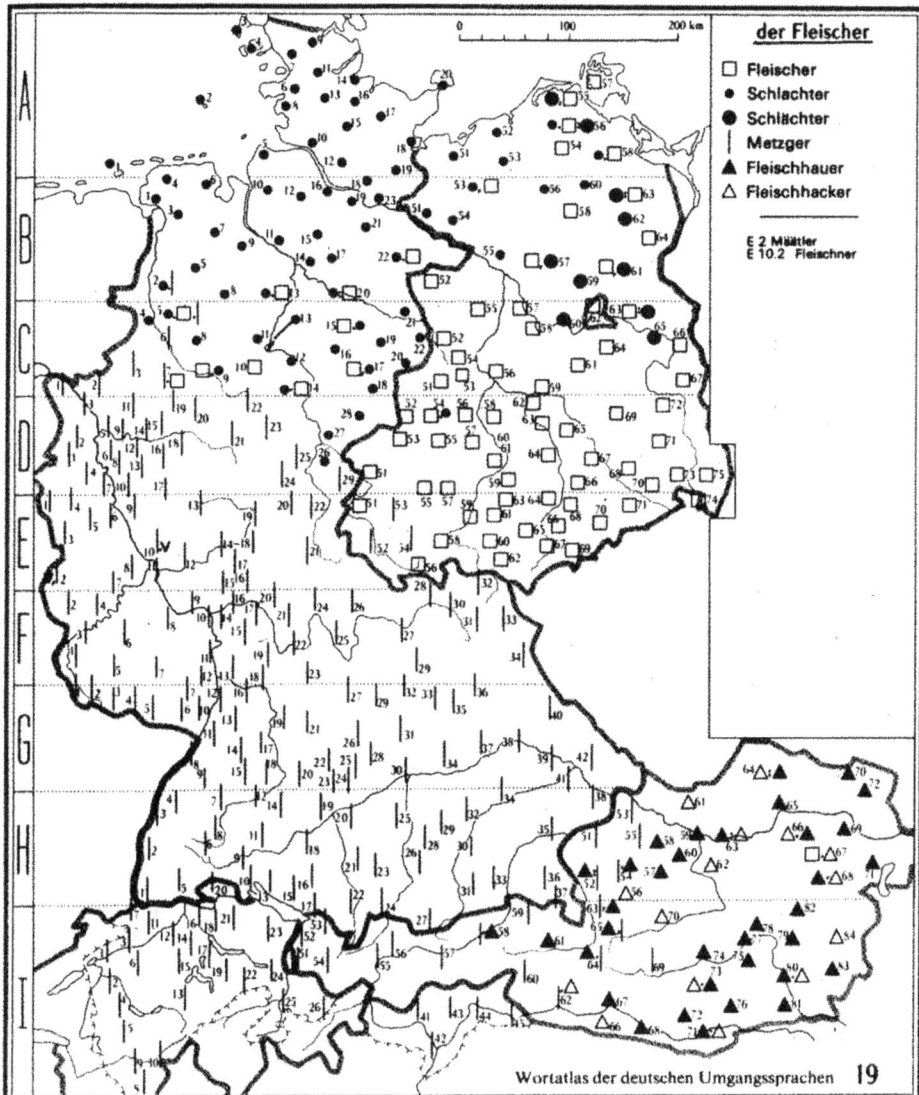

Abb. 40: „Wortatlas der deutschen Umgangssprachen": Benennungen für *'Fleischer'*

Bei einer großen Zahl von WDU-Karten springt eine Nord/Süd-Gliederung der umgangssprachlichen Lexik ins Auge, in einer Reihe von Fällen ist aber auch der Zusammenfall der Wortgrenzen mit politischen Grenzen auffällig. Als Beispiel für einen noch stark gegliederten Befund diene Abb. 40. Auf dem Gebiet der (ehemaligen)

DDR dringt das Wort für den 'Handwerker, der Fleisch verkauft', *Fleischer*, nach Norden deutlich in das *Schlachter/Schlächter*-Gebiet vor. Auffällig ist, dass in der (alten) Bundesrepublik, in der *Fleischer* die offizielle Bezeichnung dieses Handwerks ist, dieses Wort in der gesprochenen Sprache offensichtlich kaum Rückhalt hat: bis auf wenige Ausnahmen werden *Schlachter* und *Metzger* als ortsübliche Benennung genannt. In Österreich breitet sich *Fleischhauer* zunehmend gegenüber dem angestammten *Metzger* aus; Eigenbezeichnung des Handwerks ist übrigens auch hier *Fleischer* (WDU, Bd. 1:24f.).[212] – Eine Reihe von Umzeichnungen eindrucksvoller WDU-Karten findet sich bei König (2011:232-243).

Für das Gebiet der neuen Bundesländer hat der WDU mit dem „Wortatlas der städtischen Umgangssprache" (Protze 1997) einen mit ausführlichen soziolinguistischen Kommentaren versehenen methodischen Nachfolger gefunden. Nicht nur der umgangssprachlichen Lexik, sondern vielmehr allen sprachsystematischen Bereichen (mit Betonung der Lautebene) ist Spangenbergs Untersuchung zur thüringischen Umgangssprache gewidmet (Spangenberg 1998).[213] Sie beschränkt sich nicht auf den einschlägigen städtischen Sprachgebrauch, sondern basiert in starkem Maße auch auf dörflichen Untersuchungsorten.

11.1.2 Der WDU als Ausgangspunkt weiterführender Forschungen

Das Eichhoffsche WDU-Material ist bereits mehrfach Ausgangspunkt zusammenschauender Betrachtungen gewesen. So hat Goossens etwa „das Verhältnis von mundartlichem und umgangssprachlichem Wortschatz in Niederdeutschland" anhand der 108 Wortkarten der ersten beiden Bände des WDU untersucht und vor dem Hintergrund des Vergleichs mit den entsprechenden DWA-Karten festgestellt, dass die für den Norden Deutschlands kartierte Lexik zu einem recht hohen Prozentsatz niederdeutschen Ursprungs ist (1979b:43). „Chancen in der Umgangssprache" haben dabei insbesondere großräumigere dialektale Lexeme (Goossens 1979b:50).[214] Bei Müller geht es, mit etwas anderer Zielsetzung, insbesondere darum, „ob die Distanz zwischen lexikalischem Standard und umgangssprachlicher Lexik nicht

---

[212] Die Entwicklung der Variation in diesem Bereich lässt sich durch einen Vergleich mit den Karten des „Atlasses zur deutschen Alltagssprache" (vgl. III.11.2.; AdA-Karte, Zweite Runde, Frage 9a) und des IDS-Projekts „Variation des gesprochenen Deutsch" (vgl. ebenfalls unter III.11.2.) zeigen; zu letzterem s. Kleiner/Knöbl 2011:7f.
[213] Vgl. hierzu auch die Analyse in Schmidt/Herrgen 2011:259-265.
[214] Vgl. Goossens 1979b:50f.: „Je großräumiger der Dialektausdruck, umso besser seine Chancen in der Umgangssprache. Ostniederdeutsche Wörter setzen sich leichter durch als westniederdeutsche, doch muß die Beobachtung mit der Feststellung verbunden werden, daß ostniederdeutsche dialektale Wortgebiete meistens größer sind als westniederdeutsche." Hieraus folgt dann: „Nur westliche niederdeutsche Mundartwörter können nicht den Status der Umgangssprache erreichen oder haben es schwer, diesen Status zu behalten. Vielmehr werden sie von Konkurrenten aus den angrenzenden östlichen und südöstlichen Bereichen verdrängt" (1979:49).

doch regional differenziert ist, wie diese Differenz gemessen werden kann und wie denn schließlich ein lexikalisches Distanzprofil ‚Hochsprache : Umgangssprache' für den deutschen Sprachraum im einzelnen aussehen könnte" (1980:112). Dabei ist die „Dependenz des regionalen lexikalischen Abweichungsniveaus [auch für den niederdeutschen Raum] vom Ausmaß des für die Region anzusetzenden Mundartgebrauchs [...] deutlich" (1980: 128f.). Auch Müller ermittelt eine „gleichmäßige West-Ost-Abdachung im Distanzniveau", die „deutlich die geringere lexikalische Distanz zwischen ostnd./ostmd. Mundarten und gemeinsprachlichem Standard zu erkennen" gibt (1980:130). In diesem Zusammenhang verweist Müller einerseits auf die spezifische Rolle, die das Ostmitteldeutsche bei der Entwicklung der Standardsprache spielte, andererseits aber auch auf den expansiven und nachhaltigen Einfluss des Ostmitteldeutschen auf die ostniederdeutschen Mundarten.

Munske und Durrell haben – ebenfalls auf der Basis der beiden ersten WDU-Bände – die landschaftliche Gliederung der deutschen Umgangssprachen in den Blick genommen. Nach Munske ist für „mehr als die Hälfte aller Karten [einbezogen wurden 52 Wortkarten] eine Nord-Süd-Gliederung charakteristisch" (1983:1015; vgl. dazu die Karte ebd. S. 1014), für Durrell lässt sich eine solche sogar „bei genau drei Viertel der eigentlichen Wortkarten (81 aus 108)" erkennen (1989:101). Durrells Isoglossenkombinationskarte (1989:103) erweist die Relevanz der „Mainlinie", die er als historische Südgrenze des preußischen Einflussgebiets begreift; diese Grenze spielt auch in der *mental map* der Bevölkerung als „Weißwurstäquator" eine gewisse Rolle. Schließlich hat auch Eichhoff (1997) selbst sein WDU-Material unter dem Aspekt der räumlichen Gliederung der umgangssprachlichen Lexik ausgewertet und dabei auch die Nord/Süd-Gliederung – nunmehr unter Einbeziehung der für die Bände 3 und 4 erhobenen Befunde – nachdrücklich bestätigt (1997:193ff.). Eichhoff verweist überdies auf auffällige Übereinstimmungen zwischen Wortgrenzen und politischen Grenzen (1997:199ff.).

Die vorstehenden Befunde basieren auf Kombinationskarten vornehmlich solcher Isoglossen, die sich „ohne allzu grobe Vereinfachung" (Durrell 1989:102) aus dem vorgegebenen Material mit Blick auf eine räumliche Nord/Süd-Gliederung herausarbeiten ließen. Insbesondere hinsichtlich der Bände 3 und 4 machen jedoch auf zahlreichen Karten „ausgedehnte Mischgebiete das Ziehen von Isoglossen unmöglich" (Eichhoff 1997:193). In jedem Fall erscheint die Erstellung einer das gesamte WDU-Material kombinierenden Karte ausgeschlossen. Um aber dennoch „ein Gesamtbild von Rolle und Gestalt der diatopischen Unterschiede im WDU-Material zu gewinnen", müssen die Daten der Einzelkarten mit Hilfe statistischer Verfahren gebündelt werden (Möller 2003:263). Für seine „diatopische Gliederung des alltagssprachlichen Wortgebrauchs" wertet Möller das WDU-Material dialektometrisch[215]

---

[215] Vgl. II.5.3.; s. auch III.4.3. Zur hier verwendeten Methode vgl. vor allem Lausberg/Möller (1996/1997).

aus. Zugrundegelegt wurde ein Korpus von 198 Wortkarten aus allen vier Bänden des WDU (bei den übrigen Karten handelt es sich zumeist um solche zur Phonologie und Morphologie bzw. Doppelabfragungen in erster und zweiter Erhebungsserie).

Die Auswertung des WDU-Materials erfolgt mit Hilfe eines „paarweisen Vergleichs der Daten aller Ortspunkte im Hinblick auf Übereinstimmungen und Unterschiede (Möller 2003:264). Auf diese Weise lassen sich, ausgehend von einzelnen Orten, Ähnlichkeitskarten erstellen. Übrigens verläuft auch hiernach die „Haupt-Trennlinie auf der Höhe des Mains" (2003:284). Ein „Gesamtbild der Raumgliederung des WDU-Materials" entsteht jedoch erst durch das Verfahren der Clusteranalyse, „bei dem die Punkte mit jeweils höchster Übereinstimmung zu Gruppen (Clustern) zusammengefasst werden, diese je nach dem Grad der Übereinstimmung wieder zu größeren Gruppen und so schrittweise immer weiter" (Möller 2003:285; zur Methode Lausberg/Möller 1997:277f.). Möllers entsprechende Karte (vgl. Abb. 41) zeigt die ermittelte Raumbildung.[216]

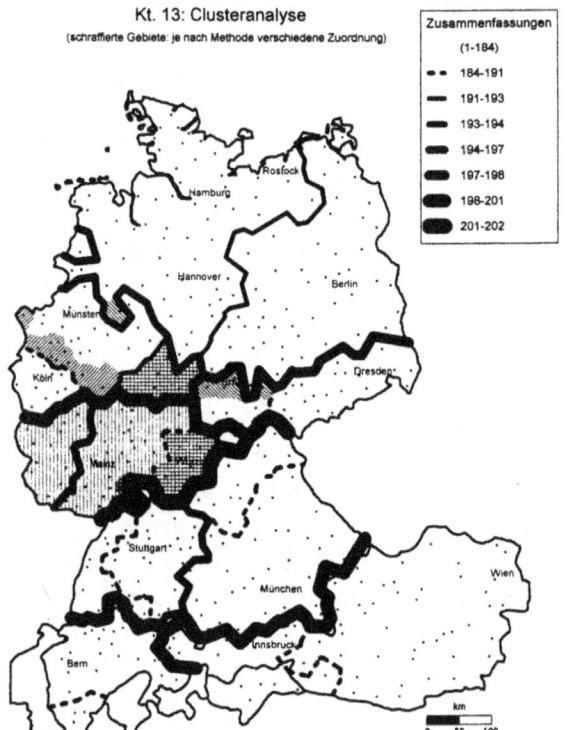

Abb. 41: Diatopische Gliederung des alltagssprachlichen Wortgebrauchs (Clusteranalyse)

---

[216] In einem früheren Beitrag untersucht Möller (2001b) die entsprechenden „Wortgebrauchsräume" nur mit Blick auf die „nord- und mitteldeutsche Alltagssprache".

Hinsichtlich des westmitteldeutschen Gebiets erweist sich die Zuordnung als nicht ganz eindeutig. Je nach zugrundegelegter Methode der Clusterbildung (Complete-Linkage-Methode bzw. Average-Linkage-Methode; vgl. Möller 2003:286f. und Anm. 21) ist dieser schraffiert dargestellte Raum eher zum Norden oder eher zum Süden zu stellen. Ein Vergleich mit der großräumigen „Typologie der arealen lexikalischen Gliederung" des gesamten deutschen Sprachraums auf der Basis des DWA (Hildebrandt 1983) macht deutlich, dass die spezifische Raumgliederung des WDU nur in einem Teil der Fälle von der dialektalen Grundlage vorgezeichnet ist (Möller 2003:292f.). Wesentlicher sind demnach in der Folge umgangssprachliche Ausgleichserscheinungen sowie pragmatische Differenzierungen.

11.2 „Atlas zu deutschen Alltagssprache" (AdA)

Ein weiteres in diesem Zusammenhang vorzustellendes Forschungsunternehmen geht von der Tatsache aus, dass sich insbesondere im Bereich der Lexik der regionalen Umgangssprache rasche Veränderungen ergeben können.[217] Vor diesem Hintergrund ist davon auszugehen, dass die Karten des WDU, für dessen erste beide Bände das Material, wie schon erwähnt, in den frühen 1970er Jahren erhoben wurde, heute zumindest in Teilen einen bereits veralteten Befund aufweisen.

Im Rahmen einer Pilotstudie hat Stephan Elspaß im Wintersemester 2001/2002 mit münsterschen Studenten „zu elf ausgewählten Begriffen und Formen aus den Bänden 1 und 2 des WDU (1977/78), die durch vier neue Items ergänzt wurden" (Elspaß 2005:2f.) eine Neuerhebung in Form einer Internet-Befragung durchgeführt, mit dem Ziel, Sprachwandel in *real time* (vgl. Chambers 2003:212) zu untersuchen. Von den innerhalb weniger Wochen (per ‚Schneeballsystem' multiplizierten) eingegangenen 1951 E-Mail-Antworten aus Deutschland, Österreich, der Schweiz und Norditalien konnten 1431 für einen Vergleich mit den Eichhoffschen Ortspunkten berücksichtigt werden. Die Altersstruktur der Respondenten entspricht ungefähr der der WDU-Informanten. Seit 2004 werden auch Ostbelgien und Luxemburg in die Datenerhebung einbezogen. Zusammen mit Robert Möller (vgl. auch die Projektbeschreibungen Elspaß/Möller 2006, Möller/Elspaß 2008) hat Elspaß inzwischen acht

---

[217] In dieser Hinsicht hatte der „Rheinische Sprachatlas" (Lausberg/Möller 2000) sozusagen noch einen vermittelnden Standpunkt eingenommen. So waren für diesen einerseits „möglichst unspezifische Begriffe [...] des alltäglichen Lebens" abgefragt und kartiert worden, andererseits war aber auch der Bezug zum „(noch) bekannte[n] Dialektwortschatz" (vgl. das RheinWb und seine Karten) möglich. Im Rahmen der Erhebung „tatsächlich verwendete[r] Alltagssprache" hatten dann für den „Rheinischen Sprachatlas" auch Kartenthemen des WDU eine Rolle gespielt (Lausberg/Möller 2000:15).

Folge-Erhebungen durchgeführt,[218] eine zehnte Umfrage läuft derzeit. Die kartierten Ergebnisse (auf bislang rund 375 Karten, inklusive kartierter Teilfragen) stehen in farbiger Fassung im Internet, weit überwiegend mit kurzen Kommentaren (http://www.atlas-alltagssprache.de).

Alle im Rahmen des AdA erstellten Kartenbilder lassen sich im Sinne eines Sprachgebrauchswandels interpretieren, wobei die Veränderungen gegenüber dem alten Befund im Rahmen zweier Arten von Regelmäßigkeiten, Konvergenz und Divergenz, beschrieben und erklärt werden können. Die meisten der neuen Karten machen im Vergleich mit ihren WDU-Entsprechungen die Ausbreitung der bereits Anfang der 1970er Jahre großräumigen Varianten auf Kosten kleinräumigerer Varianten sichtbar. Elspaß nennt diesen Prozeß und dessen Ergebnis Konvergenz (Elspaß 2005:7ff.). Entsprechende Tendenzen lassen sich etwa bei 'Brötchen', 'Senf', 'Schulranzen' und 'Klingel' feststellen. In einigen Fällen zeigt sich jedoch eine gegenläufige Tendenz: „Divergenz auf Grund der Wirkung politischer Grenzen" (Elspaß 2005:10ff.). In diesem Zusammenhang erscheint folgender Befund besonders interessant. Die Variante *Sonnabend*, die Anfang der 1970er Jahre noch als typisch norddeutsch galt (vgl. WDU Bd. 1:Karte 41)[219], wird nunmehr 30 Jahre später im norddeutschen Raum der alten Bundesrepublik kaum noch als „überwiegend gebräuchliche Variante" genannt; aus vielen Orten wird hier nur noch *Samstag* gemeldet. Auffällig anders ist der Befund auf dem Gebiet der ehemaligen DDR. Zwar wird auch hier heute *Samstag* fast flächendeckend verwendet; als Leitvariante hat aber überwiegend noch *Sonnabend* zu gelten (Elspaß 2005:12). Weitere Beispiele für Divergenz finden sich etwa bei '5.45 Uhr' sowie bei den Anredeformen für die Mutter und den Vater. Zwei Fälle von Wandel fügen sich nicht in das Konvergenz/Divergenz-Modell ('Möhre', Modalpartikeln *eben/halt*; vgl. 2005:14ff.). Elspaß erörtert in diesem Zusammenhang die Möglichkeit ‚verdeckten' Prestiges südlicher Varianten (2005:20). Aus den Ergebnissen der Neuerhebung ist letztlich der Schluss zu ziehen, dass Atlanten zu regionalen Umgangssprachen immer wieder aktualisiert werden sollten, nicht zuletzt auch, um die „verbesserungsbedürftige regionale Kennzeichnung" in der lexikographischen Praxis (vgl. dazu auch Niebaum 1984b) auf ein „empirisch gestütztes Fundament" zu stellen (Elspaß 2005:21). So ist es z.B. gängige lexikographische Auffassung (so etwa noch Ammon/Bickel/Ebner u.a. 2004:545), dass bezüglich der Bezeichnungen *Apfelsine* oder *Orange* von einer Nord-Süd-Verteilung auszugehen ist: nördlich *Apfelsine*, südlich *Orange*. Dieser Befund zeigt sich im WDU (Bd. II, Karte 95; Zustand von vor 30 Jahren) noch sehr deutlich (vgl. Abb. 42). Die Erhebungen für den AdA weisen aus, dass sich das Bild inzwischen deutlich geändert hat (s. Abb. 43, für Schwarz-Weiß-Druck umgezeichnet).

---

218 Überwiegend werden Lexeme, Aussprachevarianten und grammatische Aspekte abgefragt. In der sechsten Befragungsrunde geht es um die Ähnlichkeitseinschätzung der Alltagssprache des eigenen Ortes bezüglich der Alltagssprache bestimmter größerer Städte.
219 Siehe auch DWA, Bd. 5,11; Bd. 16. Vgl. ferner König 2011:186.

Alltagssprachenforschung I: Sprachgeographische Ansätze — 167

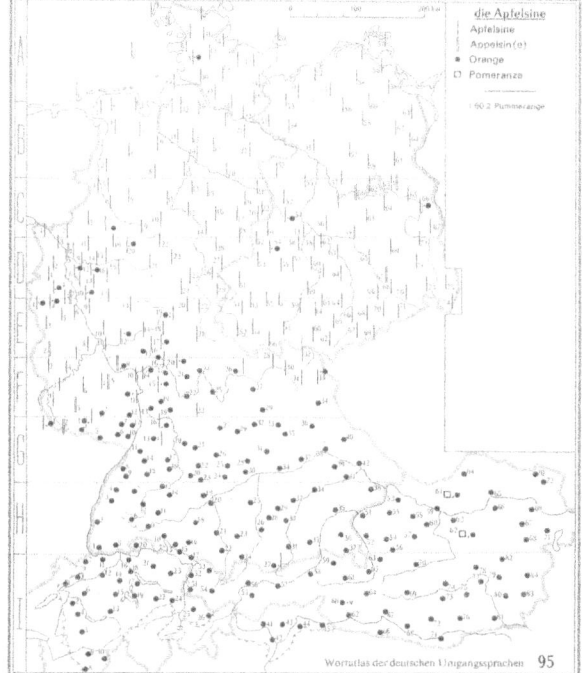

Abb. 42: 'die Apfelsine' (WDU)

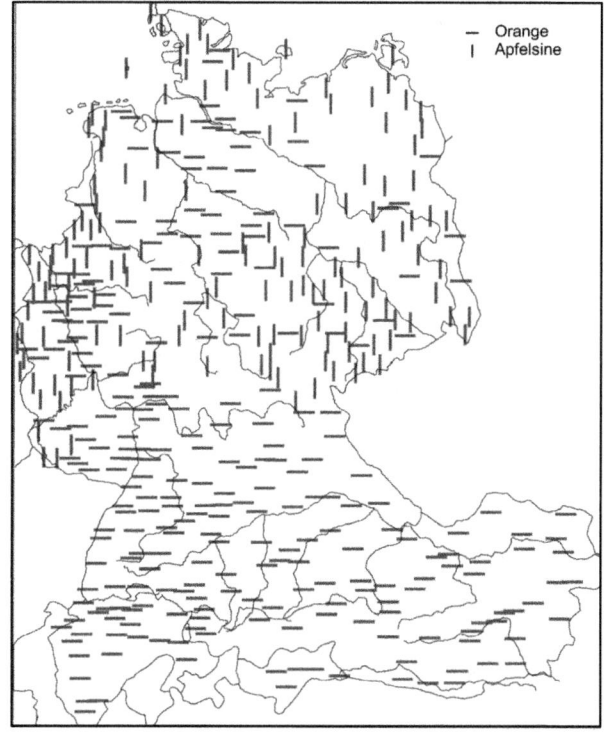

Abb. 43: 'Orange/Apfelsine' (AdA)

"Zwar ist die ursprüngliche Nord-Süd-Verteilung *Apfelsine – Orange* noch zu erkennen, *Orange* stellt aber in großen Gebieten nördlich des Mains mittlerweile eine völlig gleichberechtigte oder gar dominierende Alternative dar. Die schon bei Kretschmer (1969 [1918], 82f.) erwähnte Höherbewertung der südlichen, phonologisch als ‚fremd' erkennbaren Variante hat hier offenbar langfristig zur einseitigen Aufweichung des Nord-Süd-Gegensatzes geführt" (Elspaß/Möller 2006:152f.).

Schließlich zielt auch das am „Institut für Deutsche Sprache" (Mannheim) auf der Basis des dort in den Jahren 2006-2009 erhobenen Korpus „Deutsch heute"[220] in der Erarbeitung befindliche Projekt „Variation des gesprochenen Deutsch" (vgl. auch unten III.11.4.) auf eine „systematische Untersuchung der Variation in der gesprochenen Standardsprache, wie sie sich in der Alltagssprache manifestiert" (vgl. http://www.ids-mannheim.de/prag/AusVar/). Dokumentiert werden insbesondere Vorlesesprache und spontan gesprochene Standardsprache von 671 Oberstufenschülerinnen und -schülern sowie 158 Gewährspersonen zwischen 50 und 60 Jahren an 192 Orten im deutschen Sprachgebiet. Erste Analysen liegen vor und sind teilweise publiziert.[221]

11.3 Soziolinguistisch verschränkt: „Wortgeographie der städtischen Alltagssprache in Hessen" (WSAH)

Anders als Eichhoff beim WDU und Elspaß und Möller beim AdA geht es den Autoren der „Wortgeographie der städtischen Alltagssprache in Hessen" (Friebertshäuser/Dingeldein 1988a) nicht um den allgemeinen Sprachgebrauch am Ort, sondern um den der einzelnen Informanten. Dabei bezieht sich das allgemeine Untersuchungsinteresse „auf die im sprachlichen Wandelprozeß sich herausbildenden neuen sprachlichen Verhaltensweisen der jüngeren Generation" in einer deutschen Teillandschaft, d.h. hier im Bundesland Hessen (Friebertshäuser/Dingeldein 1989:116). Die dem Projekt zugrundeliegende Forschungsfrage gliedert sich in eine Reihe von Einzelfragen auf:

> „Ist die Sprache der jüngeren Generation areal gegliedert, d.h., gibt es einen Unterschied im Sprachgebrauch in den verschiedenen Regionen des Landes? Wenn ja, unterscheidet sich diese Gliederung von älteren Gliederungsmustern, wie sie durch die älteren Dialektaufnahmen belegt wurden? Zielt die Entwicklung brechungsfrei in Richtung Standardsprache? Gibt es dia-

---

220 Das Spracherhebungsprojekt „Deutsch heute" versteht sich „bezüglich seiner Konzeption, Datenerhebung und -analyse als Nachfolgeprojekt zu König (1989)", d.h. den „Atlas zur Aussprache des Schriftfeutschen in der Bundesrepublik Deutschland" (vgl. III.11.4.); s. Kleiner 2010b:13. Zum Projekt vgl. auch Kleiner/Knöbl 2011.
221 So etwa: Betonungsvarianten von *Kaffee*, Aussprache des *Ch-* in *Chemie*, des *S-* und *-r-* in *Sirup* sowie des nebentonigen *-ig* in *einig, wichtigster* und *Schwierigkeiten*; vgl. Kleiner 2010b, Kleiner/Knöbl 2011, zu *-ig* im Nebenton bes. Kleiner 2010a; vgl. auch III.11.4.

lekt-, bzw. standardsprachennahe und -ferne Regionen? Existieren am gleichen Ort / in der gleichen Region unterschiedliche Varietäten nebeneinander?" (Friebertshäuser/Dingeldein 1988a:5).

Die Materialaufnahme für das Projekt (vgl. Friebertshäuser/Dingeldein 1988a:6ff.) erfolgte in 61 hessischen Ober- und Mittelzentren; dabei wurden – je nach Einwohnerzahl – drei, fünf oder sieben Informanten auf der Grundlage eines standardisierten, onomasiologisch orientierten Fragebogens[222] zum alltäglichen Wortschatz befragt. Alle Gewährsleute entstammten der jüngeren Generation (sie waren zwischen 20 und 40 Jahren alt), haben einen Beruf (ohne Hochschulstudium) erlernt und sind im Erhebungsort aufgewachsen, aus dem auch mindestens ein Elternteil stammt. Die Erhebung erfolgte in direkter Aufnahme in Form eines Interviews. Der Fragebogen umfasst 240 Einzelfragen, 218 davon beziehen sich auf unterschiedliche Begriffe des Alltagslebens (etwa aus den Bereichen „Essen und Trinken", „Haus und Haushalt", „Tiere, Pflanzen, Natur", „Kleidung", „Mensch und Gesundheit", „Arbeit und Beruf", „Zeit und Feste"), 22 weitere betreffen phonetisch-phonologische, morphologische und syntaktische Aspekte. Aus dem Material wurden computativ Punktsymbolkarten erstellt, wobei auch die relative Häufigkeit der Nennungen in die Kartenlegende mit eingeht.

Eine ausführliche Interpretation des WSAH-Materials bietet Dingeldein (1991:56-252); auf deren Grundlage formuliert der Verfasser dann auch (ebd. S. 267-271) Antworten auf die Forschungsfrage(n) des Projekts (s. oben): Die Sprache der jüngeren Generation ist areal gegliedert; die niederdeutsche Sprachprägung im Norden Hessens tritt in der Alltagssprache kaum noch in Erscheinung; die Entwicklung der städtischen Alltagssprache verläuft in Richtung Standardsprache, im Süden allerdings nicht brechungsfrei; die städtische Alltagssprache steht im Norden näher bei der Standardsprache, im Süden ist sie noch erkennbar vom Dialekt geprägt, der mittlere Bereich erweist sich als Übergangsgebiet.

Auf der Basis der WSAH haben Friebertshäuser/Dingeldein anderenorts (1988b:636ff. und Skizze S. 644) das Land Hessen bezüglich der städtischen Alltagssprache[223] in drei (bzw. vier) Worträume gegliedert. In der Nordspitze Hessens (Raum I) sind die Meldungen fast durchweg standardsprachlich geprägt. Südlich davon schließt sich (bis zur Mainlinie) ein zweites Gebiet an (Raum II), das häufig „diastratische Heteronymie" (d.h. zwei oder mehr Benennungen für eine Bedeutung, die unterschiedlichen am Ort gesprochenen Varietäten zuzuordnen sind) zeigt. Dabei erweisen sich, von wenigen Ausnahmen abgesehen, die (standardna-

---

[222] Fragetyp: etwa „7. Welches Wort benutzen Sie für das gesalzene Beinstück vom Schwein, das man gerne zu Sauerkraut ißt? [Eisbein etc.]."
[223] Vgl. jetzt auch das Gegenstück: „Wortatlas zur Alltagssprache der ländlichen Räume Hessens" (ALRH) (Dingeldein 2010). – Eine kontrastive Betrachtung von WSAH und ALRH bietet Dingeldein 2008.

hen) H-Varianten[224] als dominant. Im Osten dieses mittleren Bereichs (im Raum IIa) findet sich als Widerspiegelung älterer dialektaler Strukturen „diatopische Heteronymie" (d.h. unterschiedliche Benennungen in areal geschiedenen Gebieten). Als letzter Bereich ist dann Südhessen (das Gebiet südlich des Mains) zu nennen. Dieser Raum III zeigt regelmäßige diastratische Heteronymie, wobei hier jetzt zumeist die (dialektaleren) L-Varianten dominieren. Mit diesem Gliederungsmuster ordnet sich Hessen in den generellen Nord/Süd-Gegensatz des deutschsprachigen Raumes ein (vgl. III.14.1.2.).

11.4 Regionale Sprachfärbung: Aussprache des „Gebrauchsstandarddeutschen"

Die Aussprache selbst des Standarddeutschen, mehr noch die des sog. „deutschen Gebrauchsstandards" (Kleiner 2010a) zeigt eine auffällige regionale Varianz. Das Faktum, dass das tatsächlich gesprochene Deutsch selbst gebildeter Sprecher nicht dem entspricht, was die Aussprachewörterbücher als Standard festhalten, hat Werner König dazu veranlasst, seinen „Atlas zur Aussprache des Schriftdeutschen in der Bundesrepublik Deutschland (AASD)" (König 1989) in Angriff zu nehmen. König sieht sein Forschungsziel darin, „großlandschaftliche Unterschiede in der Aussprache des Schriftdeutschen zu erkunden und darzustellen" (1989, Bd. 1:8). Dabei geht er davon aus, dass die vorgelegten Ergebnisse in den verschiedensten Disziplinen nutzbar gemacht werden können: z.B. im Bereich Deutsch für Ausländer (vgl. dazu auch König 1997:264ff.), im deutschen Fremdsprachenunterricht wie auch im deutschen Rechtschreibunterricht. Dass es im Deutschen landschaftliche Ausspracheunterschiede gibt, ist den meisten Sprachbenutzern bewusst, worin diese im einzelnen bestehen und wie sie geographisch verteilt sind, darüber gibt der Atlas einen ersten Aufschluss.

Das von König analysierte Material (zur Versuchsanordnung König 1989, Bd. 1:16ff.) besteht in erster Linie aus abgelesenen Wortlisten mit rund 1480 Einzelwörtern, einer Liste mit etwa 100 Minimalpaaren sowie einer Reihe von isoliert gesprochenen Einzellauten. „Spontane Sprechweise" wie auch die „Vorlesesprache eines zusammenhängenden Textes" wurden zwar aufgenommen, aber nicht ausgewertet. Als Informanten dienten König 44 seit mindestens einem Jahr in Freiburg/Br. bzw. Augsburg wohnhafte Studierende (bzw. Jungakademiker) aus gleichmäßig über die (alte) Bundesrepublik verteilten Orten. Die Probanden sollten in dem Ort, für den sie stehen, aufgewachsen und zur Schule gegangen sein; die Eltern sollten möglichst auch in diesem Ort groß geworden und dort geblieben sein. „Durch diese Bedingun-

---

[224] *H*- und *L-Variante* stehen für *High*- bzw. *Low*-Variante. Diese Bezeichnungen gehen auf Ferguson (1959) zurück, der unter ersterer eine prestigemäßig höher, unter letzterer eine prestigemäßig niedriger anzusiedelnde Variante versteht.

gen [...] sollte gewährleistet sein, daß der Proband ein Hochdeutsch spricht, das dem Standard jener Region, für die er in den geplanten Karten stehen soll, entspricht" (König 1989, Bd. 1:32). In jedem Falle hat man es bei den Gewährsleuten mit einer sozial relativ homogenen Gruppe zu tun, deren einzelne Sprecher als „stellvertretend für eine ganze Region" betrachtet werden (ebd.). Die Möglichkeit regionalinterner Vergleiche bzw. Korrekturen ist somit nicht gegeben.

Das erhobene Material wurde vom Verfasser phonetisch transkribiert. Maßgeblich dabei war der akustische Eindruck, experimentalphonetische Messungen wurden nicht durchgeführt. König weist selbst auf mögliche Fehlerquellen bei der Transkription hin, die sich daraus ergeben können, dass jeder Transkribent von seiner eigenen regionalsprachlichen Kompetenz her hört (vgl. auch II.1.3.) und dadurch „das Spektrum seiner Transkriptionen, von einem absoluten Mittelwert aus gesehen, in die eine oder andere Richtung verschoben ist" (König 1989, Bd. 1:33). Die Hinzuziehung weiterer Transkribenten zu Vergleichszwecken war aus forschungsökonomischen Gründen nicht möglich. Die lautschriftlichen Daten wurden maschinenlesbar gemacht und computativ nach geographischen und distributionellen Gesichtspunkten sortiert.

Die Ergebnisse werden in Band 2 des AASD in Form von detaillierten Tabellen der Auftretenshäufigkeit von Varianten und als Sprachkarten[225] dargeboten. Hierauf bezieht sich ein nach Einzellauten und einschlägigen Erscheinungen in den Nebensilben gegliederter Kommentar in Band 1. Eine „vereinfachende Übersicht über ‚wichtige' Ergebnisse" bietet Tabelle ZZ.1 (Bd. 1:123-139). Als Referenzsystem gilt jeweils die „Hochlautung" nach Siebs (1969). Mit dieser vergleicht König die von ihm ermittelte (übrigens nicht problematisierte) „Regelaussprache des U[nter]s[uchungs]g[ebiets]"; die Tabelle bietet weiterhin gegenüber dieser „Regelaussprache" auffällige Eigentümlichkeiten und deren regionale Verbreitung. Gerade hierin finden sich interessante Ergänzungen und Präzisierungen des bisherigen Forschungsstandes. König hat sicherlich recht, wenn er moniert, dass in den einschlägigen Wörterbüchern vorwiegend die „norddeutschen Aussprachweisen [...] kanonisiert [...] und in Normnähe gerückt werden" (1997a: 250).[226]

Aber auch er verfährt – mit anderem Vorzeichen – gelegentlich nicht anders. Die von König angesetzte „Regelaussprache" erscheint – zumindest hin und wieder

---

225 Einige wenige Karten sind – umgezeichnet – in König 2011:244f. aufgenommen.
226 Allerdings erscheint Königs Behauptung, dass die vom Duden „verstärkt[e]" und „perpetuiert[e]" Auffassung, dass norddeutsche Regionalismen „eher als dem Standard zugehörig betrachtet [werden] als süddeutsche, [...] in nichts anderem gegründet ist als in der Tatsache, daß viele daran glauben" (1997a:250), doch etwas überspitzt. Eine aktuelle Bestandsaufnahme deutscher Aussprechevarianten und ihrer Beurteilung durch die Sprecher hat u.a. gerade „die allgemeine Akzeptanz norddeutscher Aussprachemerkmale" ergeben (Jochmann 2000:184). Im Zusammenhang mit Königs Annahmen ist bemerkenswert, dass Jochmann ausschließlich mit (insgesamt 93) Probanden des schwäbischen und des ripuarischen Sprachraums arbeitete.

– ein wenig oberdeutsch ‚gesteuert'. Man kann sich jedenfalls fragen, ob z.B. die Befunde von Karte W.1 (*W* im Anlaut vor Vokal in 'Wäsche', 'Ware', 'Wein'; Bd. 2:238) oder Karte S.1 (*S* im absoluten Anlaut vor Vokal in 'Sichel', 'Sohn', 'Seil'; Bd. 2:241; vgl. auch Abb. 44) die von König angesetzten „Regelaussprachen" „bilabialer nur leicht stimmhafter Frikativ" bzw. stimmloses „[s]" (Bd. 1:129f.) rechtfertigen.[227]

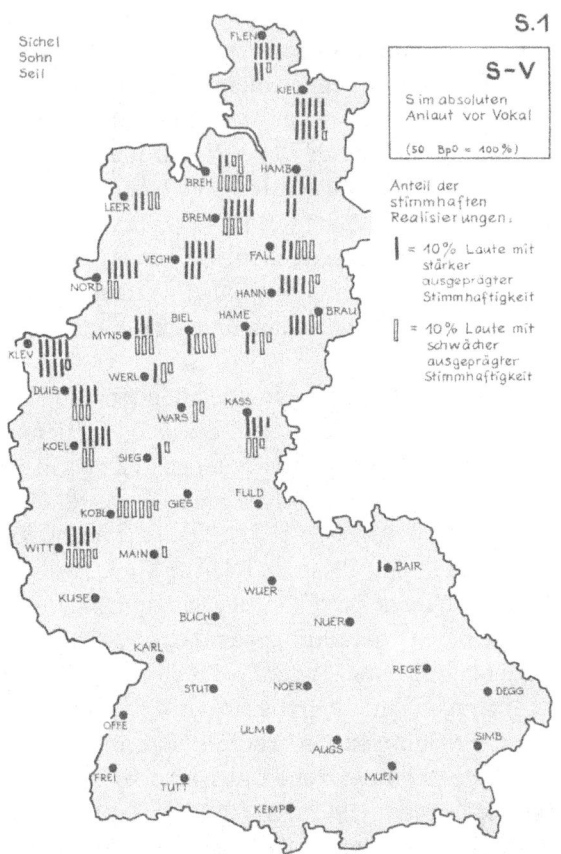

Abb. 44: ‚Schriftdeutsche Aussprache von *S* im absoluten Auslaut vor Vokal im AASD

In jedem Falle aber gelingt es König, aufgrund seiner soliden empirischen Untersuchung deutlich zu machen, dass die Aussprachenorm der „Hochlautung" der Wörterbücher selbst von gebildeten Sprechern kaum erreicht wird. Dabei sind die „(groß-)regionalen Aussprachevarianten" aber „keine willkürlichen Abweichungen von der Norm, sondern klar erkennbare Reflexe tradierter Sprachregionalität" (Be-

---

[227] Siebs 1969 schreibt in diesen Fällen labiodentalen stimmhaften Frikativ bzw. stimmhaftes [z] vor.

sch 2001:417). Dies lässt sich in gewisser Weise auch als Toleranz der Sprecher gegenüber der Regionalität in diesem Bereich deuten. Insofern verdienen Königs Ergebnisse Berücksichtigung bei einer anstehenden Revision der Aussprachewörterbücher.

Zum Thema vergleiche man auch den Ansatz von Berend, die für einen „erweiterten Standardbegriff" plädiert, der es erlaubt, auch bei verbreiteten bzw. gängigen sogenannten umgangssprachlichen Phänomenen eine normative Geltung, d.h. eine Standardqualität zuzuschreiben" (Berend 2005:146) und u.a. ‚regionale Gebrauchsstandards' ansetzen möchte, wobei sie empirisch auf den ‚spontansprachlichen Daten' des König-Corpus aufbaut; ferner die Studie von Lameli 2004, in der es im diachronen Vergleich um die Regionalfärbung der Sprache gebildeter Sprecher aus Mainz und Neumünster geht. Im Zusammenhang der Regional-Standard-Frage siehe überdies Bürkle 1995 zur Aussprache des österreichischen Standarddeutschen, Christen 2001 sowie Hove 2002 zu den entsprechenden Aspekten bezüglich der Schweiz; vgl. auch Löffler 2005, Schmidt 2005, Spiekermann 2005, Selting 2005 sowie Spiekermann 2006, der letztlich behauptet, dass Standardsprache nicht mehr als variationsfrei zu begreifen ist.

In diesen Zusammenhang ist auch eine umfassende Untersuchung von nebentonigem -ig zu stellen (Kleiner 2010a), die die Behauptung, in diesen Fällen setze sich „die süddeutsche Verschlußlautaussprache" immer mehr gegenüber „der spirantischen Aussprache [...] in *wenig, übrig* und so weiter" durch (von Polenz 1983:44), empirisch analysiert. Auf der Basis des in den Jahren 2006-2009 am „Institut für Deutsche Sprache" (Mannheim) erhobenen Korpus „Deutsch heute" (zur Methodik und zum Korpus vgl. Kleiner 2010a:263ff.; s. auch unten III.12.4.) werden verschiedene Positionen von -ig ausgewertet und auf 12 Karten veranschaulicht (vgl. auch Abb. 45). Es zeigt sich, dass sich die „Annahme einer Ausbreitung süddeutscher plosivischer Realisierungen in der ‚Normalposition' im Auslaut" (z.B. in *richtig, wenig, lustig*) nicht bestätigen lässt (Kleiner 2010a:298). Auch die Befunde in den anderen Positionen (bei *wichtigste* z.B. folgt das Superlativsuffix mit anlautendem /s/, wobei der Plosiv ausspracheerleichternd wirkt, bei *Schwierigkeiten* schließlich bleibt die morphologische Durchsichtigkeit nur mit Frikativaussprache gewahrt, vgl. Kleiner 2010b:22f., s. auch Kleiner 2010a:298-300) stützen die von Polenzsche Annahme nur begrenzt. Übrigens zeigt auch der „Atlas zur deutschen Alltagssprache" (vgl. III.11.2.), dass die ursprüngliche Nord-Süd-Verbreitung der -ig-Aussprache in Wörtern wie *König, wenig, zwanzig* (AdA, Erste Runde, Fragen 14a-c) im Großen und Ganzen noch vorhanden ist, dass es aber durchaus Ausbreitungen der -ich-Aussprache nach Süden und der (in diesen Fällen standardsprachlich unkorrekten) -ik-Varianten nach Norden gibt.

> **Fragen/Aufgaben**
>
> 1. Diskutieren Sie die räumliche Nord/Süd-Gliederung anhand der Karten des WDU! Beziehen Sie dabei die Untersuchungen von Munske (1983) und Durrell (1989) mit ein!
>
> 2. Betrachten Sie anhand von Goossens (1979b) und Müller (1980) das Verhältnis von mundartlichem und umgangssprachlichem Wortschatz in Niederdeutschland!
>
> 3. Vergleichen Sie die dialektalen und umgangssprachlichen lexikalischen Raumgliederungen anhand der Darstellungen von Hildebrandt (1983) und Möller (2003) miteinander! Achten Sie dabei auf mögliche Ausgleichserscheinungen.
>
> 4. Erörtern Sie die möglichen Fehlerquellen bei der akustisch-phonetischen Transkription und Beschreibung des Lautmaterials im AASD (König 1989)! Kann eine regionalsprachliche Prägung des Transkribenten hier von Bedeutung sein?

12 Alltagssprachenforschung II: Mehrdimensionale Ansätze

Die Einfügung eines gesonderten kleinen Kapitels, in dem mehrdimensionale Ansätze der ‚neuen Dialektologie' vorgestellt werden, trägt der Tatsache Rechnung, dass die Erforschung der deutschen Alltagssprache und des ominösen ‚Mittelbereichs zwischen Basisdialekt und Standardsprache' in den letzten zwei Jahrzehnten geradezu ‚geboomt' hat. Der Gegenstand wird in verschiedener Hinsicht vermessen, wobei auffällig ist, dass neben eher kleinräumig angelegten Untersuchungen[228] einige Großprojekte Platz gegriffen haben, die auf eine überregional vergleichende Erfassung von Sprachgebrauchsstrukturen zielen. Dabei wird durchaus an die Zugriffe früherer Forschung (Erp-Projekt, Wittlich-Projekt u.a., vgl. III.13.2.2. mit seinen Unterpunkten) angeknüpft. Gemeinsam ist den rezenten Arbeiten, dass über die Dimension horizontal-geographischer Sprachkontraste hinaus auch die ‚Binnengliederung des Sprechens', d.h. seine Differenzierung nach sozio-situativen Bezügen vergleichend in den Blick genommen wird. Die folgende Darstellung profitiert vom Forschungsbericht, den Schmidt/Herrgen (2011:364-392) vorgelegt haben, dort können für einzelne Aspekte z.T. genauere Details nachgelesen werden.

12.1 „Sprachvariation in Norddeutschland" (SiN)

In Zusammenarbeit mehrerer norddeutscher Universitäten (Bielefeld, Frankfurt/Oder, Hamburg, Kiel, Münster, Potsdam) ist mit dem SiN-Projekt ein Zugriff entwickelt worden, der das variative Spektrum zwischen Dialekt und Standardspra-

---

[228] Vgl. dazu etwa die jüngst erschienene umfassende Studie Möller 2013.

che speziell für den niederdeutschen Sprachraum genauer zu bestimmen erlaubt (vgl. Schröder/Elmentaler 2009). Zu dieser allgemeinen Themenstellung kommen weitere Untersuchungsaspekte. Die Geographie des Sprachgebrauchs zeigt für Norddeutschland ein Nebeneinander von noch bemerkenswert dialektgeprägten Zonen (z.B. Teile von Westmünsterland oder Schleswig) und weitgehend dialektfreien Arealen (z.B. Teile Ostfalens oder Brandenburgs). Die diatopische Perspektive des Projekts ermöglicht einen vergleichenden Blick, mit dem die verschiedenartigen Ausprägungen von Dialekt, regionaler Umgangssprache und Standardsprache in den einzelnen Sprachlandschaften erkennbar werden. Die Art und Weise der Verschränkung individueller Sprachlagen bildet einen weiteren Schwerpunkt des SiN-Projekts, hier soll beispielsweise die Frage geklärt werden, ob solche Sprachlagen kontinuierlich ineinander übergehen oder inwieweit das Sprachverhalten durch Brüche gekennzeichnet ist. Einen wichtigen Untersuchungsgegenstand bildet zudem die metasprachliche Reflexion der Gewährspersonen, der unter verschiedenen Gesichtspunkten eigenständige Analysen gewidmet sind.

Erhebungsorte: Insgesamt 36, ländlich geprägt, jeweils 2 in den 18 Dialektzonen Norddeutschlands (nördlich der Benrather Linie) gelegen.
Gewährspersonen: Insgesamt 144, pro Erhebungsort 4 Personen, 2 davon dialektkompetent, 2 nicht dialektkompetent, ausschließlich Frauen der mittleren Altersstufe (40 bis 55 Jahre alt), ortsgebürtig/ortsfest.
Erhebungsdesign: Es umfasst fünf unterschiedliche Settings, die es ermöglichen, differente Sprachlagen der Informantinnen zu evozieren: (1) Aufnahme der mündlichen Übertragung von Testsätzen (Wenker-Sätze plus neu konstruierte Items) in den Dialekt; (2) Aufnahme freien Sprechens (Erzählung/Bericht) im Dialekt; (3) Aufnahme sogenannter ‚Tischgespräche', d.h. solcher Unterhaltungen, die ohne die Anwesenheit von Fremden bzw. von Sprachwissenschaftlern in vertrauter Umgebung stattfinden; (4) Aufnahme eines leitfadengestützten Interviews, geführt von standardsprachlich agierenden WissenschaftlerInnen (5); Aufnahme zweier vorzulesender Texte (Fabel ‚Nordwind und Sonne' sowie Zeitungsartikel). Mit Blick auf die fünf Settings wurde im idealen Fall eine Staffelung des Sprachverhaltens erwartet, die vom intendierten Basisdialekt (Wenker-Übertragung/Dialekterzählung) über informelle Sprachregister (Tischgespräch) bis hin zum eher formellen Sprachduktus (Interview) und zum dezidiert schriftorientierten Vorlesen reicht. Vier Tests im Rahmen des Interviews zu Salienz, Arealbindung, Situationsadäquanz und Normakzeptanz sprachlicher Merkmale ermöglichen einen Einblick in das sprachliche Bewusstsein der Gewährspersonen und zugleich erhellende Verknüpfungen mit deren real praktiziertem Sprachgebrauch.

Resultate: Die umfassende digitale Aufarbeitung und Bereitstellung aller erhobenen Materialien in einer Datenbank (vgl. http://www.corpora.uni-hamburg.de/sin/index.html, von dort Links zu den einzelnen Projektstandorten) bietet Zugang unter Forschungsperspektiven verschiedenster Art. In ersten Pilotstudien, die auf die regional differente Ausprägung von Urteilen zur Salienz/Auffälligkeit gezielt sind, tritt zutage, dass im laienlinguistischen Konzept der Gewährspersonen offenbar drei Gruppen von Sprachmerkmalen unterschieden werden. Zum Einen finden sich standarddivergente Varianten mit geringer Salienz (u.a. *Fosten* statt *Pfosten*; *Faabe* statt *Farbe*; *is / nich* statt *ist / nicht*), dann im Gegensatz dazu Sprachelemente, die überregional als hochgradig auffällig wahrgenommen werden (u.a. *liecht* statt *liegt*; *genuch* statt *genug*; *Berch* statt *Berg*) sowie solche, die in der Heimatregion des Merkmals nicht salient sind, in den anderen Regionen Norddeutschlands aber als ungewöhnlich registriert werden. Beispielsweise ist *Kinner* statt *Kinder* und *Kaffe* statt *Kaffee* in Schleswig-Holstein unauffällig, wogegen diese Varianten in Brandenburg und am südlichen Niederrhein klar markiert erscheinen. Dasselbe gilt umgekehrt etwa für *Kopp* statt *Kopf*: Das Merkmal irritiert die Gewährspersonen in Schleswig-Holstein und am südlichen Niederrhein, während es in Brandenburg offenbar weitaus weniger der Erwähnung wert ist. Zusammenhänge zwischen der Salienzwahrnehmung und dem eigenen Sprachverhalten lassen sich nach ersten Ergebnissen insofern feststellen, als genauer untersuchte Sprecherinnen in ihrer Leseaussprache tatsächlich hochsaliente Formen zu vermeiden in der Lage sind (vgl. zum Vorigen Elmentaler/Gessinger/Wirrer 2010:117-120, dazu auch Schmidt/ Herrgen 2011:372f.). Interessante Interdependenzen zwischen den Einschätzungen der Gewährspersonen und dem konkreten norddeutschen Sprachverhalten werden zudem sichtbar, wenn man Ergebnisse der quantitativen Variablenanalysen zur arealen Verteilung bestimmter Sprachmerkmale in den Blick nimmt. Die oben angesprochene rezeptive Unauffälligkeit des fehlenden Plosivs /t/ im Auslaut der Wörter *ist* und *nicht* z.B. erfährt eine empirische Bestätigung auf der Produktionsseite. Im Gegensatz zu den Vorgaben orthoepischer Normen erweist sich das standardsprachlich geforderte Merkmal im ‚normalen' Sprechen aller Gewährspersonen als nahezu nicht-existent. Bei Berücksichtigung aller Erhebungsorte (Tokenfrequenz n = 9641) beträgt der Anteil der apokopierten Variante *nich* im Tischgespräch 97,5%, auch das formellere Interview weist eine Quote von 91,6% auf, dagegen lässt der Vorlesetest mit lediglich 8,8% Apokope erkennen, dass eine schriftbildgestützte Artikulation erheblich anderen Sprechbedingungen unterliegt (vgl. Elmentaler 2011:77-80).

Hier ist nicht der Raum, genauer auf die verschiedenen inhaltlichen Facetten einzugehen, die im Kontext des SiN-Projekts von den einzelnen Standorten zur Zeit bearbeitet und für die Publikation vorbereitet werden. Ab 2014 werden in festgelegter Reihenfolge mehrere Bände erscheinen, mit denen der wissenschaftliche Ertrag dieses Großunternehmens fassbar werden wird.[229]

---

[229] Die einzelnen Monographien bzw. Sammelwerke haben folgende Arbeitstitel: Bd. 1: Atlas der norddeutschen Regionalsprachen. Hochdeutsch basierte Varietäten. – Bd. 2: Atlas der norddeutschen Regionalsprachen. Niederdeutsch basierte Varietäten. – Bd. 3: Individuelle Aspekte der sprachlichen Variation. – Bd. 4: Dialekt/Standard-Variation in der kommunikativen Praxis. – Bd. 5:

12.2 „Regionalsprache.de" (REDE)

Als Langzeitvorhaben ist in Marburg seit 2008 ein Großprojekt installiert, das neben einem forschungszentrierten Informationssystem[230] auch die empirische Vermessung der modernen Regionalsprachen des Deutschen intendiert (vgl. Schmidt/Herrgen 2011:377ff.). Zu diesem Zweck kommt ein mehrdimensionaler Zugriff zum Einsatz, mit dem das variative Spektrum zwischen dem standardnächsten Pol ‚Regionalakzent' und dem standardfernsten Pol ‚Dialekt' (vgl. Kehrein 2012:66) in den Blick genommen und untersucht wird.

Erhebungsorte: Deutschlandweit 150 Orte (vgl. Kehrein 2012:343), auf dialektale Kernräume und Übergangszonen verteilt.
Gewährspersonen: Männlich, insgesamt ca. 600, pro Ort jeweils ein Vertreter des konservativen Sprachtypus (Alte Generation), zwei ‚durchschnittliche Sprecher' (Mittlere Generation) sowie ein Vertreter des ‚sprachlich progressiven' Typus (Jüngere Generation). (Vgl. Schmidt/Herrgen 2011:378).
Erhebungsdesign: Ähnlich wie im SiN-Projekt wird mit mehreren Settings gearbeitet, um eine angemessene Repräsentation möglicher Sprachlagen der Gewährspersonen zu gewährleisten. Außer vier untersuchungsüblichen Erhebungssituationen (Leseaussprache, leitfadengesteuertes Interview, Freundesgespräch, Dialektübersetzung der Wenker-Sätze) gibt es zwei methodische Innovationen: eine Übertragung historischer Wenkersatz-Aufnahmen in „bestes Hochdeutsch" sowie mit Blick auf die mittlere Generation das sprachliche Verhalten von Polizeibeamten in Notrufannahmegesprächen, das aus amtlichen Gründen routinemäßig aufgezeichnet wird und den Marburger Forschern zugänglich ist. Der entsprechende erhebungstechnische Kunstgriff ermöglicht einen flächendeckenden Vergleich des standardnahen Sprechens einer – abgesehen vom Regionalitätsfaktor – weitgehend homogenen Sprechergruppe.

Resultate: Bisher liegen verständlicherweise noch keine Ergebnisse vor, die nach der Analyse des gesamten Vergleichsmaterials zustande gekommen wären. Zu einigen Aspekten lassen sich indes bereits jetzt tendenzielle Aussagen machen. Zum Beispiel erbringt die Salienzbeurteilung der Leseaussprache bei Personen mit unterschiedlicher regionaler Herkunft (vgl. Kehrein 2009) ein nicht nur geographisch

---

Sprachwissen, Spracherfahrung und Sprachbewertung. – Bd. 6: Varianz und Wahrnehmung: Der subjektive Faktor.
[230] Dieses Informationssystem hat das Ziel, sämtliche greifbaren Datenbestände dialektologischer, soziolinguistischer und variationslinguistischer Art aus der jüngeren und jüngsten Vergangenheit für die Forschung, aber auch für eine interessierte Öffentlichkeit zugänglich zu machen. Es „[...] wird auf den Inhalten des bestehenden Online-Systems ‚Digitaler Wenker-Atlas' (DiWA) aufgebaut" (Kehrein 2012:66). Vgl. dazu auch Schmidt/Herrgen 2011:375-377.

aufschlussreiches Bild. Schmidt/Herrgen (2011:384) fassen wie folgt zusammen: „1. Die Sprachproben werden von allen Hörern auf dem gemeinsamen Hintergrund der medial überall präsenten bundesdeutschen Oralisierungsnorm beurteilt. 2. Für die standardnächste Sprechlage der Polizeibeamten ist völlig klar, dass die mittel- und oberdeutschen Sprachproben nicht als Formen eines je eigenen regionalen Standards bewertet werden, sondern als deutlich regional geprägt bis dialektnah. 3. Das schon vermutete Nord-Süd-Gefälle hinsichtlich der Standardnähe wird – jedenfalls für die Leseaussprache – erstmals empirisch nachgewiesen. Überraschend ist, dass Kehrein mit gleicher Klarheit ein Ost-West-Gefälle aufzeigen kann [...]." Interessant ist in diesem Zusammenhang auch eine feststellbare Verknüpfung der Salienzbeurteilung mit der Anzahl remanenter regionaler Sprachmerkmale in den Vorlesedaten, die mittels einer modifizierten Dialektalitätsmessung ermittelt wurden.

Eine weitere Ergebnisdimension aufgrund von objektsprachlicher, variablenanalytischer Verfahrensweise eröffnet sich mit einem diatopischen Vergleich sämtlicher Sprachproben, die in den einzelnen Settings produziert worden sind. So soll auf dem Weg über Dialektalitätsmessungen eine Vermessung variativer Spektren im gesamten Raum Deutschland geleistet werden (Schmidt/Herrgen 2011:386f.). Auch hier liegt bereits eine Pilotstudie vor, die Kehrein 2012 publiziert hat. An ausgewählten sieben Ortspunkten, die auf die dialektalen Großareale verteilt sind, lässt sich – so der Autor – zeigen, dass die sogenannte ‚sprachliche Vertikale' in verschiedenen Zonen Deutschlands unterschiedliche Profile aufweist. „In den großen Dialektregionen treffen wir auf unterschiedlich strukturierte regionalsprachliche Spektren. Diese häufig geäußerte Vermutung kann also mit exakten Methoden empirisch belegt werden" (Kehrein 2012:345). Darüber, wie die Ausprägung der Profile im Einzelnen aussieht, wird erst nach Abschluss der REDE-Auswertungen endgültig geurteilt werden können.

12.3 „Gesprochene Standardsprache in der Deutschschweiz"

2009 wurde in der Deutschschweiz ein kantonübergreifendes Sprachprojekt abgeschlossen, dessen Ziel primär darin bestand, das Verhältnis zwischen schweizerdeutschen Dialekten und hochdeutscher Standardsprache im alltäglichen Sprachgebrauch genauer zu bestimmen (Christen et al. 2010). Es ist in einem wichtigen Punkt dem bereits besprochenen REDE-Projekt verwandt, insofern auch hier Sprachdaten zugrunde liegen, die Telefongesprächen des polizeilichen Notrufs entstammen. Die besondere Sprachsituation der Schweiz bringt es indes mit sich, dass andere Problemkomplexe dominieren. Welche Rolle spielt das ‚Hochdeutsche' in Telefongesprächen mit einem autochthonen, also einen schweizerischen Dialekt sprechenden Gegenüber? Wie gestaltet sich dagegen der sprachliche Umgang mit allochthonen Anrufenden, z.B. Österreichern oder Deutschen? Es ist evident, dass solche Fragestellungen Antworten sowohl in sprachpragmatischer als auch in sprachstruktureller Hinsicht erfordern.

Gewährspersonen: Polizistinnen und Polizisten aus fünfzehn kantons- bzw. stadtpolizeilichen Notrufzentralen.
Erhebungsart: Bei den Daten handelt es sich um der Forschung zugänglich gemachte, spontan und in vivo entstandene gesprochene Sprache, die ohne Beeinflussung durch sprachwissenschaftliche Impulse produziert worden ist.
Untersuchungsmaterial: 792 ‚standardhaltige' Gespräche mit autochthonen Anrufern, 468 Gespräche mit allochthonen Gesprächspartnern (vgl. Christen et al. 2010:38). Ihnen stehen im Gesamtkorpus 5121 (nicht genauer analysierte) Dialektgespräche ohne Standardsprachanteile gegenüber.

Resultate: Drei Hauptaspekte lassen sich ausmachen: Aus sprachpragmatischer Perspektive betrachtet ergibt sich für die Notruf-Telefonate der Deutschschweizer ‚unter sich' ein klares Bild. Der Gebrauch von Standardsprache dient im Wesentlichen dazu, ein ‚diskursbezogenes, insertionales Codeswitching' (vgl. Christen/Guntern/Hove/Petkova 2010:94) herbeizuführen. Dabei ist die Skala der funktionalen Verwendungsmöglichkeiten hochdeutscher Insertionen weitgespannt (vgl. die zusammenfassende Tabelle 5 in Christen/Guntern/Hove/Petkova 2010:95) und die entsprechenden Optionen werden flexibel gehandhabt. Auf diese Weise kann die Standardsprache als stilistische Ressource genutzt werden.

Wie die Sprach- bzw. Varietätenwahl der Polizeibeamten gegenüber allochthonen Sprechern aussieht, ist sowohl quantitativ als auch qualitativ untersucht worden. Prinzipiell lässt sich festhalten, dass „[...] die Sprachformenwahl der Polizisten und Polizistinnen in erster Linie durch die Varietät der Anrufenden gesteuert wird" (Christen/Guntern/Hove/Petkova 2010:105). Im Verlauf der Telefonate lassen sich jedoch durchaus auch ‚Sprachbewegungen' und Mischungen zwischen den Varietäten konstatieren (vgl. ebd. S. 136).

Die konkrete Realisierung der Standardsprache in den Notruf-Telefonaten ist für die Lautlichkeit in einem variablenanalytischen Zugriff überprüft worden, wobei diese stärker verständigungs- als normorientierte Sprachverwendung der deutschländischen Norm (Duden-Aussprachewörterbuch 2005) kontrastiert wurde. „Es bleibt festzuhalten, dass die ‚Swissness' der gesprochenen Standardsprache [...] auf der Allophonebene liegt, also nicht die Strukturebenen betrifft und somit auch kein kommunikatives Hindernis darstellt" (Christen/Guntern/Hove/Petkova 2010:228).

12.4 „Deutsch heute"

Zwischen 2006 und 2009 wurde im Rahmen eines Projekts ‚Variation des gesprochenen Deutsch' des Instituts für Deutsche Sprache (Mannheim) in Deutschland,

Österreich und der Schweiz eine umfassende Sprachdatensammlung durchgeführt (vgl. zum Gesamtkonzept Brinckmann/Kleiner/Knöbl/Berend 2008). Bei der Analyse geht es primär um eine präzise Bestimmung des standardnahen Sprechens junger Leute in den verschiedenen deutschsprachigen Teilräumen, wobei die Kategorie ‚Gebrauchsstandard' benutzt wird. Dieser muss den orthoepischen Normen nicht entsprechen. Kleiner/Knöbl formulieren: „[...] als reale Größe ist der Gebrauchsstandard den Bedingungen der Sprechsprachproduktion unterworfen und potenziell pluriareal, da er auf regionalen Artikulationstraditionen basiert" (2011:4). Dementsprechend wird als globale Untersuchungsabsicht definiert: „Im Interessenzentrum steht die horizontale Variationsdimension, d.h. die Untersuchung der Plurizentrizität/-arealität des Sprechstandards im Sinn der Herausbildung nationaler oder subnationaler Konvergenzräume sowie die Rolle politischer Grenzen und/oder traditioneller Dialektgebiete bei deren Konstitution." (Kleiner/Knöbl 2011:5)

Erhebungsorte: 160 Groß- und Kleinstädte im gesamten deutschsprachigen Raum.
Gewährspersonen: a) 671 SchülerInnen der gymnasialen Oberstufe (pro Ort vier Personen), weiblich/männlich gleich verteilt, ortsgebürtig; b) 158 Erwachsene aus etwa der Hälfte der Erhebungsorte, zwischen 50 und 60 Jahre alt (als Vergleichsgruppe, mit der ein eventueller intergenerativer Wandel festgestellt werden kann).
Erhebungsdesign: Das Datenmaterial stammt zum einen aus Settings, in denen durch konkrete Stimuli Sprache evoziert wurde (Vorlesetext, realisiert in zwei Lesegeschwindigkeiten; Wortlisten; Bildbenennung; Übersetzung), zum anderen aus sprach- und soziobiographischen Interviews und kommunikativen Aufgaben in face-to-face-Situationen (vgl. Kleiner 2010a:263f.).

Resultate: Unter anderem bietet das ‚Material der zwei Tempi' eine gute Möglichkeit, lautliche Vereinfachungsprozesse vergleichend in den Blick zu nehmen und damit das alte Problem der Allegroformen empirisch transparenter zu machen. Mittlerweile liegt zudem eine Reihe von Karten vor, die – vorläufig noch ohne Alt-Jung-Vergleich – das standardnahe Sprechen der jüngeren Generation verzeichnen (vgl. Kleiner/Knöbl 2011; Kleiner 2010a). Dass dabei vor allem auf die Vorleseaussprache (Text, Wortlisten) Bezug genommen wird, wird von Kleiner offensiv verteidigt (vgl. Kleiner 2010a:267). Als Beispiel sei eine der zwölf Karten zur Realisation des nebentonigen *-ig* vorgeführt (vgl. Abb. 45).

Zwei Aspekte sind bemerkenswert: Zum einen lässt sich eine grobe Zweiteilung des deutschen Sprachgebiets ausmachen, wobei südlich einer Linie Köln-Kassel-Gera überwiegend bis vollständig plosivisch artikuliert wird. Darüber hinaus vermerkt Kleiner: „Die Einbeziehung der neuen Bundesländer ergibt [...] einen auffälligen und unerwarteten Ost-West-Unterschied, denn hier sind – mit Ausnahme des Südteils von Thüringen – durchschnittlich deutlich mehr Frikative belegt als im westlichen Norddeutschland, wo an zahlreichen Orten zwei oder drei der Belege an einem Ort Plosive aufweisen [...]" (Kleiner 2010a:269). Als Fazit der Gesamtanalyse zum nebentonigen *-ig* findet sich: „Es konnte [...] gezeigt werden, dass – neben erhebungsbedingten Effekten (Position in der Wortliste, Aufmerksamkeit der Probanden) – innersprachliche Einflussfaktoren (Wortart, Wortsemantik, Wortfrequenz, morphologischer Status und vor allem phonologische Position) und außersprachliche Einflussfaktoren (Formalität, Medialität, Dialektkompetenz und vor allem Herkunftsregion) zu einem vielschichtig differenzierten Bild der Aussprache von *-ig* führen" (Kleiner 2010a:300).

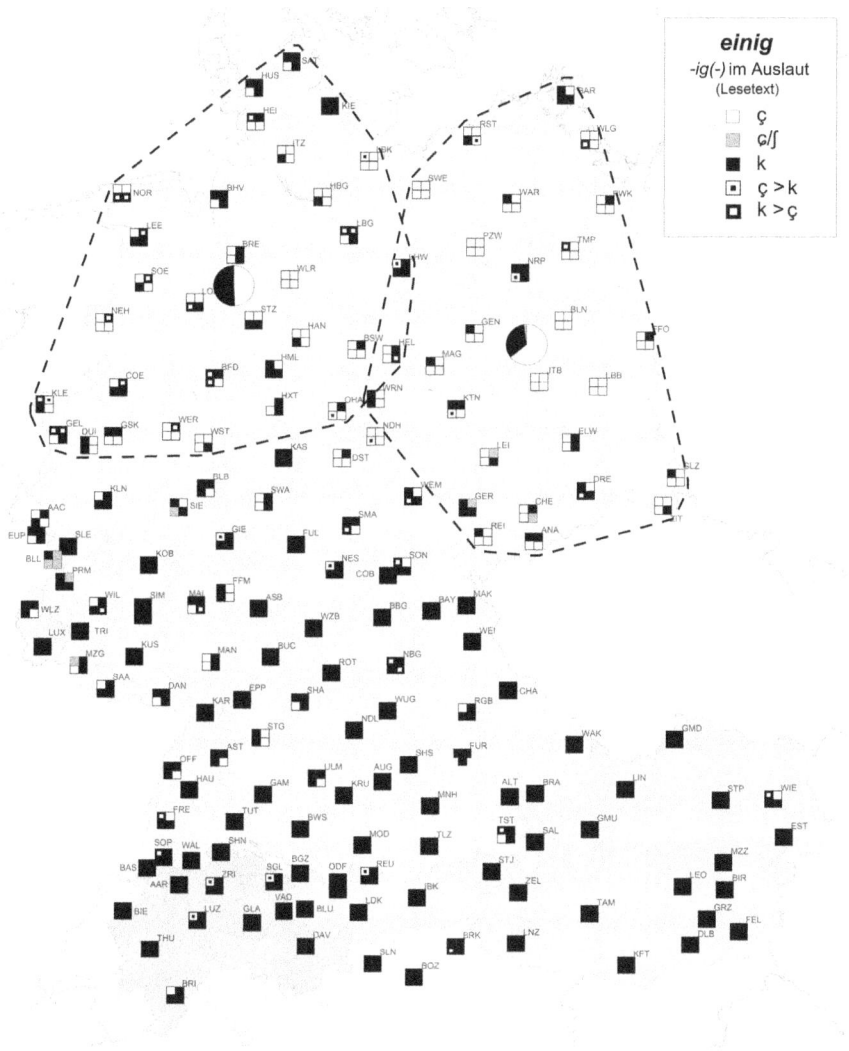

Abb. 45: Aussprache von *einig* im deutschen ‚Gebrauchsstandard'

13 Synchrone gesellschaftsbezogene Dialektologie

13.1 Skizze des Forschungshorizonts

Speziell für Forschungsansätze, Zugriffe und Resultate der sogenannten ‚Soziodialektologie' oder auch ‚kommunikativen Dialektologie', die sich mit dem Zusammenhang von Dialekt und Gesellschaft im weiteren Sinne befasst, trifft die Feststellung, dass Lehrbücher rapide veralten, in besonderem Maße zu. Im letzten Drittel des 20. Jahrhunderts haben sich hier ganz verschiedene Entwicklungen ergeben, die durch eine rasche Aufeinanderfolge unterschiedlicher erkenntnisleitender Vorstellungen – durchaus nicht immer verträglich miteinander – und durch eine fortschreitende Auffächerung der Interessen[231] gekennzeichnet sind. Einen gemeinsamen theoretischen Fluchtpunkt bildet freilich die Abkehr von einer Auffassung, derzufolge es der Disziplin ausschließlich um die Erforschung der räumlichen Verbreitung differenter Sprachvarietäten zu gehen habe. Diese einseitige ‚Dialektologie ist Dialektgeographie'-Auffassung kann durch die Disziplingeschichte der letzten Zeit als revidiert bzw. ergänzt gelten,[232] ungeachtet der berechtigten Frage, ob der Faktor ‚Raum' nicht doch einen theoretischen Primat in der Dialektologie beanspruchen darf (vgl. Goossens 1977:23-33; Mattheier 1980a:9ff.; Macha 1983:165f. Anm. 4; vgl. zum Zusammenhang auch Besch 2001 und Herrgen 2001).

Es sind im wesentlichen zwei neue, bzw. neu zum Leben erweckte Dimensionen, in denen neuere Arbeiten zur Regionalsprachlichkeit operiert haben und operieren. Ihre Berücksichtigung ist dabei keine Spezialität der Dialektologie, es spiegelt sich darin vielmehr die Wissenschaftsgeschichte der jüngsten (deutschen) Sprachwissenschaft: ‚Sprache als Ausdruck sozialer Verhältnisse' wurde seit dem Ende der 1960er Jahre zu einem bevorzugten Untersuchungsgegenstand empirischer Sprachforschung, und Sprache als soziales Handeln geriet spätestens Anfang der 1980er Jahre im Gefolge der sogenannten ‚pragmatischen Wende' ins Blickfeld der Disziplin. In den Grundzügen verteilen sich viele neuere dialektologische Forschungsaktivitäten also ähnlich, wie dies Cherubim (1980:8) für die Sprachwissenschaft generell gefasst hat (vgl. Abb. 46). Es geht also nicht mehr allein um die Erforschung lautlicher wie grammatischer Strukturen und lexikalischer Elemente von Dialekten und deren Verbreitung im Raum, sondern auch um die Verschränkung zwischen Dialektalität und Gesellschaft, die auf verschiedenen Ebenen und in vielfältigen Formen vorliegt (vgl. Bausinger 2004).

---

[231] Man denke an Versuche, die aus der amerikanischen Sprachbarrieren-Diskussion stammenden Sprachdefizit- oder Sprachdifferenz-Konzepte in dialektbezogenen Untersuchungen zu überprüfen. Vgl. etwa Löffler 2010:154ff.
[232] Vgl. die Aussage von W.G. Moulton 1985:181: „...wie hat sich doch die Disziplin Dialektologie gerade in den letzten Jahren ausgeweitet und bereichert!"

	Kriterien Sprachbegriff	Berücksichtigung des Kontextes
Teildisziplinen der Sprachwissenschaft		
Systemlinguistik	Sprache als System	Innersprachlich-strukturelle Zusammenhänge
Pragmalinguistik	Sprache als soziales Handeln	Kommunikative Zusammenhänge
Soziolinguistik	Sprache als Ausdruck sozialer Verhältnisse	Gesellschaftliche Zusammenhänge

Abb. 46: Aufgliederung der Sprachwissenschaft

Das folgende Schema konkretisiert diese allgemeinen Überlegungen und bietet einen Rahmen, der die angemessene Unterbringung neuer bzw. modifizierter Fragestellungen in einer erweiterten Dialektologie möglich macht.[233]

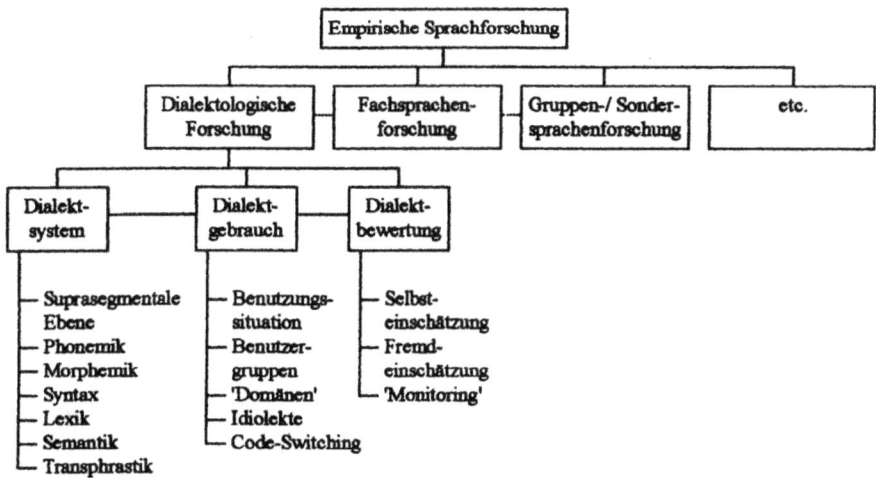

Abb. 47: Entwurf einer ‚erweiterten' Dialektologie

Der entscheidende Punkt dieses Entwurfs besteht in einer Hinzufügung der Forschungsbereiche ‚Dialektgebrauch' und ‚Dialektbewertung' zu den traditionellen Beschreibungs- und Erklärungsansätzen. Damit soll der Bogen zu sprachdemoskopischen, soziolinguistischen und pragmalinguistischen Untersuchungen gespannt werden, die in den letzten Jahrzehnten das Wissen einer synchronen gesellschaftsbezogenen Dialektologie des Deutschen erheblich bereichert haben.

---

[233] Das Schema hat Bezüge zu einem anregenden Modell der Kommunikationsgeschichte, das K.J. Mattheier zur Diskussion gestellt hat; vgl. Mattheier 1994a:540.

13.2 Dialekte in ihrer sozialen und situativen Bindung

Dieser Abschnitt versucht eine Antwort auf Fragen nach Verbreitung, Mächtigkeit und Auftretensbedingungen dialektalen Sprechens in der heutigen Gesellschaft. Gerade von Angehörigen englischsprachiger Sprachgemeinschaften, denen ein bestimmtes Bild von ihren heimischen Regionalsprachen her geläufig ist (Reduktion auf ‚accents' und eher geringe syntaktische und lexikalische Varianz), kann man die Vermutung hören, deutsche Dialekte seien womöglich ähnlich ‚tote Sprachen' wie etwa das Lateinische, das lediglich in kirchlichen Kreisen künstlich am Leben erhalten wird. Dem entspräche funktional eine Verwendung des Dialekts beispielsweise in Heimatvereinen, bei Mundartveranstaltungen etc.

Um auf systematische Weise etwas über Existenz und gesellschaftliche Relevanz dialektalen Sprechens im deutschen Sprachraum zu erfahren, lässt sich mit einer vereinfachten Kommunikationsformel fragen: Wer spricht heutzutage Dialekt (Sozialbindung) und unter welchen Umständen wird heutzutage Dialekt gesprochen (Situationsbindung)? Die zweiteilige Fragestellung suggeriert eine Antwort nach analytisch trennbaren Bereichen, wie dies in etwa der oben angesprochenen Unterscheidung nach soziolinguistischer und pragmalinguistischer Dimension der Sprachwissenschaft entsprechen könnte. Es werden sich in der Darstellung der Befunde jedoch bisweilen unvermeidbare Überschneidungen ergeben, die von sachgegebener Komplexität, d.h. von einer Vermischung der beteiligten Faktorenbereiche herrühren.

Es ist eines der Grundprinzipien dieses Arbeitsheftes, sich nicht damit zu begnügen, Ergebnisse der ‚hohen Wissenschaft' ex cathedra zum Auswendiglernen zu präsentieren, sondern Einblicke in die Entstehung, gegebenenfalls auch in die Fragwürdigkeit von Ergebnissen zu ermöglichen. Für die Erforschung der gesellschaftlichen Verschränkung von Dialekt heute bedeutet das: Wir haben uns zu fragen, welchen explorativen Zugriffen sich unser Wissen verdankt, in welchem Maße die Resultate abgesichert bzw. unstrittig sind und ob die empirischen Zugriffe eine adäquate Erfassung der Wirklichkeit ermöglicht haben.

Man kann idealiter zwei Untersuchungsstrategien unterscheiden, mit denen an die Frage der sozialen und situativen Bindung von Dialekt herangegangen wird. Die erste setzt auf die Erkenntnismöglichkeiten der Sprachdemoskopie und vertraut metasprachlichen Daten, die bei einer direkten oder indirekten Befragung gewonnen werden. Die zweite Strategie zeichnet objektsprachliche Daten mit unterschiedlichen Methoden vor Ort auf und analysiert in linguistischem Zugriff die darin feststellbaren sozialen und situativen Zusammenhänge. Es liegt auf der Hand, dass sich bei Fragestellungen mittlerer Reichweite (z.B. Ortssprachenanalysen) bisweilen ein Verfahren ergibt, das beides miteinander verknüpft.

13.2.1 Bundesweite und großregionale Sprachdemoskopie in der Bundesrepublik

Im letzten Vierteljahrhundert hat sich ein dialektologischer Forschungsstand herausgebildet, der es erlaubt, die Umrisse der Dialekt/Standardsprache-Konstellation in der Bundesrepublik in großen Linien nachzuzeichnen.[234] Diese Kenntnis entstammt primär sprachdemoskopischen Umfragen, die – statistischen Gütestandards folgend – nach dem ‚Gesetz der Großen Zahl' und unter dem Aspekt der Repräsentativität konzipiert wurden. Sie zielen nicht auf die Eruierung dialektstruktureller Phänomene, sondern auf die Ermittlung von Dialektkompetenz und Dialektgebrauch (Merke: Nach der Selbsteinschätzung der befragten Gewährspersonen!). Auf dem Weg über solche Volksbefragungen hat sich eine ungefähre Vorstellung davon herausgebildet, wie es um die Anteile an Dialektsprechern pro Region und um die situationsspezifische Dialektverwendung bestellt ist. Erwähnenswert ist, dass aus den Zeiten und für das Gebiet der ehemaligen DDR keine Umfrageergebnisse vorliegen; erst Anfang der 90er Jahre gab es erste Ansätze zu einer sprachdemoskopischen Vermessung der neuen Bundesländer (dazu unten).

Bezogen auf das Areal der alten Bundesrepublik sind im letzten Drittel des 20. Jahrhunderts vier repräsentative Umfragen mit einer Stichprobengröße von jeweils etwa 2000 Befragten durchgeführt worden: Federführend waren dabei das Institut für Demoskopie, Allensbach, mit Befragungen in den Jahren 1966, 1980 und 1983 (vgl. Allensbach 1967, dazu Heuwagen 1975; Allensbach 1981; Allensbach 1987) sowie das Institut für praxisorientierte Sozialforschung, Mannheim (vgl. IPOS 1992). Hinzu kommen drei weitere Umfragen durch das Allensbacher Institut aus den Jahren 1991, 1998 und 2008, deren Resultate freilich nicht detailliert, sondern nur in Auszügen veröffentlicht sind (vgl. Allensbach 1993; Allensbach 1998; Allensbach 2002; Allensbach 2008[235]). Sie werden in den jeweiligen Auswertungszusammenhängen ergänzend hinzugezogen.

---

[234] Über einige Aspekte der Verhältnisse in Österreich und in Südtirol informiert Steinegger 1998, vgl. zu Österreich auch Wiesinger 1988 und Scheuringer 1997. Die schweizerdeutsche Situation wird beleuchtet etwa bei Schwarzenbach/Sitta 1983 und Haas 1992. Siehe zum Zusammenhang neuerdings auch Ender/Kaiser 2009. Vgl. auch III.13.2.1.1.

[235] Bei der letzten repräsentativen Umfrage aus dem Jahre 2008 hat das Institut für Demoskopie, Allensbach, angeregt von der Gesellschaft für deutsche Sprache, Wiesbaden, u.a. auf Varietätenkompetenz und Varietätengebrauch im Deutschen abgehoben. Da die zugrunde liegenden Fragestellungen im Wesentlichen identisch geblieben sind (bei aller Formulierungsproblematik), lassen sich z.T. aufschlussreiche Vergleiche ziehen. Als dialektkompetent in der „Mundart hier aus der Gegend" bezeichnen sich 48% der Befragten, 25% geben an, sie würden die Mundart „ein wenig" beherrschen und 27% sehen bei sich keine Dialektkompetenz gegeben. Auf die Frage danach, bei welchen Gelegenheiten dialektkompetente SprecherInnen ihre Mundart verwenden, antworten 26% „eigentlich immer", 22% „im Freundeskreis" und 21% „in der Familie". Nur für 4% spielt Mundartgebrauch „bei der Arbeit" eine Rolle und immerhin 13% verwenden die Mundart „eigentlich nie", bringen also ihre Fähigkeit nach eigener Angabe niemals zum Ausdruck. – Vgl. zum diachronen Zusammenhang und zur Interpretation dieser neuesten Umfrage Schmidt/Herrgen 2011:273f., dazu

Die Frageformulierungen zu Dialektkompetenz und Dialektgebrauch sind in den einzelnen Umfragen zwar ähnlich, nicht jedoch identisch, so dass die erhaltenen Resultate einen beträchtlichen Interpretationsspielraum bieten. Im folgenden werden die vergleichbaren Fragstücke und jeweiligen Ergebnisse zusammengeordnet. (Vgl. zum Zusammenhang Besch 2001:410-417).

13.2.1.1 Dialektbeherrschung
(a) Bundesweite Sprachdemoskopie (Alte Bundesländer)
Direkt vergleichbar sind die Umfragen, die 1983 von Allensbach sowie 1992 von IPOS durchgeführt wurden. In beiden Umfragen lautete die Basisfragestellung sehr ähnlich: Allensbach: „Können Sie die Mundart hier aus der Gegend sprechen?" Diese Frage war mit den Antwortvorgaben „ja; ein wenig; nein" verbunden. IPOS: „Können Sie den Dialekt der Gegend, in der Sie jetzt wohnen, gut, weniger gut oder überhaupt nicht sprechen?" (vgl. Abb. 48).

Auf einige Aspekte sei aufmerksam gemacht:
- Auffälligstes Ergebnis ist die Tatsache, dass die Befragungsergebnisse im Blick auf eine relativ komplette Dialektkompetenz im Vergleich nicht sonderlich differieren. Aufs Ganze gesehen spricht die Konstanz der Daten für eine relative Stabilität der Verhältnisse im Spannungsfeld von Dialekt und Standardsprache während der letzten Jahrzehnte. Dieser Eindruck wird bestätigt, wenn man die Resultate der Allensbach-Umfragen von 1991 und 1998 für Westdeutschland vergleichend hinzuzieht: Auf die Frage „Können Sie die Mundart hier aus der Gegend sprechen?" antworteten 1991 54% mit „Ja", 17% mit „Ein wenig" und 29% mit „Nein". Im Jahre 1998 antworteten 51% mit „Ja", 23% mit „Ein wenig" und 26% mit „Nein" (vgl. Allensbach 1998). Die relative Stabilität schließt Veränderungen – möglicherweise durchaus dramatischer Art – in Teilbereichen und einzelnen Regionen keineswegs aus (vgl. unten die Ausführungen zum Dialektgebrauch gegenüber Kindern), ihre Rückwirkungen auf die Gesamtkonstellation hinsichtlich Dialektkompetenz schlagen sich jedoch in den Umfragen (noch) kaum nieder.
- Verschiebungen zeigen sich in den Kategorien ‚ein wenig/weniger gut' bzw. ‚nein/überhaupt nicht'. Hier bringen die neueren Umfragen ein Einschätzungsverhalten zutage, das die Festlegung auf ein klares ‚Nein' eher vermeidet. Der Prozentsatz der Personen, die angeben, ‚ein wenig/weniger gut' Dialekt sprechen zu können, ist kräftig angewachsen (vgl. die 23% von 1998 mit den 12,1% aus dem Jahre 1966 in Abb. 49). Möglicherweise drückt sich in diesem Befund

---

auch Hoberg/Eichhoff-Cyrus/Schulz (Hgg.) 2008; Eichinger/Gärtig/Plewnia/Roessel/Rothe/Rudert/Schoel/Stahlberg 2009; Eichinger/Plewnia/Schoel/Stahlberg (Hgg.) 2012.

ein partiell geändertes gesellschaftliches Bewusstsein davon aus, dass dem Faktor Regionalsprachlichkeit – gerade in einem in Entstehung begriffenen ‚Europa der Regionen' – ein neuer Stellenwert zukommen könnte.

in %	1983 ja	1992 gut	1983 ein wenig	1992 weniger gut	1983 nein	1992 überhaupt nicht
Bevölkerung insgesamt	51,1	50,8	17,5	21,6	31,4	25,1
Geschlecht						
Männer	54,6	55,6	16,8	21,7	28,7	20,0
Frauen	48,1	46,6	18,0	21,6	33,8	29,5
Altersstufen						
- 29 Jahre	46,5	49,1	19,2	21,4	34,4	22,8
- 39 Jahre	48,8	50,1	22,5	27,1	28,7	21,4
- 49 Jahre	52,7	50,2	16,5	21,1	30,9	24,2
- 59 Jahre	52,6	52,0	17,0	22,0	30,4	25,3
60 Jahre und älter	55,7	51,7	15,9	18,0	28,4	29,3
Schulabschluss						
Volksschule	58,3	57,6	15,8	21,0	25,9	18,0
Mittlere Reife	46,9	50,4	20,0	20,5	33,1	26,9
Abitur	34,2	35,8	23,1	27,8	42,7	33,3
Berufskreise						
Arbeiter (un-/angelernt)	60,7	54,8	13,1	22,2	26,3	22,3
Facharbeiter	54,8	59,4	15,6	19,6	29,7	18,3
Angestellte (mittlere)	46,1	49,6	20,8	23,3	33,2	24,0
Angestellte (leitende)	37,4	42,1	19,0	22,7	43,7	31,9
Selbständige	50,0	51,6	17,9	27,0	32,1	20,8
Ortsgröße						
'83: - 2.000//'92: - 5.000	65,3	67,3	16,7	15,4	18,0	16,1
1983: 2.000 - 20.000 1992: 5.000 - 20.000	59,5	52,9	13,9	27,8	26,6	16,5
20.000 - 100.000	48,5	47,8	18,0	18,6	33,5	31,2
100.000 und mehr	42,0	40,2	20,7	24,3	37,3	32,5
Ländergruppen						
Nord = HH/HB/Nieders. /West-B/SH	43,3	45,5	16,8	24,7	39,9	25,2
Mitte = NRW/Hessen	40,4	36,6	20,5	24,0	39,1	36,0
Südwest = BW/RP/Saar	66,1	66,6	14,1	16,8	19,8	16,4
Bayern	65,7	66,3	16,0	18,9	18,3	13,8

Abb. 48: Dialektkompetenz (Selbsteinschätzung) in den Alten Bundesländern: Frage nach der Beherrschung des „Dialekts der Gegend"

– Die Bindung der Dialektkompetenz an sozialwissenschaftliche Bezugsgrößen entspricht in beiden Umfragen den Erwartungen der traditionellen Dialektsoziologie (vgl. Mattheier 1980a:25ff.). Dazu gehören die bei Selbsteinschätzung stets zutage tretenden höheren Quoten an dialektkompetenten Männern gegenüber

Frauen ebenso wie die oft belegten direkt-proportionalen Zusammenhänge zwischen Dialekt einerseits und Alter, Schulabschluss, Berufstätigkeit sowie Größe des Herkunftsortes andererseits.
- In puncto regionaler Verteilung von Dialektkompetenz stehen sich offensichtlich zwei Hemisphären gegenüber. Während der Norden und die Mitte der alten Bundesrepublik bei Prozentsätzen von z.T. weit unter 50% stehen, geben sich im Süden um die 2/3 aller Befragten als dialektkompetent an. Dieser Befund wird für die jüngste Zeit von der Allensbacher Umfrage 1998 klar bestätigt (vgl. Allensbach 1998): In Norddeutschland antworteten mit „Ja" 39%, mit „Ein wenig" 27%, mit „Nein" 34%; in Nordrhein-Westfalen mit „Ja" 35%, mit „Ein wenig" 27%, mit „Nein" 38%; in Rhein-Main/Südwest mit „Ja" 59%, mit „Ein wenig" 20%, mit „Nein" 21%; in Bayern schließlich antworteten mit „Ja" 72%, mit „Ein wenig" 15%, mit „Nein" 13%. Die in solchen Zahlen aufscheinende krasse Unterschiedlichkeit ist einer der Gründe, die A. Ruoff (1997:142) zu der Aussage bewegen: „Die Regularitäten des Sprachgebrauchs in Süddeutschland unterscheiden sich prinzipiell von denen in Nord- und Mitteldeutschland." (Vgl. zum Zusammenhang auch Löffler 2010:128ff.).

in %	1966 ja	1992 gut	1966 ein wenig	1992 weniger gut	1966 nein	1992 überhaupt nicht
Bevölkerung insgesamt	57,1	59,8	12,1	21,3	30,8	18,8
Geschlecht						
Männer	61,4	63,6	12,0	20,8	26,4	15,5
Frauen	53,4	56,4	12,2	21,8	34,5	21,7

Abb. 49: Dialektkompetenz (Selbsteinschätzung) in den Alten Bundesländern: Frage nach der „Beherrschung von Dialekt überhaupt"

Die Befragungen von 1966 und 1992 (mit ihrer Ergänzungsfrage) zielen nicht nur auf eine allfällige Kompetenz im „Dialekt der Gegend", sondern weitergehend auf eine „Beherrschung von Dialekt überhaupt". (Allensbach 1966: „Können Sie eine Mundart, einen Dialekt sprechen?"; IPOS 1992 kombinierte die ‚Gegend-Frage' mit einer zweiten: „Und können Sie einen anderen Dialekt gut, weniger gut oder können Sie keinen anderen Dialekt?" Als Auswertungskategorien wurden benutzt: Spreche irgendeinen Dialekt: ‚gut', ‚weniger gut', ‚gar keinen Dialekt'). In Abb. 49 sind zwei Auswertungsbereiche präsentiert.

Es ist logisch, dass beide bundesweit angelegten Umfragen aufgrund ihrer weiter gefassten Fragestellung auch höhere Prozentsätze von Personen haben, die sich als dialektkompetent einschätzen (Vertriebenenproblematik; regionale Mobilität etc.).

(b) Großregionale Sprachdemoskopie
Als instruktives Beispiel für großregionale Sprachdemoskopie kann eine 1984 durchgeführte Umfrage gelten, die die Sprachverhältnisse im Norden der Alten Bundesrepublik vermessen und die Rolle des Niederdeutschen als Sprachform und Kulturfaktor erfassen sollte. Diese sogenannte GETAS-Umfrage der Bremer Gesellschaft für angewandte Sozialpsychologie (vgl. dazu Stellmacher 1987; Goossens 1986; Menge 1995, 1997; Wirrer 1998:309-313) besticht durch ein detailliertes Untersuchungsdesign, das eine Fülle von Fragestellungen zu Kompetenz, Gebrauch und Bewertung der Regionalsprache umfasst und einer repräsentativen Anzahl von Gewährspersonen vorgelegt wurde. Hier interessieren im Vergleich vorerst nur die Daten zur Dialektbeherrschung (Fragestellung: „Können Sie selbst Plattdeutsch sprechen?", vgl. Abb. 50).

Bei starken Binnendifferenzen regionaler Art (vgl. Schleswig-Holstein versus Südniedersachsen) zeigt diese Umfrage für Norddeutschland als Ganzes ein Bild, wie wir es bereits kennen. Nimmt man die beiden Rubriken ‚sehr gut' und ‚gut' zusammen, so ergeben sich Werte ähnlicher Größenordnung, wie sie in den bundesweiten Befragungen von 1983 und 1992 für den Norden der Alten Bundesrepublik erhalten wurden (siehe oben).

Gut zwanzig Jahre nach der GETAS-Umfrage, im Jahr 2007, ist, initiiert vom Institut für niederdeutsche Sprache Bremen, eine telefonische Enquête bei insgesamt 800 Personen in den Bundesländern Schleswig-Holstein, Niedersachsen, Hamburg, Bremen, Mecklenburg- Vorpommern, Nordrhein-Westfalen (westfälischer Teil), Brandenburg und Sachsen-Anhalt (jeweils teilweise) durchgeführt worden (Möller 2008). Die Ergebnisse zur Frage der vorhandenen Dialektkompetenz in Norddeutschland zeigen Folgendes: (1) Auf die Frage „Wie gut können Sie Plattdeutsch sprechen?" antworten 38% aller Befragten mit „gar nicht", 25% mit „nur einige Wörter", d.h. annähernd zwei Drittel sehen sich als des Niederdeutschen nicht mächtig an. 23% geben an, sie könnten das Plattdeutsche „mäßig" sprechen, 8% „gut" und 6% „sehr gut" (vgl. Möller 2008:32). (2) Wie bereits aus früheren Umfragen hervorgeht, ergibt sich auch aus den neuen Daten eine klare Nord-Süd-Differenz in der Mundartbeherrschung. Während in Schleswig-Holstein und Mecklenburg-Vorpommern 27% bzw. 23% angeben, sie könnten „sehr gut" bzw. „gut" Plattdeutsch sprechen, sinkt diese Quote in Niedersachsen auf 14% und in Nordrhein-Westfalen auf 10%. Nördliches Brandenburg weist nach Selbsteinschätzung lediglich 5% „gute", Sachsen-Anhalt 1% „sehr gute" und 4% „gute" DialektsprecherInnen auf (vgl. Möller 2008:32). Das in Westdeutschland cum grano salis nachweisbare Gefälle zeigt sich also auch im östlichen Norden Deutschlands, und zwar auf eindrückliche Weise. (3) Was die Altersstaffelung der Mundartkompetenz in Norddeutschland insgesamt betrifft, so findet sich ebenfalls ein bekanntes Muster: 21% der über 50jährigen Gewährspersonen sehen sich als „gute" bis „sehr gute" Plattdeutsch-SprecherInnen, 12% der 35-49 Jahre alten Befragten schreiben sich ein solches Vermögen zu, bei den 14-34jährigen sind es lediglich 5% (vgl. Möller

2008:67). Inwieweit die Daten der knapp umrissenen Umfrage von 2007 einen „erheblichen Wandel" der gesellschaftlichen Sprachdynamik in Norddeutschland widerspiegeln (so die Vermutung bei Schmidt/Herrgen 2011:277f.), bleibt durch weitere eingehende empirische Studien zu überprüfen.

- Wie angedeutet, ist die Kenntnislage zur Dialektkompetenz in den Neuen Bundesländern erheblich schlechter als für Westdeutschland (vgl. zu den Gründen Schönfeld 1991:175f.). So existiert bis heute lediglich eine einzige, detailliert ausgewertete großregionale Erhebung sprachdemoskopischer Art, die im Zuge der IPOS-Umfrage 1992 durchgeführt wurde. Abb. 51 bietet einen Überblick über wichtige Resultate.

in %	ja, sehr gut	ja, gut	ja, ein wenig	nein, überhaupt nicht	keine Angabe
Bevölkerung insgesamt	20	15	21	43	1
Geschlecht					
Männer	21	17	23	39	0
Frauen	20	15	19	47	0
Altersstufen					
18 - 34 Jahre	6	7	22	65	0
35 - 49 Jahre	19	17	25	39	0
50 und mehr Jahre	32	21	17	30	0
Schulabschluss					
Volksschule	29	18	18	36	0
Mittlere Reife	9	14	25	52	0
Abitur	7	9	24	59	1
Ortsgröße					
- 5.000	46	20	11	23	0
5.000 - 20.000	23	14	22	41	0
20.000 - 100.000	21	15	20	44	0
100.000 und mehr	10	19	26	45	0
Einzelregionen					
Schleswig-Holstein	31	16	24	29	0
Hamburg	10	19	26	45	0
Niedersachsen/Bremen	33	20	20	27	0
Südniedersachsen	14	13	17	55	1
Nord-NRW	15	12	22	51	0

Abb. 50: Dialektkompetenz (Selbsteinschätzung) bezüglich des Niederdeutschen (Alte Bundesländer) (GETAS)

- Die Rate derjenigen Personen, die sich eine gute Dialektkompetenz zusprechen, beträgt ca. 8 Prozentpunkte mehr als in der IPOS-Befragung West. Wenn man den Ergebnissen trauen kann, läge damit im Gebiet der ehemaligen DDR ein nicht unerheblich größerer gesellschaftlicher ‚Dialektsockel' vor. Interessanterweise wird dieser Befund durch die von der Fragestellung her vergleichbare Allensbach-Umfrage von 1991 tendenziell bestätigt: Mit „Ja" antworteten 56%, mit „Ein wenig" 17%, mit „Nein" 27%. Es bedarf freilich einer Erklärung, dass die Allensbach-Umfrage 1998 zu stark veränderten Resultaten kommt: Mit „Ja" reagierten nur noch 48%, während auf „Ein wenig" 24% und auf „Nein" 28% entfielen. (Vgl. zu den – nicht nur hier auftretenden – Umgereimtheiten die folgenden Ausführungen.)

Spreche Dialekt der Gegend	gut	weniger gut	überhaupt nicht	keine Angabe
Bevölkerung insgesamt in %	58,2	24,7	15,7	1,4
Geschlecht				
Männer	60,3	24,6	14,0	1,1
Frauen	56,4	24,8	17,2	1,6
Altersstufen				
- 29 Jahre	61,7	21,9	14,3	2,1
- 39 Jahre	58,3	27,1	12,6	2,0
- 49 Jahre	61,9	24,5	13,6	0
- 59 Jahre	55,9	26,7	15,4	2,0
60 und mehr Jahre	56,4	21,5	21,3	0,8
Schulabschluß				
Volksschule	60,3	21,3	16,9	1,5
Mittlere Reife	63,8	21,9	12,3	2,0
Abitur	51,1	30,6	17,8	0,5
Berufskreise				
Arbeiter (un- und angelernt)	55,4	25,1	19,5	0
Facharbeiter	63,8	22,6	12,5	1,1
Angestellte / Beamte (mittlere)	52,1	27,0	18,9	2,0
Angestellte / Beamte (leitende)	59,5	20,6	17,8	2,1
Selbständige	56,3	30,8	12,9	0
Ortsgröße				
- 5.000	61,1	24,1	14,1	0,7
5.000 - 20.000	48,3	31,8	19,9	0
20.000 - 100.000	63,5	19,6	13,4	3,5
100.000 und mehr	55,8	26,3	17,3	0,6
Bundesländer				
Berlin	57,0	22,1	20,9	0
Mecklenburg	38,7	42,6	17,7	1,0
Brandenburg	76,6	12,1	10,8	0,5
Sachsen-Anhalt	47,4	26,6	23,9	2,1
Thüringen	44,6	32,8	22,6	0
Sachsen	70,2	19,6	7,7	2,5

Abb. 51: Dialektkompetenz (Selbsteinschätzung) in den Neuen Bundesländern: Frage nach der Beherrschung des „Dialekts der Gegend" (IPOS 1992)

– Während die westdeutschen Sprachverhältnisse sowohl im Hinblick auf die Korrelation zwischen Dialektkompetenz und sozialwissenschaftlichen Bezugsgrößen als auch hinsichtlich der regionalen Verteilung recht klar strukturiert erscheinen, ist die Konstellation in den neuen Bundesländern weniger eindeutig. So zeigen sich etwa beim statistischen Zusammenhang zwischen Dialektkompetenz und Schulabschluss andere als die im Westen gefundenen Proportionalitäten; Ähnliches gilt auch für die Korrelation mit Altersstufen und mit der Größe des Herkunftsortes. Die Aufschlüsselung der Umfrage-Ergebnisse nach Bundesländern schließlich führt zu einer Verteilung, die – jedenfalls auf Anhieb – vollständig chaotisch zu sein scheint. Weder zeichnet sich eine Nord-Süd-Differenz ab noch lassen sich andere soziogeographische Muster entdecken.

– Man bewegt sich auf sehr dünnem Eis, versucht man mit den zur Zeit vorhandenen Daten Auskunft zu Dialektkompetenz und Dialektverbreitung in den Neuen Bundesländern zu geben. Dies wird erkennbar, wenn die angeführten IPOS-Resultate (Stichwort ‚Dialektsockel', s.o.) mit anderen Aussagen aus den 1990er Jahren verglichen werden. So muss man laut Peter Wiesinger eher davon ausgehen, dass die Mundartkenntnis „[...] im Osten viel geringer ist, so in Sachsen-Anhalt um 35-40%, in Mecklenburg-Vorpommern um 16-26% und in Südbrandenburg unter dem Einfluß Berlins nur mehr zwischen 0-14%" (Wiesinger 1997:28). Löffler (2010:129f.) riskiert auf der Basis heterogener, durchaus widersprüchlicher und recht karger Befragungsdaten eine Zusammenschau tabellarischer und kartographischer Art, die aus verschiedenen Gründen diskussionswürdig, indes auch sehr problematisch erscheint. Dass im Blick auf eine realitätsgerechte Beschreibung der Lage in den Neuen Bundesländern eine ziemliche Konfusion vorherrscht, lässt sich u.a. auch der Tatsache entnehmen, dass die jüngste Allensbach-Umfrage (1998) zur Mundartbeherrschung – folgt man den diesbezüglichen Darstellungen in den *allensbacher berichten* und im *Allensbacher Jahrbuch* – unter regionaler Perspektive Widersprüche und Leerstellen aufweist: Allensbach 1998:3 zufolge gaben in Mecklenburg-Vorpommern / Sachsen-Anhalt 41% der Befragten an, sie könnten die Mundart der Gegend sprechen (23% „Ein wenig"; 36% „Nein"). Dagegen betrugen die Prozentsätze für Thüringen / Sachsen: 55% „Ja"; 23% „Ein wenig" und 22% „Nein". Allensbach 2002:178 hat z.T. andere Zahlen, z.T. andere Zuordnungen, so dass man sich von der entsprechenden Sprachdemoskopie eher gefoppt fühlt. Es gibt – dies lässt sich ohne Zweifel konstatieren – bislang keine Datengrundlage, die fundierte Aussagen zur Dialektkompetenz in der ehemaligen DDR erlauben würde.[236]

---

[236] Vgl. hierzu die Vorschläge zur Durchführung eines Varietätenzensus in der Bundesrepublik (Mattheier 1994b:413ff.). S. auch die überregional angelegte, dabei an Ortspunkten (Großstadt vs. Kleinstadt) ausgerichtete sprachdemoskopische Arbeit von Huesmann mit ihren aufschlussreichen Kontrast-Resultaten (Huesmann 1998:247-251).

13.2.1.2 Dialektgebrauch

Individuelle Sprachwahlen im Spannungsfeld von Dialekt, Umgangssprache und Standardsprache hängen von den situativen Bedingungen ab, unter denen sie realisiert werden. Diese triviale Feststellung hat viel zu tun mit der soziolinguistischen Fragestellung: „Wer spricht mit wem wann worüber welche Sprache/Varietät?" (vgl. Schlieben-Lange 1983:123 im Rekurs auf Fishman 1975:15). Wie operationalisiert man nun Situativität in Umfragen zur Dialektverwendung?

Die sprachdemoskopische Untersuchung situationsbedingter Differenzen im Sprachverhalten steht in – nicht unbedingt bewusstem – Zusammenhang mit einer theoretischen Erwartungshaltung, die in neuerer Zeit als ‚Domänenkonzept' bekannt geworden ist. Dieses Konzept entstammt der amerikanischen Bilingualismus- und Sprachvariationsforschung und wird seit den 1970er Jahren für die binnendeutschen Dialekt/Standardsprache-Verhältnisse berücksichtigt (vgl. Fishman 1975:49ff; Mattheier 1980a:105f.; Besch 1983:1399). Es hat allerdings durchaus theoretische Vorläufer: So finden sich Vorformen einer Gliederung nach Lebensbereichen im Blick auf die Verwendung von Sprachvarietäten bereits bei Schmidt-Rohr (1933), eine praktische sprachdemoskopische Umsetzung entsprechender Vorstellungen erscheint bei Janßen (1943). ‚Domänen' sind „[...] Generalisierungen höheren Grades aus kongruenten Situationen [...] (d.h. Situationen, in denen Individuen in angemessenen Rollenbeziehungen interagieren, und zwar an den angemessenen Schauplätzen für diese Rollenbeziehungen und Themen diskutieren, die ihren Rollenbeziehungen angemessen sind)" (vgl. Fishman 1975:53). Solche Domänen, ‚verallgemeinerte Lebenssituationen', sind nach der dahinterstehenden Theorie in typischer Weise mit der Verwendung bestimmter Sprachformen gekoppelt. In der Tat bieten die Resultate, die sprachdemoskopische Umfragen mit der Vorgabe bestimmter situativer Raster erzielt haben, genügend Hinweise darauf, dass die Wahl von Sprachvarietäten mit der sektoriellen Gliederung gesellschaftlicher Lebenswelt zu tun hat (vgl. dazu Macha 1991:13ff.).

IPOS hat 1992 nicht nach der Domänenabhängigkeit von Sprachwahlen gefragt, Allensbach 1991 und 1998 führen eine Zusatzkategorie – „Eigentlich immer" – auf, die den Vergleich erschwert (vgl. Allensbach 1998:2). Die Zahlen zum Gebrauch des Dialekts in der alten Bundesrepublik entstammen deshalb den drei Repräsentativ-Umfragen des Allensbacher Instituts von 1966, 1980 und 1983 (vgl. Abb. 52). Die zugrundeliegende, an Personen, die die Mundart ihrer Wohngegend beherrschen, gestellte Frage lautete dabei: „Wenn Sie Mundart oder Dialekt sprechen – bei welchen Gelegenheiten tun Sie das meistens?" (Bei der hier vorgelegten Synopse bleiben z.T. unausfüllbare Lücken, weil die Auswertungsschlüssel der drei Erhebungen nicht völlig identisch sind).

in %	Familie			Freunde			Arbeit			Andere Gelegenheiten			Nie / k. A.		
Allensbach-Umfragen	'66	'80	'83	'66	'80	'83	'66	'80	'83	'66	'80	'83	'66	'80	'83
Insgesamt	67	70	77	62	67	74	40	35	42	1	3	1	13	10	8
Männer	64	69	75	65	72	76	49	44	50	1	3	1	12	8	6
Frauen	70	71	79	57	64	72	31	27	35	2	2	1	15	11	9
Altersgruppen															
16 - 29 Jahre	65	73	76	62	68	76	44	46	48	1	2	0	14	11	5
30 - 44 Jahre	64	70		55	68		38	39		2	2		15	8	
45 - 59 Jahre	66	70		63	62		46	34		1	4		12	13	
60 J. u. älter	75	67	78	65	70	73	31	22	23	1	1	1	13	10	10
Schulbildung															
Volksschule	73	74	80	65	70	75	45	38	45	1	2	1	10	8	6
Höhere Schule	44	60	72	46	58	72	21	24	37	1	5	0	29	16	10
Ortsgrößen															
- 5.000		78	83		78	81		47	58		2	0		21	7	5
5.000 - 20.000		76	82		73	78		35	41		3	0		19	7	5
20 - 100.000		72	74		68	67		31	37		1	1		9	10	10
100.000 u.m.		57	68		53	72		28	36		4	1		7	16	11
Reg. Bereiche															
Norddtld. mit West-Berlin	50	54	58	53	55	58	30	36	34	2	6	1	21	17	17
NRW	59	65	59	51	60	69	28	22	29	2	3	0	19	17	13
Rhein-Main/Südwest	74	78	89	71	75	81	47	37	0,5	1	1	1	9	4	3
Bayern	78	77	88	65	74	80	51	43	54	1	0	0	7	7	3

Abb. 52: **Dialektgebrauch (Selbsteinschätzung) nach Situationen in den Alten Bundesländern**

- Betrachtet man die einzelnen Erhebungsergebnisse ‚immanent', so lässt die Tabelle im Blick auf eine Domänenbindung des Dialektgebrauchs bestimmte Muster erkennen. Die Lebensbereiche ‚Familie' und ‚Freundschaft' evozieren offenbar in weit stärkerem Maße Mundartverwendung als der Lebensbereich ‚Arbeit'.
- Die Auflistung ist zudem unter verschiedenen Detailaspekten (z.B. beim Verhältnis Männer – Frauen im Sprachverhalten ‚bei der Arbeit') aufschlussreich.
- Vergleicht man die Resultate in diachroner Perspektive, so schiebt sich freilich eine andere Erscheinung in den Vordergrund: Die aus den Zahlen sprechende, gestiegene Bereitschaft dialektkompetenter Personen, ihre Mundart auch zu verwenden bzw. anzugeben, dass sie dies tun. Hier gibt es eine relativ klare Trendlinie, die 1983, bei der letzten, für Situationsspezifik ausgewerteten Umfrage, ihren vorläufigen Höhepunkt erreicht hat. Zwei Teilergebnisse seien herausgestellt: 1. Hinsichtlich der Altersstufung zeigt ein Vergleich zwischen 1966 und 1980 (partiell auch gestützt durch die Daten von 1983), dass gerade in den Gruppen mittleren Alters Dialekt nicht mehr unbedingt mit Vermeidungsverhal-

ten behandelt, sondern gerade in Familie und Freundeskreis zur Geltung gebracht wird. 2. In die gleiche Richtung deutet auch, dass die Befragten mit höherer Schulbildung sich in den 80er Jahren offenbar weitaus weniger scheuen, ihre Mundart zu verwenden, als dies für 1966 festzustellen ist. Man könnte vermuten: Gerade dieser Personenkreis, der durch die Länge des Schulbesuchs in besonderem Maße hochdeutsch infiltriert ist, hat offenbar gewisse Qualitäten von Dialektgebrauch wiederentdeckt.

Die Darstellung der sprachdemoskopischen Ergebnisse sollte nicht enden ohne ein kritisches Wort der Relativierung. Bei allem Nutzen, den flächendeckend angelegte, von sozialwissenschaftlichen Instituten durchgeführte Repräsentativ-Umfragen für dialektologische Fragestellungen haben, sind doch einige Grundprobleme der Erhebung im Auge zu behalten. Sie hängen primär mit einer nahezu zwangsläufigen Oberflächlichkeit zusammen, die sich beispielsweise in der Unschärfe zentraler Fragekategorien manifestiert. Das, was im Volk unter ‚Dialekt' bzw. ‚Mundart' verstanden wird, ist in den verschiedenen Landschaften keineswegs identisch. Sprachproben, die aus der Sicht struktureller Linguistik vom Dialektalitätsgrad her ähnlich sind, werden im bairischen oder im saarländischen Beurteilungsrahmen vermutlich als standardnah, von Personen aus dem ostfälischen Raum dagegen als typisch dialektal eingeschätzt. D.h. die jeweilige ‚regionale Normalsprachlage' bestimmt mit, was die Kategorien bedeuten.[237]

13.2.2 Ortspunktbezogene Untersuchungen

Heutige soziodialektologische Untersuchungen, die auf die Erforschung des Sprachprofils von Dörfern oder Städten zielen, haben in der dialektologischen Tradition eine Reihe von Vorläufern (vgl. zur Forschungsgeschichte Wiesinger 1985), sie sind freilich verstärkt in Angriff genommen worden, seitdem die räumlich-horizontale Dimension der Mundartforschung konsequent um eine sozial-vertikale Perspektive erweitert ist.[238] Diese, im letzten Drittel des 20. Jahrhunderts vollzogene Blickänderung hat empirische Projekte hervorgebracht, die auf die gesellschaftliche Verschränkung der Dialekte zielen und ihre Konturen, untersucht an ausgewählten

---

[237] Es kommen hier noch weitere Komplikationen ins Spiel, die im wesentlichen mit der Methode indirekter Erhebung zu tun haben (vgl. II.2.). Eine ausführliche Auseinandersetzung mit Möglichkeiten und Problemen der Sprachdemoskopie findet sich in Macha 1985, s. auch Mattheier 1994b.
[238] Vgl. Kapitel I.2. In gewisser Weise hat die neuere dialektologische Forschung damit eine Erkenntnis nachvollzogen bzw. wieder aufgegriffen, die der ‚Volkslinguistik' und der frühen Dialektologie stets präsent war, dass nämlich der Sprachgebrauch sowohl räumlich als auch sozial gemustert ist. Der Sachverhalt wird plastisch dargestellt in zwei, von Hard (1966:41, Anm. 28) trefflich zusammengeordneten sprachlichen Scherzfragen: „Wie weit reicht der Nebel?' lautet eine schwäbische Wanderfrage; ‚Bis Laudenbach' heißt etwa die Antwort, ‚dort kommt der Nabel'. In Ulfa fragt man: ‚Wie weit raants?', und antwortet: ‚Bis an die vornehmen Häuser, da regnets.'"

Ortspunkten, sichtbar werden lassen. Im folgenden werden die ‚Steckbriefe' einiger neuerer ‚Orts-' bzw. ‚Stadtsprachen'-Projekte vorgestellt, wobei ansatzweise dem Gesichtspunkt einer arealen Streuung (Niederdeutsch – Mitteldeutsch – Oberdeutsch) Rechnung getragen wird. Zum anderen sollen die besonderen Möglichkeiten, aber auch Probleme zur Sprache kommen, die sich aus der unterschiedlichen Größe eines Untersuchungsortes für ortspunktbezogene Studien ergeben. ‚Ortssprache' und ‚Stadtsprache' fungieren hier als Oberbegriffe, die Einheitlichkeit suggerieren, wo indes oft gerade Uneinheitlichkeit das Spezifische ausmacht. Das kann man z.B. daran erkennen, dass der ursprüngliche Titel „Stadtsprache in Mannheim" eines einschlägigen Projekts des Instituts für Deutsche Sprache (IDS) im Verlauf der Untersuchung in „Kommunikation in der Stadt" (vgl. Kallmeyer et al. 1994/95) geändert wurde, dies mit einer klar und bewusst vollzogenen Abkehr von der Homogenitätsfiktion. Dahinter steht die Grundsatzentscheidung: „Nicht die Herausarbeitung der Ortsnorm sei Aufgabe der Dialektologen, sondern die Feststellung ortsspezifischer sprachlicher Variationen" (Hoffmann/Macha 1985:285).

13.2.2.1 Erftstadt-Erp ('Erp-Projekt')

Unter dem Projekttitel „Sprachverhalten in ländlichen Gemeinden" hat ein Forscherteam der Bonner Universität, geleitet von Werner Besch und Klaus J. Mattheier, seit den 1970er Jahren den sprachlichen ‚Haushalt' eines zentralripuarischen Dorfes dokumentiert und analysiert.

Ortspunktcharakteristik: Erftstadt-Erp, ca. 20 km südwestlich von Köln im zentralripuarischen Gebiet gelegen, Anfang der 70er Jahre ca. 1700 Einwohner, typische ländliche Gemeinde im sozialen Umbruch (zunehmend Wohn-/Schlafgemeinde für Köln und Arbeitszentren in der Kölner Bucht).
Ziele: Dokumentation von Dialektresistenz und Dialektwandel, Erklärung auf dem Hintergrund sprachwandelrelevanter Sozialfaktoren (v.a. Beruf, ‚Pendlerwesen', Situativität).
Gewährspersonen (GP): Von 1972-74 Befragung aller männlichen Berufstätigen zwischen 21 und 66 Jahren mittels sozial- und sprachbezogener Fragebögen; von diesen 356 Personen ca. 40% (abs.) aufgenommen (insgesamt ca. 140 Stunden Dauer). Damit konnte ein repräsentatives geschichtetes Sample gebildet werden.
Sprachdatenerhebung: Dreiteiliges Aufnahmekonzept (A: Freies Gespräch zweier miteinander bekannter GP; B: Hochdeutsch geführtes Interview mit jeder GP; C: Spracheinschätzungs- und Sprachkompetenztests).

Ergebnisse: Sowohl zu metasprachlichen Zusammenhängen (Wert des Dialekts generell, Bedeutung in funktionalen Bezügen etc.) als auch zu objektsprachlichen Fragestellungen (Variablenanalysen im Feld Dialekt – Umgangssprache – Standardsprache) wurden wegweisende Analysen vorgelegt. Dabei ist besonders bemer-

kenswert, dass seit fast einem Vierteljahrhundert – mit wechselnden Erkenntniszielen – am Erp-Material gearbeitet wird (vgl. gesprächsanalytische Aspekte bei Lappé 1983; zur Tempusverwendung Sieberg 1984).
- Auf der Selbsteinschätzung aller Befragten basierende Auswertungen zeigen, dass für die ländliche Gemeinde Erp die These vom Verschwinden des Dialekts stark relativiert werden muss. 70,2% der 21- bis 65-Jährigen gaben Anfang der 70er Jahre von sich an, den Ortsdialekt sprechen zu können (vgl. Kall-Holland 1981:227). Andererseits verweisen die metasprachlichen Äußerungen der GP im Blick auf die kindliche Spracherziehung eindeutig darauf, dass hier im Blick auf die Generationen grundstürzende Veränderungen angesagt waren (vgl. Mickartz 1983).
- Die Werte der Dialektkompetenz sind freilich in den sozialen Gruppen der Gemeinde recht unterschiedlich. Selbständige und Bauern beherrschen nach eigenen Angaben zu 82,2% aktiv den Dialekt. Andererseits: „Von den Gewährspersonen mit hoher beruflicher Qualifikation und Orientierung auf städtische Lebensweisen gaben nur wenige an, den örtlichen Dialekt aktiv zu beherrschen [...]" (vgl. Kall-Holland 1981:236f.).

Variable	Gespräch	Interview
V1: /b/ vs. /v/	88,8	11,3
V2: /aː/ vs. /ɔː/	72,1	13,2
V3: /f, pf/ vs. /p/	93,0	15,6
V4: /au/ vs. /u, o, .../	89,0	16,8
V5: /a/ vs. /e, i, .../	86,1	22,2
V6: /haːbən/ vs. /han/	100	30,0
V7: /s/ vs. /t/	99,9	61,1

Abb. 53: Dialektanteile der Variablen in Erftstadt/Erp in ‚normaler' und ‚formalisierter' Kommunikationssituation (in %)

- Für die soziodialektologische Forschung eminent fruchtbar war der von Besch/Mattheier praktizierte Kunstgriff, in der Spracherhebung gewissermaßen zwei verschiedene Kommunikations-Klimata zu konstruieren. Ein auf die ‚Normallage' des Sprechens (mit Freunden/guten Bekannten) gezielter Zugriff wurde von einer ‚formalisierten' Interview-Situation gefolgt. In vielen Fällen gelang es auf diese Weise, ‚Sprachlagen-Wechsel' von einer eher ortsgebundenen zu einer regionalen bis überregionalen Varietät zu evozieren. Die exakte Variablenanalyse des situativen Kontrastes (Lausberg 1993), durchgeführt an den Sprachproduktionen von 20 Sprechern, lässt linguistische Regularitäten erkennen, die als „regionaltypische Abbau-Hierarchien mit eher labilen und eher resistenten Elementen" (Besch 1997:178) interpretierbar sind. Abb. 53 zeigt, in welcher Stärke die Variablen in A. und B. *dialektal* realisiert werden. Die Werte der Dialektkompetenz sind freilich in den sozialen Gruppen der Gemeinde recht unterschiedlich. Selbständige und Bauern beherrschen nach eigenen Angaben zu 82,2% aktiv den Dialekt. Andererseits: „Von den Gewährspersonen mit hoher beruflicher Qualifikation und Orientierung auf städtische Lebensweisen gaben nur wenige an, den örtlichen Dialekt aktiv zu beherrschen [...]" (vgl. Kall-Holland 1981:236f.).

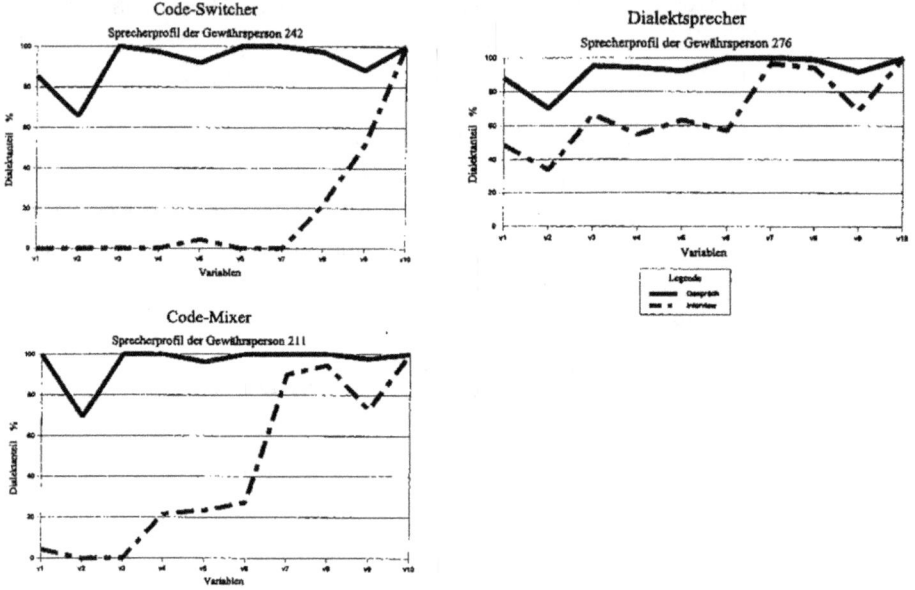

Abb. 54: Sprecherprofile in Erftstadt/Erp

- Die naheliegende Frage, ob die festgestellte Abbauhierarchie für die einzelnen Sprecher in gleicher Weise gültig ist, lässt sich mit einer individuenzentrierten Auswertung beantworten (Lausberg 1993). Es zeigen sich – gerade für die Veränderungen in der Interviewsprache – verschiedenartige Sprecherprofile, die eine Typologie auf der Basis der 20 untersuchten Personen ermöglichen. Es lassen sich ‚Code-Switcher', ‚Code-Mixer' sowie Personen, die nur minimales ‚code shifting' in Richtung Standardsprache praktizieren (in Abb. 54 „Dialektsprecher" genannt), unterscheiden.
- Zur tatsächlichen Bedeutung beruflichen Pendelns schreibt Besch rückblickend (1997:179): „Korrekturbedürftig ist die Pendler-These. In den Auswertungen wird ihre Signifikanz an keiner Stelle belegt. Wir haben ihre Sprachveränderungspotenz offensichtlich überschätzt. Die wirklich steuernden Variablen sind [...]: Schulisch-berufliche Qualifikation / Kommunikationsanforderung des beruflichen Alltags / Alter / Sprachbewußtsein und Sprachwertung (individuell)".

– Im Kontext des Erp-Projekts entstand auf dem Weg über eine Neuerhebung zu Anfang der 90er Jahre eine Studie, in der M. Kreymann einen – auf objektsprachlichen Daten und metasprachlichen Aussagen zur Sprachbiographie fußenden – generationsbezogenen Zugriff versucht hat. Der direkte Vergleich von Erper Vätern mit ihren Töchtern erbrachte u.a., dass deren nichtstandardsprachliche Anteile im Interview erheblich unter den Werten der Väter liegen (vgl. Kreymann 1994:250ff.; s. Abb. 55).

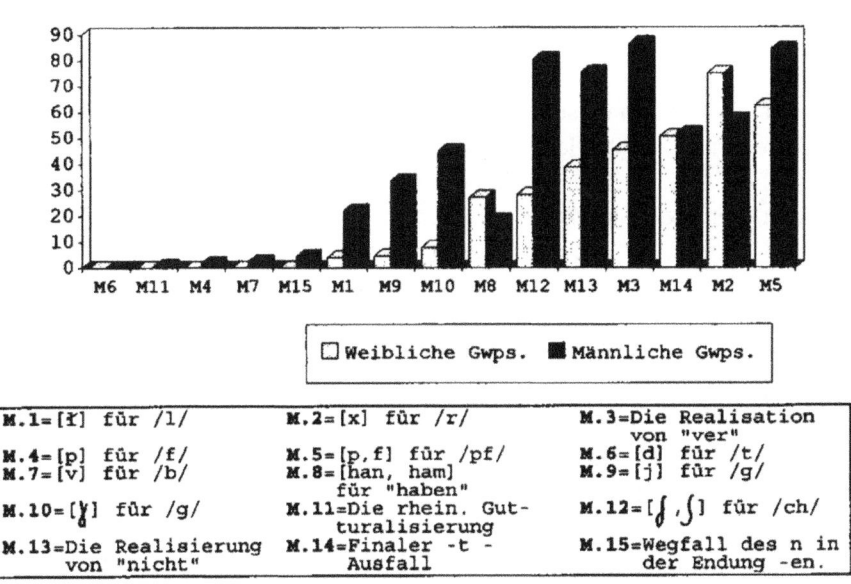

Abb. 55: Vergleich der Nichtstandard-Anteile im Interview von Vätern und deren Töchtern

13.2.2.2 Wittlich/Eifel

Phänomenen des ‚Substandards', der als sprechsprachlicher Gesamtbereich unterhalb der normierten Standardsprache verstanden wird, widmet sich Alexandra N. Lenz in einer ortsbezogenen Untersuchung von 2003. Die empirischen Grundlagen dazu wurden Ende der 1990er Jahre gelegt (vgl. Lenz 2003). Die Arbeit schließt innovativ an Erfahrungen des Erp-Projekts und der neueren Soziodialektologie an.

Ortspunktcharakteristik: Wittlich/Eifel (Kleinstadt plus fünf eingemeindete ländliche Dörfer), im westmitteldeutsch-moselfränkischen Gebiet gelegen, ca. 18.000 Einwohner, Zentralitätsfunktionen für das Umland, Pendleranziehungspunkt.
Ziele: Basierend auf ‚objektsprachlichen' Sprachdaten und ‚metasprachlichen' Einstellungsdaten Beschreibung und Analyse des rezenten Sprachgebrauchsspektrums und seiner Einschätzung.

Gewährspersonen (GP): 50 ortsgeborene Informanten mit verschiedener Sozialcharakteristik, Sprachsozialisation und Substandardkompetenz.
Sprachdatenerhebung: Zugrunde gelegt wurde ein Setting von vier Aufnahmesituationen: 1. Übersetzung standardsprachlicher Sätze in den Ortsdialekt, 2. Gespräch unter Freunden, 3. Interview mit einer standardsprachsprechenden Fremden, 4. Übersetzung dialektaler Sätze in die Standardsprache (vgl. dazu Schmidt 2005a:286). Mittels Variablenanalyse, statistischer Clusteranalyse, Hörtest und Inhaltsanalyse wurde das erhobene Datenmaterial ausgewertet.

Ergebnisse:
− Bezogen auf 19 phonologische und morphologische Variablen zeigt sich eine erwartbare Abnahme der Dialektalität von 1. auf 4. (81,2% gegenüber 15,3%, vgl. Lenz 2003:69, Tab. 13). Dies impliziert in ergänzender Betrachtungsweise, dass eine ‚interferenzfreie Standardsprache' nicht realisiert wird, sondern dass sich Regionalismen in allen evozierten Sprachkontexten finden (vor allem die Koronalisierung des /ch/-Phonems, die Spirantisierung in [x] für [g] und [ʀ] sowie [f] für [pf], vgl. Lenz 2003:180f.).
− Als wichtiger Indikator erweist sich die Analyse von ‚Hyperdialektismen', erhalten in Setting 1., sowie von ‚Hyperkorrektionen', realisiert vor allem in Setting 3. und 4. (vgl. Lenz 2003:206-217). Nicht zuletzt mit ihrer Zuhilfenahme lässt sich ein Sprechlagen-Modell konzipieren.
− „Eines der zentralen Ergebnisse [...] stellt die Strukturierung des Wittlicher Substandards in fünf wohldefinierte Verdichtungsbereiche dar. Die lokalen Basisdialekte (BD), der Regionaldialekt (RD), der Untere und Obere Regionale Substandard (RS unten und RS oben) und der Regionalakzent (RA) gliedern den Substandard der Wittlicher Region" (Lenz 2003:388, dazu auch S. 252, Abb. 70). Hervorzuheben ist in diesem Zusammenhang, dass Lenz in ihrer Argumentation auf objektsprachliche wie metasprachliche Befunde zurückgreifen kann. Beides zusammen ergibt das geschilderte Bild.
− „Die fünf synchron gewonnenen ‚Stufen' können als Sedimente verschiedener Phasen linguistischer Wandelprozesse interpretiert werden, die den graduellen Übergang der Kleinstadt Wittlich inmitten ursprünglich ländlich strukturierter Dörfer zu einer Mittelstadt mit zunehmender Modernisierung auch des Umlands begleiten" (Lenz 2003:205f.).

13.2.2.3 Schleswig

Unter dem Projekttitel „Niederdeutsch in der Stadt Schleswig" hat W. Diercks Anfang der 80er Jahre die sprachliche Situation dieses Ortspunkts im Blick auf die Verwendung von Nordniedersächsisch und Standardsprache sowie im Blick auf die Einschätzung beider Sprachvarietäten untersucht (vgl. Diercks 1994).

Ortspunktcharakteristik: Schleswig, kleinere Mittelstadt mit Verwaltungs- und Versorgungsfunktion, 1986 ca. 27.000 E., kaum Industrie, in von Landwirtschaft und Fremdenverkehr geprägter Umgebung gelegen.
Ziele: Darstellung der Mundartverwendung in der Stadt / Widerspiegelung der Varianz der Mundart / Attitüden gegenüber der Mundart. Zugleich: Reflexion über die methodische Gewinnung entsprechender Daten.
Gewährspersonen (GP): Die praktische Schwierigkeit, für Sprachgebrauchs- und Sprachbewertungsanalysen in Kleinstädten repräsentative Stichproben bilden zu können, legt die Methode des sogenannten ‚theoretical sampling' (Diercks 1994:28) nahe. Diese ermöglicht bei „Kenntnis des Sprachklimas, des Klimas für die Mundart" (Diercks 1994:29) eine inhaltlich-gezielte Auswahl der GP. Letztlich wurden aus 600 per Zufallsstichprobe angefragten Personen 129 interviewwillige GP ausgewählt.
Sprachdatenerhebung: Leitfadengesteuerte Interviews, Wortlisten und Wenkersätze als Übertragungsvorlage.

Ergebnisse: Neben der vom Auswertungsverfahren her interessanten, diskussionswürdigen Innovation einer EDV-tauglichen Kodierung der Antworten sind vor allem folgende Punkte erwähnenswert:
- Das „Expertensample" (Diercks 1994:63), vornehmlich aus Personen gebildet, die am Problem Dialekt/Standardsprache interessiert sind, beschreibt die städtische Sprachsituation als gekennzeichnet durch „[...] den starken Einfluß des Hochdeutschen, die Lage zwischen südlichem und nördlichem Platt, den Zuzug von Niederdeutschsprechern aus mundartlich divergierenden Regionen und das weitgehende Fehlen von Mundartvierteln" (Diercks 1994:230).
- Eine Konsequenz aus diesem ‚soziolinguistischen Schwebezustand' scheinen Unsicherheiten in der Beurteilung zu sein: Sowohl darüber, was als ‚Schleswiger Dialektnorm' anzusetzen ist (Diercks 1994:230), als auch über eine mögliche Zuordnung des Mundartgebrauchs zu städtischen Sozialgruppen (Diercks 1994:246) gibt es offenbar keinen klaren Konsens.
- Frequenzanalysen zum Sprachverhalten des Samples zeigen, dass 66 Personen täglich, 24 gelegentlich und 39 selten Niederdeutsch sprechen (Diercks 1994:123). Bevorzugt werden als dialektale Gesprächspartner in erster Linie Familienmitglieder (Ausnahme: Kinder), Freunde und Bekannte. Auffällig ist der ‚Bruch' zwischen den Generationen, der seine schärfste Ausprägung zuungunsten der Mundart bei den jüngsten GP hat (Diercks 1994:245). Die Binnengliederung des Samples nach Berufsaspekten und Niederdeutsch-Gebrauch erbringt die erwartbaren Ergebnisse: z.B. „Manuell Tätige sprechen in allen Domänen häufiger Mundart als andere Gruppen" (Diercks 1994:245). Unvorhergesehen – zumindest in Teilen – sind dagegen die Resultate zur geschlechtsspezifischen Sprachverwendung: Weder in der Häufigkeit des Mundartgebrauchs noch im Grad der Mundartkompetenz liegen sonderliche Unterschiede zwischen Frauen

und Männern vor, wohl aber scheinen – durch unterschiedliche Sprachattitüden hervorgerufen – differente Sprachverhaltensweisen am Arbeitsplatz zu existieren (vgl. Diercks 1994:139ff.).

13.2.2.4 Basel

Das Forschungsprojekt „Stadtsprache – Sprachen in der Stadt am Beispiel Basels" des Deutschen Seminars der Universität Basel (Leitung: Heinrich Löffler/Annelies Häcki Buhofer) ist mittlerweile abgeschlossen worden (vgl. zur Konzeption Löffler 1995; Leuenberger 1997). Es liegt auf der Hand, dass man einer mittleren Großstadt nicht mit einer soziodialektologischen ‚Volluntersuchung' beikommen kann. Deshalb wurden lediglich bestimmte Facetten des Sprachlebens unter die Lupe genommen, die freilich von besonderem Interesse, etwa für den Sprachwandel sind. Insofern deutet sich bei der Darstellung dieses Projekts bereits der Übergang zu den im engeren Sinne ‚aspektbezogenen' Untersuchungen (III.13.2.3.) an.

‚Ortspunkt'-Charakteristik: Basel, traditionelle niederalemannische Insel im Hochalemannischen; ca. 220.000 Einwohner; heute am Schnittpunkt dreier sprachsoziologisch unterschiedlicher Areale gelegen: diglossische deutsche Schweiz, zweisprachiges Elsass, süddeutscher Raum mit Dialekt-Standard-Kontinuum.
Ziele: Fokussierung der Sprachverwendung unter verschiedenen erkenntnisleitenden Blickrichtungen wie Dialektwandel und Sprecheralter, Ortsloyalität und Sprache, sprachliche Tagesabläufe in einem Großbetrieb sowie Dialektvariation und Spracheinstellungen.
Gewährspersonen (GP): Die Samples richten sich nach den jeweiligen Untersuchungszielen. Es existiert freilich ein ‚Stammsample' von insgesamt 71 Personen, deren Sprechaktivitäten dokumentiert sind (Hofer 1997:120, Anm. 78).
Sprachdatenerhebung: Es wurde in unterschiedlichen Settings und mit verschiedenen Methoden Material erhoben. So etwa Hofer (1997:127ff.): Interviewsprache, Texte eines freien Gesprächs, Intendierte Ortsmundart (im Rollenspiel).

Ergebnisse: Es empfiehlt sich, die Resultate nach den oben genannten Zielen zu ordnen:
– So kann Hofer (1997:270ff.) in einer ‚apparent-time'-Analyse (1997:56) die – im Vergleich etwa zu Bildung oder Geschlecht – größere Bedeutung des Faktors ‚Lebensalter' für Sprachvariation herausarbeiten, da bezogen auf das Baseldeutsche zwischen verschiedenen Altersgruppen Differenzen in der Vorkommenshäufigkeit bestimmter Sprachvarianten bestehen. Jüngere Sprecherinnen und Sprecher benutzen die sprachgeographisch weiter verbreiteten Formen. Neben solchen, sprachwandelindizierenden Erscheinungen findet sich aber auch eine Anzahl altersneutraler Varianten, deren Variabilität offenbar innersprachlich (durch phonetisch-phonologische und lexikalische Faktoren) ge-

steuert ist. Im Unterschied zu bundesrepublikanischen Studien ist der Einfluss des Formalitätsgrads der Erhebungssituation auf die Sprachausprägung insgesamt eher gering. Für zukünftige methodologische Überlegungen bedeutsam erscheint die Aussage: „Ein grosser Teil der gesamten interpersonalen Sprachvariation ist jedoch derart diffus, dass er **nicht** zur Gruppenbildung auf statistischer Basis beisteuert. Dies unterstützt die Auffassung, dass **individuelle** Sprachmuster, insbesondere unter den jüngeren SprecherInnen, deutlich ausgeprägt sind" (Hofer 1997:273).

- Leuenberger (1999:198ff.) konstatiert zum Verhältnis von Ortsloyalität und Sprachvariation aufgrund der Untersuchung von 33 Gewährspersonen, von denen objektsprachliche und metasprachliche Daten vorliegen, unterschiedliche Tendenzen. Während auf der einen Seite „stark ortsloyale Personen bei weniger Sprachmerkmalen variieren als schwach ortsloyale" (1999:198) und sich als ‚gesicherter' in ihrer Dialektkenntnis und in ihrem Dialektgebrauch erweisen, tritt andererseits zutage, dass sich die ‚Arbeitsortloyalität' der PendlerInnen im Bezug auf Basel – entgegen diesbezüglichen Erwartungen – nicht auf ihr Sprachverhalten auswirkt: Die ‚baselfreundlichen' Personen zeigen kein Mehr an baseldeutschen Varianten (vgl. die Ergebnisse zum Pendlerwesen im Erp-Projekt). Die auch forschungsmethodologisch erhellende Studie kommt zu einer bedenkenswerten Schlussfolgerung: „Die Resultate wecken Zweifel am Erklärungspotential des Phänomens Ortsloyalität und werfen die Frage auf, ob der Faktor Ortsloyalität als sprachgebrauchssteuernde Grösse nicht überschätzt worden ist [...]" (1999:200).

- In einer dezidiert individuenzentrierten Analyse, die die ‚Ganztageskommunikation' (Bürkli 1999:371) von sechs Gewährspersonen in einem Basler Chemiegroßbetrieb untersucht und die verschiedenen Variationsphänomene in Relation zu ihren pragmatischen, linguistischen und kognitiven Bedingungsfaktoren setzt, kann Bürkli u.a. nachweisen, dass „jede Person über zwei Register verfügt: die durch nicht-funktionalisierbare Code-Fluktuation gekennzeichnete **Normallage** einerseits und eine durch Abweichung von dieser Normallage erkennbare **markierte Sprechweise**" (1999: 373). Anhand von sechs phonologischen und einer morphologischen Variable werden innerdialektale Variation und variationsmodellierende Momente in den Blick genommen. Ein besonderer Akzent liegt dabei auf der Feststellung, dass neben überindividuell vorfindlichen Mustern gerade auch die spezifische Verfasstheit der sprechenden Personen für ihren Sprachhaushalt von großer Bedeutung ist. Durch die praktizierte ethnomethodologische Ausrichtung gelingt es Bürkli, Code-switching- und Code-shifting-Erscheinungen zwischen Dialekt und Standardsprache in vivo zu erfassen und adäquaten Deutungen zuzuführen (1999:329ff.).

- Hofer (2002) widmet sich im Abschlussband des Projekts dem Zusammenhang von Einstellungen und Dialektvariation unter verschiedenen Einzelaspekten.

Was bereits in Petra Leuenbergers Studie im Blick auf ‚Ortsloyalität' anklang, wird von Hofer verallgemeinert: „Einstellungen können zwar mit Sprachverhalten [...] übereinstimmen, müssen dies aber keineswegs. Deshalb sind sie in vielen Fällen und vielleicht überhaupt nicht besonders erklärungsstark für die lautliche und morphologische Seite des Sprachgebrauchs. Auf einer theoretischen Ebene bedeutet dies, dass Sprachbewusstsein und Einstellungen ebenso wie die Ortsloyalität nicht in grösserem Ausmass zur Erklärung von Sprachgebrauch herangezogen werden können" (Hofer 2002:338). Dass dieses Fazit möglicherweise mit besonderen Bedingungen der schweizerdeutschen Sprachkonfiguration zu tun hat, spricht aus der folgenden Relativierung. „Wenn man die Basler Ergebnisse zu Spracheinstellungen, Varietätenevaluationen und zur Ortsloyalität in die Forschungslandschaft einordnen wollen [sic!], so muss man klar unterscheiden zwischen der deutschländischen (und weitgehend auch der österreichischen) Situation, wo es in erster Linie um die Wahl der Sprachform geht – Dialekt, dialektal/regional gefärbte Umgangssprache oder Standardsprache, und der deutschschweizerischen Sprachsituation, wo in jedem Fall Dialekt gesprochen wird, allenfalls Variation vom lokalen Dialekt weg oder zum lokalen Dialekt hin" (2002:400).

Einige weitere thematisch einschlägige, soziodialektologische Studien aus dem letzten Vierteljahrhundert, die hier nicht besprochen werden können, seien kurz erwähnt. Die Aufzählung geht dabei innerhalb der drei dialektalen Großzonen des deutschen Sprachraums jeweils von Westen nach Osten vor. Für das Niederdeutsche Ostfrieslands Reershemius 2004 (Campen), für das Niedersächsische Stellmacher 1977 (Osterholz-Scharmbeck), Auer 1998 (Hamburg), Föllner 1999 (Sachsen-Anhalt: Wittenberg/Salzwedel); für das Brandenburgisch-Berlinische Schlobinski 1987, Schönfeld 1989 (Berlin West bzw. Ost); für das Mecklenburgisch-Vorpommersche Herrmann-Winter 1979 (Kreis Greifswald). Für das ripuarisch-niederfränkische Übergangsgebiet Jünger-Geier 1989 (Kelzenberg); für das „Ruhrdeutsche" Mihm 1985 (Duisburg); für das Rheinfränkische Steiner 1994 (Mainz); für das Pfälzische Kallmeyer/Keim/Schwitalla 1994/95 (Mannheim) und Davies 1994 (Mannheim-Neckarau); für das Hessische Brinkmann to Broxten 1986 (Frankfurt/Main); ebenfalls für das Hessische von Schneidemesser 1984 (Gießen). Für das Höchstalemannisch-Schweizerische Werlen et al. 1992 (Bern) und Siebenhaar 2000 (Aarau); für das Hochalemannische Auer 1990 (Konstanz); für das Mittelbairische Rein/Scheffelmann-Mayer 1975 (Walpertskirchen/Erding); für das Mittelbairisch-Österreichische Scheutz 1985 (Ulrichsberg/Oberösterreich); für das Mittelbairisch-Österreichische Moosmüller 1987 (Wien).

13.2.3 Aspektbezogene Untersuchungen (Geschlecht, Alter, Beruf)

Eine zentrale theoretische Voraussetzung moderner soziodialektologischer Forschung besteht darin, dass Sprachgebrauch und Sprachbewusstsein sich unter Rückgriff auf sozialwissenschaftliche Kategorien beschreiben und erklären lassen (vgl. Löffler 2003:33). Einen wichtigen Punkt bei der praktischen Umsetzung dieses Programms bildet demnach die operationale Zuordnung von Individuen zu gesellschaftlichen Formationen. Zur Festlegung solcher Formationen werden unterschiedliche sozialwissenschaftliche Bezugsgrößen ins Spiel gebracht: Klasse, Schicht, Alter, Geschlecht, bisweilen auch ausgekoppelte Parameter wie Beruf, Art der Tätigkeit, Aufstiegsaspiration, Ortsloyalität u.a.m. Personen, die in einer oder mehreren dieser Dimensionen gleiche oder ähnliche Merkmalsausprägungen haben, gleichen bzw. ähneln sich – so die Grundannahme – auch im Blick auf Sprache.

Es werden einige Studien ausgewählt, die – bei durchaus vorhandener Berücksichtigung weiterer Komponenten – ihr Augenmerk auf die Isolierung bestimmter Sozialvariablen gerichtet und deren Zusammenhang mit Dialekt- bzw. Standardsprachgebrauch untersucht haben. Die Darstellung verfolgt dabei primär den Zweck, erste Informationen zu ermöglichen. Die vorgestellten Arbeiten sind sämtlich neueren Datums, so dass man sich über die in ihnen verarbeitete Forschungsliteratur ein Bild von einzelnen Facetten des Komplexes ‚Dialekt und gesellschaftliche Strukturierungen' machen kann. Im Bezug auf die Ausführungen in den Abschnitten 13.2.1. und 13.2.2. sind thematische Überschneidungen unvermeidlich.

13.2.3.1 Geschlecht und Dialekt

Grundlegende allgemeine und statistische Informationen bietet Mattheier (1980:25-39). Das heterogene Bild, das er von der Forschungslage zeichnet, hat bis in die jüngste Zeit Bestand. (Vgl. dazu auch die Forschungsüberblicke bei Sieburg 1992:98-112, Frank-Cyrus 1991: 18-22; außerdem Gerritsen 1985, Kremer 1986, Berner 1996, Larsen 1983, Malliga 1997). So konstatiert W. Diercks: „Kaum ein Forschungsgebiet der Dialektologie weist derartig kontroverse Darstellungen des Sprachverhaltens auf wie die Arbeiten zum geschlechtstypischen Sprachgebrauch bzw. zur geschlechtstypischen Einschätzung der Mundart" (1986:228). Im wesentlichen sind es zwei Positionen, die – „zu gegensätzlichen Forschungstopoi verdichtet" – in der Diskussion seit langem kursieren: „Zum einen wird nämlich davon ausgegangen, daß die Frau durchweg zum Bewahren des Dialektes neige und so zum ‚Hort der Mundart' wird. Auf der anderen Seite findet sich die Behauptung von der höheren Anpassungsbereitschaft der Frauen und ihrer Neigung für das sozial Höherstehende, wodurch eine größere Standardsprachlichkeit der Frauen begründet wird" (Sieburg 1991:299). Soweit zu sehen ist, scheint sich in jüngeren Untersuchungen, die die geänderten Ausbildungs- und Berufsmöglichkeiten der Frauen und ihre z.T. modifizierte familiale Rolle mitberücksichtigen, der Eindruck zu bestätigen, dass Frauen dem Dialekt insgesamt distanzierter gegenüberstehen und ihn eher meiden als

Männer (vgl. etwa Stellmacher 1975/76; Jünger-Geier 1989:184ff.). Schuppenhauer bilanziert vorsichtig: „Was die Verteilung von Dialektkenntnis und -gebrauch auf die Geschlechter anlangt, weisen alle Studien einen höheren Dialektsprecher-Anteil bei den Männern aus. Die Differenz ist jedoch relativ klein. Sie verschwindet sogar, wenn Männer und Frauen ungefähr gleichen Kommunikationsanforderungen ausgesetzt sind, etwa in der Landwirtschaft oder im Dienstleistungsbereich. Man darf sie also nicht für signifikant halten, solange nicht für den jeweiligen Fall alle zugehörigen sozioökonomischen und situativen Steuerungsmerkmale geklärt sind" (1983:1414f.).

Im folgenden werden zwei Studien exemplarisch vorgestellt, die gegen Ende der 1980er Jahre den Aspekt ‚Dialekt und Geschlechterdifferenz' empirisch in den Blick genommen haben.

Sieburg 1991; 1992
Untersuchungsort: Fritzdorf im Rheinland, ca. 20 km südlich von Bonn, ripuarisches Dialektgebiet, ländlich geprägt, etwa 900 Einwohner, innerörtliche Beschäftigungsmöglichkeit (Treppenbau), starker Anteil an Pendlern (Bonn).
Ziele: Vermessung von Art und Ausmaß der Dialektbeherrschung und der Dialektverwendung bei verschiedengeschlechtlichen Geschwistern unter Konstanthaltung der familialen und sozialisatorischen Bedingungen.
Gewährspersonen (GP): Als Sample wurden 58 weibliche und 57 männliche GP befragt, die 39 Familien zuzuordnen sind; immer ging es um Brüder und Schwestern im Alter zwischen 14 und 40 Jahren, wobei die Geschwisterschaftsgröße zwischen zwei und sechs Geschwistern variierte. Zugezogene Familien wurden in der Erhebung nicht berücksichtigt.
Sprachdatenerhebung: Erhebung objektsprachlichen (Übersetzung einer hochsprachlichen Vorlage in den Ortsdialekt) und metasprachlichen (Interviews anhand eines standardisierten Fragebogens) Materials.

Ergebnisse:
- Insgesamt ergibt sich ein relativ hoher Grad an Dialektkompetenz, wobei die männlichen Befragten etwas höhere Werte zeigen. Auffällig ist der hier im Vergleich zum Faktor Geschlecht wesentlich wirkmächtigere Faktor Alter: Die Kompetenzwerte der 14-22jährigen liegen deutlich unter denen der übrigen Stichprobe.
- Beim Sprachgebrauch in der Familie, der aufgrund der spezifischen Struktur des Samples detailliert zu erfassen ist, treten klare geschlechtstypische Unterschiede zutage. So gebrauchen deutlich mehr männliche Gewährspersonen ihren Eltern gegenüber Dialekt, wobei das Geschlecht der Elternteile keinen Einfluss hat. Drastische Altersunterschiede kommen – gerade bei den Frauen – hinzu. „Während hier in der Altersklasse der 32-40jährigen sämtliche Frauen

angeben, mit ihren Eltern Dialekt zu sprechen, tun dies von den 14-22jährigen gerade noch 5% bzw. 10%" (Sieburg 1991:303).
- Die außerfamiliäre Sprachverwendung ist im wesentlichen nach dem ‚Domänenkonzept' (vgl. 13.2.1.2.) untersucht worden, indem nach der Varietätenwahl in sprachrelevanten Lebenssituationen des Alltags gefragt wurde. Für alle Bereiche ist die Zahl der männlichen Probanden, die angeben, Dialekt zu verwenden, höher als die der weiblichen, wobei die Unterschiede z.T. hochsignifikant ausfallen. „Während etwa 72% der männlichen Befragten angeben, im Freundeskreis (auch) Dialekt zu gebrauchen, sind dies bei den weiblichen nur 40%. [...] Am auffälligsten sind die Unterschiede hinsichtlich des Gesprächs mit Kollegen bzw. Mitschülern. Immerhin 54% der männlichen Informanten verwenden hier – nach eigenen Angaben – Dialekt, aber nur 12% der weiblichen [...]" (Sieburg 1991:303).
- Bei den Ursachen für die festgestellten geschlechtstypischen Differenzen sieht Sieburg zum einen die Art der Berufstätigkeit (Männer zu 61% in eher manuellen Tätigkeiten, die Frauen dagegen zu 67% in Beschäftigungen mit vermehrter Schriftorientierung) als bedeutsam an. Sie kann freilich nicht plausibel machen, weshalb „diejenigen männlichen Befragten, die als Angestellte bzw. Beamte beschäftigt sind (30%), deutlich höhere Gebrauchswerte erreichen als die weiblichen Probanden dieser Berufskategorie" (Sieburg 1991:304). Außerdem bleibt zu erklären, warum männliche Schüler im Gegensatz zu weiblichen weitaus mehr Dialekt sprechen und warum die Dialektverwendung trotz vorhandener Dialektkompetenz bei den weiblichen Gewährspersonen auch außerhalb des beruflichen Rahmens deutlich geringer ist. Sieburg führt deshalb als weitere Variable ein möglicherweise „niedrigeres Selbstvertrauen" bei weiblichen Gewährspersonen ins Feld, das die Minderpräsenz des – von ihnen nicht sehr geschätzten – Dialekts erklären könne (vgl. Sieburg 1991:309ff.)

Frank-Cyrus 1991
Welch große Bedeutung den verschiedenen Regionen mit ihrer jeweils besonderen Sprachgebrauchs-Konstellation auch für die hier behandelte Fragestellung zukommt, beweist ein Blick auf die Verhältnisse in der Pfalz. Dort hat K.M. Frank-Cyrus unter dem Leitbegriff „Subjektive Varietätenwahl", d.h. auf dem Wege über Selbstauskünfte ihrer Gewährspersonen, gleichfalls Ende der 1980er Jahre allfälligen geschlechtsspezifischen Unterschieden nachgespürt. Per Fragebogen wurden vier, in verschiedenen Teilen der Pfalz gelegene Dörfer untersucht (vgl. Frank-Cyrus 1991:49ff.). Die mit jeweils identischem Befragungsinstrumentarium gewonnenen Resultate machen innerörtliche und zwischenörtliche Vergleiche möglich. Sie zeigen für die Pfalz, dass – trotz durchaus vorhandener lokal bedingter Differenzen – die subjektiven Optionen im Blick auf die Verwendung von Dialekt bzw. von standardnaher Sprachvarietät durch den Faktor ‚Geschlecht' keinesfalls zentral gesteuert werden. „Der Effekt anderer Variablen als das Geschlecht [sic!] auf die subjektive

Varietätenwahl ist wesentlich größer; diese sind vor allem die Situationalität [...] und der Schulabschluß" (Frank-Cyrus 1991:161). Und weiter heißt es: „Wenn überhaupt Effekte der Variablen ‚Geschlecht' vorliegen, dann fallen diese äußerst gering aus. [...] Bei multikausaler Betrachtungsweise des hier diskutierten Phänomenbereichs und bei multivariater Analyse der Daten verliert die Variable ‚Geschlecht' jegliche Erklärungskraft für die globale subjektive Varietätenwahl" (Frank-Cyrus 1991:162f.).

13.2.3.2 Alter und Dialekt

Die Relevanz von Alter bzw. Generationszugehörigkeit für die Verwendung dialektaler Sprachformen ist von der Forschung sowohl im Blick auf Quantitäten als auch auf Qualitäten vielfach herausgestellt worden (vgl. den Überblick bei Mattheier 1980a:39-46; vgl. dazu neuerdings Berroth 2001:195-205). Normalerweise setzt man dabei ein Verhältnis direkter Proportionalität an, d.h. je älter Gewährspersonen sind, desto höher ist die Wahrscheinlichkeit, dass sie erstens Dialektkompetenz besitzen, dass sie zweitens den Dialekt häufig zur Anwendung bringen und dass sie drittens – bei Bedarf – ‚tiefere' dialektale Sprachlagen realisieren. Die vermutete größere Mundartfestigkeit älterer Menschen hat die frühe Mundartforschung dazu gebracht, vor allem den Personenkreis der Senioren als Gewährsleute für Ortsmundarten in den Blick zu nehmen (vgl. II.1.2.).

Schaut man sich sprachliche Lebensläufe, die im Spannungsfeld zwischen Dialekt und Standardsprache angesiedelt sind, genauer an, dann zeigt sich, dass bestimmte biographische Phasen in besonderer Weise mit Prädominanzen der einen oder anderen Sprachform verknüpft zu sein scheinen. Einige allgemeine Zuordnungen lassen sich der Literatur entnehmen: So entwickelt K.J. Mattheier (1980a:50ff.) ein Mehrphasen-Modell, das die individuellen Prozesse des Spracherwerbs und des Sprach-Zuerwerbs im Blick auf Konstanz und Wandel transparent zu machen versucht. Von prägender Bedeutung ist in diesem Zusammenhang die primärsprachliche Basis, die ein Kind erwirbt. Durch sie sind z.B. für jemanden, der im Ortsdialekt sozialisiert ist, spezifische Adaptionsformen präfiguriert: „Untersuchungen zur Übernahme sprachlicher Neuerungen haben gezeigt, daß solche Neuerungen immer auf der Systemgrundlage der primär erlernten Sprache angenommen werden, daß also die Bedingungen und Steuerungen, unter denen ein standardsprachlicher Laut oder eine Form angenommen wird, immer von dem jeweiligen Primärsystem gestellt werden" (vgl. Mattheier 1980a:51).

Mattheier unterscheidet sechs biographisch wirksame Momente ‚sozialen Alters', die auf unterschiedliche Weise für die Grundlegung bzw. für Änderungen individueller Sprachgebrauchsstrukturen bedeutsam sind (1980a:50-55): (1) primäre Spracherziehung; (2) schulische Spracherziehung; (3) Beruf; (4) Eheschließung; (5) Kindererziehung; (6) Ausscheiden aus dem Berufsleben. Der sprachliche Lebenslauf einer in dialektalem Milieu primärsozialisierten Person könnte demnach als Stationen aufweisen: Rückgang der Dialektverwendung nach Schuleintritt; ggfs. Zunahme der Dialektverwendung in der Lehrzeit; Reduktion der Dialektverwendung bei der Erziehung der eigenen Kinder; Zunahme der Dialektverwendung nach Ausscheiden aus dem Berufsleben. Dieses durchaus holzschnittartige Modell hat vor allem den Vorteil, dass es durch die Einführung lebensweltlicher Parameter eine Dynamisierung der Betrachtung von Alter und Dialekt herbeiführt. Es bedarf in seiner Pauschalität freilich auch der Relativierung bzw. einer Präzisierung, die den speziellen soziodialektologischen Verhältnissen innerhalb des deutschen Sprachraums Rechnung trägt. Dabei müssten dann ggfls. weitere Momente ins Kalkül gezogen werden, man denke etwa an die u.U. große Bedeutung der kindlich-jugendlichen peer-groups für die Ausbildung typischen Sprachgebrauchs im Spannungsfeld Dialekt-Standardsprache.[239]

Im Folgenden wird eine empirische Arbeit zum Zusammenhang Alter/Spracherwerb genauer vorgestellt, der es u.a. um die eben angesprochene Problematik geht (vgl. Scholten 1988). Allerdings setzt B. Scholtens Untersuchung zum Sprachverhalten Heranwachsender nicht in traditionell-ländlichen, sondern in großstädtischen Verhältnissen an, wo der autochthone Dialekt eine weniger zentrale Rolle spielt als der – in vielen Zügen damit zusammenhängende – ‚städtische Substandard' (vgl. Scholten 1988:255f.).

Scholten 1988
Ziele: Darstellung von Entwicklungstendenzen in kindlich-jugendlicher Sprachverwendung, bezogen auf Standardsprache und Substandard, auf situative Sprachverwendung und auf einen generellen ‚Sprachausbau'.
Verfahren/Gewährspersonen: Es handelt sich um eine ‚echte' Langzeitstudie, insofern das Sprachverhalten derselben Gewährspersonen anhand zweier Zeitschnitte analysiert und verglichen wurde. 11 Probanden (sechs weiblich; fünf männlich), aus Arbeiter-/Handwerkerfamilien des Duisburger Stadtteils Laar stammend, haben einmal als Sechsjährige, sodann als Fünfzehnjährige mündliche Texte produziert. Diese Texte entstammen – nach der Versuchsanordnung – jeweils sowohl einer formellen als auch einer informellen Aufnahmesituation (vgl. Scholten 1988:38-43).

Ergebnisse: Hier interessieren vor allem die Aussagen zu altersspezifischen Veränderungsprozessen. Variablenanalytisch werden diese an 13 phonetisch/phonologischen, morphologischen und syntaktischen Merkmalen der Substandardmarkierung des westlichen Ruhrgebietsdeutsch sowie an vier weiteren Merkmalen untersucht, die der Spracherwerbsforschung als gängige Indikatoren zur Vermes-

---
[239] Eine diesbezüglich vom Titel her vielversprechende Studie von Ehmann (1992) kann aufgrund fundamentaler empirischer Unklarheiten nicht als Auskunftsinstanz herangezogen werden. Vgl. dazu Sieburg 1995. Vgl. zum Zusammenhang im Rheinland auch Macha 1993b und Cornelissen 2004.

sung zunehmender sprachlicher Reife dienen: Wortschatzvariation, Wortschwierigkeit/Wortlänge, syntaktische Komplexität/Satzlänge und Nebensatz-Subordinierung (vgl. Scholten 1988:46). Im Altersvergleich stellt sich eine Dreier-Stufung im Blick auf die Zuwachs- oder Abnahmeraten einzelner Varianten heraus (vgl. Scholten 1988:229):

- Die Verwendungshäufigkeit von insgesamt 9 Varianten des Substandards geht entgegen der Erwartung (s.o.) während der Schulzeit nicht zurück, sondern sie nimmt zu. Dies betrifft das unverschobene *t* in *dat/wat/et*, die Senkung von Langvokalen vor *r* (*ährlich*), die Kontraktion des folgenden Pronomens (*hatter*), den Ausfall des auslautenden *t* (*is, selbs*), den Ausfall des Auslaut-*e* beim Verb (*hab, mach*), die Spirantisierung von *g* im Auslaut (*Burch*), den Ausfall des Endsilben-*e* vor *n* (*gehn*), die Hebung von Kurzvokalen vor *r*+Konsonant (*wierklich*) sowie die Verwendung elliptischer Sätze.
- Bei vier Substandard-Varianten ist insgesamt eher ein Rückgang der Verwendung zu konstatieren: Kasusabweichungen (*mit sie beide*), Artikelausfall im Präpositionalgefüge (*in Kindergarten*), Ausfall des *r* vor Konsonant (*Gaaten*) sowie die Hebung des langen *ä*-Lauts (*speet*) kommen nach Scholten (1988:230) bei den 15jährigen erheblich weniger vor als bei den Sechsjährigen.
- In Bezug auf die oben genannten ‚Reifungsvariablen' zeigt sich, dass die Sprache der Schüler im Bereich von Wortschatz und Syntax im Laufe der neun Schuljahre an Differenziertheit und Komplexität erheblich hinzugewinnt (Scholten 1988:258).
- Scholten kommt aufgrund ihrer Analyse zu einer in der Soziodialektologie und für Prognosen zum Weiterbestehen bzw. zur Transformation der Mundart sehr bedenkenswerten Schlussfolgerung: „Auf der einen Seite findet bis zum 9. Schuljahr eine außerordentlich starke Ausprägung der Sprachausbaumerkmale statt, was auf eine erhebliche Bereicherung der Sprache hindeutet, zum anderen bildet sich auch der Substandard erst im Laufe der Schulzeit zu einer eigenständigen Varietät aus" (1988:263).

13.2.3.3 Beruf und Dialekt

Eine häufig verwendete Methode zur sprachrelevanten Klassifikation von Gewährspersonen basiert auf dem Schlüsselkriterium ‚Beruf'. Die Entscheidung für diesen primären Indikator stützt sich auf gute Gründe, prägt doch die Berufsausübung zu einem beträchtlichen Teil die sprachliche ‚Haushaltsführung' eines Menschen. Man hat allerdings ebenso zu Recht gesehen, dass auch Einflussfaktoren anderer Herkunft eine wichtige Rolle spielen können. „Die Auswahl einer Variablen, mag sie auch noch so überlegt sein, bedeutet im Blick auf andere, weggelassene, immer einen Abstrich von der vollständigen Wirklichkeit […]" (Besch 1981:253). Soweit empirisch abgesicherte Resultate zum Zusammenhang Berufsgruppenzugehörigkeit und Sprachverhalten vorliegen, lassen sie zwei Tendenzen erkennen: Angehörige verschiedener Berufsgruppen legen – insgesamt gesehen – ein unterschiedliches Sprachverhalten im Dialekt/Standardsprache-Spektrum an den Tag. Dies bestätigen sowohl ortsspezifisch angesetzte Studien als auch groß- und überregionale sprachdemoskopische Untersuchungen (vgl. 13.2.1.). Es zeigt sich jedoch neben diesem erwartbaren Befund noch etwas anderes: Nicht wenige Arbeiten stellen fest, dass eine Homogenität im Blick auf Sprache innerhalb von Sozialgruppen, die durch das Merkmal ‚Gleicher Beruf' definiert werden, nur bedingt gegeben ist. So berichtet etwa H. Tatzreiter vom bäuerlichen Sprachgebrauch in der Steiermark: „Mit den konstant gehaltenen ‚sozialinternen und sozialexternen Kategorien' Alter, Beruf und lokale Bindung wird der Dialekt der Gaaler Landwirte nicht als homogene Varietät bestätigt, vielmehr zeigt diese Gruppe unterschiedliche Formen in allen Sprachebenen [...]" (1985:126). Ein Zitat aus der österreichischen Ulrichsberg-Studie weist in die gleiche Richtung: „Die Korrelation mit makrosozialen Kategorien erweist sich nur zum Teil als tragfähig: Es ist zwar richtig [...], daß bei den Arbeitern bzw. Landwirten in der Regel die häufigste und konsistenteste Realisierung dialektaler Formen festzustellen ist [...], wogegen sozial höhere Schichten [...] eine relativ standardsprachnahe Sprachweise realisieren. Daß dieser Kategorienraster dennoch oftmals auch zu kurz greift und nur für eine erste Gruppenzuordnung brauchbar scheint, belegt [...] eine Arbeiterin auf sehr eindrucksvolle Weise: Sie zählt [...] zu den jeweils hochsprachenächsten Sprechern des hier untersuchten Spektrums" (Scheutz 1985b:237f.).

Nachfolgend werden zwei Studien vorgestellt, die das Merkmal ‚Beruf' als Schlüsselkriterium bei der Zusammenstellung ihres Gewährspersonen-Samples zugrundegelegt haben. Dabei handelt es sich einmal um Untersuchungen zum Sprachverhalten von Metallarbeiterinnen und -arbeitern, zum anderen um Untersuchungen von Sprache und Sprachbewusstsein selbständiger Handwerksmeister.

Senft 1982
Untersuchungsort: Kaiserslautern, rheinfränkisch-pfälzische Dialektregion.
Ziele: Beschreibung der sprachlichen Varietät von Metallarbeitern, die (1) aus dem Stadtgebiet Kaiserslautern stammen, (2) als Akkord- bzw. Prämienarbeiter beschäftigt sind, (3) 1978 im Alter zwischen 35 und 47 Jahren stehen und (4) Volksschulabschluss haben. Zusätzlich: Explorationen zur sozialen Bewertung sprachlicher Varietäten.
Verfahren/Gewährspersonen: In den Wohnungen der GP wurde mittels eines Interviewleitfadens zwischen dem Versuchsleiter und 18 ausgewählten Informanten (6 weiblich; 12 männlich) ein ‚gelenktes Gespräch' durchgeführt. Von jedem Interview wurden ca. 25 Minuten transkribiert.

Ergebnisse: Die lautliche Analyse, basierend auf einem Korpus von ca. 5000 Lauten pro Sprecher, gibt Auskunft darüber, inwieweit bei den einzelnen Informanten relevante Merkmale der pfälzischen Mundart in Erscheinung treten. Dabei werden 13 phonologische Variablen überprüft, die standardsprachlich oder dialektal realisiert werden können. Senft bestimmt für jede Sprecherin und jeden Sprecher das tatsächliche Vorkommen der möglichen Varianten und bildet Verhältniswerte (vgl. Senft 1982:Anhang S. 1ff.). Auf diese Weise ergeben sich ‚individuelle Variablenregeln' (Senft 1982:85). Betrachtet man die Resultate für die gesamte untersuchte Gruppe, so zeigen sich für die dialektal-lautlichen Phänomene interessante ‚Homogenitäts-Stufungen':

- In sechs Fällen (vgl. Senft 1982:155-157) ergibt sich eine weitgehende bis vollständige Realisierungs-Einheitlichkeit. So sind obligatorisch: Die End-/e/-Apokope bei Nomina und Verben (*Maschin*), die Palatalisierung des Ich-Lauts als Sch-Laut (*discht*), die Lenisierung des /t/ (im Auslaut: *gewunned*; nebensilbisch: *munder*), die Reibelaut-Realisierung des /b/ in bestimmter Lautumgebung (*Aweide*), die Palatalisierung des /s/ vor Dentalen (*faschd*) sowie die Synkopierung im Präfix *ge-* vor Frikativen (*kfun* 'gefunden') (Senft 1982:159).
- Bei den anderen lautlichen Variablen gibt es zwar z.T. eine Tendenz zur Einheitlichkeit, was die Bevorzugung bestimmter Varianten betrifft, es zeigen sich freilich ebenso individuelle Varianzen und Idiosynkrasien (Senft 1982:336). „Wie weit dürfen die Werte für die einzelnen Sprecher voneinander abweichen, wenn man von einheitlichem regelhaften Sprachverhalten sprechen will?" (Senft 1982:86, Anm.23). Die zutage tretenden Inhomogenitäten verlangen in jedem Fall ein anderes Erklärungsmodell, als es mit den oben angeführten vier Faktoren Herkunftsregion, Arbeiterstatus, Alter und Schulbildung gegeben ist. Senft schlägt diesbezüglich die Berücksichtigung solcher Momente wie ‚Erlernter Beruf', ‚Soziale Aktivitäten', ‚Aufstiegsaspiration' u.ä. vor (1982:161f. bzw. 336f.).

Macha 1991
Untersuchungsorte: Siegburg, Eitorf und Windeck (Rhein-Sieg-Kreis), im ripuarisch-moselfränkischen Übergangsgebiet gelegen.
Ziel: Darstellung des ‚sprachlichen Haushalts' selbständiger rheinischer Handwerksmeister auf dem Weg über eine Erfassung von Sprache und Sprachbewusstsein.
Verfahren/Gewährspersonen: Insgesamt 36 Meister aus verschiedenen Handwerkssparten bildeten die Stichprobe der Untersuchung (14 aus Siegburg, 12 aus Eitorf, 10 aus Windeck). Bei allen Gewährspersonen wurden sowohl ‚subjektive Sprachdaten' (in leitfadengesteuertem Interview von 60 bis 90 Minuten Länge zur Sprachbiographie und zur Selbsteinschätzung alltäglichen Sprachgebrauchs) als auch ‚objektive Sprachdaten' (Realisierung des ‚Intendierten Ortsdialekts' mit einer ‚Wenker-Neuerhebung'; Realisierung standardnaher Interviewsprache) erfasst (vgl. zur Datentypus-Unterscheidung Hufschmidt/Mattheier 1976:115ff.). Bei vier Gewährsper-

sonen wurde zudem mittels Sender das Sprachverhalten ‚in vivo', d.h. in alltäglichen Berufs- und Lebenssituationen aufgezeichnet (vgl. Macha 1991:23).

Ergebnisse:
- Sprachbiographien: Der individuelle sprachliche Lebensweg prädisponiert offenbar in hohem Maße das aktuelle Sprachhandeln im Feld Dialekt/Standardsprache. Eine Auswertung der Sprachbiographien zeigt, dass die unter dem Vorzeichen ‚Berufsstand' gleichen Gewährspersonen sprachbiographisch sehr verschiedene Konturen aufweisen. Typisierend können dabei drei Sprechertypen unterschieden werden. Der „genuin dialektale Sprecher" ist primärsprachlich dialektal und erwirbt den Standard sukzessive, der „Wanderer zwischen zwei Welten" erwirbt die Varietäten mehr oder minder simultan, der „genuin nicht-dialektale Sprecher" ist primär Standardsprecher und in der Regel Kind nicht-rheinischer Eltern. Seine Sprache kann indes über sekundäre Sprachkontakte durchaus rheinisch koloriert sein (vgl. Macha 1991:55-58).
- Einschätzungen zur Alltagssprache: Die Sicht der Gewährspersonen auf ihren eigenen alltäglichen Sprachgebrauch erbringt neben einer Relativierung des gängigen ‚Domänen-Konzepts' vor allem ein Hauptergebnis: Handwerksmeister haben ein klares Bewusstsein vom Instrumentcharakter sprachlicher Varietäten und von den sozialen Konnotationen, die sich mit einer demonstrativen Wahl von Dialekt oder Standardsprache verbinden (vgl. Macha 1991:217).
- ‚Intendierter Ortsdialekt': Bei der Realisierung der lokalen Mundart werden im Vergleich zu den jeweiligen Alt-Dialekten (Wenker-Erhebung von 1884/85) kräftige lautliche, morphologische und lexikalische Umstrukturierungen erkennbar. Alle drei untersuchten neuen Ortsdialekte zeigen sich beeinflusst von einer mundartlichen Koine der südlichen Köln-Bonner-Bucht (vgl. Macha 1991:218).
- ‚Intendierte Standardsprache' im Interview: Typische Dialektalismen wie die rheinische Velarisierung (*Wing* 'Wein') oder der charakteristische Stand der Zweiten Lautverschiebung tauchen in der Interview-Varietät nicht auf. Es bleiben insgesamt 16 nicht-standardsprachliche Merkmale mit häufigerem Auftreten, die lautlich-systematische und lautlich-lexemgebundene Erscheinungen betreffen (vgl. Macha 1991:141). Nach ihrer Herkunft betrachtet können sie remanent-dialektal, raumübergreifend-regionalsprachlich oder dialektfrei-sprechsprachlich motiviert sein.
- Sprache ‚in vivo': Die – ohne wissenschaftliche Impulsgebung – im Alltag realisierte Sprache zeigt, dass die konkrete Rede Ernst macht mit der diasystemaren Verwandtschaft von Standardsprache und Dialekt (vgl. Macha 1991:210; dazu auch neuerdings Sauerbeck 2003:314f.). Wechsel und Mischung, Alternanz und Interferenz von Sprachvarietäten sind konstitutive Merkmale, die sich im authentischen, natürlichen Sprechen der Gewährspersonen manifestieren. Je nach Gesprächspartner, Sprechanlass und Situationseinschätzung wird sprachlich im Sinne einer ‚flexible response' operiert. Dabei können die Interferenzanteile

entsprechend der jeweiligen Zielsetzung in Richtung Dialekt oder Standardsprache minimalisiert werden (vgl. Macha 1991:218).

13.3 Dialekte in der sozialen Wahrnehmung und Beurteilung

Im folgenden Kapitel werden mit ‚Wahrnehmung' und ‚Beurteilung' zwei Aspekte menschlicher Tätigkeit getrennt beschrieben, die in Theorie und Praxis eng miteinander zusammenhängen und Überschneidungsflächen aufweisen. Dieses heuristische Verfahren dient einer klareren Durchdringung des komplexen Gegenstandsbereichs. Es lässt sich indes nicht allein aus darstellungstechnischen Gründen rechtfertigen, sondern hat auch insofern eine substanzielle Berechtigung, als nicht wenige Arbeiten der neueren Dialektologie in ihrem empirischen Zugriff zwischen den Forschungsobjekten ‚Dialekte im gesellschaftlichen Bewusstsein' und ‚Dialekte in der gesellschaftlichen Bewertung' differenziert haben, so dass dementsprechend unterschiedliche Erhebungsdesigns und Auswertungsprozeduren zum Einsatz kommen.

13.3.1 Dialekte im gesellschaftlichen Bewusstsein[240]

„Obwohl seit gut zehn Jahren in der deutschsprachigen Dialektologie ein Perspektivwechsel im Hinblick auf die Beschreibung regionaler Varietäten beobachtbar ist, muss hinsichtlich dessen, was Laien unter Sprache und ihren regionalen Erscheinungsformen verstehen und wie sie darüber denken, noch immer von einer terra incognita gesprochen werden" (Anders 2010:383). Zumindest für weite Teile des deutschen Sprachraums ist diese Aussage durchaus zutreffend. Allerdings hat diejenige wissenschaftliche Betrachtungsweise, die wahlweise als ‚Wahrnehmungsdialektologie', ‚Perzeptionsdialektologie', ‚Alltagsdialektologie', ‚Laiendialektologie' oder ‚Ethnodialektologie' etikettiert wird (vgl. Anders 2010:53, Anm.89, dazu auch Twilfer 2012:28), auch in der deutschen (und europäischen) Mundartforschung eine – freilich gebrochene – Tradition. Soweit zu sehen, gab es den ersten empirischen Versuch, gewissermaßen ‚volkskundlich' und auf dem Weg über verbreitete Stereotype, nämlich anhand sprachunterscheidender ‚Spottverse' räumliche Gliederungen einer Sprachlandschaft zu erfassen, in den 1930er Jahren in Westfalen. Ungeachtet einer in vielen Punkten noch defizitären Erhebungs- und Auswertungsmethodik stellte Heinrich Bülds Dissertation „Sprache und Volkstum im nördlichen Westfalen" (Büld 1939) deshalb einen wichtigen Initialpunkt dar, der gerade auch aus der

---

[240] Die relative Kürze dieses neu eingeschobenen Unterkapitels erklärt sich daraus, dass in der Reihe der „Germanistischen Arbeitshefte" zur Zeit ein eigener Band vorbereitet wird, der sich gezielt mit Prinzipien, Methoden und Ergebnissen der ‚perceptual dialectology' befassen wird.

Konfrontation subjektiver dialektgeographischer Aussagen mit objektiven Grenzziehungen der klassischen Dialektgeographie seine innovative Bedeutung bezogen hat (vgl. die genaue Darstellung bei Twilfer 2012:11-15), dazu auch Denkler 2011).[241] In der Folge blieb das Forschungsfeld ‚Meinungen von SprecherInnen zur sprachlichen Raumgliederung' in Deutschland lange Zeit unbeachtet, erst in den 1980er Jahren erlebte seine Untersuchung eine zeitweilige Renaissance. Sicherlich auch im Zusammenhang mit den inspirierenden Arbeiten von Dennis R. Preston (vgl. z.B. Preston 1982) entstand eine Reihe von regionalspezifischen Studien, die sich in Sonderheit der sprachlichen Wahrnehmung von linguistischen Laien widmeten (vgl. u.a. Macha/Weger 1983; Kremer 1984; Diercks 1988). In diesem Kontext wurde von der Sprachforschung bereits damals der wissenschaftliche Nutzen sogenannter ‚mental maps' diskutiert, unter denen das Raumkonzept sprachwissenschaftlich nicht geschulter Gewährspersonen bzw. deren Projektion von Vorstellungen auf die geographische Realität verstanden werden kann (vgl. Diercks 1988:282). Disziplingeschichtlich-retrospektiv ist freilich dem Urteil von Schmidt/Herrgen zuzustimmen, dass „[...] erst in den letzten Jahren (also nach dem Jahr 2000, d.Verf.) eine stärkere perzeptionslinguistische Forschungsaktivität zu beobachten" ist (Schmidt/Herrgen 2011:283). In diesem Rahmen verdient Christina Anders' umfängliche Studie zur Wahrnehmungsdialektologie (Anders 2010) besondere Aufmerksamkeit, weil in ihr nicht allein wichtige Stationen in der Entwicklung dieses Forschungszweiges dargestellt und grundsätzliche Fragen behandelt sind, sondern weil am Beispiel des Obersächsischen und seiner Wahrnehmung durch autochthone SprecherInnen auch ein Bild davon vermittelt wird, über welche kognitiven Konzepte Menschen in Bezug auf regionale Varietäten konkret verfügen (vgl. die detaillierte Wiedergabe von Anders' forschungspraktischem Vorgehen und eine Diskussion wichtiger Resultate bei Schmidt/Herrgen 2011:283-286). Als Strukturierungshilfe dienen dabei die folgenden übergeordneten Leitfragen: „Welche Ordnungsstrukturen können bei der arealen Sprachraumgliederung linguistischer Laien nachgewiesen werden? Welche Dialektmerkmale sind für den linguistischen Laien sowohl aus einer introspektiven Perspektive heraus als auch anhand von unmittelbaren Höreindrücken durch Sprechproben salient? Wie verhält es sich mit sogenannten Fehlidentifizierungen, also der abweichenden regionalen Zuordnung von Sprechern durch vermeintliche Dialektmerkmale, die faktisch nicht produziert werden? Wel-

---

241 Nahezu zeitgleich entwickelte Antonius Weijnen (vgl. etwa Weijnen 1946) im Anschluss an eine 1939 durchgeführte Befragung, in der die Probanden zu Gleichheit bzw. Verschiedenheit dialektaler Sprechweisen in ihrer Umgebung Auskunft gegeben hatten, für die Niederlande einen theoretisch und darstellungstechnisch ambitionierten wahrnehmungsdialektologischen Zugriff (vgl. dazu Anders 2010:27f.; Twilfer 2012:15-18). Nicht zuletzt die verwendete Fragetechnik und die sog. ‚pijltjesmethode' (Pfeilmethode) der Visualisierung bildeten daraufhin in den 1950/60er Jahren den Gegenstand einer methodischen Debatte zwischen Vertretern der niederländischen und der japanischen Wahrnehmungsdialektologie (vgl. Anders 2012:29-34; Twilfer 2012:19-22).

che Klassifizierungen von Dialektmerkmalen können beim linguistischen Laien nachgewiesen werden?" (Anders 2010:385). Man kann leicht nachvollziehen, dass es einer anspruchsvollen und abgesicherten Forschungsmethodik bedarf, um solcherlei komplexe Probleme empirisch zu lösen. Nichtsdestoweniger beweist eine Fülle von kleineren und größeren Studien aus der jüngsten Vergangenheit, wie stark das Forschungsinteresse am sprachbezogenen Alltagswissen linguistischer Laien geworden ist (vgl. Anders/Hundt/Lasch (Hgg.) 2010) und wie ergiebig dialektologische Untersuchungen dieses Aspekts sein können (vgl. u.a. Kehrein/ Lameli/Purschke 2010; Purschke 2011; Lanwer 2011). Gerade mit Blick auf die beiden Großprojekte SiN und REDE (vgl. III.12.1. und 12.2.), die der metasprachlichen Kompetenz ihrer Gewährsleute hohe Bedeutung zumessen und sie intensiv in die Erhebung und Auswertung einbezogen haben, steht zu erwarten, dass weitere aufschlussreiche Erkenntnisse hinsichtlich subjektiver Einschätzungen regionaler Sprachrealität zutage gefördert werden.

Fragen/Aufgaben

1. Welchen Erkenntniszuwachs und welche Erkenntniseinschränkungen hat eine synchrone gesellschaftsbezogene Dialektologie zu gewärtigen?

2. Erörtern Sie die prinzipielle Problematik sprachdemoskopischer Umfragen zum Thema ‚Dialekt'!

3. Vergegenwärtigen Sie sich Vorzüge und Nachteile einer Gliederung des Sprachverhaltens nach ‚Domänen'!

4. Inwiefern ist die gesellschaftliche Schichtung für die Verwendung verschiedener Sprachvarietäten wichtig? Betrachten Sie diese Frage regional differenziert (ausgehend von Mattheier 1980a:90)!

5. Diskutieren Sie die Rolle des ‚sozialen Alters' für den Sprachgebrauch im Feld Dialekt – Standardsprache!

13.3.2 Dialekte in der gesellschaftlichen Bewertung

13.3.2.1 Historischer Zusammenhang

Will man verstehen, weshalb die Einschätzungen zum Dialekt eine solch große Spannweite von äußerst positiv bis zu absolut negativ aufweisen, so braucht man eine sprachhistorische Perspektive, um die scheinbar nur individuellen Meinungsunterschiede richtig einordnen zu können. Dialekte als nicht-standardkonforme Erscheinungsweisen des Sprechens haben über die Jahrhunderte hinweg unterschiedliche Bewertungen erfahren, wobei diese Bewertungen naturgemäß primär damit zusammenhingen, welchen Entwicklungsstand eine übergeordnete Standardsprache erreicht bzw. noch nicht erreicht hatte (vgl. Socin 1888).

In der Sprachgeschichte des Deutschen lassen sich drei Großphasen ausmachen, wenn der Gesichtspunkt übergeordneter Sprachnormen zum Maßstab genommen wird. Dementsprechend kann man in einer plakativen Abgrenzung auch drei Stadien der gesellschaftlichen Bewertung von Dialektalität unterscheiden:

(1) Von den Anfängen bis etwa 1500: Phase ohne übergeordnete Normen
Während dieser Zeit bestehen die einzelnen *lantsprachen* in friedlicher Koexistenz nebeneinander. Das schließt partielle und zeitweilige Attraktivitätsgefälle zwischen Regionalsprachen nicht aus, insgesamt jedoch schafft die normative Kraft der faktischen Dialektvielfalt eine stabile Konstellation. Da das gesellschaftliche Bedürfnis nach überregionaler Kommunikation noch relativ gering entwickelt ist, kann die „Herrschaft des sprachlichen Particularismus" (Socin 1888:129) trotz einiger auf Vereinheitlichung der Schreibdialekte zielender Ansätze (z.B. in der „Höfischen Dichtersprache" der klassischen mittelhochdeutschen Zeit) lange Bestand haben. Soweit – zunehmend im Spätmittelalter – für Schreib- und später Druckprodukte eine überregionale Wirksamkeit intendiert ist, die nicht auf das Lateinische zurückgreift, gewährleisten landschaftssprachliche Vokabularien, d.h. gewissermaßen ‚Klein-Wörterbücher für den interregionalen Sprachkontakt' – etwa der „Vocabularius optimus", der im 14. Jahrhundert eine Brücke vom Bairisch-Österreichischen zum Schwäbischen schlägt – die Verständlichkeit. Für die Dialekte gilt also in dieser ersten Großphase der deutschen Sprachgeschichte: Sie sind im wesentlichen gleichgestellte und gleichberechtigte Sprachvarietäten, sozusagen ‚pares inter pares'.

(2) Von der 1. Hälfte des 16. Jahrhunderts bis etwa 1750: Phase der Suche nach übergeordneten Normen
Mit Beginn der Frühen Neuzeit gerät die relative Balance der mittelalterlichen Sprachkonstellation in Bewegung. Nach einigen wenigen, dem Tenor nach ‚dialekttoleranten' Entwürfen anfangs des 16. Jahrhunderts wird die Bewertung der geschriebenen/gedruckten und der gesprochenen Regionalsprachen zunehmend kritischer. Je intensiver das Ziel einer überregional-verbindlichen Gemeinsprache verfolgt wird, desto mehr muss ‚Dialektalität' als Hemmschuh bzw. als Hindernis betrachtet werden, das aus dem Wege zu räumen ist. Im 17. Jahrhundert ist die Haltung der ‚Kulturschaffenden' im Bereich Sprache (Grammatiker, Schulmänner, Autoren) deshalb z.T. krass dialektfeindlich. „Bei der Kodifizierung der Sprachnorm waren sich die Grammatiker einig über den Missstand der Dialekte, die als Provinzialismen und Pöbelsprachen weit ab vom gelehrten Schriftdeutsch der aufkommenden einheitlichen Kultursprache entgegenstanden" (Löffler 2003:13). Die allgemeine Abqualifizierung der Dialekte wird dabei vor allem mit zwei – außerordentlich problematischen – Argumenten begründet: Zum einen seien Dialekte Musterbeispiele ‚regelloser' Sprache (Schottelius 1663, vgl. dazu Socin 1888:339), zum anderen han-

dele es sich um ‚Bauern- und Pöbelsprache'. Speziell die ‚soziale Deklassierung', durch die Dialektgebrauch mit sozial ‚minderwertigen' Gesellschaftskreisen verbunden wird, führt zu einer unter Zeitgenossen des 17. Jahrhunderts verbreiteten Aversion gegen Dialektalität ganz generell.[242]

Wenn also – wie bei Schottelius zu lesen – „omnibus dialectis aliquid vitiosi inest", dann mag es verwundern, dass trotz solcher Mängel eine regionalspezifische Sprachform vom 16. bis fast zum Ende des 18. Jahrhunderts in der allgemeinen Bewertung zu reüssieren vermochte: Das ‚Meißnische' bzw. ‚Obersächsische' Deutsch. (Vgl. zur Geschichte seines Aufstiegs und Niedergangs in der öffentlichen Meinung Eichler/Bergmann 1967; Becker 1969; Zimmermann 1992).

(3) Von der zweiten Hälfte des 18. Jahrhunderts bis heute: Phase übergeordneter Normen

Der Zeitpunkt, von dem ab feste übergreifende Sprachnormen im Deutschen etabliert sind, ist nicht exakt zu bestimmen, auch über den Zeitraum a quo kann man mit Recht geteilter Meinung sein (vgl. Wiesinger 1991). Dennoch läßt sich plausibel machen, dass seit der Mitte des 18. Jahrhunderts die wesentlichen Konturen einer gesamtdeutschen Literatursprache sichtbar sind und ihre Verbreitung mehr und mehr Allgemeingut wird. Die Stabilisierung einer literarischen Einheitssprache zieht zugleich – zumindest in manchen Bevölkerungskreisen – auch eine veränderte Bewertung der Dialekte nach sich. Waren sie im 17. Jahrhundert vornehmlich Störfaktoren, so bekommen sie in der Zeit der Aufklärung für eine Reihe von Sprachgelehrten neue, durchaus positive Qualitäten: ein ‚Jungbrunnen' der Hochsprache können sie sein, aus dem man Bereicherungen für eine unter Umständen ‚verknöchernde' Hochsprache gewinnen kann, vor allem auf lexikalischem und

---

[242] Z.B. findet sich 1626 bei Caspar Scioppius (Schoppe) aus der Oberpfalz eine polemische Stellungnahme zum Wert deutscher ‚Hauptdialekte'. An allen Dialekten, inklusive dem der Meißner, werden besonders die negativen Eigenschaften hervorgehoben. So traktiert Scioppius in zunehmend kritischerer Reihenfolge den meißnischen, den rheinischen, schwäbischen, schweizerischen und (nieder)sächsischen Hauptdialekt. Die Behandlung des letzten, des bairischen Dialekts, geschieht in einer Tirade, die in ihrer Mischung aus sprachlichen, sozialen und kognitiven Bezügen ihresgleichen sucht: „Der sechste ist der bairische, welcher in Baiern, Tyrol, Steiermark, Kärnthen, Oesterreich und nördlich von der Donau im Bisthum Eichstätt und in der Oberpfalz gebräuchlich ist. Wenn ihn die Fremden nur hören, so schließen sie schon aus dem Ton und der langgezogenen Aussprache der Vocale auf nachlässige, träge und denkfaule Leute. [...] Wer also zu faul ist, die übrigens keineswegs rauhen Consonanten ordentlich auszusprechen, oder daran sein Ergötzen findet, die Vocale mit so langgezogener Aussprache hervorzubringen, daß aus jedem einzelnen drei oder vier zu werden scheinen, [...] so Einer also kommt den Italienern, Franzosen und andern Leuten vor, als sei er im Lande der Ochsen und in der Sticklüft aufgewachsen [...]. Daß sie mit diesem Urtheil, wenigstens was das gemeine Volk betrifft, nicht so sehr fehlgehen, braucht man bloß an den Handwerksleuten wahrzunehmen, die diesen Dialekt vornehmlich reden, und die bekanntermaßen stumpfsinnig, faul und arbeitsscheu sind" (vgl. Socin 1888:326).

phraseologischem Sektor. Angeregt wird diese neue Sicht der Dialekte um 1700 durch Leibniz, dessen Aufruf, die Gelehrten sollten „peculiares suae regionis voces" dokumentieren, eine gehörige Resonanz verzeichnen kann. In seinem Gefolge entstehen erste dokumentarische Mundartsammlungen, die sogenannten Idiotika (vgl. III.1.1.).

Neue Reputation und Dignität der Dialektalität stehen sodann im Zusammenhang mit einem wiederentdeckten Volks- und Nationalbewusstsein, wie es beispielsweise bei J.G. Herder greifbar ist. Sein Plädoyer für Dialektalität ist getragen von der Absicht, der Sprache des Volkes als einem organischen Lebensausdruck zu ihrem Recht zu verhelfen. Natürlichkeit, auch in der Sprache, bedürfe keiner engherzigen Steuerung durch rationalistische Normen: „Je mehr die Grammatiker den Inversionen Fesseln anlegen, je mehr der Weltweise die Synonymen zu unterscheiden oder wegzuwerfen sucht, je mehr er statt der uneigentlichen eigentliche Worte einführen kann: je mehr verliert die Sprache Reize" (Herder 1960:118). Dies ist freilich nur die eine Seite der Medaille. ‚Dialektbewertung' kann bei Herder nämlich auch anders ausfallen. 1796 betont er in einer Weimarer Schulrede: „Unser Thüringen hat viel Gutes, aber keinen angenehmen Laut der Sprache, welches man dann am meisten inne wird, wenn man, wie oft der Fall ist, zwar Töne, ineinandergezogne Töne höret, aber den Sinn der Rede nicht verstehet. – Jünglinge, die diesen unangenehmen Dialect bloßer Thierlaute an sich haben, sie mögen aus Städten oder vom Lande her seyn, müssen sich alle Mühe geben, im Gymnasium eine Menschliche, natürliche, Charakter- und Seelenvolle Sprache zu bekommen und von ihrer bäurischen oder schreienden Gassenmundart sich zu entwöhnen" (vgl. Herder 1796:217).

Hier scheint das Spannungsfeld auf, in dem sich bis in die heutige Zeit hinein Bewertungen der Dialektalität bewegen: Sie sind in einer Vielzahl der Fälle geprägt durch eine seltsam-ambivalente Haltung, durch ein diffuses Hin und Her zwischen Zuneigung und Ablehnung.

13.3.2.2 Synchrone Bewertung von Dialekt/Regionalsprache

Im Blick auf Sprache bilden die sozialpsychologischen Kategorien ‚Einstellung', ‚Attitüde', ‚Stereotyp', ‚Vorurteil' etc. ein Begriffsfeld mit schwer zu entwirrender Komplexität (vgl. Triandis 1975; dazu auch Macha/Weger 1983; Hundt 1992). Für die Zwecke dieses Arbeitsheftes wird auf eine detaillierte terminologische Debatte verzichtet (vgl. aber Kolde 1981: 339ff.) und statt dessen mit dem relativ offenen Ausdruck ‚Sprachbewertung' operiert. Ausgangspunkt der Überlegungen ist die allseits akzeptierte Feststellung, „[...] daß Dialektformen von Angehörigen einer Sprachgemeinschaft bewertet werden, in dem Sinne, daß sich mit ihnen ganz bestimmte Vorstellungen verbinden" (vgl. Ris 1978:98).

Es lassen sich nun zwei grundsätzliche Frageperspektiven unterscheiden, mit denen an den Forschungsgegenstand ‚gesellschaftliche Dialektbewertung' herangegangen werden kann. Die erste betrifft die Einschätzung dialektaler Sprachformen im Verhältnis und im Vergleich zur überdachenden Standardsprache; dies bedeutet gewissermaßen eine Fortsetzung der in Abschnitt 13.3.2.1. geschilderten Problematik in die Gegenwart hinein. Eine andere Blickrichtung zielt ohne direkte Berücksichtigung des intervenierenden Einflusses der Standardsprache auf Unterschiede in der Bewertung regionaler Sprachvarietäten des Deutschen.

Prinzipiell können sich Sprachbewertungen sowohl auf die eigene Sprechweise als auch auf die von anderen richten. Folglich läge es nahe, die vorliegenden sprachdemoskopischen Erhebungen nach dem Aspekt ‚Eigenbeurteilungen' versus ‚Fremdbeurteilungen' zu unterteilen. Es stellt sich freilich heraus, dass in vielen Arbeiten beides kombiniert ist und dass in Auswertung und Interpretation nicht konsequent getrennt wird.

(a) Bewertungen beim Vergleich Dialekt – Standardsprache

Es gibt einige Evidenz dafür, dass – ähnlich wie bei den Sprachgebrauchs-Verhältnissen (vgl. 13.2.1.) – auch im Blick auf ‚Dialektbewertung' die einzelnen Regionen Deutschlands verschieden sind. Die Einstellung zur eigenen Mundart, das ‚sprachliche Selbstbild' ist keineswegs gleichartig ausgeprägt. Diese Erkenntnis lässt sich einer Reihe ortspunktbezogener und kleinregionaler Studien entnehmen, die – beiläufig oder explizit – über die sprachliche Selbsteinschätzung ihrer Gewährspersonen informieren. „Je nach Bundesland bzw. nach dialektgeographischem Großbereich kann man eine bestimmte allgemeine Grundeinstellung dem Problem Dialekt gegenüber feststellen. Es ist allgemein bekannt, daß der Bayer und der Schwabe eine positivere Einstellung zu seinem Dialekt hat als etwa ein Hesse, ein Rheinländer oder ein Niederdeutscher" (Mattheier 1973:175). Diese Aussage, die oberdeutsche Verhältnisse den mittel- und niederdeutschen Zuständen gegenübersetzt, trifft von der Tendenz her zu, allerdings scheinen die Verhältnisse auch innerhalb der dialektalen Großzonen nicht unbedingt homogen zu sein, man denke etwa an Bewertungsunterschiede innerhalb des Niederdeutschen z.B. zwischen Ostfälisch und Nordniedersächsisch (vgl. Stellmacher 1995:87f.).

Unseres Wissens existiert lediglich eine einzige empirische Untersuchung, die in gezieltem überregionalen Vergleich die Wertschätzung für den eigenen Dialekt im Kontrast zur Standardsprache zu eruieren versucht hat. Sie bestätigt bei aller angebrachter Zurückhaltung gegenüber ihrer Validität die obige These. Bereits Anfang der 1970er Jahre legte Rudolf Schmid die Ergebnisse einer damals höchst innovativen Studie vor. Aufgrund einer Befragung von 150 Münchener, Berliner und Hamburger Schülern, denen Sprachproben dialektaler und hochsprachlicher Sprecher dieser Städte vorgelegt worden waren, ergab sich folgende Rangsummen-Tabelle (vgl. Schmid 1973:130):

Sprechweise	München Σ	München Rang	West-Berlin Σ	West-Berlin Rang	Hamburg Σ	Hamburg Rang
Bayrisch	49	1.	74	4.	49	2.
Berlinisch	62	3.	65	3.	66	3.
Hamburgisch	65	4.	48	2.	76	4.
Hochsprache	58	2.	47	1.	43	1.

Abb. 56: Bewertung verschiedener regionaler Sprechweisen

Lediglich bei den Münchener Gewährspersonen rangiert die dialektgeprägte Sprache ihrer Heimatstadt vor der Standardsprache, sowohl die Hamburger als auch die Berliner Jugendlichen räumen der Standardsprache die größte Wertschätzung ein.[243]

Aus Raumgründen sind in diesem Abschnitt nicht besprochen, wohl jedoch erwähnenswert: (1) für Baden-Württemberg: E. Werlen (1984); (2) für Schwaben: Steinig (1982); (3) für das Gebiet Köln/Bonn: Macha/Weger (1983); (4) für das Ruhrgebiet: Mihm (1985). Diese Studien behandeln jeweils Zusammenhänge zwischen einer Bewertung der eigenen dialektalen/substandardlichen Sprachvarietät und einer Bewertung der Standardsprache (vgl. Hundt 1992:18ff.).

(b) Bewertungen beim Vergleich regionaler Sprachvarietäten

Zu denjenigen Zugriffen, die auf sprachlicher Selbstbewertung basieren, zählt eine 1979 mit einer jeweiligen Stichprobe von 100 Gewährspersonen durchgeführte Befragung[244] in den Großstädten der ‚alten' Bundesrepublik. Heinz H. Menge (1980) hat die Ergebnisse der Umfrage präsentiert und vor allem im Blick auf die positiven und negativen Bewertungsextreme gedeutet. Abb. 57 zeigt die Daten sämtlicher erfasster Städte (vgl. Macha 1983:169).

– Gut bis sehr gut wird die lokale Sprache lediglich in sieben Städten bewertet, von denen sechs im norddeutschen Raum liegen. Daraus freilich eine positive Haltung des niederdeutschen Raumes zu den örtlichen Dialekten abzuleiten, erscheint kurzschlüssig: Möglicherweise hat gerade der in der nördlichen Bundesrepublik relativ fortgeschrittene Abbau der Mundarten zu einer Identifizierung mit der dialektfernen Sprechweise am Ort geführt.

---

[243] Es ist einzuräumen, dass Schmids Pionier-Untersuchung ein recht diffuser Begriff von Sprachwert zugrunde liegt, der es unmöglich macht, die Dimensionen und Motivationen der Bewertung herauszuarbeiten. Hier sei deshalb auf die ebenfalls das Spannungsfeld Dialekt-Standardsprache betreffenden Ausführungen in Kapitel III.14. verwiesen, in denen die Bewertung von Sprechweisen funktional konkretisiert und in ihren Konsequenzen für verschiedene Lebensbereiche erörtert wird.
[244] Durchgeführt unter der Leitung von Jürgen Friedrichs, veröffentlicht als: „BUNTE Städte-Test. Eine Dokumentation". Offenburg o.J. (1979). Wortlaut der Fragestellung: „Wie zufrieden sind Sie mit der Sprache, dem Dialekt, der hier gesprochen wird?" Auf die Probleme einer solchen Frageformulierung wird hier nicht eingegangen, vgl. Macha 1983:178ff. Den Antwortenden stand eine an die Schulzensuren angelehnte Notenskala von 1 = sehr gut bis 6 = ungenügend zur Verfügung.

- In der geographisch mittleren Zone erfährt die Ortssprache wechselnde Beurteilungen mit einer leichten Tendenz zur eher negativen Einschätzung (Ruhrgebiet; vgl. aber dazu Mihm 1985:168).
- Im Süden ist man mit der Sprache am Ort im großen und ganzen gut bis befriedigend arrangiert.

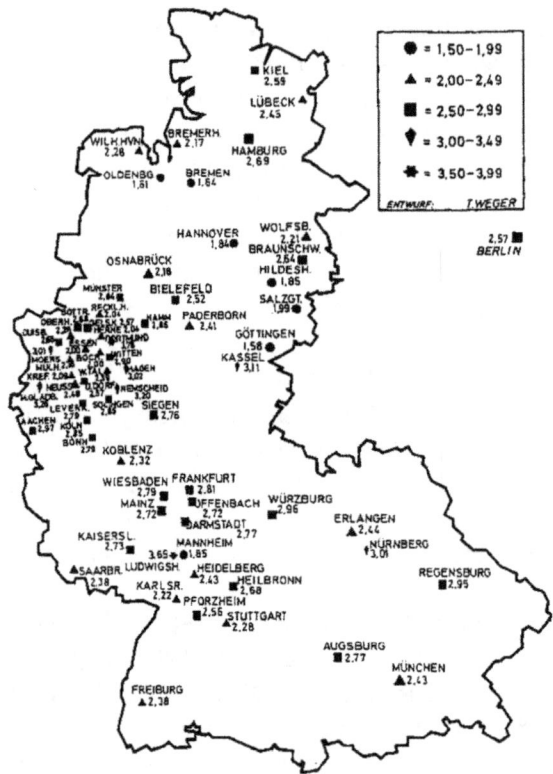

Abb. 57: Beliebtheit der „Sprache am Ort"

Kommen wir zu Bewertungen fremder regionaler Sprachvarietäten, die jedoch – wie oben angedeutet – bisweilen mit der Einschätzung eigener Herkunftssprache verbunden sind. „Jedem Angehörigen der deutschen Sprachgemeinschaft sind Urteile über die einzelnen Dialekte [...] bekannt, und jeder läßt sich in seinem Verhalten Dialektsprechern gegenüber von den dem jeweiligen Dialekt üblicherweise zugeordneten Eigenschaften in hohem Maße bestimmen" (vgl. Ris 1978:98). Möglicherweise ist die handlungsbezogene Komponente von Sprachbewertungen in dieser Aussage überbetont, desungeachtet besteht jedoch das gesellschaftliche Faktum eines wertenden Vergleichs regionaler Sprachvarietäten. Man hat sich ihm wissenschaftlich genähert, indem auf der Basis sprachdemoskopischer Erhebungen sogenannte ‚Beliebtheitsskalen' zusammengestellt wurden. (Vgl. zum Erhebungsrahmen und zur Fragestellung Macha 1983:178-183; Jakob 1989:167-171; Zimmermann 1992:110).

Gewissermaßen den ‚Prototyp' bildet eine Anfang der 1960er Jahre von einem Frankfurter Meinungsforschungsinstitut durchgeführte Repräsentativbefragung in Westdeutschland, deren Ergebnisse seinerzeit H. Bausinger veröffentlicht hat und die seitdem tradiert werden (vgl. Bausinger 1972:20f.; Ammon 1983:1499; dazu Abb. 58).

In kommentierenden Äußerungen hat man sich bevorzugt auf die extrem negative Bewertung der obersächsischen Sprechweise bezogen (vgl. Bausinger 1972:20; Hundt 1997: 49), die aus den Daten spricht. Es handelt sich freilich bei diesem Resultat nicht um einen Einzelfall, denn schlechte Beurteilungen des Sächsischen werden auch aus anderen Befragungen berichtet (vgl. Sauerborn/Baur 1975, dazu Löffler 2010:139f.). Auch in einer 1990/91 bei den 19-29jährigen der alten Bundesrepublik durchgeführten Umfrage rangiert das Sächsische mit Abstand auf dem letzten Platz der Beliebtheitsskala (vgl. Visionen 1991, dazu König 2011:136). In jüngerer Zeit (1998) hat das Institut für Demoskopie Allensbach der ‚Beliebtheit deutscher Dialekte' mit einer Repräsentativ-Umfrage in Gesamtdeutschland nachgespürt. Bezogen auf eine vorgegebene Liste von 17 deutschen Dialekten wurde u.a. die Frage gestellt: „Welche Dialekte hören Sie nicht gerne, welche mögen Sie überhaupt nicht?" Die Ergebnisse zeigen, dass (bei möglichen Mehrfachnennungen) 50% aller Befragten ihr Unbehagen beim Hören des Sächsischen zum Ausdruck brachten. Zum Vergleich: Berlinerisch 24%; Bayerisch 19%; Schwäbisch 14%; Thüringisch 13%; Hessisch 11%; Norddeutsches Platt 10%; Schlesisch 10%; Ostpreußisch 9%; Pommerisch 9%, Rheinländisch 6%; Pfälzisch 6%; Mecklenburgisch 5%; Saarländisch 5%; Fränkisch 4%; Badisch-Alemannisch 4%; Westfälisch 3% (vgl. Allensbach 1998:5).[245]

---

245 Auch allerneueste bundesweite Umfragen, mit denen die Sprachdemoskopie der gerade in den Massenmedien gern traktierten Frage ‚Beliebtheit deutscher Dialekte' beizukommen sucht, haben es noch nicht verstanden, der außerordentlich komplizierten Bedingungen des Themas Herr zu werden (vgl. zur Bezeichnungsproblematik 13.2.1.2.). Die quantitative Bündelung der erhaltenen Meinungen und ihre z.T. weitgreifende Interpretation lösen jedenfalls bisweilen Irritationen aus, was nicht bedeuten soll, dass die Erforschung der Zusammenhänge kein lohnenswertes Untersuchungsfeld darstellen würde. Einer von mehreren methodenkritischen Einwänden wird von Schmidt/Herrgen zum Ausdruck gebracht: „Die Allensbacher Befragung (2008,2) fördert hier zutage, dass auf Rang 1 der Beliebtheitsskala ‚Bayerisch' steht, auf Platz 2 ‚Norddeutsches Platt', gefolgt von 3. ‚Berlinerisch', 4. ‚Schwäbisch' usw. Der Leser reibt sich die Augen, wenn er in der gleichen Befragung die Reihenfolge der unbeliebtesten Dialekte durchgeht, denn hier folgen auf 1. ‚Sächsisch', 2. ‚Bayerisch', 3. ‚Berlinerisch' und 4. ‚Schwäbisch'. Hier ist offensichtlich das Validitätskriterium verletzt:

am sympathischsten	Nennungen in %	Rang
1) Köln	16	3.
2) München	15	4.
3) Hamburg	18	2.
4) Berlin	13	5.
5) Leipzig	2	8.
6) Frankfurt	8	7.
7) Stuttgart	9	6.
8) Wien	19	1.
9) Nicht zu beurteilen	0	
insgesamt	100%	

Abb. 58: Beliebtheit verschiedener Dialekte (Bausinger 1972)

Kehren wir zu den Resultaten der bei Bausinger erstveröffentlichten Umfrage aus den 1960er Jahren zurück (vgl. Abb. 58). So kann man trefflich darüber spekulieren, warum das ‚Wienerische' in der (alten) Bundesrepublik am meisten geschätzt wird. Indes sollte man nicht aus dem Auge verlieren, dass möglicherweise statistisch-technische Gründe die entscheidende Rolle beim Zustandekommen dieser bundesrepublikanischen Vorliebe gespielt haben (vgl. Macha 1983: 171-173). Es fällt nämlich auf, dass die Präferenzen recht gleichmäßig verteilt sind. Zwar wird Wien gegenüber Hamburg, Köln, München oder Berlin etwas häufiger genannt, aber bedeutsamer scheint es, dass die regionalen Zentren in der Bewertung relativ gleichwertig nebeneinander stehen. Eine Aufschlüsselung der Umfrage-Rohdaten zeigt eindeutig die entscheidende Bedeutung des Faktors Regionalität (vgl. Abb. 59): Je nach Herkunftsgebiet der Informanten ergeben sich unterschiedliche Rangfolgen. (Ob sich die 11% positiven Stimmen für das Sächsische der Allensbach-Umfrage von 1998 zur Frage, welchen Dialekt man besonders gern hört (Allensbach 1998:4), ebenfalls mit dem Regionalitätsfaktor erklären lassen, muss bis zur Analyse der Rohdaten offen bleiben).

Die Befragten aus den nördlichen, westlichen und südlichen Teilen der alten Bundesrepublik erklären den Dialekt ihres jeweiligen regionalen Zentrums (Hamburg, Köln, München) z.T. mit großem Abstand zur sympathischsten Sprechweise. Die scheinbare Ausnahme des südwestdeutschen Raums erklärt sich dadurch, dass dieses Großgebiet aufgrund der gesplitteten Nennungsmöglichkeiten – es konnte sowohl für Frankfurt als auch für Stuttgart votiert werden – zu einer uneindeutigen Entscheidung gezwungen war. Das eigene regionale Idiom wird also gemeinhin am positivsten bewertet. Damit ist – so lässt sich vermuten – ein Reflex der deutschen Sprachgeschichte und ihrer typischen plurizentrischen Verfassung greifbar, die seit Jahrhunderten durch das Fehlen *eines* sprachlich-kulturellen Zentrums und durch

---

Gemessen wurde nicht die (Un-)Beliebtheit, sondern die Prominenz: Die bekanntesten Dialekte ‚ranken' auf allen Skalen am weitesten oben!" (2011:276).

eine phasenverschobene Dominanz unterschiedlicher regionaler Mittelpunkte gekennzeichnet ist.

am sympathischsten	Nennungen in %	Nord Rang	Nennungen in %	West Rang	Nennungen in %	Südwest Rang	Nennungen in %	Süd Rang
Köln	11	4.	26	1.	13	4.	12	3.
München	6	5.	10	5.	14	2.	37	1.
Hamburg	35	1.	18	2.	11	6.	8	5.
Berlin	18	2.	13	4.	11	6.	8	5.
Leipzig	1	8.	3	8.	3	8.	1	8.
Frankfurt	6	5.	7	6.	14	2.	3	7.
Stuttgart	6	5.	5	7.	13	4.	11	4.
Wien	17	3.	17	3.	21	1.	20	2.
Nicht zu beurteilen	0		1		0		0	
Insgesamt	100		100		100		100	

Abb. 59: Beliebtheit verschiedener Dialekte, aufgeschlüsselt nach regionalen Bewertern

	Anzahl Nennungen positiv	Rang	Anzahl Nennungen negativ	Rang
Nordniedersächsisch	11	2.	8	4.
Westfälisch	4	5.	2	
Ripuarisch	21	1.	1	
Moselfränkisch	3		12	2.
Hessisch	1		13	1.
Schwäbisch	5	4.	6	5.
Bairisch	10	3.	10	3.
Anderes	2		2	
Keine Angabe	3		3	
Summe	60		60	

Abb. 60: Beliebtheit verschiedener Dialekte bei ripuarischen Bewertern

Eine zur Überprüfung dieser These 1982 durchgeführte Untersuchung zeigt, dass bei einer herkunftsmäßig homogenen Stichprobe aus ripuarischen Gewährspersonen derselbe autozentrierte Grundmechanismus greift (vgl. Macha 1983:176, s. Abb. 60).

Soweit zu sehen ist, gibt es für die neuen Bundesländer bisher kaum vergleichbare Umfragen zur Beliebtheit von Dialekten. Es existiert aber eine Ende der 1970er Jahre bei Ost-Berliner Studierenden durchgeführte Untersuchung, in der die Bewertung regionaler Sprachvarietäten der DDR thematisiert ist (Peine/Schönfeld 1981). Methodisch wird dabei sowohl zwischen regionalen Mundarten und regionalen Umgangssprachen als auch beim Verfahren der Bewertungsevozierung zwischen ‚Vorführung von Tonproben' und ‚Erinnerung/Vorstellung' differenziert.

Regionalvarietät	Punktwert	Regionalvarietät	
2x Mecklenburgisch	1,9 überwiegend sympathisch	Mecklenburgisch	
Nordbrandenburgisch	3,1 neutral	Nordbrandenburgisch	
Magdeburger Börde	3,3 neutral	Magdeburger Börde	Im wesentlichen gleiche Beurteilung wie in nebenstehender Tabelle
Westthüringen	3,3 neutral	Westthüringen	
Nordbairisch (Bad Elster)	3,7 fast unsympathisch	Nordbairisch (Bad Elster)	
Oberlausitz	4,0 fast unsympathisch	Oberlausitz	
		Erzgebirgisch Vogtländisch Thüringisch	Sympathisch bis sehr sympathisch

Abb. 61: Beliebtheit regionaler Mundarten in der DDR (Ende der 1970er Jahre)

Region	Punktwert	Region	Punktwert
Mecklenburg	2,0 sympathisch	Mecklenburg	Im wesentlichen gleiche Beurteilung wie in nebenstehender Tabelle
Berlin	2,5 sympathisch bis neutral	Berlin	
Magdeburg	3,4 neutral bis fast unsympathisch	Magdeburg	
Leipzig	4,4 fast unsympathisch bis ganz unsympathisch	Leipzig	
Westthüringen	4,4 fast unsympathisch bis ganz unsympathisch	Westthüringen	
		Oberlausitz	3,3 neutral bis fast unsympathisch
		Dresden	3,4 neutral bis fast unsympathisch
		Obersachsen generell	4,2 fast unsympathisch bis ganz unsympathisch

Abb. 62: Beliebtheit regionaler Umgangssprachen in der DDR (Ende der 1970er Jahre)

Eindeutig bevorzugt werden das mecklenburgische Niederdeutsch und die entsprechend gefärbte regionale Umgangssprache (vgl. Abb. 61, 62). Dagegen sieht man die in den südlichen Landesteilen vorfindlichen Sprechweisen insgesamt eher negativ. Hierhin gehören die schlechten Urteile über die im sächsisch-thüringischen Raum verbreitete regionale Umgangssprache generell und über die Leipziger Redeweise im besonderen. Die Negativbewertung des Sächsischen war also kein Spezifikum der alten Bundesrepublik, wie Bausinger (1972:20) noch vermutete, sondern sie fand sich auch in der alten DDR, jedenfalls bei Berliner Befragten. Wohlgemerkt: Die wiedergegebenen Daten sind über 30 Jahre alt. Herauszufinden, wie sich die Situation in den neuen Bundesländern heutzutage darstellt, bleibt ein Forschungsdesiderat der Soziodialektologie.

13.3.3 Dialekt und die ‚komische Dimension'

Ob eine Sprachform ‚lustig' wirkt oder nicht, ist weniger eine Frage ihrer Wesensart, die durch bestimmte Strukturmerkmale beschreibbar wäre, als vielmehr eine Frage der sozialen Bewertung, die ihr zuteil wird. Mit dieser Feststellung wird eine Position bezogen, die gegen eine ‚inherent value'-Auffassung („Manche Sprachformen sind per se wertvoller als andere') weitaus stärker den Zuschreibungscharakter, also die ‚von außen' erfolgende Anheftung bestimmter Eigenschaften an bestimmte Sprachformen betont. Zugleich ist dabei die historische Wandelbarkeit gesellschaftlicher Sprachwerturteile in den Blick gerückt: Prinzipiell kann die Bewertung jeder Sprachform bei Veränderung der Bedingungen anders werden, u.U. ins Gegenteil umschlagen, wie etwa das historische Beispiel des Meißnisch-Obersächsischen vor Augen führt (vgl. 13.3.2.1.).

(a) ‚Ortsneckereien'

Die ältere Mundartforschung überliefert eine Reihe interessanter ‚volksdialektologischer' Urteile, in denen Sprachformen bewertet werden, die man in der Nachbargemeinde, im Nachbarlandstrich, jedenfalls ‚nicht bei uns' spricht. Solche Urteile, die über eine Markierung sprachlicher Andersartigkeit der ‚Anderen' eine gruppeninterne Zusammengehörigkeit herstellen, reichen in ihrer Spannweite von spöttischer Imitation bis zu derb-deftiger Diffamierung. Ein Beispiel: In den urbanen Zentren Köln und Bonn spießte man – durchaus süffisant – die altertümlich-bäuerliche Mundart einer Nachbarregion auf, indem einem Sprecher aus dem Vorgebirge folgender, vor allem durch ein scharf gerolltes [r] charakterisierter Anruf beim Fernmeldeamt nachgesagt wurde (vgl. Macha 1995:379):

> „Fräulein, isch hätt jään Freischem drei, drei, drei. Ess de Droht frei ode han de Möische drop jedresse?"[246]

Vergleichbare Uzereien und Spötteleien gab es in und zwischen allen Mundartarealen des deutschen Sprachraums (vgl. ihre systematische Erfassung für das Schwäbische bei Moser 1950 und für das Westfälische bei Büld 1939; dazu auch Kranzmayer 1956:16). Solch interdialektaler Sprachspott, bei dem ein gegenseitiges ‚Hochnehmen' an der Tagesordnung ist (vgl. Büld 1939:16), ist freilich ein Typus, der im Zuge der sprachhistorischen Entwicklung des Deutschen zunehmend zum Relikt werden musste. Seine Verbreitung und Konjunktur hängt eng mit den Strukturen einer ‚sprachsoziologischen Vormoderne' zusammen, denn nur bei Fehlen oder bei untergeordneter Bedeutung einer gesprochenen Standardsprache kann eine Prestigekonkurrenz zwischen Lokalmundarten Bestand haben und produktiv sein. In manchen Teilen des deutschen Sprachraums sind aber die Verhältnisse

---

[246] Fräulein, ich hätte gern Frechen drei, drei, drei. Ist der Draht frei oder haben die Spatzen draufgeschissen?'

mittlerweile durch das verstärkte Eindringen der Standardsprache in mehr und mehr Bereiche des Alltagslebens anders geworden; folglich haben sich auch die gesellschaftlichen Sprachprobleme verlagert. Dabei wird der geographisch-horizontale Sprachspott in eine Nebenrolle abgedrängt, während andere ‚lachenerregende' Momente in den Vordergrund treten.

Der Sonderfall der deutschen Schweiz wäre hier speziell zu untersuchen.

(b) ‚Dialektwitze'

Der sprachhistorisch moderne Antagonismus zwischen großräumigen Regionalsprachen und gesprochener überregionaler Hochsprache bildet das Spannungsfeld, dem ‚Dialektwitze' entstammen (vgl. Macha 1992:52ff.). Wie in 13.2.1. dargestellt wurde, sind die Sprachgebrauchsverhältnisse in Deutschland keineswegs einheitlich, man kann vielmehr in groben Zügen eine südliche, ‚dialektfestere' Zone von einer mittleren/nördlichen Hemisphäre unterscheiden, in der die Mundart viel Terrain preisgegeben hat. Es sprechen einige Indizien dafür, dass auch in den Witzen, die vom Nebeneinander dialektalen und nicht-dialektalen Sprechens leben, die beiden Hemisphären – zumindest tendenziell – verschieden profiliert sind. Die südlichen Regionen zeigen insgesamt einen Typus von Sprachwitz, bei dem die jeweilige aktualisierte Mundart der Standardsprache durchaus ebenbürtig, ja bisweilen überlegen ist. Wo der Alltag von dialektalem Sprechen geprägt ist, da bleibt der (häufig ‚preußische'!) Hochdeutsch-Sprecher der Fremde. In süddeutschen Sprachwitzen gehen Kommunikationsprobleme deshalb häufig auf seine Kosten, weil als stillschweigende Voraussetzung gilt: Was geredet und was verstanden wird, ist prinzipiell oberdeutsch-dialektal.

> Der aus Norddeutschland zugezogene Augenarzt fordert seinen bairischen Patienten auf: „Bitte auf mein Ohr schauen!" – „Ha?" – „Bitte auf mein Ohr schauen!" – „Naa, dös du i net!" – Der Arzt wird ungeduldig: „Auf mein Ohr schauen, los!"[247] – „Wann's dös unbedingt wolln, Herr Dokta!" sagt der Patient und klatscht dem Arzt verständnislos auf's Hinterteil.

> U-Bahnbau in München. Interessiert schaut ein norddeutsches Ehepaar den Erdarbeiten zu. Schließlich fragt der Mann einen Arbeiter: „Was macht Ihre Kolonne denn da?" – Der Arbeiter antwortet: „Ramma damma." – Die Norddeutschen verstehen nichts. Sie fragen gezielt einen anderen Arbeiter: „Und was machen Sie?" – Der erklärt: „Ramma dui." – Ratlos wenden sich die Norddeutschen an einen Passanten: „Sagen Sie uns doch mal, was die da eigentlich machen." Sie bekommen die Auskunft: „Ramma dans."[248] Entnervt sagt der Mann zu seiner Frau: „Kann man nichts machen. Sind eben Gastarbeiter. Alles Inder!"

---

247 Klangähnlichkeit zu bair. 'Arsch hauen'.
248 'Räumen tun wir!' / 'Räumen tu ich!' / 'Räumen tun sie!'

> In der Steiermark. Ein wissbegieriger Tourist fragt den einheimischen Bergbauern: „Wie heißt denn dieser Berg dahinten?" – Gegenfrage: „Der wölcherne?"[249] – Der Tourist ist's zufrieden: „Ach so, schönen Dank für die Auskunft."

> Eine Urlauberin aus dem Norden macht sich darüber lustig, dass die Schwaben immer *iscffi* statt *ist* sagen. „Des hot soi guate Grond", erklärt ihr eine Einheimische, „schließlich muss mer onderscheide könne, ob ebber e Gans ischt oder e Gans isst."

Sprachwitze aus mittel- und niederdeutschen Regionen zeigen insgesamt ein weniger einheitliches Bild. Oft ist schwer zu entscheiden, über wen beim Zuhören eigentlich gelacht wird. Ein kölnisches und ein sächsisches Beispiel:

> Tünnes und Schääl wollen den Kölner Tiergarten besuchen. Dort angekommen, ist der Schääl tief enttäuscht und sagt zum Tünnes: „Dat woor ja nix. Loß mer derek widde heem foore." – Tünnes fragt ganz entgeistert: „Ja, wofür dat dann?" Da zeigt der Schääl auf das Schild am Eingang und erklärt: „Steht doch drop: Zoo!"[250]

> „Was ist der Unterschied zwischen Griechen und Römern?" Antwort: „Aus Römern kann man trinken." Da schaltet sich der Sachse ein: „Wieso? Aus Griesschen[251] kamma doch ooch drinkn."

Auch in diesen Fällen wird witzimmanent ‚im Dialekt verstanden', so dass durchaus folgerichtig reagiert wird. Ein Teil der Lächerlichkeit bleibt freilich an den mundartsprechenden Protagonisten hängen. Die Konkurrenz von Dialekt und Standardsprache, die mit der Frage ungeklärter Machtansprüche und Besitzdomänen belastet ist, bildet also auch hier den Hintergrund, sie wird jedoch anders inszeniert. Während in oberdeutschen Witzen Sprachkollisionen dadurch entstehen, dass ein fremder Hochdeutschsprecher kommunikativen Schiffbruch erleidet, sind in den mittel- und niederdeutschen Sprachwitzen die Konflikte eher in die Dialektsprecher selbst hineinverlegt. Sie haben Probleme mit dem Hin und Her zwischen Mundart und Standardsprache, wie aus den folgenden hessischen und niedersächsischen Beispielen hervorgeht.

> Fritzchen kommt aus der Schule und schwingt stolz sein Aufsatzheft. „Mama, heut habb ich im Uffsatz en Aanser geschribbe, jetz bin ich abbe mal gespannt, was de Babba säscht!" – Mutter: „Ach Fritzsche, kannste dann net e bissi besser hochdeutsch babbele? Wie oft soll ich derr noch sache – merr sacht net säscht, merr säscht – sacht!"

> Auf einem Passagierdampfer, der von Hamburg nach Amerika fährt, ist ein Fahrgast gestorben. Er soll sein Grab in den Wogen finden. An dieser feierlichen Angelegenheit nehmen natürlich alle Passagiere teil. Und natürlich muss der Kapitän eine Ansprache halten. Stundenlang brütet er über dieser Leichenrede. Endlich ist es soweit. Die Ansprache des Kapitäns, von langen Pausen des Nachdenkens unterbrochen, hat folgenden Wortlaut: „Verehrte Leidtragende! Ver-

---

249 'Welcher?'
250 'zu, geschlossen'.
251 'aus Krügen'.

ehrte Trauergemeinde! – – Verehrte Leidtragende! Wir haben heute – – Wir sind hier versammelt – – Verehrte Leidtragende! – – – Na, denn smiet em man öwer Bord!"

Für solche und ähnlich gelagerte Fälle trifft die Aussage B. Marfurts exakt zu: „Dialektwitze machen sich darüber lustig, mit welcher Mühe weniger geschulte Sprecher Dialekt und Hochsprache auseinanderzuhalten versuchen. Das soziologische Gefälle zwischen Dialekt und Hochsprache kommt darin deutlich zum Ausdruck" (Marfurt 1977:151).

(c) ‚Vis comica' von Dialekt und Standardsprache

Wie einleitend in 13.3.3. ausgeführt wurde, ist die komische Qualität einer Redeweise von den bewertenden Instanzen und ihren Bezugspunkten abhängig. Es kann deshalb nicht verwundern, dass in bestimmten Gebrauchskontexten auch hochsprachliche Äußerungen außerordentlich lachenerregend wirken können. Ist die sprachliche Plattform, auf der die Kommunikation abläuft, dialektal grundiert, so ergeben sich diesbezüglich vielfältige Möglichkeiten. Schröder/ Stellmacher (1989) haben einige Beispiele aus der niederdeutschen Literatur zusammengestellt. So wird etwa in Fritz Reuters „Ut mine Stromtid" mit diasystemarer Klangähnlichkeit gespielt, indem das hochdeutsche „[...] sie ist 'ne kleine Fee!" umgedeutet wird in die plattdeutsche Version „[...] süht ut as en lütt Veih" ('Vieh'). „Nur vordergründig macht sich der Autor über die mangelhafte hochdeutsche Kompetenz der Dialektsprecher seiner Zeit lustig; letzten Endes haben sie durch die bodenständige Konterkarierung der affektierten Redeweise der Hochdeutschen die Lacher auf ihrer Seite" (Schröder/Stellmacher 1989:175). Ähnliches gilt auch für die Verwendung sogenannter Malapropismen, d.h. vor allem verballhornter Fremdwörter. Auch hier läßt sich nicht selten ein ‚selbstbewusster Missbrauch' feststellen, dessen Effekt aus Lachen besteht. (Vgl. zum gesamten Zusammenhang Schröder 1995).

> Jakob Prüß harr ümmer seggt, dat weer 'n ‚Projek', un Klaas Steffens harr seggt, dat weer 'n ‚Objek'. So lang as de Doren noch nich mal wüssen, wat för'n ‚Jek' dat nu egentlich weer, so lang weer allens willen Kraam (Peters 1975:198, zit. nach Schröder/Stellmacher 1989:176).

Die Literarizität der aufgeführten Beispiele gibt ihnen zweifellos einen besonderen Stellenwert. Die wenigen Studien, die das Thema ‚Dialekt und Standardsprache als komische Sprachformen' bisher empirisch untersucht haben, lassen freilich auch beim Sprachgebrauch ‚in vivo' vergleichbare Strukturen erkennen. Es ist der spielerische Umgang mit Möglichkeiten, die bilingualen Sprechern im Spektrum Dialekt/Standardsprache offen stehen, der lachenerregende Wirkung zeitigen kann. Dies betrifft beide Varietäten. D. Stellmacher etwa betont, dass in den standardsprachlichen Duktus seiner Interviews mitunter niederdeutsche Passagen, speziell als Redewiedergaben, einfließen. „Erscheint die Wiedergabe durch eine Alternanz gelungen, dann wird die Aktion nicht selten durch eine den Erfolg bestätigende Fröhlichkeit (,Lachen') abgeschlossen. Hierin kommt in unserem Fall auch eine allgemeine Einschätzung niederdeutscher Sprache zum Ausdruck: die ‚vis comica'" (Stellmacher 1977:159). Das umgekehrte Verfahren, durch den Gebrauch hochsprachlicher Versatzstücke in dialektaler Kommunikation Heiterkeit zu erzeugen, ist beispielsweise bei rheinischen Handwerksmeistern belegt, deren natürliche Alltagsrede analysiert wurde (vgl. Macha 1991:214). Im folgenden Beispiel setzt eine Kundin zur Reklamation wegen eines zu harten Brotes an:

> Bäckerei/Gespräch im Laden/A: Bäckermeister; B: Kundin
> A: Sons noch was Nätes?
> B: ... manschmool da es do su'n haat Kroosch...
> A: Ja, di sen ja duurschwäk jät schtäreke jebake, on...
> B: ... eme wede jebraselt
> A: Jaja dat is et eeben, jenau wi dat Dopeljebakene hee, dat schmäk priima, nue eeben: *man mus guute Tsäänchen haaben*
> B: hahaha
> A: ... sons klap dat net, ne, dan bes de am frikele draan...'[252]

Der unerwartete Einsatz einer hochsprachlichen Wendung ruft amüsierte Reaktionen beim Gegenüber hervor. Diese Wirkung verstärkt sich noch, indem A die ‚Fallhöhe' zwischen den Sprachformen dramaturgisch ausnützt: Seine direkt anschließende Äußerung ist im tiefen Dialekt gehalten und führt auf das gemeinsame Plateau zurück.

Fragen/Aufgaben

1. Welche sprachhistorischen Phasen in der gesellschaftlichen Dialektbewertung lassen sich unterscheiden?

2. Versuchen Sie, die in Ihrem persönlichen Umfeld kursierenden Bewertungen von Dialektalität ganz allgemein und von der Mundart Ihrer Heimat im Besonderen zu ermitteln!

3. Weshalb ist bei der Untersuchung von Dialektbewertungen eine Unterscheidung nach ‚Eigenbeurteilung' und ‚Fremdbeurteilung' sinnvoll?

4. Was sind die Möglichkeiten und Grenzen einer Auswertung sogenannter ‚Dialektwitze' für die Analyse von Sprachbeurteilungen?

---

252 *haat Kroosch* 'harte Kruste'; *jät* 'etwas'; *jebraselt* 'angestrengt'; *frikele* 'sich abmühen'.

14 Angewandte Dialektologie

Die Themenstellungen dieses Kapitels hängen inhaltlich mit dem zusammen, was im Rahmen einer synchronen gesellschaftsbezogenen Dialektologie (vgl. III.13.) bereits zur Sprache kam. Während dort jedoch die Akzente von einem allgemeintheoretischen Erkenntnisinteresse her gesetzt waren (Wer spricht Dialekt? Welche Situationen legen Dialekt nahe? Wie werden Dialekte bewertet?), geht es hier um die funktionale Verschränkung regionaler Sprachvarietäten mit ausgewählten Sparten oder Formen gesellschaftlicher Praxis.

14.1 Dialekt und Schule

14.1.1 Problemzusammenhang

Prognosen zum Verfall der Dialekte haben in Deutschland eine Tradition von mehreren hundert Jahren. Immer wieder hat man geglaubt, dass in der jeweils kommenden Generation keine Dialektsprecher mehr eingeschult würden, da die Eltern als Kinder selbst keine Mundart mehr gelernt hätten (vgl. die Ausführungen in III.1.1.). Dieser pauschalisierende Fehlschluss wurde u.a. auch in didaktischen Handbüchern genährt, indem solche Voraussagen ungeprüft zugrunde gelegt und davon ausgegangen wurde, dass – wie es beispielsweise Helmers (1976: 291) ausgedrückt hat – das „völlige Verschwinden der Dialekte nur noch eine Frage der Zeit" sei. Eine methodische Konsequenz dieser Erwartung bestand vor allem darin, dass der deutsche Sprachunterricht über lange Zeit auf einer überregionalen Konzeption basierte, in der die regionalsprachliche Spezifik der kindlichen Ausgangssituation keinen Platz hatte. Thematisiert wurde Dialekt als Beobachtungsgegenstand zumeist in den ‚Sprachbetrachtungs'-Einheiten der Mittel- und Oberstufe der weiterführenden Schulformen, während die Startbedingungen von Kindern aus dialektgeprägten Elternhäusern kaum reflektiert wurden. So griffen – fachwissenschaftlich wie fachdidaktisch – unhaltbare und pädagogisch gefährliche Meinungen etwa der Art Platz, es handele sich bei der von Schülern realisierten Sprache um eine ‚verdorbene Sprache' (Reumuth/Schorb 1963:129ff.), eine ‚schludrige Abart' des Hochdeutschen u.a.m. (vgl. zum Zusammenhang Mattheier 1980a:125). „Über weite Strecken der Schulgeschichte hin war die Frontstellung eindeutig: Der Dialekt gehörte – wie das Nasenbohren oder die nachlässige Körperhaltung – zu den Unarten, welche die Schüler mitbrachten, die ihnen aber möglichst schnell ausgetrieben werden sollten" (Bausinger 1983:75). Im Kontext der ‚Sprachbarrieren-Diskussion'[253] der 1960er und 1970er Jahre wurden bestimmte Parameter dieser Debatte auf den

---

[253] Vgl. die Darstellungen zum Gesamtkomplex der Sprachbarrieren-Problematik in allgemeiner und in dialektbezogener Perspektive bei Löffler 2010:154-162, 143-145.

Dialekt als mögliches Bildungshindernis übertragen, was ein zeitweiliges öffentliches Bewusstsein für das Thema erzeugte. In der Folgezeit entstand eine Reihe von Studien und Projekten, denen es sowohl um eine genaue Eruierung der Ist-Zustände in den einzelnen deutschen Landstrichen als auch um mögliche Hilfen im didaktischen Umgang mit ‚Dialekt in der Schule' zu tun war. Soweit zu sehen ist, haben wir heute einen Wissensstand erreicht, der in vielem größere Klarheit und Nüchternheit bei der Beurteilung der Probleme erlaubt, als dies vor dreißig Jahren möglich war (vgl. Ammon/Kellermeier 1997; vgl. zur Problematik der Einstellung von Lehrern gegenüber dem Dialekt Hochholzer 2002).

14.1.2 Grundkonstellationen im deutschen Sprachraum: Notwendigkeit einer differenzierten Betrachtung

Die Ergebnisse sprachdemoskopischer Erhebungen zu Dialektkompetenz und Dialektgebrauch (vgl. Abschnitt III.13.2.; dazu auch Macha 1994) zeigen – sieht man von Schleswig-Holstein und einigen weiteren Küstenregionen ab – ein recht eindeutiges Süd-Nord-Gefälle. Bei den z.T. um mehr als 30% divergierenden Werten in der Dialektkompetenz- Selbsteinschätzung (Allensbach 1983: Bayern 65,7% versus Niedersachsen 34,7%) liegt es auf der Hand, dass sich auch grundlegende Fragen zum Spannungsfeld ‚Dialekt/Standardsprache und Schule' im Norden der Bundesrepublik erheblich anders stellen als im Süden, ist doch von jeweils typischen Reflexen in der primären Sprachsozialisation auszugehen. Pauschale Aussagen zum Quantum ausschließlich oder teilweise dialektsprechender (Grundschul-)Kinder stehen indes, da keine umfassenden statistischen Daten zum schulischen und außerschulischen Sprachgebrauch vorliegen, auf unsicherem Boden. Sie gründen auf verallgemeinernden Hochrechnungen, die man auf der Basis einzelner örtlicher, kleinräumiger und regionaler Untersuchungen vorgenommen hat. So kommt Mattheier 1980 für die damalige Bundesrepublik zu einem geschätzten Durchschnittswert: „Man kann also davon ausgehen, daß rund ein Viertel aller Schulkinder in Deutschland als Dialektsprecher anzusehen sind" (Mattheier 1980a:109). Dieser aus seinerzeit vorliegenden empirischen Studien extrapolierte Wert ist freilich zu relativieren, denn die Angabe vermittelt „[...] keinen Eindruck von den enormen regionalen Unterschieden, die in den einzelnen Untersuchungen erkennbar werden" (Mattheier 1980a:110). Regionale Verschiedenheit ist also das hervorstechende Merkmal der bundesdeutschen Verhältnisse: Dialektalität, auch kindliche Dialektalität liegt in den einzelnen geographischen Zonen unterschiedlich stark an, und sie ist gesellschaftlich unterschiedlich konnotiert. Ähnliches lässt sich zu ‚Dialekt und Schule' in der ehemaligen DDR feststellen (vgl. Rosenberg 1993:29-33). Die Lage in der Schweiz und in Österreich bedürfte ausführlicher eigener Kommentare, hier seien zu einer ersten Überschau wenige Zitate präsentiert. 1988 schreibt Peter Sieber: „Die Mundarten – auch in der Schule – sind die aktuellen Umgangssprachen in der Deutschschweiz; ihr Stellenwert und ihr Prestige ist ungleich höher als in allen andern Regionen des deutschen Sprachgebiets" (Sieber/Sitta 1988:18). Ähnlich sieht auch Walter Haas für viele Belange der Deutschschweiz „[...] gegen 100% Dialekt" (vgl. Haas 1992:330, Anm. 10). Ende der 1980er Jahre resümiert Peter Wiesinger für die österreichischen Verhältnisse: Es „[...] zeigt sich, daß in Österreich rund drei Viertel der Bevölkerung den Dialekt beherrschen, während dies ein Viertel in Abrede stellt" (vgl. Wiesinger 1988:80). Zum Sprachverhalten gegenüber der jüngsten Generation wird vermerkt: „So stufen 53% der Dialektsprecher auch das Alltagsgespräch mit Kindern im Dialekt als gut und richtig ein und lehnen es 32% ab, während dies dem Rest gleichgültig ist" (Wiesinger 1988:79). Aus den Zitaten folgt, dass in der Schweiz und in Österreich neben Schülern und Eltern auch die Lehrer weitgehend Dialektsprecher sind, so dass man im schulischen Bereich weniger mit dem Vorurteil zu kämpfen hat, Mundart sei eine vulgäre, schlechte Sprache. Zudem braucht die Lehrerschaft kaum darauf hingewiesen zu werden, dass die kindliche Ausstattung der Schüler keineswegs der angezielten Standardsprache entspricht.

Zusammenfassend kann man im deutschsprachigen Raum zum Problemkreis Dialekt/ Schule drei typische Konstellationen feststellen: Einmal die Schweiz, die freilich ihrer ‚medialen Diglossie' wegen (gesprochene Mundart, aber geschriebenes Hochdeutsch) einen Sonderfall darstellt, dann Österreich und Süddeutschland, denen eine Menge gemeinsam ist, sowie davon erheblich verschieden Mittel- und Norddeutschland. In Bezug auf die primärsprachliche Erziehung der Kinder weg vom Dialekt scheinen wir es momentan mit einer Art von ‚äquatorialer Zone' nördlich und südlich einer Linie Mosel – Lahn zu tun zu haben, an der sich die Geister scheiden: Das nördliche und mittlere Rheinland sowie die nördlichen Teile Hessens scheinen zu einer eher ‚norddeutschen' Primärsprachen-Erziehung überzugehen (vgl. Macha 1993a:150, Anm. 3; Dingeldein 1997:119f.). Bei allen Überlegungen zur Umgehensweise mit dem Problemfaktor ‚Dialekt in der Schule' ist also prinzipiell mitzubedenken: „Die Geschichte des Schulproblems Dialekt ist [...] nicht zu trennen von der Geschichte der Zurückdrängung dialektaler Varietäten zugunsten regionaler und überregionaler Umgangssprachen, sondern ist Teil dieser Geschichte" (Rosenberg 1993:15). Die Tatsache, dass in weiten Teilen Deutschlands zunehmend weniger im Basisdialekt erzogen wird, darf freilich nicht zu der Fehlannahme verleiten, man hätte es dort in der Schule nur noch mit Standardsprache-Sprechern zu tun. Auch bei den regional-umgangssprachlich beeinflussten Schülern sind – partiell anders dimensionierte – Nonstandard-Phänomene zu erwarten, die als mögliche Schulschwierigkeiten einzukalkulieren sind (vgl. Hasselberg 1976:167; Kettner 1978: 285-312; Macha 1995a:78-83).

14.1.3 Schulschwierigkeiten aufgrund der Herkunftssprache

Die Frage, wie man mit der dialektgeprägten Sprache des Volkes unter Bildungsgesichtspunkten umzugehen habe, ist seit der Epoche der Aufklärung – bisweilen – ins Blickfeld geraten. Vor allem im niederdeutschen Raum, wo die Systemunterschiede zwischen niederdeutscher Ausgangsvarietät und hochdeutscher Zielvarietät beträchtlich sind, gab es diesbezügliche Überlegungen.[254] 1784 bemerkt der lippische Prediger von Cölln zur Sprache der Bauern: „Sie ist das größte Hinderniß, welches der Bildung des Volks im Wege steht, und so lange nicht mit Fleiß an Verbesserung und Ausbildung der Sprache gedacht wird, hilft aller Unterricht wenig. Die Volkslehrer und Richter reden eine dem Volke fremde Sprache [...]" (von Cölln 1784:115f.).

Für Ostmitteldeutschland lässt sich J.G. Herders Rede „Von der Ausbildung der Rede und Sprache in Kindern und Jünglingen" aus dem Jahre 1796 vergleichen: „Unser Thüringen hat viel Gutes, aber keinen angenehmen Laut in der Sprache [...] Jünglinge, die diesen unangenehmen Dialekt bloßer Thierlaute an sich haben, sie mögen aus Städten oder vom Lande her seyn, müssen sich alle Mühe geben, im Gymnasium eine Menschliche, natürliche, Charakter- und Seelenvolle Sprache zu bekommen und von ihrer bäurischen oder schreienden Gassenmundart sich zu entwöhnen" (Herder 1796:217; zum Zusammenhang III.12.3.2.1 (3)). Dass diese ‚Entwöhnung', die Herder fordert, nicht per Dekret vonstatten gehen kann, sondern behutsame Steuerung erfordert, ist auch anderen Zeitgenossen klar gewesen: 1799 empfiehlt etwa der Schwelmer Schuldirektor Holthaus, Kinder zunächst in der Mundart aufwachsen zu lassen und erst in der Schule mit aller nötigen Rücksicht auf diesen ‚Stamm' das Hochdeutsche ‚aufzupfropfen' (vgl. Niebaum 1979c; s. ferner Niebaum 1979b:40f., Möhn 1986:54ff.). In derselben Tradition steht das mit einer Reihe von Auflagen in Gesamtdeutschland verbreitete Werk Rudolf Hildebrands „Vom deutschen Sprachunterricht [...]" aus dem Jahre 1867, in dem nachdrücklich die Auffassung vertreten wird, der Deutschunterricht habe von der Haussprache des Kindes auszugehen (vgl. Hildebrand 1917). Solche sprachdidaktischen Auffassungen haben sich allerdings nicht allgemein und schuloffiziell durchsetzen können. Das Prinzip der überregionalen bzw. ‚alldeutschen' (vgl. Besch/Löffler 1977:9) Fundierung, das zugleich die Ignorierung regionaler Sprachherkünfte implizierte, hat vielmehr bis in die jüngste Zeit dominiert. Ein wichtiges analytisches Instrumentarium zur Berücksichtigung regionalsprachlicher Einflüsse bildet in diesem Zusammenhang jedoch die Reihe „Dialekt/Hochsprache – kontrastiv. Sprachhefte für den Deutschunterricht".[255] Diese Hefte benutzen Methoden der Kontrastiven Linguistik, um zu zeigen, welche spezifischen Probleme für Mundartsprecher bei der Verwendung von Standardsprache in einzelnen Großregionen zu erwarten sind.

---

254 Über die systematischen und historischen Zusammenhänge der Fragestellung im niederdeutschen Raum informiert umfassend Möhn 1983:631-659; s. auch Niebaum 1979b, Möhn 1986.
255 Hg. von W. Besch, H. Löffler, H.H. Reich. Düsseldorf 1976-81. Erschienen sind die Hefte Hessisch, Bairisch, Alemannisch, Schwäbisch, Westfälisch, Rheinisch, Pfälzisch und Niedersächsisch. Vgl. Hasselberg/Wegera 1976, Zehetner 1977, Besch/Löffler 1977, Ammon/Loewer 1977, Niebaum 1977, Klein/Mattheier/Mickartz 1978, Henn 1980, Stellmacher 1981b.

Welche linguistischen und sprachdidaktischen Probleme sind es nun, die in der Schule aufgrund regionalsprachlicher Prägung kindlicher Sprache entstehen? Über Art und Grad solcher Auswirkungen der Ausgangssprache auf schulische Leistungen sind wir durch die ‚Kontrastiven Hefte' und durch eine Reihe weiterer empirischer Untersuchungen aus dem letzten Vierteljahrhundert recht gut informiert.[256] Es lassen sich sowohl direkte (Interferenzfehler) als auch indirekte (kindliche Vermeidungsstrategien u.ä.) Effekte konstatieren.

- *Orthographie*: Entsprechende Probleme sind methodisch nicht immer trennscharf auf den Einfluss dialektaler Sprachherkunft zurückzuführen. Dennoch bildet die Rechtschreibung bekanntermaßen eine besondere Crux für jede Regionalsprachlichkeit mit ihren eigentümlichen Lautungsverhältnissen (vgl. Risel 2000). Auf ganz Deutschland bezogen liegen Fehlerschwerpunkte wohl „[...] im Vokalbereich bei der Entrundung/Rundung, der ä-e-Verwechslung, der Längen-Korrelation, im Konsonantenbereich bei den Plosiven (Lenisierung, Spirantisierung), der r-Vokalisierung" (vgl. Rosenberg 1993:18). Diese Merkmale sind großregional spezifiziert, so dass die Idee einer deutschen ‚Fehlergeographie' nahelag.[257]
- *Grammatik*: Verstöße gegen die standardsprachliche Kasusverwendung bilden – auf verschiedenen dialektalen Substraten basierend – überall in Deutschland ein starkes Fehlerpotential. Dabei zeigen sich regional unterschiedliche Entscheidungspräferenzen, übergreifend scheint freilich die Tendenz zu sein, solche grammatischen Verstöße (gerade auch in der Schule) in besonderem Maße als Negativerscheinung wahrzunehmen. „Die fehlende Kasusunterscheidung ist die Grenze, jenseits derer ‚falsches Deutsch' beginnt. Ein solches Stigma trifft kein anderes dialektales Merkmal, weder in der Phonologie noch etwa in der Lexik" (Rosenberg 1993:19). Genereller lässt sich feststellen: Es sind die durch Regionalsprachlichkeit bewirkten grammatischen Verstöße (etwa auch in der Präpositionen- und Konjunktionenverwendung oder in der Komparation), die bei ihrem Auftreten gezielt ‚abgestraft' werden (Macha 1995:82f.). Dazu zählen in der Morphologie ebenfalls Fehler in der Verbflexion (z.B. Verwechslungen bei der Bildungsweise starker und schwacher Verben) sowie Unsicherheiten bei der Nominalflexion (Wegera 1983:1482ff.), die auf das interferierende Einwirken dialektaler Systeme zurückzuführen sind. In weiten Teilen Deutschlands spielt zudem das von der Standardsprache verschiedene Tempussystem der Mundarten eine Rolle (Doppelplusquamperfekt, Präteritumschwund). Nicht allein dialektalem Einfluss zuzurechnen sind dagegen wohl manche Eigentümlichkeiten der Syntax. Solche Erscheinungen wie Prolepsen, sukzessive Nachträge, Sub-

---

[256] Vgl. Mattheier 1980:113-117; dazu auch die zusammenfassende Darstellung bei Wegera 1983: 1474-1492 sowie Rosenberg 1993:17-29.
[257] Vgl. die entsprechenden Entwürfe zu einem „Fehleratlas" bei Löffler 1980a:94-105 sowie Löffler 1982a:528-538.

jektellipsen, Anakoluthe u.a.m. lassen sich zwar auch im Rekurs auf die Mundart erläutern, sie bilden jedoch gleichzeitig genuine Bestandteile der gesprochenen Sprache überhaupt.
- *Lexik*: Gravierende Probleme entstehen vor allem für ausgeprägt dialektsprechende Kinder während der ersten Grundschuljahre, insofern Wortschatz-Differenzen zwischen Mundart und Standardsprache fehlerhafte Sprachwahlen nahelegen und einer generellen Unsicherheit in mündlicher wie schriftlicher Ausdrucksweise Vorschub leisten (,dürftiger Stil' etc.). Im Einzelnen lassen sich drei Differenztypen unterscheiden (Wegera 1983:1485f.), wobei dem Faktum unterschiedlicher Lexeminventare eine Hauptrolle bei der Verursachung sprachlicher Schwierigkeiten zufällt. In diesem Zusammenhang wirkt sich die für einige Sinnbezirke des Wortschatzes (emotionaler Bereich, Bezeichnungen aus Flora und Fauna etc.) durch Vielfältigkeit gegebene Überlegenheit des mundartlichen Wortschatzes mangels Schulrelevanz kaum zugunsten der Dialektsprecher aus. Das standardsprachliche Benennungsdefizit erweist sich als weitaus wirkungsvoller. Es führt u.U. zu erheblich reduzierter Beteiligung am Unterricht: „Dialektsprecher haben unter diesen Umständen die Wahl, entweder verunglückte Formulierungsversuche und Sanktionen des Lehrers zu riskieren oder zu schweigen" (Ammon 1979:51).

Als Fazit dieses Abschnitts läßt sich mit Peter Rosenberg festhalten: „Diejenigen Sprecher, die in ihrem Registerspektrum stark auf die dialektale Varietät eingeschränkt sind, haben ernste Schulschwierigkeiten, und zwar über das Fach Deutsch hinausgehend [...]" (1993:24).

14.1.4 Perspektiven einer dialektbezogenen Sprachdidaktik
Bei aller Unterschiedlichkeit in Einzelfragen scheint heute in sprachdidaktischen Überlegungen zur Dialektproblematik Konsens über eine übergeordnete Zielvorstellung zu bestehen: Es muss darum gehen, den Kindern Hilfen zur Erweiterung ihrer sprachlichen Kompetenz zu geben und sie dazu zu befähigen, verschiedene sprachliche Register im eigenen Interesse situationsadäquat zu verwenden. Die Maxime einer besonderen Berücksichtigung derjenigen Sprachvarietäten, die von zuhause mitgebracht werden, hat dabei als generelle Richtschnur zu fungieren. Lange Zeit hindurch bedeutete dies für viele deutschsprachige Territorien, dass sprachdidaktisches Engagement an der vollmundartlichen oder doch stark mundartlich geprägten Sprachform der Kinder anzusetzen hatte. Hier sind in neuerer Zeit die Herausgeber und Autoren der erwähnten ‚Kontrastiven Hefte' mit ihrer programmatischen und praktischen Abkehr vom ‚alldeutschen' Prinzip in die richtige Richtung gegangen. Nun sind aber die soziodialektologischen Verhältnisse mittlerweile bei weitem nicht mehr so klar wie etwa gegen Ende des vorletzten Jahrhunderts, als Jost Winteler den Titel prägte „Über die Begründung des deutschen Sprachunterrichts auf die Mund-

art des Schülers" (vgl. Winteler 1878). In manchen Regionen haben die alten Mundarten im Munde der neuen Kinder und Jugendlichen zu regionalsprachlichen Mischformen mutiert. Die kindliche Sprache zum Schulanfang erweist sich zudem als eine mehrfach dimensionierte Erscheinung, deren Nichtstandard-Charakter von verschiedenen Komponenten herrührt. Dazu zählen sprechsprachliche Typika ebenso wie soziolektal-gruppensprachliche Eigenheiten, entwicklungsbedingte Sprachmerkmale genauso wie eine diffuse Umgangssprachlichkeit. Kurzum: Man kann die Aufgaben einer dialektbezogenen Sprachdidaktik im deutschsprachigen Raum weder unter diagnostischen noch unter therapeutischen Gesichtspunkten über denselben Leisten schlagen, sobald es um die konkrete Umsetzung der oben umrissenen Zielvorstellung geht. Die historisch lang überfällige und in den ‚Kontrastiven Heften' eindrücklich betriebene Regionalisierung der Sprachdidaktik könnte dabei mit einer ‚offeneren Konzeption' fortgesetzt werden, deren Stärke darin läge, Einflussvariablen unterschiedlicher Bezugsdimensionen in den Blick zu nehmen. Die Verfahren binärer Kontrastierung (Dialekt – Standardsprache) sind zur Behandlung sprachdidaktischer Probleme offenbar für manche Regionen besser, für andere weniger gut geeignet. Kindliche „Lernersprachen", die „als je selbständiges Zwischensystem auf dem Weg zur Standardsprache" (Sieber/Sitta 1986:115) angesehen werden können, sind in verschiedenen Arealen gewissermaßen ‚typologisch' verschieden zusammengesetzt. Wie angedeutet, scheinen dabei Grundschulkinder in der südlichen Hemisphäre nach wie vor stärker vom System der Mundart geprägt zu sein, während die Ausgangssprache der Kinder in der Mitte und im Norden als Ergebnis historischer Sprachnivellierung eher standardsprachlich fundiert ist. Letzteres trifft nicht obligatorisch zu, nicht allerorts, nicht für alle Sozialschichten – aber doch weit überwiegend. Bei derart veränderten Bedingungen ergeben sich auch veränderte sprachdidaktische Aufgaben. An die Stelle der Frage, wie man dialektsprechende Kinder auf eine angemessene Weise zur Beherrschung der Standardsprache bringen kann, tritt beispielsweise das Problem: Wie behandelt man sprachliche Regionalismen, die sich im Ausdrucksverhalten von Grundschulkindern finden, die aber nicht systematisch auf die alten Mundarten der jeweiligen Landschaft zurückgehen (Stichwort: ‚Neuer Substandard')? Es hat den Anschein, als ob sich in manchen Regionen die Aufgabe dialektbezogener Sprachdidaktik sogar partiell dahingehend verkehrt, dass im Sinne einer Erweiterung des sprachlichen Registerspektrums der Kinder das Ziel zusätzlicher Mundartvermittlung angepeilt wird. Per Erlass hat der Niedersächsische Kultusminister 1987 festgestellt: „Plattdeutsch ist ein wichtiges Kulturgut und muß gepflegt und gefördert werden, nicht zuletzt in den Schulen des Landes. Seit Jahren gibt es an einer Reihe von Schulen Aktivitäten, um Schüler an das Plattdeutsch heranzuführen [...]" (Niederdeutsch 1989:42). Diese norddeutsche Sicht der Dinge unterscheidet sich krass von der süddeutschen Optik, wie eine Zeitungsnotiz aus der „Augsburger Allgemeinen" erahnen läßt: „Mit einer Sprechordnung werden Grundschüler im oberbayerischen Oberammergau angehalten, im Unterricht nur noch Schriftdeutsch statt Dialekt zu sprechen. Darauf reagierten bayerisch(sprechend)e Politiker empört [...]" (Augsburger Allgemeine vom 9.5.1993).

14.1.5 Dialekt in ausgewählten aktuellen Lehrplänen

Es erweist sich als aufschlussreich, einen kurzen Blick darauf zu werfen, wie in offiziellen Verlautbarungen der Länder-Schulministerien mit dem Faktor ‚Dialekt' umgegangen wird. Die ausgewählten Beispiele aus Schleswig-Holstein, Nordrhein-Westfalen und Baden- Württemberg spiegeln – gerade angesichts der sprachdemoskopisch ermittelten Werte zu Dialektkompetenz und Dialektgebrauch in den jeweiligen Regionen – unterschiedliche Arten der Einlassung auf die Problematik wider.[258]

Schleswig-Holstein

	Lernziele für alle Schulformen und Schulstufen:
obligatorisch	Pflege des Niederdeutschen in fächerübergreifender Arbeitsweise in allen dafür geeigneten Fächern
	Vermittlung von Niederdeutsch-Kenntnissen in allen dafür geeigneten Fächern, v.a. im Deutschunterricht
fakultativ	Erlernen der niederdeutschen Sprache in Arbeitsgemeinschaften, im Wahlpflicht- oder Wahlbereich, im Projektunterricht
	Vertiefung und Ausweitung besonderer Niederdeutsch-Kenntnisse oder -Interessen im Rahmen zusätzlicher Unterrichtsangebote

---

[258] Ein Dank für kluge Vorarbeit an Mathias Henkel, Münster! Ausgewertet wurden für Schleswig-Holstein: Handreichung ‚Niederdeutsch in den Lehrplänen' 2003 und Lehrpläne http://lehrplan.lernnetz.de, für Nordrhein-Westfalen: Lehrpläne Primarstufe 2003, Kernlehrpläne Sek. I 2004, Lehrpläne Sek. II 1999 http://www.ritterbach.de, für Baden-Württemberg: Bildungspläne 1994 www.leu-bw.de und Bildungspläne 2004 www.bildung-staerkt-menschen.de. – Eine erneute Recherche im Jahr 2013 bringt zutage, dass sich in der letzten Dekade an den Grundpositionen der drei untersuchten Bundesländer zur Frage ‚Dialekt und Unterricht' offenbar nichts Wesentliches geändert hat. Es ist allerdings darauf hinzuweisen, dass das Bundesland Hamburg in jüngster Zeit neue Wege geht und für die Grundschule ein innovatives Konzept entwickelt hat. Den Schülerinnen und Schülern soll bereits in den ersten vier Schuljahren die niederdeutsche Sprache als Lerngegenstand nahegebracht werden. „Freude und Motivation für das Lernen von Sprachen zu wecken, ist ein wesentliches Ziel des regionalsprachlichen Unterrichts in der Grundschule. Der Niederdeutschunterricht führt zu grundlegenden Kommunikationsfähigkeiten in dieser Sprache. Dazu gehören die sichere Beherrschung eines Grundwortschatzes, die Verwendung grundlegender sprachlicher Strukturen und Redemittel, die je nach Region unterschiedliche gefärbte Aussprache, Elemente von Sprachbewusstheit sowie die Kenntnis um die besondere Ausstattung regionalsprachlicher Handlungsräume" (vgl. Freie und Hansestadt Hamburg. Behörde für Schule und Berufsbildung (Hg.): Bildungsplan Grundschule. Niederdeutsch. Hamburg 2011, S. 10). Es bleibt abzuwarten, wie sich diese ambitionierte Programmatik in der Unterrichtsrealität nachhaltig umsetzen lässt und ob das Hamburger Beispiel auch in anderen norddeutschen Regionen Schule machen wird.

	Lerninhalte:
Primarstufe	– *obligatorisch*:
	Plattdeutsche Sprache kennen lernen und sie wiedergeben können
	Wissen, dass es in Schleswig-Holstein Menschen gibt, die im Alltag sowohl Platt als auch Hochdeutsch sprechen
	Einfache plattdeutsche Alltagsbegriffe, Wörter, Redewendungen verstehen, aussprechen, situationsangemessen verwenden können
	Wissen, dass es in Norddeutschland verschiedene Dialekte gibt
	Erfahren, dass niederdeutsche Bezeichnungen in die hochdeutsche Sprache eingegangen sind
	Inhalt und Sinn einfacher niederdeutscher Texte beim Hören und durch Lesen erschließen können
	– *fakultativ*:
	An einem plattdeutschen Lesewettbewerb teilnehmen
Sek. I, Sek. II	– *obligatorisch*:
	Sprachliche Situation der Menschen in Schleswig-Holstein genauer kennen lernen (sprachsoziologischer Aspekt)
	Grundlegende Kenntnisse über die sprachliche Entwicklung der niederdeutschen Sprache erwerben (sprachhistorischer Aspekt)
	Niederdeutsche Sprachräume kennen, Auswirkungen von Sprachkontakten und Wechselwirkung zwischen Sprache und sprachlichem Umfeld einschätzen lernen (sprachgeographischer Aspekt)
	Sensibilisiert werden für Vorurteile und ideologische Vorstellungen, die sich mit dem Niederdeutschen verbinden
	Lernen, niederdeutsche Texte kritisch zu betrachten und zu bewerten
	Befähigt werden, niederdeutsche Texte auf Grabmälern, Hausbalken, in Urkunden usw. als solche zu erkennen, zu lesen und zu verstehen

Nordrhein-Westfalen

	Lernziele: Keine Angabe
	Lerninhalte:
Primarstufe (2003)	Keine Angabe
Sek. I (Kernlehrpläne 2004)	Anforderung: „Sprachen in der Sprache" kennen und ihre Funktion unterscheiden, z.B. auch Dialekt (für alle Schulstufen gleich)
Sek. II (1999)	Vorschlag für Facharbeit: „Gibt es bei uns noch Dialekte und wer spricht sie wann?"
	Vorschlag für besondere Lernleistung: wissenschaftliche Untersuchung zu Themen der Sprachgeschichte (z.B. Dialekte der Region)
	Dialekt in Projektarbeit zum Thema „Sprachliche Vielfalt: Mundart, Fachsprache, Jugendsprache, Computersprache"

Baden-Württemberg

	Lernziele: Bildungspläne 1994	Bildungspläne 2004
Grundschule	– Mündliche Sprachfähigkeit fördern: Hinführung zur Hochsprache Wahl von Mundart je nach Gesprächssituation	Lernen der Standardsprache in spezifischen Situationen hat Mundart Bedeutung (sprachliche Identität der Schüler!)
Hauptschule	Förderung der Ausdrucksfähigkeit in der Hochsprache Mundart in ihrem Eigenwert anerkennen	Keine Angabe zur Mundart
Realschule	Hochdeutsch als Unterrichtssprache Mundart hat Eigenwert, vor allem, um Spontaneität im mündl. Ausdruck zu erhalten	Keine Angabe zur Mundart
Gymnasium, achtjährig	Keine Angabe zur Mundart	Keine Angabe zur Mundart
Gymnasium, neunjährig	Hochdeutsch als Unterrichtssprache Mundartsprecher zum Gebrauch der Hochsprache hinführen, Eigenwert der Mundart erhalten	(neunjähriges Gymnasium abgeschafft)
	Lerninhalte:	
Grundschule	– *Miteinander sprechen*: Sprachkonventionen kennenlernen: Begrüßen, Verabschieden, usw. (z.B. in Mundart) Hochsprachliche Aussprache üben Situationsangemessenes Sprechen, Wahl zwischen Hochsprache u. Mundartbezeichnungen in die hochdeutsche Sprache eingegangen sind	– *Sprechen*: Dialekte und Standardsprache unterscheiden Dialekte und Standardsprache situationsgemäß und partnerbezogen einsetzen
Hauptschule	– *Sprachbetrachtung*: Ausdrucksmittel Mundart: soziale und historische Bedeutung Sprachentwicklung, Entstehung von Mundarten	– *Sprachbewusstsein entwickeln*: Standardsprache, Fachsprache, Dialekt usw. unterscheiden und angemessen einsetzen
Realschule	– *Sprachbetrachtung*: Mundarten im süddeutschen Raum (Entwicklung der Hochsprache)	– *Sprechen*: Sprachvarianten unterscheiden (auch Dialekt)
Gymnasium, achtjährig	– *Literatur, andere Texte und Medien*: Lesen, Auswendiglernen, freies Sprechen (Mundarttexte möglich)	– *Sprechen*: Situationsgemäße Verwendung der Mundart lernen

– Sprachbetrachtung: Entwicklung der dt. Sprache: Entstehung und Funktion von Mundarten und Standardsprache	– Sprachbewusstsein entwickeln: Funktionen von Mundart und Standardsprache erläutern können

Fragen/Aufgaben

1. Warum lässt sich das Problem ‚Dialekt und Schule' für den deutschsprachigen Raum nicht global lösen bzw. behandeln?

2. Welcher Art sind die Schulschwierigkeiten von Kindern, die im Sprachverhalten stark dialektal geprägt sind? Erwachsen diesen Kindern auch Vorteile aus ihrer Dialektbeherrschung?

3. Informieren Sie sich in neueren Sprachlehrwerken über die Berücksichtigung nichtstandardsprachlicher Varianten!

4. Konzipieren Sie eine Unterrichtsreihe (z.B. für 12-Jährige), in der die Problematik von Dialekt und Umgangssprache behandelt wird!

14.2 Dialekt und Medien

14.2.1 Tagespresse

14.2.1.1 ‚Mundart-Kolumnen'

Nicht-hochsprachliche Texte in öffentlichen, gedruckten Kommunikationsorganen scheinen nach allen Regeln der Domänenverteilung für Dialekt- bzw. Standardsprachengebrauch (vgl. III.13.2.) ein Unding zu sein. Desungeachtet sind den meisten Zeitungslesern solche Texte sehr wohl bekannt. Zwar ist ihr Anteil, gemessen am gesamten Textvolumen von Zeitungen und Zeitschriften, marginal – G. Reinert-Schneider (1987:88) hat beispielsweise für den „Kölner Stadtanzeiger" ausgerechnet, dass die regelmäßige „Schäng"-Mundartkolumne nur 0,2% der publizistischen Beiträge ausmacht –, aber die Präsenz von Mundart ist im bundesrepublikanischen Blätterwald von Nord nach Süd und von West nach Ost nachzuweisen.

Rein optisch fallen Mundart-Kolumnen oft bereits deshalb ins Auge, weil sie im Layout hervorgehoben und typographisch markiert sind. Der Gebrauch von Mundart in der Zeitung wird also in besonderer Weise kenntlich gemacht. „Der Exotik-Charakter, der den Texten im Kontext des hochsprachlichen Zeitungs-Umfelds zukommt, ist für ihre Wirkung [...] wesentlich" (vgl. Herz 1983:137). Die Beobachtung, dass Mundart in der Zeitung formal ‚im Kasten' erscheint, lässt sich auch auf der inhaltlichen Seite machen. Sowohl vom Themenspektrum als auch von der Themenbehandlung her ist die Textsorte Mundartkolumne auf bestimmte Dinge spezialisiert und zugleich eingeengt. Straßner betont in diesem Zusammenhang, dass „[...] die Mundart im wesentlichen auf die Bereiche beschränkt bleibt, die sie [innerhalb des Zeitungswesens, d.Verf.] im 19. Jh. eroberte" (Straßner 1983:1512). Vornehmlich handelt es sich dabei um Themen des Alltags, die von lokalredaktionellem oder feuilletonistischem Interesse sind. Die Darbietungsform reicht vom Kommentar über die sentenziöse Betrachtung bis zu Heimatkundlichem und Anekdoten/Erinnerungen. Die typische Mundart-Kolumne scheint es also von der Art der literarischen Behandlung her nicht zu geben. Die Frage, wie es um die inhaltlich-ideologische Ausrichtung bestellt ist, bedarf angesichts nur weniger überzeugender empirischer Studien noch weiterer Klärung. Straßner formuliert: „Die Analyse der dialektalen Produkte im Medium Presse zeigt auf, daß der Dialekt überwiegend die Funktion des Romantisch-Konservierenden besitzt" (1983:1514). Dies mag grosso modo zutreffen, im einzelnen verwirklichen sich freilich in den Mundart-Kolumnen durchaus verschiedenartige Grundhaltungen ihrer Verfasser, die von ‚affirmativ' bis ‚aggressiv' reichen (vgl. Herz 1983:80). Wie dem im Einzelnen und in den verschiedenen deutschen Regionen auch sei: Offenbar kommen Zeitungsverleger und Chefredakteure mit Mundart-Kolumnen nach wie vor einem durchaus vorhandenen Bedürfnis von Teilen ihres Lesepublikums entgegen. Dieter Herz stellt aufgrund einer (nicht-repräsentativen) Befragung zum Leseverhalten fest: 29% der Befragten geben an, die Mundart-Kolumnen immer/meistens zu lesen, 33% tun es manchmal, 37% nie bzw. ihnen sind solche Texte unbekannt (Herz 1983:119). Dabei ist es nicht verwunderlich, dass vorwiegend solche Personen von in Mundart gehaltenen Glossen angezogen werden, die sich selbst als Sprecher einer regionalen Umgangssprache bezeichnen.

14.2.1.2 Anzeigen, Werbung etc.
Nicht zuletzt deshalb, weil Dialekttexte in verschriftlichter Form sogar für genuine Dialektsprecher oft schwer zu rezipieren sind, ist der Anteil von Mundart in der Zeitung gering. Im außerredaktionellen Teil hat sich dabei jedoch, soweit zu sehen, in den letzten Jahren einiges verändert. Eine in manchen gesellschaftlichen Bereichen (zumindest zeitweilig) zu beobachtende ‚kultursymbolische Aufwertung' der Mundart (vgl. Bausinger 1985:280) als Zeichen für Ortsloyalität, Regionalbewusstsein etc. führt offenbar dazu, dass dialektale Versatzstücke oder Ganztexte in manchen Zusammenhängen vermehrt auftauchen. So sind „[...] in bestimmten Gegenden dialektale Privat- oder Familien-Anzeigen üblich" (vgl. Straßner 1983:1513f.). Es fehlt bisher an übergreifenden, interregional vergleichenden Studien, die Form und Funktion solcher Anzeigen genauer untersucht hätten. Die wenigen vorhandenen Befunde lassen aber darauf schließen, dass Mundartliches oft in Kombination mit Standardsprache eingesetzt wird, wobei auf spielerisch-lockere Weise Aufmerksamkeit für die eigenen Verlautbarungen erweckt werden soll. Dass die Werbung den Dialekt als ein ‚Verkaufs-Gimmick' verwendet, um regional definierte Käuferschich-

ten zu interessieren, ist altbekannt (vgl. Straßner 1986: 310-342; dazu auch Freese/Launert 2004:113f.; Leonardt 2003). Es lässt sich wohl heutzutage – verglichen etwa mit der Situation der 1950er Jahre – eine deutliche Zunahme mundartlicher Versatzstücke in Zeitungen und Anzeigenblättern feststellen. Wiederum ist jedoch darauf hinzuweisen, dass hiermit nicht der traditionelle Dialekt wiederbelebt, sondern regionalsprachliches Kolorit als Mittel zum kommerziellen Zweck verwendet wird.

14.2.1.3 Radio und TV[259]

Im Unterschied zur Zeitungspresse haben Rundfunk und Fernsehen als auditiv bzw. audio-visuell operierende Massenmedien den prinzipiellen Vorteil, dialektal produzierte Texte dem Publikum auf direktem Wege vermitteln zu können. Indes stellt sich – beispielsweise im Zusammenhang mit Mundart-Hörspielen im Radio – hier die Frage, wie die Vorlage der Autoren im Studio konkret zu realisieren ist. Damit wird – spiegelverkehrt zur Problematik einer ‚Verschriftlichung' von Mundart in Zeitungskolumnen – hier die ‚Vermündlichung' zum Problem. Eine Lösung solcher Schwierigkeiten bietet die Verwendung einer Art von ‚synthetischer Mundart', die als örtlich übergreifende Kompromissform fungiert (vgl. dazu Straßner 1983:1519; zum Zusammenhang auch Stellmacher 1981:49). Straßner nennt hier „[...] das ‚Hoch-Platt' des Bremer Heimatfunks, das in keinem Ort des Sendegebiets gesprochen, aber überall verstanden werde" (Straßner 1983:1519). Gerade im Zusammenhang mit Mundart-Hörspielen spielt der Rundfunk insofern weniger die Rolle eines reproduzierenden Konservators lokaler Dialekte als vielmehr die eines konstruierenden Gestalters mundartlicher Sprache (vgl. Karst 1984:284; Burger 1990). Diesem ‚Radio-Platt' der Hörspiele steht ein weit stärker am gesprochenen Originalton ausgerichtetes ‚Feature-Programm' gegenüber, das einige Sendeanstalten aus ihrem Konzept der Regionalisierung ableiten. So hat der Westdeutsche Rundfunk eine Porträt-Sendereihe eingerichtet, in der – gerade auch mit ihrem Ortsdialekt – Dörfer und Städte des Landes zu Wort kommen. Die Orientierung an einem regional definierten Hörerpublikum führt weiterhin auch dazu, dass Reklamesendungen im Rundfunk insgesamt eine nicht unbeträchtliche Menge an Mundart bzw. mundartähnlicher Redeweise enthalten (vgl. etwa Hakkarainen 1992).

In den bundesdeutschen Fernsehprogrammen ist der Anteil dialektaler Sprache angesichts der überregionalen Ausrichtung marginal.[260] Einige Dritte Programme (vgl. etwa Forner 2003) haben zwar – in der Regel einmal pro Woche – Sendeplätze

---

[259] Vgl. zur Entstehungsgeschichte im 20. Jahrhundert Straßner 1983:1516-1521.
[260] Vgl. den Hinweis bei Straßner 1983:1519: „Während der Dialekt sich im Rundfunk eine ansehnliche Zahl von Genres und bis zu 5% der Sendezeit eroberte, blieb er im Fernsehen weit dahinter zurück." Man beachte freilich die im Vergleich mit den bundesrepublikanischen Verhältnissen anderen Konstellationen in der Schweiz.

reserviert, in denen zumeist via Talkshows heimatliche Sprache zu hören ist, insgesamt kommt Mundart im Fernsehen jedoch nicht vor. Soweit Bühnenaufführungen mit ihrer Sprache ins Fernsehen übernommen werden, geschieht dies mittels eines Idioms, das das basisdialektale Niveau bewusst vermeidet. So ist z.B. die Redeweise in fernsehgerechten Schwänken des Kölner Millowitsch-Theaters von der Sprache der alten ‚Plattkölnischen Volksbühne' meilenweit entfernt.[261] In ähnlicher Weise gilt auch für das Hamburger Ohnsorg-Theater und das übrige Volkstheater, „daß für die Fernsehaufzeichnungen die jeweiligen Dialekte der Bühnen ‚abgeschliffen', d.h. allgemein verständlich gemacht werden" (vgl. Straßner 1983:1520).

Dieser ‚Entschärfungs-Effekt', der mit der Gewährleistung überregionaler Verständlichkeit zu tun hat, bedeutet nun umgekehrt nicht das komplette Verschwinden dialektaler Anklänge aus dem Fernsehen. In anderen Zusammenhängen und mit anderer Funktion greift landschaftlicher Sprachbezug durchaus Platz. Wenn beispielsweise in einer TV-Talkshow der seinerzeitige Bundespräsident R. von Weizsäcker im halb ernsten, halb komischen Disput via code-switching von seiner Kompetenz des Berlinischen Gebrauch macht, dann spiegelt dies Verhalten durchaus ein unverkrampfter gewordenes Verhältnis zur regionalsprachlichen Eigenart, jedenfalls in bestimmten Situationen. Dass zudem mit der gezielten Verwendung lokaler Sprache kultursymbolisch solche Werte wie ‚Zusammengehörigkeitsgefühl' oder ‚Ortsloyalität' transportiert werden, liegt auf der Hand (vgl. Schlobinski 1988).

Insgesamt konstatiert Burger für die elektronischen Medien: „Allgemein rückt man vom Ideal des ‚Bühnendeutsch' ab, zunehmend wird regionale ‚Färbung' der Aussprache bei Sprechern und Moderatoren toleriert." Dies trifft von der Tendenz her vermutlich zu, es ist freilich, wie Burger betont, in der heutigen Situation mit „gravierenden sozio- und pragmalinguistischen Unterschiede(n) zwischen der BRD, Österreich und der Schweiz" (vgl. Christen 1985) zu rechnen (vgl. Burger 1990:213; dazu auch Lameli 2004:108-111, 238-242).

14.2.1.4 Internet, Chat etc.

Im letzten Jahrzehnt hat sich mit dem Internet ein Kommunikationsmedium etabliert, das in manchen Zügen feste Sprachgebrauchsregeln in Frage zu stellen bzw. zu modifizieren beginnt. So scheint das alte ‚mediale Grundgesetz' außer Kraft zu geraten, demzufolge für das Geschriebene prinzipiell die Standardsprache, für das Gesprochene entweder Umgangssprache oder u.U. Dialekt (speziell in der Schweiz und anderen oberdeutschen Räumen) vorgesehen ist. Folgt man den Aussagen empirischer Studien zum Schreibverhalten in Chat-Räumen (vgl. Kelle 2000, Androutsopoulos/Ziegler 2003, Siebenhaar 2003, Siebenhaar 2005, Christen/Tophinke/

---

[261] Willy Millowitsch hat die Sprachform der Stücke als ‚Adenauer-Rheinisch' charakterisiert. Vgl. Bonk 1983:146.

Ziegler 2005, Ziegler 2005), so zeigt sich in Auflösung der klassischen Zuordnung eine kräftige Präsenz dialektaler und generell regionalsprachlicher Merkmale. „Das Erscheinen von Regionalismen in der Chat-Kommunikation hebt die sprachliche Homogenität auf, die ansonsten für die Schriftlichkeit bestimmend ist [...]" (Christen/Tophinke/Ziegler 2005:436). Eine Binnenanalyse dieses Momentes bringt hervor, dass – vergleichbar den Dialektgebrauchskonstellationen in den verschiedenen deutschsprachigen Regionen – auch die Chat-Sprachprodukte typische Eigenheiten aufweisen.[262] Im Sinne des bekannten Nord-Süd-Gefälles findet sich eine stärkere Mundartbevorzugung bei Chattern aus den oberdeutschen Sprachzonen (vgl. Christen/Tophinke/Ziegler 2005:427). Von ganz besonderer Bedeutung für die schriftliche Sprachverwendung scheint der Dialekt bei jungen SchweizerInnen zu sein. Ähnliche Befunde lassen sich in Bezug auf ‚feststehende' Internet- Eintragungen (vgl. Bashaikin 2005) konstatieren. Auch in dieser Textgattung nehmen die dialektgeprägten Formen einen nicht geringen Raum ein, und auch dort zeigen sich großregionale Verschiedenheiten (Bashaikin 2005:445).[263]

Fragen/Aufgaben

1. Welche Bedeutung kommt den ‚Mundart-Kolumnen' in Tageszeitungen Ihrer Heimat zu?

2. Gibt es regionalsprachliche Werbespots in Ihren regionalen Rundfunk-Programmen? Versuchen Sie, die dahinterstehenden Absichten zu ermitteln (z.B. durch Befragungen in Ihrem persönlichen Umfeld)!

3. Inwiefern spiegeln die aktuellen Entwicklungen in der Chat-Kommunikation traditionelle sprachgebrauchsgeographische Strukturen wider?

---

262 Vgl. speziell zur Chat-Kommunikation Ziegler 2005. Dazu auch Siebenhaar 2006.
263 Vgl. zum Zusammenhang der sogenannten Weblogs und ihrer (auch) regionalsprachlichen Komponenten: Schlobinski/Siever 2005. Dazu auch Tophinke 2012.

IV Die deutschen Dialektgebiete im Überblick

1 Vorbemerkungen

In Kapitel III.4. ist schon ausführlicher auf die Problematik der Dialekteinteilungen ganz allgemein und derer des Deutschen im Besonderen eingegangen worden. Gleichwohl erscheint es aus praktischen Gründen wünschenswert, im Rahmen dieses Arbeitsheftes zumindest eine grobe Übersicht zur Hand zu haben.

Wenn man die verschiedenen von der Forschung bereitgestellten Einteilungskarten überblickt, kommt diejenige von Peter Wiesinger (vgl. Abb. 22) der sprachlichen Realität wohl am nächsten, weil sie – auf ausgewählten phonologischen und morphologischen Teilstrukturen basierend – anschaulich macht, dass man neben mehr oder weniger festumgrenzten dialektalen Kerngebieten in beträchtlichem Maße „Übergangsgebiete" anzunehmen hat. Dass für den folgenden Überblick diese Karte dennoch nicht zugrunde gelegt wird, findet darin seine Begründung, dass die Wiesingerschen Einteilungskriterien (vgl. Wiesinger 1983a), die den Aufbau seiner Karte bestimmen, vergleichsweise kompliziert sind und nicht im Rahmen einer knappen Überblicksdarstellung, die kaum mehr bieten kann als eine Auflistung der hervorstechendsten Dialektmerkmale, wiedergegeben werden können. Für diesen Zweck erscheint die als Abb. 63 abgedruckte Gliederungskarte geeigneter, die auf der von Peter von Polenz gezeichneten Karte „Das kontinentalsüdgermanische Sprachgebiet" basiert.[264] Diese fußt ihrerseits wieder auf Wredes „Einteilungskarte der deutschen Mundarten" (vgl. Abb. 20), deren einzelne Linien – wie oben (vgl. III.4.1.) bereits erwähnt – von der kleinräumigen Einzelforschung als relevant bestätigt worden sind.

Es kommt hinzu, dass auch die jüngeren Übersichten[265] über die deutschen Mundarten (mit Ausnahme von Wiesinger 1983a) letztlich diese herkömmliche Einteilung voraussetzen, wenngleich sie natürlich im Einzelnen differenzierter urteilen können. Im übrigen basieren auch sie in weiten Teilen auf dem Material des DSA.

---

[264] Abdruck bei Putschke 1974:359. – Vgl. auch die detailliertere Karte „Verbreitung und Raumgliederung deutscher und niederländischer Sprache als Mundart der ländlichen Bevölkerung in Mitteleuropa um 1900" (ohne Verfasserangabe) in DWA, Bd. 20, 1973:X (ungez.). – Der bairisch-österreichische Dialektraum ist in Abb. 63 gegenüber der von Polenzschen Karte weiter untergliedert worden.

[265] Zum Niederdeutschen s. Foerste 1957, Hartig/Keseling 1968, Mitzka 1968, Teepe 1983, Niebaum 1983b, Schophaus 1983, Niebaum 1980, Stellmacher 1980. – Zum Hochdeutschen s. Mitzka 1957, zum Mitteldeutschen: Friebertshäuser 1968, Putschke 1968, Beckers 1980, Putschke 1980; zum Oberdeutschen: Sonderegger 1968, Freudenberg 1968, Straßner 1980, Kleiber 1980, Freudenberg 1980. – Gesamtüberblicke: Bach 1969:8-11, Protze 1969, Schönfeld 1983; umfassende vergleichende Darstellung der Laut- und Formenlehre der deutschen Mundarten: Schirmunski 1962, 2010. – Zu den Sprachinseln s. Wiesinger 1980b.

Abb. 63 stellt die Gliederung des geschlossenen kontinentalwestgermanischen Sprachraums um 1900 dar. Dieser Zeitpunkt ist vom DSA-Material her bestimmt. Hierbei haben wir es mit dem einzigen Material zu tun, das einerseits (zusammen mit dem des SDS) den gesamten deutschen Sprachraum abdeckt und sich andererseits für Vergleichszwecke anbietet, da es einheitlich und unter denselben Gesichtspunkten erhoben worden ist. Entsprechendes, für eine Dialekteinteilung gleichermaßen geeignetes Sprachmaterial steht für die jüngere Gegenwart nicht zur Verfügung. Insofern besitzt „jegliche gegenwärtig bloß mögliche Einteilung der deutschen Dialekte einen historisierenden Charakter" (Wiesinger 1983a:812). Wenn dem so ist, dann erscheint es möglich – und aus sprachgeschichtlichen Gründen wünschenswert – auch die Gebiete zu berücksichtigen, aus denen nach 1945 die deutschsprachige Bevölkerung ausgesiedelt wurde.[266]

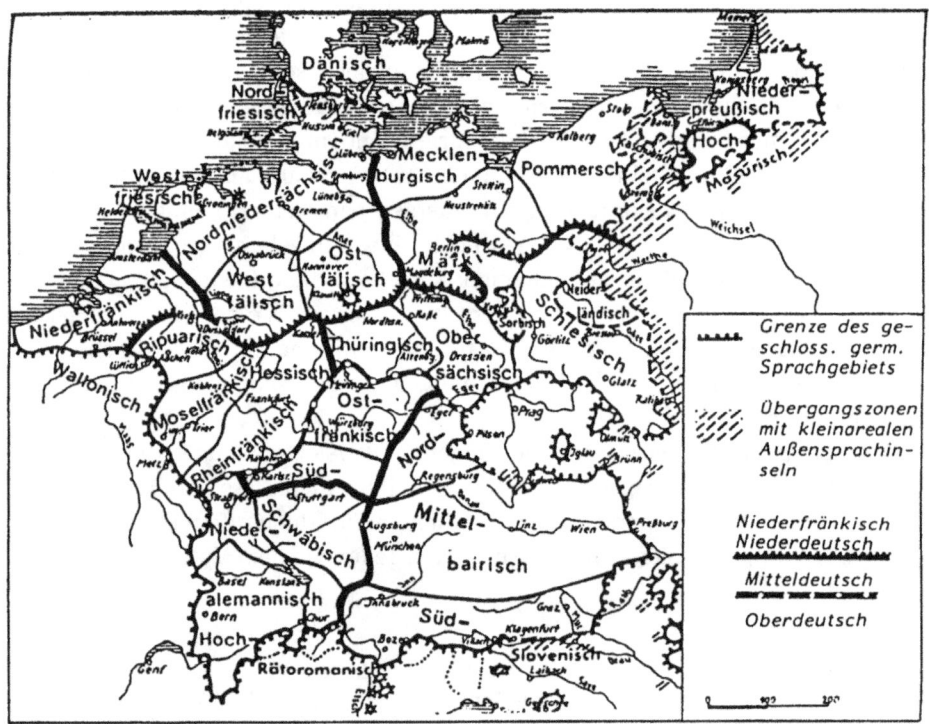

Abb. 63: Gliederung des geschlossenen kontinentalwestgerm. Sprachraums um 1900

---

[266] L.E. Schmitt schreibt im Vorwort zu DWA, Bd. 20:VII (ungez.) bezüglich der dort abgedruckten, den Stand um 1900 wiedergebenden Karte (vgl. hierzu vorstehend Anm. 264): „Der Dialektologe wird die Wortkarten unter diesem Aspekt richtig interpretieren und den sprachlichen Befund einer historisch-synchronen Konstante keinesfalls im Sinne eines diachronen Kontinuums mißverstehen können, oder daraus politische Folgerungen ziehen."

Die Karte beschränkt sich nicht auf die Gliederung der deutschen Dialekte, ihr Thema ist der kontinentalwestgermanische Sprachraum, d.h. sie deckt neben den nieder- und hochdeutschen Dialekten auch noch die niederländischen und friesischen Mundarten mit ab. Dies reflektiert die Tatsache, dass die deutsch-niederländische Staats- und Standardsprachgrenze zumindest zum Zeitpunkt der Erhebung der sprachlichen Grundlagen der Karte noch keine Dialektgrenze von Gewicht darstellte: die *nedersaksischen* (= niedersächsischen, d.h. sprachhistorisch im niederdeutschen Zusammenhang zu betrachtenden) Dialekte der nordöstlichen niederländischen Provinzen setzen jenseits der Staatsgrenze die niederdeutschen Dialekte fort. Entsprechendes gilt auch weiter südlich am Niederrhein. Dieses alte Dialektkontinuum ist gegenwärtig allerdings in der Auflösung begriffen. Rückgang der Grenzkontakte nach dem Zweiten Weltkrieg, generelle Domäneneinbußen der Dialekte zugunsten der Standardsprachen seit Mitte des 20. Jahrhunderts und damit auch sinkende Bedeutung der Mundart bei der grenzüberschreitenden Kommunikation – dies alles trägt dazu bei, dass die deutsch-niederländische Staatsgrenze mehr und mehr auch zu einer Dialektscheide wird (Niebaum 1990; Kremer 1990). Von großer Bedeutung hierfür ist zudem noch die Tatsache, dass einerseits Objektverlust (ältere landwirtschaftliche und handwerkliche Gegenstände und Tätigkeiten und deren grenzüberschreitende Bezeichnungen verschwinden) die Basis des gemeinsamen Dialektwortschatzes verkleinert, andererseits moderne Begriffe des täglichen Lebens, jetzt allerdings jeweils aus den beiden Standardsprachen, integriert werden.[267]

Was das Friesische angeht, so wird dieses in der Forschung auf Grund der sprachgeschichtlichen Entwicklungen stets als eigenständige Sprache außerhalb

---

[267] Entsprechende Entwicklungen ergeben sich auch sonst innerhalb des kontinentalwestgerm. Sprachraums. In einem diesen Fragen gewidmeten Sammelband (Kremer/Niebaum [Hgg.] 1990) haben alle Autoren festgestellt, dass die untersuchten Grenzdialekte (von u.a. Südjütland über Luxemburg und Lothringen bis Südtirol und zum Sprachkontaktraum Österreich) einem erheblichen Einfluss der überdachenden Umgangs- bzw. Standardsprachen unterliegen. Im Falle der ausschließlichen Überdachung durch eine nicht-nahverwandte Standardsprache (so etwa in Lothringen und im Elsass durch das Französische) zeichnet sich sogar die Aufgabe der Dialekte zugunsten eines fremden Substandards ab. Auer 2004 sieht entsprechende Entwicklungen selbst im ‚Laienwissen', in der Empfindung „nicht-professioneller Sprachbetrachter" verankert: Die „ethnodialektologische [d.h. ‚volksdialektologische', d.Verf.] Raumvorstellung [ist] zunehmend vom Verlauf der nationalen politischen Grenze und der ihr entsprechenden ‚überdachenden' Standardvarietät bestimmt; trotz vielfältiger grenzüberschreitender Kontakte und des Fehlens aller verkehrsbehindernden Faktoren beeinflusst diese Raumvorstellung das sprachliche Verhalten und führt so zur Divergenz der Dialekte" (2004:171). – Divergenzentwicklungen im Rahmen des Kontinentalwestgermanischen sind ebenfalls Gegenstand der Darstellung von Harnisch 2010. Dabei werden, ähnlich wie in Kremer/Niebaum (Hgg.) 1990, „varieties beneath one roofing language", „varieties beneath two cognate but different roofing languages" und „varieties beneath non-cognate roofing languages" untersucht. Von besonderem Interesse ist hier die Herausbildung horizontaler Divergenz bezüglich der ehemals zu einem Kontinuum gehörenden Dialekte beiderseits der früheren deutsch-deutschen Staatsgrenze, etwa zwischen Thüringen und Bayern (Harnisch 2010:277ff.).

des Deutschen und Niederländischen betrachtet. Während die westfriesischen Mundarten in den Niederlanden eine überdachende friesische Schriftsprache besitzen, existieren die saterfriesischen und nordfriesischen Dialekte in Deutschland ohne friesische kultursprachliche Überdachung. Gleichwohl sollte man sie aber dennoch nicht unreflektiert den deutschen oder niederdeutschen Dialekten zuordnen.[268]

Aus den skizzierten – auch terminologischen – Schwierigkeiten hat bereits Bach (1969 [1950]:8) einen Ausweg zu finden gesucht, indem er auf seiner einschlägigen Karte „Die deutschen Mundarten um 1930" (1) „Gebiete mit deutscher Hochsprache" von (2) „Gebiete[n] mit niederländischer Hochsprache" unterscheidet. Unter (1) kann er dann „Friesisch in Niederdeutschland u. Nordfriesland" subsumieren, unter (2) „Niederfränkisch", „Niedersächsisch" (= *Nedersaksisch*, vgl. oben) und „Friesisch (Westfriesland)".

Innerhalb des geschlossenen kontinentalwestgermanischen Sprachraums gibt es schließlich mit dem Sorbischen noch ein slawisches Dialektgebiet (vgl. Michalk 1990), das in ober- und niedersorbische Mundarten gegliedert ist (s. Faßke u.a. 1965-1968).

2 Überblick über die deutschen Dialektgebiete

Erstes Gliederungskriterium ist die Entwicklung der germanischen Verschlußlaute *p t k*. In den *niederdeutschen* (und *niederfränkischen*) Mundarten bleiben diese als *p t k* erhalten, während in den *hochdeutschen* Mundarten (unter diesem Terminus werden die *mitteldeutschen* und *oberdeutschen* Mundarten zusammengefasst) in diesen Fällen – dialektal jeweils in unterschiedlichem Umfang – die Zweite oder Hochdeutsche Lautverschiebung eintrat.

Innerhalb der nicht verschiebenden Mundarten bezeichnet man die Dialekte als *niederfränkisch*, in denen die 1. und 3. Person Plural Präsens Indikativ der Verben (*wir machen – sie machen*) auf die Endung *-e(n)* ausgehen bzw. Einheitsplural auf *-e* herrscht. Hinsichtlich dieses Kriteriums zeigen die östlich anschließenden westnd. Mundarten (bis zu einer Linie Lübeck – Magdeburg – Halberstadt) Einheitsplural auf *-et (wi, gi, se māket)*[269], während die einheitliche Pluralendung in den ostnd. Mundarten *-e(n)* lautet. – Das *Westfälische* erscheint im Rahmen des Niederdeutschen als ausgesprochenes Beharrungsgebiet, wie etwa in der Bewahrung der ur-

---

[268] Die drei Mundartgruppen des modernen Friesischen weichen erheblich voneinander ab; eine Verständigung in Mundart zwischen den drei Gebieten erscheint nicht möglich. Vgl. Århammar 1968; Sjölin 1969.
[269] Eine Ausnahme bilden die Mundarten Schleswigs, Ostfrieslands und des nd. Südwestrands, die diese Formen unter dem Einfluss der mnd. Schriftsprache, des Niederländischen bzw. Mitteldeutschen meist auf *-en* bilden.

sprünglich allen nd. Mundarten eigenen zwei langen *a*-Laute, eines altlangen velaren *â* (z.B. heute *Schåp* 'Schaf') und eines tonlangen palatalen *ā* (etwa in *māken* 'machen') sichtbar wird. Als Relikte sind auch die charakteristischen westf. ‚Brechungs'-diphthonge aus den as. Kurzvokalen in offener Silbe (z.B. *wiəten* 'wissen', *Füəgel* 'Vögel', *koaken* 'kochen' etc.) anzusehen. – Das *Ostfälische* lässt sich mit Hilfe eines Kriteriums aus der Formenlehre begrenzen. Während im übrigen nd. Raum für das Personalpronomen in den Objektkasus die dativischen Einheitsformen *mi, di, u(n)s, ju* gelten, zeigt das Ostfäl. hierfür die Akkusative *mik, dik, üsch, jük* (vgl. auch Abb. 64).

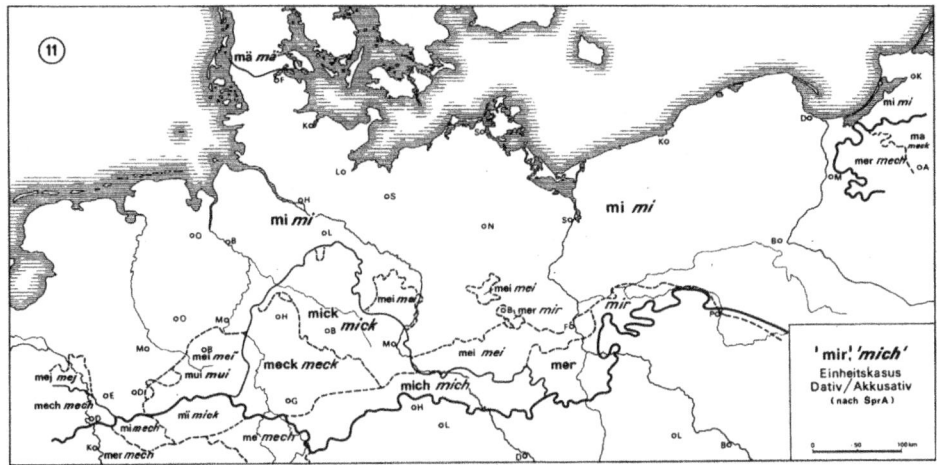

Abb. 64: Objektformen des Personalpronomens der 1. Person Singular im Niederdeutschen

– Die übrigen Mundarten des westnd. Sprachgebiets sind dem *Nordniedersächsischen* zuzurechnen, das vor allem durch starke Vereinfachungen in seinem Vokal- und Formensystem gekennzeichnet ist; so bewahrt es z.B. von den acht as. Kurzvokalen in offener Silbe nur mehr drei. Im Westen setzt sich das Nordnsächs. in den östlichen Niederlanden als von der niederländischen Schriftsprache überdachtes ‚Nedersaksisch' fort.[270] – Das Ostniederdeutsche erwuchs auf dem Gebiet der ostdeutschen Besiedlung des 12./13. Jahrhunderts. Der charakteristische morphologische Gegensatz des Einheitsplurals der Verben im Präsens (Osten *-en*, Westen *-et*) wurde schon angesprochen. Bestimmend für das *Mecklenburgische* sind die Diphthonge *ai* für altes *ê* in 'lieb' und *au* für *ô* in 'Bruder'; als einheitliches Mundartmerkmal des Meckl. kann auch *jūch* 'euch' angesehen werden. – Das *Märkische* zeigt zahlreiche lautgeographische und lexikalische Eigenheiten, die auf niederlän-

---

[270] Vom streng synchron-linguistischen Standpunkt her betrachtet Goossens (1973) diese Mundarten als zum niederländischen Sprachbereich gehörig. Siehe hierzu aber auch Sanders (1974:8f.).

discher Besiedlung beruhen. Auffällig sind auch die fallenden Langdiphthonge $\bar{\imath}^e$ und $\bar{u}^e$ in 'lieb' und 'Bruder'. – Als Hauptkennzeichen des *Pommerschen* fungierten die *n*-Apokope (*sitte* 'sitzen'), die Bewahrung des *-e* als Pluralendung (*alle Lüde* 'alle Leute'), und des *-m* im Dativ Singular (*jügem* 'eurem'). – Das *Niederpreußische* hob sich vom Pommerschen durch eine weiter gehende *n*-Apokopierung ab, die hier auch im ehemals flektierten Infinitiv (Gerundium: *tom dresche* 'zum Dreschen') durchgeführt wurde; weiterhin war die Entrundung (*Hīser* 'Häuser', *sēt* 'süß') auffällig.

Im hochdeutschen Dialektgebiet unterscheidet man das Ober- vom Mitteldeutschen. Als *oberdeutsch* bezeichnet man diejenigen Mundarten, in denen germ. anlautendes *p-* und inlautendes *-pp-* zu *pf* verschoben werden (vgl. obd. *Pferd* im Gegensatz zu md. *Perd*, obd. *Apfel* / md. *Appel*). Ein weiteres Charakteristikum der obd. Dialekte ist das Diminutivsuffix *-(e)l(e)* (*Männle, Mannl, Mannerl*); im Mitteldeutschen begegnen stattdessen zumeist Formen auf *-chen*.

Das *Mitteldeutsche* zerfällt in Ost- und Westmitteldeutsch. Während *p-* im Westmd. erhalten blieb (*Pund* 'Pfund'), ist es im Ostmd. zu *f* geworden (*Fund*). Das Westmd. lässt sich weiter unterteilen. Das *Ripuarische* und das *Moselfränkische* zeigen gegenüber dem *Rheinfränkischen* (und *Hessischen*) unverschobenes *t* in den Pronominalformen *dat, wat, it, dit* ('das, was, es, dies'), z.T. auch in *allet* ('alles') und in der Adjektivendung des Neutrums (z.B. *schönet* 'schönes'). – *Ripuarisch* und *Moselfränkisch* unterscheiden sich ihrerseits dadurch, dass in ersterem *rp* und *lp* unverschoben bleiben, also moselfränk. *Dorf, helfe(n)*, aber ripuar. *Dorp, helpe(n)*. – Innerhalb des Ostmd. bildet das *Thüringische* ein Übergangsgebiet. Gegen den obersächsischen Raum gilt vor allem die Grenze des *n*-Abfalls beim Infinitiv (thür. *mache*/obersächs. *machen*). In vielem aber gehen beide Mundartgruppen zusammen, z.B. hinsichtlich der nhd. Diphthongierung. Manchmal aber auch bestehen Übereinstimmungen zwischen dem Thür. und dem südlich anschließenden Ostfränkischen. Ein auffälliges Kennzeichen des *Obersächsischen* ist der Verlust der Opposition zwischen den stimmhaften und stimmlosen Verschluss- und Reibelauten (z.B. *Gind* 'Kind'). Das *Schlesische* hatte demgegenüber diese Unterscheidung beibehalten. Ein weiterer obersächs.-schles. Gegensatz war darin zu sehen, dass im Obersächs. alle *-en* erhalten bleiben (auch in *den*), während sie im Schlesischen zu *-a* geworden waren (z.B. *macha* 'machen', *da* 'den'). Im Hochpreußischen schließlich hatten sich alle *-en* zu *-e* entwickelt.

Auch das *Oberdeutsche* wird in ein westliches und ein östliches Gebiet unterteilt. Im Westobd. bildet man die Diminutiva mit vokalisch auslautendem *l*-Suffix (*-la, -le, -li*, gelegentlich *-i*), im Ostobd. mit *-el* (*-l, -erl*). Für das Ostobd. ist weiterhin charakteristisch, dass dort die pluralischen Personalpronomina 'ihr' und 'euch' durch die alten Dualformen der 2. Person *ös* und *enk* vertreten werden. – Das Westobd. zerfällt in Alemannisch, Schwäbisch, Südfränkisch und Ostfränkisch. Das *Alemannische* steht gegenüber den übrigen westobd. Mundarten mit der Bewahrung der alten Monophthonge $\bar{\imath}$ $\bar{u}$ $\bar{u}$ für sich; die anderen Dialekte diphthongieren, wobei dieser Prozess im Fränkischen allerdings weiter fortgeschritten ist (z.B. $\bar{\imath}$ > ai) als im Schwäbischen ($\bar{\imath}$ > ei). Innerhalb des Alemannischen unterscheidet man das *Niederalemannische* vom *Hochalemannischen*; in letzterem ist die Verschiebung auch bei anlautendem *k-* durchgeführt: niederalem. *Kind*, hochalem. *Chind*. – Neben dem bereits erwähnten unterschiedlichen Grad der Diphthongierung von $\bar{\imath}$ $\bar{u}$ $\bar{u}$ lassen sich die schwäbischen und fränkischen Dialekte noch dadurch voneinander abgrenzen, dass im *Schwäbischen n* vor *s* unter Nasalierung des vorangehenden Vokals schwindet (*Gänse* > *Gäs*), während es im *Fränkischen* erhalten bleibt. Außerdem enden die Diminutiva im Fränk. auf *-la*, im Schwäb. auf *-le*. Auffällig ist auch die Verbendung *-et* in der 1. und 3. Person Plural Präsens Indikativ im Schwäb., im Fränk. gilt hier *-e(n)*. – Innerhalb des Fränk. wird eine Unterteilung in *Südfränkisch* und *Ostfränkisch* vorgenommen. Dabei handelt es sich beim Südfränk. um einen rheinfränk.-ostfränk.-alemann. Interferenzraum. – Der ostobd. oder auch bayrisch-österreichische Sprachraum gliedert sich in Nordbairisch, Mittelbairisch und Südbairisch. Im *Nordbairischen* (samt dem Oberpfälzischen und Westböhmischen) ist mhd. *uo* > *ou* geworden (z.B. in *Brouder* 'Bruder'), während die übrigen bair. Mundarten *Bruader* haben. – Als Kennzeichnung für das *Mittelbairische* gilt die Vokalisierung des *l* vor Konsonant, z.B. *Salz* > *Soiz*, *Feld* > *Föit* (zu dieser Erscheinung vgl. auch III.3.2.). – Das *Südbairische* wird vor allem durch die Verschiebung von *-kk-* > *-kch-* und *-nk-* > *-nkch-* charakterisiert, etwa in *wecken* > *wekchen* oder *denken* > *denkchen*. Außerdem ist hier die Konsonantenschwächung des *t* > *d* (etwa in *Wetter*, *Leute*), wie sie etwa im Mittelbair. auftritt, nicht durchgeführt worden.

3 Textproben

Zur konkreten Veranschaulichung zumindest bestimmter großräumiger Dialektunterschiede sollen nachstehend ausgewählte Textproben abgedruckt werden. Um Vergleichbarkeit zu gewährleisten, greifen wir dabei nicht z.B. auf die „Proben deutscher Mundarten" (Bethge/ Bonnin 1969) zurück, sondern auf unterschiedliche dialektale Versionen der Eingangspassage des sechsten Streiches von Wilhelm Buschs Max und Moritz (Görlach 1982). Es dürfte deutlich sein, dass die Übertragungen nicht 1:1-Übersetzungen sind; gelegentlich benötigen die Dialektversionen Glossierungen, um den Sinn des Ausgangstextes wiedergeben zu können. Die Schreibungen repräsentieren im allgemeinen jeweils die landschaftlich üblichen Verschriftungstraditionen.

Im Rahmen der Intentionen einer „Einführung in die Dialektologie des Deutschen" bleibt anzumerken, dass die von der Sache her gerechtfertigten, formalen Vorgaben jeder Nachdichtung (z.B. Versmaß und Reimschema) notwendigerweise auch Konsequenzen im Blick auf die Authentizität der wiedergegebenen Mundart nach sich ziehen. Bei möglicherweise in Details auftauchenden Zweifeln an der ‚Richtigkeit' einzelner Sprachvarianten empfiehlt sich die Konsultation einschlägiger Mundartdarstellungen (z.B. Rheinisch: Klein/Mattheier/ Mickartz 1978; Alemannisch: Besch/Löffler 1977; Schwäbisch: Ammon/Loewer 1977; Bairisch: Zehetner 1977; vgl. generell Schirmunski 1962, 2010).

Hochdeutsche Originalfassung

Sechster Streich
In der schönen Osterzeit,
Wenn die frommen Bäckersleut,
Viele süße Zuckersachen
Backen und zurechtemachen,
Wünschten Max und Moritz auch
Sich so etwas zum Gebrauch. –
Doch der Bäcker, mit Bedacht,
Hat das Backhaus zugemacht.
Also, will hier einer stehlen,
Muß er durch den Schlot sich quälen. –

Nordniedersächsisch (Norderdithmarschen)
von Paul Hennings. München 1964
De süste vun ehrm Knep
In de bliede Ostertied,
Wenn de drödig'n Bäckerslüd
En ganzen Barg vun söte Saaken
Backen dot un ferdi maaken,
Keem Max un Moritz uck dat Leng'n,
To'n bet wat Leckers „Du" to seggn.
Man de Bäcker, de wull wuß,
Jed'reen op'n Kien we'n muß,
De sick ni wull ansmern laaten,
Het de Backhusdoer toslaaten.
'keen bi'n Bäcker wull wat gamsen,
Muß sick al doer' Schösteen wramsen.

Ripuarisch (Köln)
von Ernst Pilick. Privatdruck 1976
De sechste Lotterbooverei
Et Osterfeß kütt baal eraan;
Die Bäckersch jetz vill Arbeit han.
Brizzele, Kooche oder Taat,
Dat han die ald parat jemaaht.
Max un Moritz mööhten jeneeße
Och esu jään jet vun däm Sööße.
Doch woohd die Pooz nit opjelosse,
Dr Bäcker hät se avjeschlosse.
Also wil hee einer 'rin
Muß kruffe hä dörch dä Kamin.

Rheinfränkisch (Nähe Heidelberg)
von Rudolf Lehr. 1981
S sechsde Lausbuwestickel
In de scheene Ouschderzeit
sieht ma, wie die Bäckersleit
d Kuche backe nochenanner,
ååner scheener wie de anner,
sechd de Max zum Moritz glei:
„Nix wie schnell in d Backstubb nei!"
Doch de Bäcker isch net dumm,
dreht am Haus de Schlissel rum...
Wer jetz stehle will, muß krawwle,
durch de enge Schornschde zawwle;

Niederalemannisch (Unterelsaß)
von Henri Mertz. 1981
De sechst Streich
An de Oschtre backt de Beck
Biskuitlämmle, Zuckerweck
Un noch vieli Schlemmersache,
Wo eim Freid un Hunger mache.
Gierig schlecke unsri Schlingel,
Denn es kriwwelt sie im Zingel!
Wie a Bankier, uf de Hüt,
Schließt de Beck sin Stibbel güt.
Do kommt sicher keener nin:
Wer schun zwängt sich durchs Kamin?

Hochalemannisch (Zürich)
von Rudolf Hägni. Zürich ³1955
De sechst Streich
A der Oschtere mached d Becke
Allerhand für Züüg zum Schlecke.
Jedes Chind häd Gluscht dernaa;
Au die zwee händs ase ghaa.
Aber au de Beck häds gwüßt –
Gsehnd-er, wie-n er hantli bschlüüßt!
Weg dem händs de Rank glych gfunde:
s Chämi ab sind die zwee Chunde.

Schwäbisch (Reutlingen)
von Michael Spohn. 1981
Segsder Schdroech
En der scheena Ooschderzeit,
Wenn dia fromme Beggaleit
Viile siaße Zuggersacha
Sen am Bagga ond am Macha,
Nô sen Max ond Moritz glei
Voller Gluschda mit derbei.
Doch de Begger, grad zom Bossa,
Hôt sae Baggschdub fescht verschlossa.
Will dô oener schdääla, hee!
Muaß er oba durch s Kamee.

Mittelbairisch (München)
von Helmut Eckl. 1981
Sechste Lumparei
In da scheena Ostazeit,
füa de Bäcka is soweit.
Iatzad kennas zoang wos kenna,
iatzad hoaßts bloß, renna, renna.
SBrezn-Backa geht do o,
da Max und Moritz wissns scho.
Doch dä Bäcka is net dumm,
draht an Schlüssl zwoamoi um.
Und wenn oana wui do stain,
muaße durchn Rauchfang quäln.

Ostfränkisch (Steigerwald)
von Willy R. Reichert. 1981
Sechsta Lumperei: Der Beck
In der schöanna Osterzeit,
Wenn die fromma Beckersch-Leut
All die gueta Zuckerei
Backn und versüeßn glei.
Max und Moritz, des war echt
Hättn garn dadrou gemöcht,
Doch der Beck, ganz unverdrossn
Hat die Backstubn glei verschlossn.
Also: Will da ehner krampf
Muß ar dorch dan Schloet sein Dampf.

Schlesisch (Oberlausitz)
von Richard Werner. 1980
Da sechste Streech
Ei da schienen Usterzeit
backen olle Bäckersleut
lauter sisse Zuckersachen,
die se siehr schien lecker machn.
Max und Moritz, ei derr Luft,
spiern schunn dan feinen Duft.
Weil da Bäcker, unverrdrussn,
hutt doas Backhaus obgeschlussn,
krichn beede, frech und kess,
durch die enge Feueress.

V Auswahlbibliographie

Abkürzungen und abgekürzt zitierte Literatur

AASD	Atlas zur Aussprache des Schriftdeutschen in der Bundesrepublik Deutschland (s. König 1989)
AdA	Atlas zur deutschen Alltagssprache
AfdA	Anzeiger für deutsches Altertum und deutsche Literatur
ALA	Atlas linguistique et ethnographique de l'Alsace
ALE	Atlas Linguarum Europae
ALF	Atlas linguistique de la France (s. Gilliéron/Edmont 1900–1912)
BMDC	Bijdragen en Mededelingen der Dialectencommissie van de Koninklijke Nederlandse Akademie van Wetenschappen te Amsterdam
BNF	Beiträge zur Namenforschung. Neue Folge
BSA	Bayrischer Sprachatlas mit 6 Regionalteilen (SBS, SMF, SNiB, SNOB, SOB, SUF; zu den Abkürzungen vgl. II.4.4.)
DDG	Deutsche Dialektgeographie / Deutsche Dialektographie
DialDt	K. Mattheier/P. Wiesinger (Hgg.): Dialektologie des Deutschen. Forschungsstand und Entwicklungstendenzen. Tübingen 1994. (= RGL 147)
Dialektlexikographie 1976	H. Friebertshäuser (Hg.): Dialektlexikographie. Berichte über Stand und Methoden deutscher Dialektwörterbücher. Festgabe für Luise Berthold zum 85. Geburtstag am 27.1.1976. Wiesbaden 1976. (= ZDL, Beihefte, 17)
Dialektlexikographie 1988	Berichte und Analysen zur Arbeit an Dialektwörterbüchern. Jena 1988
Dialektologie	W. Besch/U. Knoop/W. Putschke/H.E. Wiegand (Hgg.): Dialektologie. Ein Handbuch zur deutschen und allgemeinen Dialektforschung. 2 Bde. Berlin/New York 1982, 1983. (= HSK 1)
DiG	Dialectologia et Geolinguistica
DiWA	Digitaler Wenker-Atlas
DSA	Deutscher Sprachatlas
DWA	Deutscher Wortatlas (s. Mitzka 1921–1980)
DWEB	Deutsche Wortforschung in europäischen Bezügen. Untersuchungen zum Deutschen Wortatlas. Hg. v. L.E. Schmitt (ab Bd. 7 v. R. Hildebrandt). Gießen 1958ff.
FAND	J. Goossens/J. Taeldeman/G. Verleyen (deel 4: C. De Wulff): Fonologische Atlas van de Nederlandse Dialekten. 4 delen (in 3 afleveringen). Gent 1998, 2000, 2005
FSA	Fränkischer Sprachatlas (s. Goossens 1981ff.)
Geschichte Sprachwiss.	S. Auroux/E.F.K. Koerner/H.-J. Niederehe/K. Versteegh (Hgg.): History of Language Sciences / Geschichte der Sprachwissenschaften / Histoire des sciences du langage. [...] Ein internationales Handbuch zur Entwicklung der Sprachforschung von den Anfängen bis zur Gegenwart. [...]. 2 Bde. Berlin/New York 2000, 2001. (= HSK 18)
GL	Germanistische Linguistik
Grenzen	Grenzen en grensproblemen. Een bundel studies t.g.v. het 30-jarig bestaan van het Nedersaksisch Instituut van de Rijksuniversiteit Groningen. Groningen 1984 (auch = Driemaandelijkse Bladen 36. 1984)
HSK	Handbücher zur Sprach- und Kommunikationswissenschaft

HSS	Historischer Südwestdeutscher Sprachatlas (s. Kleiber/Kunze/Löffler 1979)
KDSA	Kleiner Deutscher Sprachatlas
Kontaktlinguistik	H. Goebl/P.H. Nelde/Z. Starý/W. Wölck (Hgg.): Kontaktlinguistik / Contact Linguistics / Linguistique de contact. Ein internationales Handbuch zeitgenössischer Forschung. [...]. 2 Bde. Berlin/New York 1996, 1997. (= HSK 12)
L & S 1	P. Auer/J.E. Schmidt (Hgg.): Language and Space. An International Handbook of Linguistic Variation. Volume 1: Theories and Methods. Berlin/New York 2010. (= HSK 30.1)
L & S 2	A. Lameli/R. Kehrein/S. Rabanus (Hgg.): Language and Space. An International Handbook of Linguistic Variation. Volume 2: Language Mapping. 2 Bde. Berlin/New York 2010. (= HSK 30.2)
Lexikographie	H. Friebertshäuser unter Mitarbeit von H.J. Dingeldein (Hg.): Lexikographie der Dialekte. Beiträge zu Geschichte, Theorie und Praxis. Tübingen 1986. (= RGL 59)
LGL	H.P. Althaus/H. Henne/H.E. Wiegand (Hgg.): Lexikon der Germanistischen Linguistik. 2., vollst. neu bearb. und erw. Aufl. Tübingen 1980 (1. Aufl. 1973).
MAND	G. de Schutter/B. Van den Berg/T. Goeman/Th. de Jong: MAND. Morfologische Atlas van de Nederlandse Dialecten. 2 delen. Amsterdam 2005, 2008.
MRhSA	Mittelrheinischer Sprachatlas
NdJb	Niederdeutsches Jahrbuch. Jahrbuch des Vereins für niederdeutsche Sprachforschung
NdKbl	Korrespondenzblatt des Vereins für niederdeutsche Sprachforschung
NdW	Niederdeutsches Wort. Beiträge zur niederdeutschen Philologie
OBST	Osnabrücker Beiträge zur Sprachtheorie
Orbis	Orbis. Bulletin international de Documentation linguistique
PBB	Beiträge zur Geschichte der deutschen Sprache und Literatur
Phonetica	Phonetica. Internationale Zeitschrift für Phonetik / International Journal of Phonetics / Journal International de Phonétique
RNDA	E. Blancquaert/W. Pée (Hgg.): Reeks Nederlands(ch)e Dialect-atlassen. Antwerpen 1930 [1925] – 1982
RhVjbll	Rheinische Vierteljahrsblätter. Mitteilungen des Instituts für geschichtliche Landeskunde der Rheinlande an der Universität Bonn
RGL	Reihe Germanistische Linguistik
SAND	S. Barbiers/H. Bennis/G. de Vogelaer/M. Devos/M. van der Ham: SAND. Syntactische Atlas van de Nederlandse Dialecten. 2 delen. Amsterdam 2005, 2008.
SDS	Sprachatlas der deutschen Schweiz
Sociolinguistics	U. Ammon/N. Dittmar/K.J. Mattheier (Hgg.): Sociolinguistics / Soziolinguistik. [...] Ein internationales Handbuch zur Wissenschaft von Sprache und Gesellschaft. 2 Bde. Berlin/New York 1987, 1988. (= HSK 3)
Sociolinguistics 2. Aufl.	U. Ammon/N. Dittmar/K.J. Mattheier/P. Trudgill (Hgg.): Sociolinguistics / Soziolinguistik. [...] Ein internationales Handbuch zur Wissenschaft von Sprache und Gesellschaft. [...], 2., vollständig neu bearbeitete und erweiterte Auflage. 3 Bde. Berlin/New York 2004–2006. (= HSK 3)

Sprachgeschichte	W. Besch/O. Reichmann/S. Sonderegger (Hgg.): Sprachgeschichte. Ein Handbuch zur Geschichte der deutschen Sprache und ihrer Erforschung. 2 Bde. Berlin/New York 1984, 1985. (= HSK 2)
Sprachgeschichte 2. Aufl.	W. Besch/A. Betten/O. Reichmann/S. Sonderegger (Hgg.): Sprachgeschichte. Ein Handbuch zur Geschichte der deutschen Sprache und ihrer Erforschung. 2., vollständig neu bearbeitete und erweiterte Auflage. 4 Bde. Berlin/New York 1998, 2000, 2003, 2004. (= HSK 2)
TCLP	Travaux du Cercle Linguistique de Prague
Teuthonista	Teuthonista. Zeitschrift für Deutsche Dialektforschung und Sprachgeschichte. 1924/25–1934. Fortgeführt als ZMF
VerhIDK	W. Viereck (Hg.): Verhandlungen des Internationalen Dialektologenkongresses Bamberg, 29.7.–4.8.1990. 4 Bde. Stuttgart 1993–1995. (= ZDL, Beihefte 74–77)
WDU	Wortatlas der deutschen Umgangssprachen (s. Eichhoff 1977–2000)
WKW	Wortatlas der kontinentalgermanischen Winzerterminologie
ZDL	Zeitschrift für Dialektologie und Linguistik
ZDM	Zeitschrift für Deutsche Mundarten. 1906–1924.
ZDPh	Zeitschrift für deutsche Philologie
ZGL	Zeitschrift für germanistische Linguistik
ZhdM	Zeitschrift für hochdeutsche Mundarten. 1900–1905. Fortgeführt als ZDM
ZMF	Zeitschrift für Mundartforschung. 1935–1968. Fortgeführt als ZDL.
ZRPh	Zeitschrift für romanische Philologie
ZS	Zeitschrift für Sprachwissenschaft

Bibliographie[271]

Adelung, J. Chr., 1793–1801: Grammatisch-kritisches Wörterbuch der hochdeutschen Mundart. Mit beständiger Vergleichung der übrigen Mundarten, besonders aber der oberdeutschen. 4 Bde. 2., verm. u. verb. Auflage Leipzig. (2. Nachdruck Hildesheim/New York 1990).

Adelung, J.Ch., 1806–1817: Mithridates oder allgemeine Sprachenkunde mit dem Vater Unser als Sprachprobe in bey nahe fünfhundert Sprachen und Mundarten. 4 Teile. Berlin.

Alinei, M., 1980: Dialect: A dialectical approach. In: Göschel/Ivić/Kehr (Hgg.) 1980. S. 11–42.

Allensbach 1967: Dialekt. In: Jahrbuch der öffentlichen Meinung 1965–67. Hg. von E. Noelle, P. Neumann. Institut für Demoskopie Allensbach. Allensbach/Bonn. S.66f. [Ergebnisse der Umfrage von 1966].

Allensbach 1981: Mundart wird hoffähig. In: allensbacher berichte 14. S.1–8. [Ergebnisse der Umfrage von 1980].

Allensbach 1987: Auswertung der Umfrage von 1983 [F. Wetter]. Abteilung Sprachforschung des Instituts für Geschichtliche Landeskunde der Rheinlande. Unveröffentlichtes Manuskript. [Ergebnisse der Umfrage von 1983].

Allensbach 1993: Mundart geläufig? In: Allensbacher Jahrbuch der Demoskopie 1984–1992. Bd. 9. Hg. von E. Noelle-Neumann, R. Köcher. Allensbach. S.190. [Ergebnisse der Umfrage von 1991].

Allensbach 1998: Bayerisch hören viele gern. In: allensbacher berichte 22. S.1–5. [Ergebnisse der Umfrage von 1998].

---

[271] Die lediglich im Zusammenhang der Abb. 8 und 9 angeführten Sprachatlanten und Wörterbücher sind in diese Bibliographie nicht aufgenommen; vgl. hierzu die (verkürzten) bibliographischen Angaben in II.4.4. und 4.5.

Allensbach 2002: Dialekt. In: Allensbacher Jahrbuch der Demoskopie 1998–2002. Bd. 11. Hg. von E. Noelle-Neumann, R. Köcher. Allensbach. S. 178. [Ergebnisse der Umfrage von 1998].
Allensbach 2008: Auch außerhalb von Bayern wird Bayerisch gern gehört. Die beliebtesten und unbeliebtesten Dialekte. In: Allensbacher Berichte 4. S. 1–6.
Almeida, A./Braun, A., 1982: Probleme der phonetischen Transkription. In: Dialektologie 1. S. 597–615.
Ammon, U., 1973: Dialekt und Einheitssprache in ihrer sozialen Verflechtung. Eine empirische Untersuchung zu einem vernachlässigten Aspekt und sozialer Ungleichheit. Weinheim/Basel.
Ammon, U., 1979: Dialekt als Sprachbarriere? In: Ermert, K. (Hg.): Gibt es die Sprachbarriere noch? Soziolinguistik – Sprachdidaktik – Bildungspolitik. Düsseldorf. S. 48–57.
Ammon, U., 1983: Soziale Bewertung des Dialektsprechers: Vor- und Nachteile in Schule, Beruf und Gesellschaft. In: Dialektologie 2. S. 1499–1509.
Ammon, U., 1985: Die Möglichkeiten der Messung von Dialektalität. In: Besch/Mattheier (Hgg.) 1985. S. 259–282.
Ammon, U., 1987: Language – Variety/Standard Variety – Dialect. In: Sociolinguistics 1. S. 316–335.
Ammon, U./Bickel, H./Ebner, J. u.a., 2004: Variantenwörterbuch des Deutschen. Die deutsche Standardsprache in Österreich, der Schweiz und Deutschland sowie in Liechtenstein, Luxemburg, Ostbelgien und Südtirol. Berlin/New York.
Ammon, U./Kellermeier, B., 1997: Dialekt als Sprachbarriere passé? 25 Jahre danach: Versuch eines Diskussions-Erweckungsküsschens. In: Deutsche Sprache 25. S. 21–38.
Ammon, U./Knoop, U./Radtke, I. (Hgg.), 1978: Grundlagen einer dialektorientierten Sprachdidaktik. Theoretische und empirische Beiträge zu einem vernachlässigten Schulproblem. Weinheim/Basel. (= Pragmalinguistik, 12).
Ammon, U./Loewer, U., 1977: Schwäbisch. Düsseldorf. (= Dialekt/Hochsprache – kontrastiv, 4).
Anders, C.A., 2010: Wahrnehmungsdialektologie. Das Obersächsische im Alltagsverständnis von Laien. Berlin/New York. (= Linguistik. Impulse & Tendenzen, 36).
Anders, C.A./Hundt, M./ Lasch A. (Hgg.), 2010: Perceptual dialectology. Neue Wege der Dialektologie. Tagungsband zur 1. Internationalen Konferenz zur perceptual dialectology, 22.–24. Mai 2008, Kiel. Berlin/New York. (= Linguistik. Impulse & Tendenzen, 38).
Androutsopoulos, J.K./Ziegler, E., 2003: Sprachvariation und Internet: Regionalismen in einer Chat-Gemeinschaft. In: Androutsopoulos, J.K./Ziegler, E. (Hgg.): „Standardfragen". Soziolinguistische Perspektiven auf Sprachgeschichte, Sprachkontakt und Sprachvariation. Frankfurt a.M. u.a. S. 251–279. (= VarioLingua, 18).
Århammar, N., 1968: Friesische Dialektologie. In: Schmitt, L.E. (Hg.) 1968. Bd. 1. S. 264–317.
Arndt, W.W., 1963: Ein Ansatz zur strukturellen Gliederung der deutschen Dialekte. In: Phonetica 9. S. 1–10.
Ascoli, G.I., 1873: Saggi ladini. In: Archivio glottologico italiano 1. S. 1–556.
Ascoli, G.I., 1876: P. Meyer e il franco-provenzale. In: Archivio glottologico italiano 2. S. 385–395.
Ascoli, G.I., 1878: Schizzi franco-provenzali. In: Archivio glottologico italiano 3. S. 61–120.
Atlas Linguarum Europae (ALE). Sous la rédaction de M. Alinei (e.a.). Introduction. Assen 1975. Volume Iff. Assen/Roma 1983ff. – Perspectives nouvelles en géolinguistique par M. Alinei e.a. Roma 1997.
Atlas linguistique et ethnographique de l'Alsace. Commencé par E. Beyer et R. Matzen. Vol. I: L'homme. Paris 1969. Vol. II réalisé par A. Bothorel-Witz, M. Philipp, S. Spindler. Paris 1984. (= Atlas linguistique de la France par région).
Aubin, H./Frings, Th./Müller, J., 1926 (1966): Kulturströmungen und Kulturprovinzen in den Rheinlanden. Geschichte, Sprache, Volkskunde. Bonn. (Neudruck Darmstadt 1966).
Auer, J.C.P., 1986: Konversationelle Standard/Dialekt-Kontinua (Code-Shifting). In: Deutsche Sprache 14. S. 97–124.

Auer, P., 1990: Phonologie der Alltagssprache. Eine Untersuchung zur Standard/Dialekt-Variation am Beispiel der Konstanzer Stadtsprache. Berlin/New York.
Auer, P., 1998: Hamburger Phonologie. Eine variationslinguistische Skizze zur Stadtsprache der Hansestadt heute. In: ZDL 65. S.179–197.
Auer, P., 2001: ‚Hoch ansetzende' Intonationskonturen in der Hamburger Regionalvarietät. In: Schmidt, J.E. (Hg.) 2001. S. 125–165.
Auer, P., 2004: Sprache, Grenze, Raum. In: ZS 23. S. 149–179.
Auer, P./Gilles, P./Peters, J./Selting, M., 2000: Intonation regionaler Varietäten des Deutschen. Vorstellung eines Forschungsprojekts. In: Stellmacher (Hg.) 2000. S. 222–239.
Aurifaber, J., 1566: Tischreden oder Colloquia Doct. Mart: Luthers [...] Gedruckt zu Eisleben bey Urban Gaubisch.
Bach, A., 1969 (¹1934): Deutsche Mundartforschung. Ihre Wege, Ergebnisse und Aufgaben. Mit 58 Karten im Text. 3. Aufl. Heidelberg.
Bachmann, A.R./Tišerová, P., 2000: Der „Atlas der historischen deutschen Mundarten in der Tschechischen Republik (ADT)". In: ZDL 67. S. 337–339.
Barbiers, S., 2010: Language and Space: Structuralist and generative approaches. In: L & S 1. S. 125–142.
Barbour, St., 1987: Dialects and the teaching of a standard language: Some West German work. In: Language in Society 16. S. 227–243.
Barbour, St./Stevenson, P., 1998: Variation im Deutschen. Soziolinguistische Perspektiven. Berlin/New York. (Engl. Ausgabe: Cambridge University Press 1990).
Barth, E., 1972: Deutscher Wortatlas 1939–1971. Eine Bibliographie. In: GL 1/72. S. 125–156.
Bashaikin, N., 2005: Dialekt im Cyberspace. Überlegungen zu einigen sozio- und pragmalinguistischen Aspekten. In: Krämer-Neubert/Wolf (Hgg.). S. 439–449.
Baur, G.W., 1986: Quellen und Korpora. Zur Materialbasis deutschsprachiger Dialektwörterbücher. In: Lexikographie. S. 75–91.
Bausch, H.-H., 1980: Soziolekt. In: LGL. S. 358–363.
Bausinger, H., 1972: Deutsch für Deutsche. Dialekte, Sprachbarrieren, Sondersprachen. Frankfurt/Main.
Bausinger, H., 1983: Dialekt als Unterrichtsgegenstand. In: Der Deutschunterricht 35. S. 75–85.
Bausinger, H., 1985: Die Mundarten und ihre Bedeutung bis heute. In: Schwäbische Heimat 36. S. 274–281.
Bausinger, H., 2004: Dialekt und Moderne. In: Tübinger Korrespondenzblatt 57. S. 9–18.
Becker, D., 1967 (1975): Generative Phonology and Dialect Study: An Investigation of Three Modern German Dialects. Diss. Univ. of Texas at Austin; gekürzt und revidiert als: Versuch einer generativen Dialektologie. In: Orbis 24 (1975). S. 276–324.
Becker, D.A., 1982: Der Dialekt von Barr (Elsaß). Eine Pilotstudie im Rahmen der generativen Dialektologie. In: Dialektologie 1. S. 361–374.
Becker, H., 1942: Über Trichterwirkung, eine besondere Art der Sprachströmung. In: ZMF 18. S. 59–67.
Becker, H./Bergmann, G., 1969: Sächsische Mundartenkunde. Entstehung, Geschichte und Lautstand der Mundarten des obersächsischen Gebietes. Von H. Becker, neu bearb. und hg. von G. Bergmann. Kartenbearbeitung von L. Flechsig. Halle.
Beckers, H., 1980: Westmitteldeutsch. In: LGL. S. 468–473.
Behaghel, O., 1891: Geschichte der deutschen Sprache. In: Paul, H. (Hg.): Grundriß der germanischen Philologie. Bd 1. Straßburg. S. 526–633.
Bellmann, G., 1983: Probleme des Substandards im Deutschen. In: Mattheier (Hg.) 1983. S. 105–130.

Bellmann, G., 1986: Zweidimensionale Dialektologie. In: Bellmann, G. (Hg.): Beiträge zur Dialektologie am Mittelrhein. Stuttgart. S. 1–55. (= Mainzer Studien zur Sprach- und Volksforschung, 11).

Bellmann, G., 1989: Variation und Devariation. In: Greule, A./ Ruberg, U. (Hgg.): Sprache – Literatur – Kultur. Studien zu ihrer Geschichte im deutschen Süden und Westen. Festschrift für W. Kleiber. Stuttgart. S. 203–213.

Bellmann, G., 1994a: Multidimensionale Dialektgeographie? In: Mattheier, K.J./Wiesinger, P. (Hg.): Dialektologie des Deutschen: Forschungsstand und Entwicklungstendenzen. Tübingen. S.165–169. (= RGL 147).

Bellmann, G., 1994b: Einführung in den Mittelrheinischen Sprachatlas (MRhSA). Tübingen.

Bellmann, G., 1997: Zur Technik und Aussagefähigkeit zweidimensionaler Dialekterhebung und Dialektkartographie am Beispiel des Mitterheinischen Sprachatlasses. In: Stickel (Hg.) 1997. S. 271–290.

Bellmann, G., 1998: Between Base Dialect and Standard Language. In: Folia Linguistica 32/1–2 (Special Issue: Dialect Levelling and the Standard Varieties in Europe, hg. von P. Auer). S. 23–34.

Bellmann, G./Göschel, J., 1970: Tonbandaufnahmen ostdeutscher Mundarten 1962–1965. Gesamtkatalog. Marburg (= DDG 73).

Berend, N., 2005: Regionale Gebrauchsstandards. Gibt es sie und wie kann man sie beschreiben? In: Eichinger/Kallmeyer (Hgg.). S. 143–170.

Bergmann, R., 1980: Methodische Probleme der Lautverschiebungsdiskussion. In: Sprachwissenschaft 5. S. 1–14.

Berner, E., 1996: Dialekt, Umgangssprache und Standardsprache im Sprecherurteil von Frauen und Männern. Zur Wahrnehmung des aktuellen Sprachgebrauchs im Land Brandenburg. In: Brandt, G. (Hg.): Bausteine zu einer Geschichte des weiblichen Sprachgebrauchs II. Forschungsberichte – Methodenreflexion. Stuttgart. S. 5–28. (= Stuttgarter Arbeiten zur Germanistik, 341).

Bernhardi, K., 1844: Sprachkarte von Deutschland. Kassel.

Berns, J.B., 1997: Een merkwaardig taalmonument: de Bulla „Ineffabilis". In: Taal en Tongval 49. S. 1–17.

Berthold, L., 1924/25: Die wortgeographische Forderung und die Programme der modernen deutschen Mundartwörterbücher. In: Teuthonista 1. S. 222–226.

Berthold, L., 1938: Die Wortkarte im Dienste der Bedeutungslehre. In: ZMF 14. S. 101–106.

Berthold, L., 1955: Das wortgeographische Prinzip in den deutschen Mundartwörterbüchern. In: Orbis 4. S. 415–427.

Berthold, L./Friebertshäuser, H., 1943ff.: Hessen-Nassauisches Volkswörterbuch. Aus den [...] von F. Wrede angelegten und verwalteten Sammlungen ausgewählt und bearbeitet. Marburg.

Berroth, D., 2001: Altersbedingter Mundartgebrauch. Wandel und Kontinuität in einem mittelschwäbischen Dialekt. Stuttgart. (= ZDL, Beihefte, 116).

Besch, W., 1961: Schriftzeichen und Laut. Möglichkeiten der Lautwertbestimmung an deutschen Handschriften des Mittelalters. In: ZDPh 80. S. 287–302.

Besch, W., 1967: Sprachlandschaften und Sprachausgleich im 15. Jahrhundert. Studien zur Erforschung der spätmittelalterlichen Schreibdialekte und zur Entstehung der neuhochdeutschen Schriftsprache. Bern/München.

Besch, W., 1981: Einige Probleme empirischer Sprachforschung. Dargestellt am Beispiel des Erp-Projekts. In: Besch/Hufschmidt/Kall-Holland/Klein/Mattheier 1981. S. 238–260.

Besch, W., 1997: Zur Ortssprachenforschung am Beispiel Erp. Kritische Bilanz nach (gut) 20 Jahren. In: Ruoff/Löffelad (Hgg.) 1997. S. 177–180.

Besch, W., 2001: Territoriale Differenzierung. In: Fleischer, W./Helbig, G./Lerchner, G. (Hgg.): Kleine Enzyklopädie Deutsche Sprache. Frankfurt/M. S. 383–423.

Besch, W./Hufschmidt, J./Kall-Holland, A./Klein, E./Mattheier, K.J., 1981: Sprachverhalten in ländlichen Gemeinden. Ansätze zur Theorie und Methode. Forschungsbericht Erp-Projekt. Bd I. Berlin. (= Schriften der Abteilung für Sprachforschung des Instituts für geschichtliche Landeskunde der Rheinlande, Universität Bonn).

Besch, W./Löffler, H., 1977: Alemannisch. Düsseldorf. (= Dialekt/Hochsprache – kontrastiv, 3).

Besch,W./Mattheier,K.J. (Hgg.), 1985: Ortssprachenforschung. Beiträge zu einem Bonner Kolloquium. Bonn. (= Schriften der Abteilung für Sprachforschung des Instituts für Geschichtliche Landeskunde der Rheinlande, Universität Bonn).

Besch, W./Solms, H.J. (Hgg.), 1998: Regionale Sprachgeschichte. (= ZDPh 117, Sonderheft).

Bethge, W., 1976: Vom Werden und Wirken des Deutschen Spracharchivs. In: ZDL 43. S. 22–53.

Bethge, W./Bonnin, G.M., 1969: Proben deutscher Mundarten. Tübingen (= Phonai 5).

Bichel, U., 1973: Problem und Begriff der Umgangssprache in der germanistischen Forschung. Tübingen. (= Hermaea, 32).

Bichel, U., 1988: Zur Fragwürdigkeit der Einordnung von Umgangssprache zwischen Mundart und Hochsprache. In: Jahrbuch für internationale Germanistik 20. S. 18–33.

Bonk, W., 1983: Volkstheater Millowitsch. Vom Puppenspiel zum Fernsehen. Würzburg.

Braun, A., 1988: Validität und Reliabilität von Transkriptionen. Ein Bericht aus der Praxis. In: Spillner, B. (Hg.): Angewandte Linguistik und Computer. Kongreßberichte zur 18. Jahrestagung der Gesellschaft für Angewandte Linguistik. Tübingen. S. 209–211. (= Forum Angewandte Linguistik, 16).

Bremer, O., 1892: Deutsche Mundarten. In: Brockhaus' Konversationslexikon. 14. Aufl. Bd 5. Leipzig. S. 27–35.

Bremer, O., 1895: Beiträge zur Geographie der deutschen Mundarten, in Form einer Kritik von Wenkers Sprachatlas des Deutschen Reichs. Leipzig. (= Sammlung kurzer Grammatiken deutscher Mundarten, 3).

Brenner, D. u.a., 2003: Renaissance des Dialekts? Tübingen.

Brenner, K., 2008: Aktueller Stand des Ungarndeutschen Sprachatlasses. In: Elspaß/König (Hgg.) 2008. S. 21–28.

Brinckmann, C./Kleiner, S./Knöbl, R./Berend, N., 2008: German today: an areally extensive corpus of spoken Standard German. In: Proceedings 6th International Conference on Language Resources and Evaluation (LREC 2008), Marrakesch, Marokko (www.lrec-conf.org/proceedings/lrec2008/pdf/806_paper.pdf)

Brinkmann to Broxten, E., 1986: Stadtsprache – Stadtmundart. Studie zum Gebrauch und zur Funktion mundartnaher Sprachvarietäten in Frankfurt/Main. Tübingen.

Bucheli Berger, C., 2008: Neue Technik, alte Probleme: Auf dem Weg zum Syntaktischen Atlas der Deutschen Schweiz (SADS). In: Elspaß/König (Hgg.) 2008. S. 29–44.

Bucheli Berger, C./Glaser, E., 2004: Zur Morphologie des (ko)prädikativen Adjektivs und Partizip II im Alemannischen und Bairischen. In: Patocka/Wiesinger (Hgg.) 2004. S. 189–226.

Bucheli Berger, C./Glaser, E./Seiler, G., 2012: Is a syntactic dialectology possible? Contributions from Swiss German. In: Ender, A./Leemann, A./Wälchli, B. (Hgg.) : Methods in Contemporary Linguistics. Berlin. S. 93–119. (= Trends in Linguistics. Studies and Monographs, 247).

Bucheli, C./Glaser, E., 2002: The Syntactic Atlas of Swiss German Dialects: empirical and methodological problems. In: Barbiers, S./Cornips, L./van der Kleij, S. (Hgg.): Syntactic Microvariation. Amsterdam. S. 41–74. (= Meertens Institute Electronic Publications in Linguistics, 2). – URL: http://www.meertens.knaw.nl/books/synmic.

Büld, H., 1939: Sprache und Volkskunde im nördlichen Westfalen. Sprachgrenzen und Sprachbewegungen in der Volksmeinung. Emsdetten.

Büthe, E./Wich-Reif, C., 2012: Das „Historische Rheinische Wörterbuch" als Addendum zum „Rheinischen Wörterbuch". Die *ge-* + *-ze/-s*-Kollektivbildungen. In: RhVjbll 76. S. 268–283.

BUNTE Städte-Test, 1979: Eine Dokumentation. Offenburg.
Burger, H., 1990: Sprache der Massenmedien. 2. durchges. und erw. Aufl. Berlin [u.a.]. (= Sammlung Göschen 2225).
Bürkle, M., 1995: Zur Aussprache des österreichischen Standarddeutschen. Die unbetonten Silben. Frankfurt a.M. u.a. (= Schriften zur deutschen Sprache in Österreich, 17).
Bürkli, B., 1999: Sprachvariation in einem Großbetrieb. Eine individuenzentrierte Analyse anhand sprachlicher Tagesläufe. Tübingen/Basel. (= Basler Studien zur deutschen Sprache und Literatur, 73).
Cajot, J./Kremer, L./Niebaum, H. (Hgg.), 1995: Lingua Theodisca. Beiträge zur Sprach- und Literaturwissenschaft. Jan Goossens zum 65. Geburtstag. 2 Bde. Münster/Hamburg. (= Niederlande-Studien 16/1,2).
Camartin, I., 1992: Nichts als Worte? Ein Plädoyer für Kleinsprachen. Frankfurt/Main 1992.
Campbell, L., 1972: Is A Generative Dialectology Possible? In: Orbis 21. S. 289–298.
Chambers, J.K., 2003: Sociolinguistic Theory. Linguistic Variation and its Social Significance. 2. Aufl. Malden MA. (= Language in Society, 22).
Chambers, J.K./Trudgill, P., 1998: Dialectology. 2. Aufl. Cambridge.
Cherubim, D., 1980: Zum Programm einer historischen Sprachpragmatik. In: Sitta, H. (Hg.): Ansätze zu einer pragmatischen Sprachgeschichte. Zürcher Kolloquium. Tübingen. S. 3–21.
Christen, H., 1985: Der Gebrauch von Mundart und Hochsprache in der Fernsehwerbung. Freiburg/Schweiz. (= Germanistica Friburgensia, 8).
Christen, H., 1997: Koiné-Tendenzen im Schweizerdeutschen? In: Stickel (Hg.) 1997. S. 346–363.
Christen, H., 2001: Die regionalen Besonderheiten der deutschen Standardsprache in der Schweiz. In: Knipf-Komlósi, E./Berend, N. (Hg.): Regionale Standards. Sprachvariationen in den deutschsprachigen Ländern. Budapest/Pécs. S. 120–159. (= Studia Linguistica).
Christen, H./Patocka,F./Ziegler, E. (Hgg.) 2012: Struktur, Gebrauch und Wahrnehmung von Dialekt. Beiträge zum 3. Kongress der Internationalen Gesellschaft für Dialektologie des Deutschen (IGDD), Zürich, 7.–9. September 2009. Wien.
Christen, H./Tophinke, D./Ziegler, E., 2005: Chat und regionale Identität. In: Krämer-Neubert/Wolf (Hgg.). S. 425–439.
Christen, H./Guntern, M./Hove, I./Petkova, M., 2010: Hochdeutsch in aller Munde. Eine empirische Untersuchung zur gesprochenen Standardsprache in der Deutschschweiz. Unter Mitarbeit von M. Reci. Stuttgart. (= ZDL, Beihefte, 140).
Christl, A., 2008: Der Atlas der historischen deutschen Mundarten in der Tschechischen Republik. In: Elspaß/König (Hgg.) 2008. S. 45–52.
Von Cölln, 1784: Beytrag zur Charakteristik des Lippeschen, Ritbergischen und Paderbornischen Bauern. In: Westphälisches Magazin 1, 2. Heft. S. 105–116.
Van Coetsem, F., 1965: Enkele beschouwingen over transcriptiemethodes bij vergelijking van dialect-optekeningen in het Zuid-Oostvlaamse gebied. In: Taal en Tongval 17. S. 63–87.
Van Coetsem, F., 1992: The Interaction between Dialect and Standard Language, and the Question of Language Internationalization. Viewed from the standpoint of the Germanic languages. In: Leuvensteijn, J.A. van/Berns, J.B. (Hgg.): Dialect and Standard Language in the English, Dutch, German and Norwegian Language Areas. Amsterdam u.a. S. 15–70.
Cornelissen, G., 2005: Zum Regiolekt junger Leute im Rheinland. Befragungsergebnisse. In: Christen, H. (Hg.): Dialekt, Regiolekt und Standardsprache im sozialen und zeitlichen Raum. Wien. S. 179–198.
Cox, H./Zender, M., 1998: Sprachgeschichte, Kulturraumforschung und Volkskunde. In: Sprachgeschichte 2. Aufl. S. 160–172.
Damme, R., 1987: Überlegungen zu einer Wortgeographie des Mittelniederdeutschen auf der Materialgrundlage von Vokabularhandschriften. In: NdW 27. S. 1–59.

Damme, R., 1995: Münsterländischer Wortschatz in einem Textzeugen des ‚Vocabularius Theutonicus'. In: NdW 35. S. 45–62.

Damme, R., 1999: Sprachliche Ausgleichsprozesse im vorpommerschen Wortschatz des 15. Jahrhunderts. In: Schmidt, R. (Hg.) 1999: Tausend Jahre pommersche Geschichte. Köln/Weimar/Wien. S. 307–341.

Damme, R., 2001: Zum mittelniederdeutsch-lateinischen Vokabular in der Kieler Handschrift „Cod. Bord. 111 quart.". In: Peters, R./Pütz, H.P./Weber, U. (Hgg.): Vulpis Adolatio. Festschrift für Hubertus Menke zum 60. Geburtstag. Heidelberg. S. 143–163.

Davies, W.V., 1994: Linguistic Variation and Language Attitudes in Mannheim-Neckarau. Stuttgart. (= ZDL, Beihefte, 91).

Debus, F., 1983: Deutsche Dialektgebiete in älterer Zeit: Probleme und Ergebnisse ihrer Rekonstruktion. In: Dialektologie 2. S. 930–960.

Dell'Aquila, V., 2010: GIS and sociolinguistics. In: L & S 2, Bd. 1. S. 458–476.

Denkler, M., 2011: Sprachspott in der Perzeptionsdialektologie: Heinrich Bülds volkslinguistischer Ansatz. In: ZDL 78. S. 257–280.

Deutscher Sprachatlas, 1927–56: Auf Grund des von G. Wenker begründeten Sprachatlas des Deutschen Reichs in vereinfachter Form begonnen von F. Wrede, fortgesetzt von W. Mitzka und B. Martin. Marburg 1927–56.

Die deutsche Sprache 1969/70: Kleine Enzyklopädie in zwei Bänden. Hg. von E. Agricola, W. Fleischer und H. Protze. Leipzig.

Diercks, W., 1986: Geschlechtstypisches in Mundartgebrauch und -bewertung. In: Debus, F./Dittmer, E. (Hgg.): Sandbjerg 85. Dem Andenken von Heinrich Bach gewidmet. Neumünster. S. 227–255. (= Kieler Beiträge zur deutschen Sprachgeschichte 10).

Diercks, W., 1988: Mental Maps. Linguistisch-geographische Konzepte. In: ZDL 55. S. 280–305.

Diercks, W., 1994: Niederdeutsch in der Stadt Schleswig. Zu Attitüden und zur Sprachverwendung. Stuttgart. (= ZDL, Beihefte, 86).

Digitaler Luxemburgischer Sprachatlas, 2003–2004: Auf der Grundlage des Laut- und Formenatlas von Robert Bruch. Digitale Fassung und Zusatzmaterial hg. von C. Moulin. Bearbeitet von R. Kehrein, A. Lameli, J. Nickel, S. Rabanus. Luxemburg/Trier. (http://www.luxsa. info).

Digitaler Wenker-Atlas (DiWA), 2001ff. Hg. von J.E. Schmidt und J. Herrgen. Bearbeitet von A. Lameli, A. Lenz, J. Nickel und R. Kehrein, K.-H. Müller, S. Rabanus. Erste vollständige Ausgabe von Georg Wenkers „Sprachatlas des Deutschen Reichs". 1888–1923 handgezeichnet von E. Maurmann, G. Wenker und F. Wrede. Marburg: Forschungsinstitut für deutsche Sprache „Deutscher Sprachatlas". (http://www.diwa.info).

Dingeldein, H.J., 1981: Hessische sprachliche Landesforschung – Geschichte und Ergebnisse. In: Hessische Blätter für Volks- und Kulturforschung 11/12. S. 56–108.

Dingeldein, H.J., 1991: Studien zur Wortgeographie der städtischen Alltagssprache in Hessen. Areale, stratische und diachron-kontrastive Analysen. Tübingen. (= Hessische Sprachatlanten, Kleine Reihe, Bd. 2).

Dingeldein, H.J., 1997: Sprachvarietäten in ‚Mitteldeutschland'. Gebrauch und Räumlichkeit. In: Stickel (Hg.) 1997. S. 109–141.

Dingeldein, H.J., 2008: Alltagssprachliche Wortgeographie kontrastiv. Zu den komplexen Strukturen städtischer und ländlicher Wortareale in Hessen. In: Ernst/Patocka (Hgg.) 2008. S. 167–191.

Dingeldein, H.J., 2010: Wortatlas zur Alltagssprache der ländlichen Räume Hessens. Hg. und bearb. von H.J. Dingeldein unter Mitarbeit von C. Hallerstede, M. Kusch und M. Vidal. Tübingen. (= Hessische Sprachatlanten. Kleine Reihe 4).

Drosdowski, G., 1968: Das deutsche Wörterbuch im Wandel der Jahrhunderte. 1. Vom „Abrogans" zu Gherard van der Schuerens „Teuthonista". In: Geschichte und Leistung des Dudens. Mannheim/Zürich. S. 44–53.
Duden. Aussprachewörterbuch. Wörterbuch der deutschen Standardsprache. 2. völlig neu bearb. Aufl. Mannheim/Wien/Zürich 1974.
Durrell, M., 1989: Die „Mainlinie" als sprachliche Grenze. In: Putschke/Veith/Wiesinger (Hgg.) 1989. S. 89–109.
Durrell, M., 1998: Zum Problem des sprachlichen Kontinuums im Deutschen. In: ZGL 26. S. 17–30.
Ebert, W./Frings, Th./Gleissner, K./Kötzschke, R./Streitberg, G., 1936: Kulturräume und Kulturströmungen im mitteldeutschen Osten. 2 Bde. Halle/S.
Eggers, E./Schmidt, J.E./Stellmacher, D. (Hgg.) 2005: Moderne Dialekte – Neue Dialektologie. Akten des 1. Kongresses der Internationalen Gesellschaft für Dialektologie des Deutschen (IGDD) am Forschungsinstitut für deutsche Sprache „Deutscher Sprachatlas" der Philipps- Universität Marburg vom 5.–8. März 2003. Stuttgart. (= ZDL, Beihefte, 130).
Ehmann, H., 1992: Jugendsprache und Dialekt: Regionalismen im Sprachgebrauch von Jugendlichen. Opladen.
Eichhoff, J., 1977–2000: Wortatlas der deutschen Umgangssprachen. Bd. 1 Bern/München 1977; Bd. 2 Bern/München 1978; Bd. 3 München/New Providence/London/Paris 1993; Bd. 4 Bern/ München 2000.
Eichhoff, J., 1982: Erhebung von Sprachdaten durch schriftliche Befragung. In: Dialektologie 1. S. 549–554.
Eichhoff, J., 1997: Der „Wortatlas der deutschen Umgangssprachen": Neue Wege, neue Erkenntnisse. In: Stickel (Hg.) 1997. S. 183–220.
Eichinger, L.M./Kallmeyer, W. (Hgg.) 2005: Standardvariation. Wie viel Variation verträgt die deutsche Sprache? Berlin/New York. (= Institut für deutsche Sprache. Jahrbuch 2004).
Eichinger, L.M./Gärtig A.-K./Plewnia, A./Roessel, J./Rothe, A./Rudert, S./Schoel, C./Stahlberg, D./Stickel, G., 2009: Aktuelle Spracheinstellungen in Deutschland. Erste Ergebnisse einer bundesweiten Repräsentativumfrage. Mannheim.
Eichinger, L.M./Plewnia, A./Schoel, C./Stahlberg, D. (Hgg.) 2012: Sprache und Einstellungen: Spracheinstellungen aus sprachwissenschaftlicher und sozialpsychologischer Perspektive. Mit einer Sprachstandserhebung zum Deutschen von G. Stickel. Tübingen. (= Studien zur Deutschen Sprache, 61).
Eichler, I./Bergmann, G., 1967: Zum meißnischen Deutsch. Zur Beurteilung des Obersächsischen vom 16. bis zum 19. Jahrhundert. In: PBB (H) 89. S. 1–57.
Elmentaler, M., 1998: Diachrone Schreibsprachenforschung und historische Dialektologie des Niederdeutschen. In: NdJb 121. S. 25–58.
Elmentaler, M., 2003: Struktur und Wandel vormoderner Schreibsprachen. Berlin/New York. (= Studia Linguistica Germanica, 71).
Elmentaler, M., 2011: Arealität, Situativität und innersprachliche Steuerungsfaktoren. Überlegungen zu einem mehrdimensionalen Atlas der norddeutschen Regionalsprache (am Beispiel der *t*-Apokope). In: NdW 51. S. 59–106.
Elmentaler, M., 2013: *Plattdüütsch hüüt*. Erhebungen zur niederdeutschen Syntax in Schleswig-Holstein. In Langhanke/Berg/Elmentaler/Peters (Hgg.) 2013. S. 137–156.
Elmentaler, M./Gessinger, J./Wirrer, J., 2010: Qualitative und quantitative Verfahren in der Ethnodialektologie am Beispiel von Salienz. In: Anders, C.A./Hundt, M./Lasch, A. (Hgg.): Perceptual dialectology. Neue Wege der Dialektologie. Tagungsband zur 1. Internationalen Konferez zur perceptual dialectology, 22.–24. Mai 2008, Kiel. Berlin/New York. S. 111–149.
Elspaß, S., 2005: Zum Wandel im Gebrauch regionalsprachlicher Lexik. Ergebnisse einer Neuerhebung. In: ZDL 72. S. 1–51.

Elspaß, S./König, W. (Hgg.) 2008: Sprachgeographie digital. Die neue Generation der Sprachatlanten. In: GL 190-191.
Elspaß, S./Möller, R., 2006: Internet-Exploration: Zu den Chancen, die eine Online-Erhebung regional gefärbter Alltagssprache bietet. In: OBST 71. S. 143-158.
Van der Elst, G., 1972: Zur Strukturierung eines verbalen Bedeutungsfeldes in dialektalen Teilsystemen. In: GL 1/72. S. 76-106.
Van der Elst, G., 1976: Der ‚Deutsche Wortatlas' als Instrument der Wortgeographie. Überlegungen zu einem ‚Kleinen deutschen Wortatlas'. In: GL 3-4/76. S. 75-99.
Ender, A./Kaiser, I., 2009: Zum Stellenwert von Dialekt und Standard im österreichischen und Schweizer Alltag. In: ZGL 37. S. 266-295.
Engel, U., 1962: Schwäbische Mundart und Umgangssprache. In: Muttersprache 72. S. 257-261.
Ernst, P., 2004: Dialektsoziologische Grenzräume in der Oststeiermark. In: ZDL 71. S. 3-22.
Ernst, P./Patocka, F. (Hgg.) 2008: Dialektgeographie der Zukunft. Akten des 2. Kongresses der Internationalen Gesellschaft für Dialektologie des Deutschen (IGDD) am Institut für Germanistik der Universität Wien, 20. bis 23. September 2006. Stuttgart. (= ZDL, Beihefte, 135).
Eyerdam, A., 1996: Dialektniveau und Dialektareale im Westmitteldeutschen. Unveröff. Magisterarbeit Mainz.
Faßke, H. u.a., 1965-68: Sorbischer Sprachatlas. 2 Bde. Bautzen.
Ferguson, Ch.A., 1959: Diglossia. In: Word 15. S. 325-340.
Firmenich, J.M., 1843-67: Germaniens Völkerstimmen, Sammlung der deutschen Mundarten in Dichtungen, Sagen, Mährchen, Volksliedern u.s.w. 3 Bde. Berlin. (Neudruck: Osnabrück 1968).
Fischer, C./Peters, R., 2004: Vom ‚Atlas frühmittelniederdeutscher Schreibsprachen' zum ‚Atlas spätmittelalterlicher Schreibsprachen des niederdeutschen Altlandes und angrenzender Gebiete' (ASnA). Entstehungsgeschichte, Bearbeitungsstand, erste Ergebnisse und Perspektiven. In: Patocka/Wiesinger (Hgg.) 2004. S. 406-428.
Fischer, H., 1895: Geographie der schwäbischen Mundart. Mit einem Atlas von 28 Karten. Tübingen.
Fishman, J.A., 1975: Soziologie der Sprache. Eine interdisziplinäre sozialwissenschaftliche Betrachtung der Sprache in der Gesellschaft. München.
Fleischer, J., 2011: ...und habe es ihr gesagt: zur dialektalen Abfolge pronominaler Objekte (eine Auswertung von Wenkersatz 9). In: Glaser/Schmidt/Frey (Hgg.) 2011. S. 77-100.
Fleischer, J., 2012: Pronominalsyntax im nordwestlichen Niederdeutsch: eine Auswertung des Wenker-Materials (mit Einbezug der friesischen und dänischen Formulare). In: NdJb 135. S. 59-80.
Fleischer, J./Kasper, S./Lenz, A.N., 2012: Die Erhebung syntaktischer Phänomene durch die indirekte Methode: Ergebnisse und Erfahrungen aus dem Forschungsprojekt „Syntax hessischer Dialekte" (SyHD). In: ZDL 79. S. 2-42.
Fleischer, W., 1966: Strukturelle Untersuchungen zur Geschichte des Neuhochdeutschen. Berlin.
Foerste, W., 1957: Geschichte der niederdeutschen Mundarten. In: Stammler (Hg.) 1957. Sp. 1729-1898.
Foerste, W., 1960: Einheit und Vielfalt der niederdeutschen Mundarten. Münster. (= Schriften zur Heimatkunde und Heimatpflege, 4).
Föllner, U., 1999: Zur Situation des Niederdeutschen zwischen Wittenberg und Salzwedel. Zwischenbilanz einer soziolinguistischen Untersuchung in Sachsen-Anhalt. In: Wagener, P. (Hg.): Sprachformen. Festschrift für Dieter Stellmacher. Stuttgart. S. 111-119. (= ZDL, Beihefte, 105).
Forner, E., 2003: „Unser Drittes: Da sind wir daheim. Über den Gebrauch von Dialekt im SWR Fernsehen." In: Brenner u.a. 2003. S. 65-79.
Frank-Cyrus, K.M., 1991: Subjektive Varietätenwahl in pfälzischen Dorfgemeinschaften unter besonderer Berücksichtigung geschlechtsspezifischer Dialektverwendung. Frankfurt/Main.
Freese, H./Launert, U., 2004: „Nu bruuk ik Tee mit'n Kluntje!" Niederdeutsch und Werbung. In: Lehmberg (Hg.). S. 107-120.

Freudenberg, R., 1965: Zur Entwicklungsgeschichte der dialektgeographischen Methode. In: ZMF 32. S. 170–182.
Freudenberg, R., 1968: Bairische Mundartforschung. In: Schmitt, L.E. (Hg.) 1968. Bd. 1. S. 30–74.
Freudenberg, R., 1980: Ostoberdeutsch. In: LGL. S. 486–491.
Frey, E., 1975: Stuttgarter Schwäbisch. Laut- und Formenlehre eines Stuttgarter Idiolekts. Marburg/Lahn. (= DDG, 101).
Friebertshäuser, H., 1968: Westmitteldeutsche Mundartforschung. In: Schmitt, L.E. (Hg.) 1968. Bd 1. S. 75–104.
Friebertshäuser, H., 1983: Die großlandschaftlichen Wörterbücher der deutschen Dialekte. Areale und lexikologische Beschreibung. In Dialektologie 2. S. 1283–1295.
Friebertshäuser, H., 1987: Das hessische Dialektbuch. München.
Friebertshäuser, H./Dingeldein, H.J., 1988a: Wortgeographie der städtischen Alltagssprache in Hessen. Graphisch-computative Bearbeitung: H. Händler und W. Putschke. Tübingen. (= Hessische Sprachatlanten, Kleine Reihe, Bd. 1).
Friebertshäuser, H./Dingeldein, H.J., 1988b: Zur Struktur und Arealtypologie alltagssprachlicher Worträume in Hessen. In: Munske, H.H./von Polenz, P./Reichmann, O./Hildebrandt, R. (Hgg.): Deutscher Wortschatz. Ludwig Erich Schmitt zum 80. Geburtstag von seinen Marburger Schülern. Berlin/New York. S. 628–646.
Friebertshäuser, H./Dingeldein, H.J., 1989: Neue Dimensionen areallinguistischer Forschung. Die Konzepte des „Wortatlas der deutschen Umgangssprachen", der „Wortgeographie der städtischen Alltagssprache in Hessen" und des „Mittelrheinischen Sprachatlas" im Vergleich. In: Putschke/Veith/Wiesinger (Hgg.) 1989. S. 110–125.
Frings, Th., 1922 (1956): Rheinische Sprachgeschichte. In: Geschichte des Rheinlandes von der ältesten Zeit bis zur Gegenwart. Wiederabdruck in: Frings 1956, Bd I. S. 1–54.
Frings, Th., 1956: Sprache und Geschichte. 3 Bde. Halle/S. (= Mitteldeutsche Studien, 16–18).
Frings, Th., 1957: Grundlegung einer Geschichte der deutschen Sprache. 3. erw. Aufl. Halle.
Fournier, J., 2003: Vorüberlegungen zum Aufbau eines Verbundes von Dialektwörterbüchern. In: ZDL 70. S. 155–176.
Geerts, G., 1983: Waar komt de vitaliteit van de dialecten vandaan? In: Ons Erfdeel 26. S. 547–554.
Gerritsen, M., 1985: Alters- und geschlechtsspezifische Sprachverwendung. In: Besch/Mattheier (Hgg.) 1985. S. 79–108.
Gerritsen, M., 1991: Atlas van de Nederlandse Dialectsyntaxis (AND). 2 Teile. Amsterdam.
Gesner, C., 1974 (1555): Mithridates: de differentiis linguarum tum vetrum tum quae hodie apud diversas nationes in tot orbe terrarum in usu sunt. Neudruck der Ausgabe Zürich 1555, hg. und eingeleitet von M. Peters. Aalen.
Gilles, P., 2001: Die Intonation fallender Nuklei: Eine kontrastive Untersuchung zum Hamburgischen und Berlinischen. In: Schmidt, J.E. (Hg.) 2001. S. 167–200.
Gilles, P., 2003: Zugänge zum Substandard: Korrelativ-globale und konversationell-lokale Verfahren. In: Androutsopoulos, J.K./Ziegler, E. (Hgg.): ‚Standardfragen'. Soziolinguistische Perspektiven auf Sprachgeschichte, Sprachkontakt und Sprachvariation. Frankfurt a.M. S. 195–215. (= VarioLingua, 18).
Gilles, P., 2005: Regionale Intonation. In: Eggers/Schmidt/Stellmacher (Hgg.) 2005. S. 145–167.
Gilles, P./Moulin, C., 2008: Der digitale luxemburgische Sprachatlas (LuxSA). Stand und Perspektiven. In: Elspaß/König (Hgg.) 2008. S. 133–147.
Gilles, P./Peters, J./Auer, P./Selting, M., 2001: Perzeptuelle Identifikation regional markierter Tonhöhenverläufe. In: ZDL 68. S. 155–172.
Gilles, P./Scharloth, J./Ziegler, E. (Hgg.) 2010: Variatio delectat. Empirische Evidenzen und theoretische Passungen sprachlicher Variation. Frankfurt/M. (= Variolingua, 37).

Gilles, P./Siebenhaar, B., 2010a: Areal variation in segmental phonetics and phonology. In: L & S 1. S. 760–786.
Gilles, P./Siebenhaar, B., 2010b: Areal variation in prosody. In: L & S 1. S. 786–804.
Gilliéron, J./Edmont, E., 1900–1912: Atlas linguistique de la France. Paris.
Gilliéron, J./Roques, M., 1912: Le coq et le chat. In: Études de géographie linguistique d'après l'atlas linguistique de la France. Paris. S. 121–131.
Girnth, H., 2010: Mapping language data. In: L & S 2, Bd. 1. S. 98–121.
Glaser, E., 1997: Dialektsyntax: eine Forschungsaufgabe. In: Schweizerdeutsches Wörterbuch, Schweizerisches Idiotikon. Bericht über das Jahr 1996. Zürich. S. 11–30.
Glaser, E., 2000: Erhebungsmethoden dialektaler Syntax. In: Stellmacher (Hg.) 2000. S. 258–276.
Glaser, E., 2003: Schweizerdeutsche Syntax. Phänomene und Entwicklungen. In: Dittli, B./Häcki Buhofer, A./Haas, W. (Hgg.): Gömmer MiGro? Veränderungen und Entwicklungen im heutigen SchweizerDeutschen. Freiburg/Schweiz. S. 39–66. (= Germanistica Friburgensia, 18).
Glaser, E., 2008: Syntaktische Raumbilder. In: Ernst/Patocka (Hgg.) 2008. S. 85–111.
Glaser, E./Schmidt, J.E./Frey, N. (Hgg.), 2011: Dynamik des Dialekts – Wandel und Variation. Akten des 3. Kongresses der Internationalen Gesellschaft für Dialektologie des Deutschen (IGDD). Stuttgart. (= ZDL, Beihefte, 144).
Glinz, H., 1965: Deutsche Syntax. Stuttgart.
Goebl, H., 1982a: Ansätze einer computativen Dialektometrie. In: Dialektologie 1. S. 778–792.
Goebl, H., 1982b: Dialektometrie. Prinzipien des Einsatzes der Numerischen Taxonomie im Bereich der Dialektgeographie. Wien. (= Österreichische Akademie der Wissenschaften. Phil.-Hist. Klasse. Denkschriften, Bd. 157).
Goebl, H., 1984: Dialektometrische Studien. Anhand italoromanischer, rätoromanischer und galloromanischer Sprachmaterialien aus AIS und ALF. 3 Bde. Tübingen.
Goebl., H., 1986: Muster, Strukturen und Systeme in der Sprachgeographie. In: Mondo Ladino 10. S. 41–70.
Goebl, H., 1993: Probleme und Methoden der Dialektometrie: Geolinguistik in globaler Perspektive. In: VerhIDK 1. S. 37–81.
Goebl, H., 1994: Dialektometrie und Dialektgeographie. In: DialDt. S. 171–191.
Goebl, H., 2001: Arealtypologie und Dialektologie. In: Haspelmath, M./König, E./Oesterreicher, W./Raible, W. (Hgg.): Language Typology and Language Universals. Sprachtypologie und sprachliche Universalien. La typologie des langues et les universaux linguistiques. [...] Ein internationales Handbuch [...]. 2. Halbband. Berlin/New York. S. 1471–1491. (= HSK 20.2).
Goebl, H., 2010: Dialectometry and quantitative mapping. In: L & S 2, Bd. 1. S. 433–457.
Goebl, H., 2012: [...] Einleitung. In: ALD-II. [...] Sprachatlas des Dolomitenladinischen und angrenzender Dialekte, 2. Teil. [...] Strasbourg. S. XI–XXVI.
Görlach, M., 1982: Wilhelm Busch, Max und Moritz. Eine Bubengeschichte in sieben Streichen. In deutschen Dialekten, Mittelhochdeutsch und Jiddisch hg., eingeleitet und mit einer Bibliographie versehen. Hamburg.
Göschel, J., 1992: Kleiner Deutscher Lautatlas – Phonetik [KDLA (phon)]. In: Das Forschungsinstitut für deutsche Sprache „Deutscher Sprachatlas" 1988–1992. Wissenschaftlicher Bericht. Hg. vom Direktorium. Marburg. S. 64–70.
Göschel, J./Ivić, P./Kehr, K. (Hgg.), 1980: Dialekt und Dialektologie. Ergebnisse des internationalen Symposions „Zur Theorie des Dialekts", Marburg/Lahn, 5.–10. September 1977. Wiesbaden. (= ZDL, Beihefte, 26).
Göschel, J./Lauf, R., 1993: Die Darstellung von Sonderzeichen der API (Association Phonétique Internationale) am Bildschirm und im Ausdruck. In: VerhIDK 1. S. 163–172.
Göschel, J./Nail, N./Van der Elst, G. (Hgg.), 1976: Zur Theorie des Dialekts. Aufsätze aus 100 Jahren Forschung mit biographischen Anmerkungen zu den Autoren. Wiesbaden. (= ZDL, Beihefte, 16).

Götze, A., 1922: Proben hoch- und niederdeutscher Mundarten. Bonn. (= Kleine Texte für Vorlesungen und Übungen, 146).
Goossens, J., 1965: Die niederländische Strukturgeographie und die „Reeks Nederlandse dialectatlassen". Amsterdam. (= BMDC, 29).
Goossens, J., 1968: Pseudo-Lautverschiebung im niederländischen Sprachraum. In: NdJb 91. S. 7–41.
Goossens, J., 1969: Strukturelle Sprachgeographie. Eine Einführung in Methodik und Ergebnisse. Mit 30 Karten. Heidelberg.
Goossens, J., 1970: Intern-linguistische Sprachgeographie. In: Hofmann, D./Sanders, W. (Hgg.): Gedenkschrift für W. Foerste. Köln/Wien. S. 17–27. (= Niederdeutsche Studien, 18).
Goossens, J., 1972 (1977): Inleiding tot de Nederlandse Dialectologie. Tongeren.
Goossens, J., ³1973 (1971): Was ist Deutsch – und wie verhält es sich zum Niederländischen. Bonn. (Nachbarn, 11); wiederabgedruckt in: Göschel/Nail/van der Elst (Hgg.) 1976. S. 256–282.
Goossens, J., 1977: Deutsche Dialektologie. Mit 13 Karten und 4 Abbildungen. Berlin/New York.
Goossens, J., 1978: Das Westmitteldeutsche und die zweite Lautverschiebung. In: ZDL 45. S. 281–289.
Goossens, J., 1979a: Über Dialektologie und eine angeblich merovingische Lautverschiebung. In: NdW 19. S. 198–213.
Goossens, J., 1979b: Zum Verhältnis von mundartlichem und umgangssprachlichem Wortschatz in Niederdeutschland. In: Kramer/Scheuermann/Stellmacher (Hgg.) 1979. S. 39–51.
Goossens, J., 1980a: Areallinguistik. In: LGL. S. 445–453.
Goossens, J., 1980b: Dialektologie im Zeitalter der Variablenforschung. In: Göschel/Ivić/Kehr (Hgg.) 1980. S. 43–55.
Goossens, J., 1981ff.: Sprachatlas des nördlichen Rheinlands und des südöstlichen Niederlands. „Fränkischer Sprachatlas" (FSA). Marburg. Ortsregister, Grundkarte. 1981; Erste Lieferung (Karten 1–10, Textband) 1988; Zweite Lieferung (Karten 11–23, Textband) 1994; Dritte Lieferung (Karten 24–33, Textband) 2002.
Goossens, J., (Hg.) 1983: Niederdeutsch – Sprache und Literatur. Eine Einführung. Bd. 1: Sprache. 2. verb. Aufl. Neumünster (1. Aufl. 1973).
Goossens, J., 1983: Sprache. In: Kohl, W. (Hg.): Westfälische Geschichte in drei Textbänden und einem Bild- und Dokumentarband. Bd 1: Von den Anfängen bis zum Ende des Alten Reiches. Düsseldorf. S. 55–80.
Goossens, J., 1986: Zur Lage des Niederdeutschen und ihrer Erforschung. In: Michigan Germanic Studies 12. No.1. S.1–20.
Goossens, J., 1987: Dialektgeographie. In: Sociolinguistics, Bd. 1. S. 514–520.
Goossens, J., 1998: Möglichkeiten historischer Sprachgeographie II: Der niederdeutsche und niederfränkische Raum. In: Sprachgeschichte 2. Aufl., Bd. 1. S. 900–914.
Grimm, J., 1848: Geschichte der deutschen Sprache. Bd.1–2. Leipzig.
Grober-Glück, G., 1982: Die Leistungen der kulturmorphologischen Betrachtungsweise im Rahmen dialektgeographischer Interpretationsverfahren. In: Dialektologie 1. S. 92–113.
Große, R., 1955: Die Meißnische Sprachlandschaft. Dialektgeographische Untersuchungen zur obersächsischen Sprach- und Siedlungsgeschichte. Halle/S. (= Mitteldeutsche Studien, 15).
Große, R., 1993: Beiträge der Dialektgeographie zur Sprachgeschichtsschreibung. In: VerhIDK 2. S. 98–107.
Gumperz, J.J., 1994: Sprachliche Variabilität in interaktionsanalytischer Perspektive. In: Kallmeyer, W./Keim, I./Schwitalla, J. (Hgg.): Kommunikation in der Stadt. 4 Bde. Berlin/New York 1994/95. Teil 1: Exemplarische Analysen des Sprachverhaltens in Mannheim. S. 612–639. (= Schriften des Instituts für deutsche Sprache 4, 1–4).
Haag, K., 1929/30: Sprachwandel im Lichte der Mundartgrenzen. In: Teuthonista 6. S. 1–35.

Haas, W., 1978: Sprachwandel und Sprachgeographie. Untersuchungen zur Struktur der Dialektverschiedenheit am Beispiel der schweizerdeutschen Vokalsysteme. Mit 24 Abbildungen und 9 Karten. Wiesbaden. (= ZDL, Beihefte, 30).

Haas, W., 1990: Jacob Grimm und die deutschen Mundarten. Wiesbaden. (= ZDL, Beihefte, 65)

Haas, W., 1992: Mundart und Standardsprache in der deutschen Schweiz. In: Leuvensteijn, J. van/ Berns, J. (eds.): Dialect and Standard Language in the English, Dutch, German and Norwegian Language Areas. Amsterdam/Oxford/New York/Tokyo. S. 312–336.

Haas, W., 1994: Provinzialwörter. Deutsche Idiotismensammlungen des 18. Jahrhunderts. Unter Mitarbeit von W.G. Ganser, K. Gerster, H. von Flüe. Berlin/New York. (= Historische Wortforschung, 3).

Haas, W., 1995: Wenker contra Bremer oder: Empirie und Theorie des Dialekts. In: Cajot/Kremer/ Niebaum (Hgg.) 1995, Bd 1. S. 331–340.

Haas, W., 2004: Sprachatlanten als Darstellungsmittel der Dialektgeographie. In: PBB 126. S. 1–22.

Haas, W., 2010: A study on areal diffusion. In: L & S 1. S. 649–667.

Haas, W., 2011: Ist Dialektologie Linguistik? In: Glaser/Schmidt/Frey (Hgg.) 2011. S. 9–22.

Häcki Buhofer, A., 1998: Theoretische Elemente einer Variationslinguistik. In: Henn-Memmesheimer, B. (Hg.): Sprachliche Varianz als Ergebnis von Handlungswahl. Tübingen. S. 65–74. (= RGL, 198).

Hagen, A., 1983: De waardering van taalverschillen [Antrittsvorlesung]. Nijmegen.

Hagen, A., 1984: Het eerste taalgrensdebat en de ontmoediging der dialectologen. In: Grenzen. S. 21–29.

Hakkarainen, H.J., 1992: Saarländisches in Rundfunkwerbespots des Saarländischen Rundfunks. In: Bonner, M./ Braun,E./ Fix, H. (Hgg.): Nachbarschaften. Festschrift für Max Mangold. Saarbrücken. S. 67–78. (= Beiträge zur Sprache im Saarland, 11).

Halle, M., 1962: Phonology in Generative Grammar. In: Word 18. S. 54–72.

Hallig, R./von Wartburg, W., 1963: Begriffssystem als Grundlage für die Lexikographie. Versuch eines Ordnungsschemas. 2. Aufl. Berlin. (= Akademie der Wissenschaften zu Berlin. Veröff. d. Inst. f. Rom. Sprachwiss., 14).

Hard, G., 1966: Zur Mundartgeographie. Ergebnisse, Methoden, Perspektiven. Düsseldorf. (= Wirkendes Wort, Beiheft 17).

Harnisch, R., 1987: Natürliche generative Morphologie und Phonologie des Dialekts von Ludwigstadt. Die Erprobung eines Grammatikmodells an einem einzelsprachlichen Gesamtsystem. Tübingen. (= Linguistische Arbeiten, 190).

Harnisch, R., 2010: Divergence of linguistic varieties in a language space. In: L & S 1. S. 275–295.

Hartig, J./Keseling, G., 1968: Niederdeutsche Mundartforschung der Stammlande. In: Schmitt, L.E. (Hg.) 1968. Bd 1. S. 155–179.

Hasselberg, J., 1976: Dialektsprecher in der Förderstufe hessischer Gesamtschulen. In: Deutsche Sprache 4. S. 165–180.

Hasselberg, J./Wegera, K.-P., 1976: Hessisch. Düsseldorf. (= Dialekt/Hochsprache – kontrastiv, 1)

Heepe, M. 1928: Lautzeichen und ihre Anwendung in verschiedenen Sprachgebieten. Berlin.

Heeringa, W., 2004: Measuring Dialect Pronunciation Differences using Levenshtein Distance. Groningen. (= Groningen Dissertations in Linguistics, 46)

Helmers, H., [9]1976: Didaktik der deutschen Sprache. Einführung in die Theorie der muttersprachlichen und literarischen Bildung. Stuttgart.

Henn, B., 1980: Pfälzisch. Düsseldorf . (= Dialekt/Hochsprache – kontrastiv, 7)

Henn, B., 1983: Syntaktische Eigenschaften deutscher Dialekte. Überblick und Forschungsbericht. In: Dialektologie 2, S. 1255–1282.

Henne, H., 1980: Lexikographie. In: LGL. S. 778–787.

Herder, J.G., 1796: Von der Ausbildung der Rede und Sprache in Kindern und Jünglingen. In: Herders Sämmtliche Werke. Hg. von B. Suphan. Bd. XXX. Berlin 1889 (Nachdruck Hildesheim u.a. 1968).
Herder, J.G., 1960: Sprachphilosophische Schriften. Aus dem Gesamtwerk ausgewählt [...] von E. Heintel. Hamburg.
Herrgen, J., 1994: Kontrastive Dialektkartographie. In: DialDt. S. 131–163.
Herrgen, J., 2000: Dialektgeographie und Dialektwandel. Zu rezenten konsonantischen Entwicklungstendenzen im Westmitteldeutschen. In: Stellmacher (Hg.) 2000. S. 48–64.
Herrgen, J., 2001: Die Dialektologie des Deutschen. In: Geschichte Sprachwiss. 2. S. 1513–15535.
Herrgen, J., 2006: Die Dynamik der modernen Regionalsprachen. In: Voeste/Gessinger (Hgg.) 2006. S. 119–142.
Herrgen, J., 2010: *The linguistic Atlas of the Middle Rhine (MRhSA)*: A study on the emergence and Spread of regional dialects. In: L & S 1. S. 668–686.
Herrgen, J./Lenz, A., 2003a: Digitale Dialektologie. Online-Publikation des Wenker-Atlasses im Internet. In: Marburger Uni*Journal* 14, Januar 2003. S. 43–48.
Herrgen, J./Lenz, A., 2003b: Das Forschungsinstitut für deutsche Sprache „Deutscher Sprachatlas" (Marburg). Marburg.
Herrgen, J./Schmidt, J.E., 1985: Systemkontrast und Hörerurteil. Zwei Dialektalitätsbegriffe und die ihnen entsprechenden Meßverfahren. In: ZDL 52. S. 20–42.
Herrgen, J./Schmidt, J.E., 1989: Dialektalitätsareale und Dialektabbau. In: Putschke/Veith/Wiesinger (Hgg.) 1989. S. 304–346.
Herrmann-Winter, R., 1979: Studien zur gesprochenen Sprache im Norden der DDR. Soziolinguistische Untersuchungen im Kreis Greifswald. Berlin (= Sprache und Gesellschaft, 14).
Herz, D., 1983: Mundart in der Zeitung. Möglichkeiten nicht-hochsprachlicher Beiträge in der Tagespresse. Tübingen. (= Untersuchungen des Ludwig-Uhland-Instituts der Universität Tübingen, 59).
Hettler, Y./Jürgens, C./Langhanke, R./Purschke, C. (Hgg.), 2013: Variation, Wandel, Wissen. Studien zum Hochdeutschen und Niederdeutschen. Frankfurt/M. (= Sprache in der Gesellschaft. Beiträge zur Sprach- und Medienwissenschaft, 32).
Heuwagen, M., 1975: Die Verbreitung des Dialekts in der Bundesrepublik Deutschland. Auswertung einer Umfrage des Instituts für Demoskopie in Allensbach 1966. Staatsarbeit Bonn.
Hildebrand, R., 1917: Vom deutschen Sprachunterricht in der Schule und von deutscher Erziehung und Bildung überhaupt. 14. Aufl. Leipzig.
Hildebrandt, R., 1963: Ton und Topf. Zur Wortgeschichte der Töpferware im Deutschen. In: DWEB 3. Gießen. S. 297–441.
Hildebrandt, R., 1968: Der Deutsche Wortatlas als Forschungsmittel der Sprachsoziologie. In: Mitzka, W. (Hg.): Wortgeographie und Gesellschaft. Festgabe für L.E. Schmitt zum 60. Geburtstag am 10. Februar 1968. Berlin. S. 149–169.
Hildebrandt, R., 1983: Typologie der arealen lexikalischen Gliederung deutscher Dialekte aufgrund des Deutschen Wortatlasses. In: Dialektologie 2. S. 1331–1367.
Hildebrandt, R., 1998: Der Beitrag der Sprachgeographie zur Sprachgeschichtsforschung. In: Sprachgeschichte 2. Aufl., Bd.1. S. 495–519.
Hildenbrandt, V./Moulin, C., 2012: Das Trierer Wörterbuchnetz. Vom Einzelwörterbuch zum lexikographischen Informationssystem. In: NdKbl 119. S. 73–81.
Hoberg, R./Eichhoff-Cyrus, K./Schulz, R. (Hgg.), 2008: Wie denken die Deutschen über ihre Muttersprache und über Fremdsprachen? Eine repräsentative Umfrage der Gesellschaft für deutsche Sprache. In Zusammenarbeit mit dem Deutschen Sprachrat. Durchgeführt vom Institut für Demoskopie Allensbach. Wiesbaden.

Hochholzer, R., 2002: Dialektgebrauch im Deutschunterricht. Anmerkungen zu geschlechtstypischen Differenzen bei Deutschlehrerinnen und Deutschlehrern. In: Der Deutschunterricht 54, H.3. S. 84–89.

Hoebeke, M., 1976: Zur Anwendung der generativen Phonologie in der Beschreibung von Dialekten. In: NdW 16. S. 164–182.

Höing, H., 1958: Deutsche Getreidebezeichnungen in europäischen Bezügen semasiologisch und onomasiologisch untersucht. In: DWEB 1. S. 117–190.

Hofer, L., 1997: Sprachwandel im städtischen Dialektrepertoire: eine variationslinguistische Untersuchung am Beispiel des Baseldeutschen. Tübingen/Basel. (= Stadtsprache Bd. 2 / Basler Studien zur Deutschen Sprache und Literatur, 72).

Hofer, L., 2002: Zur Dynamik urbanen Sprechens. Studien zu Spracheinstellungen und Dialektvariation im Stadtraum. Mit Beiträgen von Annelies Häcki Buhofer und Heinrich Löffler. Unter Mitarbeit von Beatrice Bürkli und Petra Leuenberger. Tübingen/Basel. (= Basler Studien zur deutschen Sprache und Literatur, 71).

Hoffmann, M., 1999: Thesen zur Varietätenlinguistik. In: ZGL 27. S. 309–321.

Hoffmann, W., 1998: Das Projekt eines Historischen Rheinischen Wörterbuchs und seine Konzeption als historisches Regionalwörterbuch. In: ZDPh 117, Sonderheft. S. 152–162.

Holthausen, F., 1886: Die Soester Mundart. Laut- und Formenlehre. Norden/Leipzig.

Homer, 1956: Odyssee. Nach der Übertragung von Johann Heinrich Voss. München.

Hoppenbrouwers, C.A.J./Hoppenbrouwers, G.A.J., 1988: De featurefrequentiemethode en de classificatie van Nederlandse dialecten. In: Tabu 18. S. 51–91.

Hoppenbrouwers, C./Hoppenbrouwers, G., 1993: Feature Frequencies and the Classification of Dutch Dialects. In: VerhIDK 1. S. 365–383.

Hotzenköcherle, R., 1962a: Einführung in den Sprachatlas der deutschen Schweiz. A: Zur Methodologie der Kleinraumatlanten. Bern. (= Sprachatlas der deutschen Schweiz, Einführungsband A).

Hotzenköcherle, R., 1962b: Einführung in den Sprachatlas der deutschen Schweiz. B: Fragebuch. Transkriptionsschlüssel. Aufnahmeprotokoll. Bern. (= Sprachatlas der deutschen Schweiz, Einführungsband B).

Hove, I., 2002: Die Aussprache der Standardsprache in der deutschen Schweiz. Tübingen. (= Phonai 47).

Huesmann, A., 1998: Zwischen Dialekt und Standard. Empirische Untersuchung zur Soziolinguistik des Varietätenspektrums im Deutschen. Tübingen. (= Reihe Germanistische Linguistik, 199).

Hufschmidt, J./Mattheier, K.J., 1976 (1981): Sprachdatenerhebung. Methoden und Erfahrungen bei sprachsoziologischen Feldforschungen. In: Viereck, W. (Hg.): Sprachliches Handeln – soziales Verhalten. Ein Reader zur Pragmalinguistik und Soziolinguistik. München. S. 105–138, 358–360; wiederabgedruckt in: Besch/Hufschmidt/Kall-Holland/Klein/Mattheier 1981. S. 178–205.

Hufschmidt, J./ Klein, E./ Mattheier, K.J./ Mickartz, H., 1983: Sprachverhalten in ländlichen Gemeinden. Dialekt und Standardsprache im Sprecherurteil. Forschungsbericht Erp-Projekt. Bd.II. Hg. u. eingel. von W. Besch. Berlin. (= Schriften der Abteilung für Sprachforschung des Instituts für Geschichtliche Landeskunde der Rheinlande, Universität Bonn).

Hugo von Trimberg, 1970: Der Renner. Hg. von G. Ehrismann/G. Schweikle. Bd III. Berlin. (= Deutsche Neudrucke, Reihe: Texte des Mittelalters).

Hummel, L., 1993a: Dialektometrische Analysen zum Kleinen Deutschen Sprachatlas (KDSA). Experimentelle Untersuchungen zu taxometrischen Ordnungsstrukturen als dialektaler Gliederung des deutschen Sprachraums. Tübingen. (= Studien zum Kleinen Deutschen Sprachatlas, 4).

Hummel, L., 1993b: Dialektale Gliederungsstrukturen des deutschen Sprachraums auf der Grundlage taxometrischer Untersuchungen. In: VerhIDK 1. S. 384–420.

Hundt, M., 1992: Einstellungen gegenüber dialektal gefärbter Standardsprache. Eine empirische Untersuchung zum Bairischen, Hamburgischen, Pfälzischen und Schwäbischen. Stuttgart. (= ZDL, Beihefte, 78).
Hundt, M., 1997: Zum Prestige gesprochener Alltagssprache: Sächsisch und Schwäbisch. In: Ruoff/Löffelad (Hgg.) 1997. S. 49–63.
IPOS 1992: Institut für praxisorientierte Sozialforschung: Repräsentative Bevölkerungs-Umfrage Februar 1992. Mannheim.
Ising, G., 1968: Zur Wortgeographie spätmittelalterlicher deutscher Schriftdialekte. Eine Darstellung auf der Grundlage der Wortwahl von Bibelübersetzungen und Glossaren. Berlin.
Jaberg, K./Jud, J., 1927: Transkriptionsverfahren, Aussprache- und Gehörsschwankungen (Prolegomena zum „Sprach- und Sachatlas Italiens und der Südschweiz"). In: ZRPh 47. S. 171–218.
Jakob, K., 1989: Prestige und Stigma deutscher Dialektlandschaften. In: ZDL 56. S. 167–182.
Janßen, H., 1943: Leben und Macht der Mundart in Niedersachsen. Oldenburg. (= Prov.-Inst. für Landesplanung und niedersächs. Landesforschung Hannover-Göttingen, A II 14).
Jochmann, T., 2000: Zur Einschätzung soziophonetischer Befragungen. Kontrolluntersuchungen zu einem geplanten gesamtdeutschen Aussprachewörterbuch. Aachen. (= Sprache & Kultur).
Jongen, R., 1982: Theoriebildung der strukturellen Dialektologie. In: Dialektologie 1. S. 248–277.
Jünger-Geier, U., 1989: Die Ortssprache des rheinischen Dorfes Kelzenberg. Empirische Studie zur situativen Sprachverwendung im Bereich Dialekt-Hochsprache. Köln/Wien. (= Rheinisches Archiv, 126).
Kall-Holland, A., 1981: Soziale und sprachliche Gliederungen in der Ortsgemeinschaft Erp. In: Besch/Hufschmidt/Kall-Holland/Mattheier 1981. S. 214–237.
Kamp, H., 1969: Methoden zur Herstellung und Auswertung von Dialekt-Wörterbüchern mit Hilfe der elektronischen Datenverarbeitung. In: NdW 9. S. 73–96.
Karst, K.H., 1984: Regionalsprache in Massenmedien. Mundart und Dialekthörspiel. In: Först, W. (Hg): Rundfunk in der Region. Probleme und Möglichkeiten der Regionalität. Stuttgart. S. 251–324. (= Annalen des Westdeutschen Rundfunks, 6).
Kehrein, R., 2008: Regionalsprachliches Spektrum in der Kleinregion Waldshut-Tiengen (Hochalemannisch) Marburg: Forschungszentrum Deutscher Sprachatlas (http://www.deutscher-sprachatlas.de/rede/projekt-publikationen).
Kehrein, R., 2009: Dialektalität von Vorleseaussprache im diatopischen Vergleich – Hörerurteil und phonetische Messung. In: ZDL 76. S. 14–54.
Kehrein, R., 2012: Regionalsprachliche Spektren im Raum. Zur linguistischen Struktur der Vertikale. Stuttgart. (= ZDL, Beihefte, 152).
Kehrein, R./Lameli, A./Purschke, C., 2010: Stimuluseffekte und Sprachraumkonzepte. In: Anders/Hundt/Lasch (Hgg.) 2010. S. 351–384.
Kelle, B., 1977: Datenaufbereitung und automatische Kartierung beim Südwestdeutschen Sprachatlas (SSA). In: Putschke (Hg.) 1977. S. 89–105.
Kelle, B., 1997: The Computation of Maps in Word Geography. In: Thomas (Hg.) 1997. S. 211–223.
Kelle, B., 2000: Regionale Varietäten im Internet-Chat als Wegbereiter einer regionalen Schriftlichkeit. In: Deutsche Sprache 4/2000. S. 357–371.
Kelle, B., 2001: Zur Typologie der Dialekte in der deutschsprachigen Schweiz: Ein dialektometrischer Versuch. In: DiG 9. S. 9–34.
Keseling, G., 1969: Mundartwörterbücher und Datenverarbeitung. In: ZDL 36. S. 310–326.
Keseling, G./Kettner, B.-U./Kramer, W./Putschke, W./Rössing-Hager, M./Scheuermann, U., 1970: Richtlinien zur Ablochung und zentralen Speicherung mundartlichen Wortmaterials des Deutschen. In: GL 2/70. S. 179–242.
Kessler, B., 1995: Computational Dialectology in Irish Gaelic. In: Proceedings of the European Association for Computational Linguistics. Dublin. S. 60–67.

Kettner, B.-U., 1978: Niederdeutsche Dialekte, norddeutsche Umgangssprache und die Reaktion der Schule. In: Ammon/Knoop/Radtke (Hgg.) 1978. S. 285–312.
King, R.D., 1971 (1969): Historische Linguistik und generative Grammatik. Übersetzt, eingeleitet und hg. von S. Stelzer. Frankfurt.
Klappenbach, R., 1944/45: Zur Urkundensprache des 13. Jahrhunderts. In: PBB 67/68. S. 155–216, 326–356.
Kleiber, W., 1979: Einführung in den Historischen Südwestdeutschen Sprachatlas. In: Kleiber/Kunze/ Löffler 1979. S. 9–34.
Kleiber, W., 1980: Westoberdeutsch. In: LGL. S. 482–486.
Kleiber, W., 1984: Der Historische Südwestdeutsche Sprachatlas in sprachhistorischer Perspektive. In: Sprachgeschichte 1. S. 833–844.
Kleiber, W., 1994: Historische Dialektologie unter besonderer Berücksichtigung der historischen Dialektkartographie (mit 39 Karten). In: DialDt. S. 259–322.
Kleiber, W., 1998: Möglichkeiten historischer Sprachgeographie I: Der hochdeutsche Raum. In: Sprachgeschichte 2. Aufl., Bd. 1. S. 889–899.
Kleiber, W./Kunze, K./Löffler, H., 1979: Historischer Südwestdeutscher Sprachatlas. Aufgrund von Urbaren des 13. bis 15. Jahrhunderts. In Weiterführung der im Institut für Geschichtliche Landeskunde, Freiburg, unter Leitung von F. Maurer geschaffenen Grundlagen. Bd. I: Text. Einleitung, Kommentare und Dokumentationen. Bd. II. Karten. Einführung, Haupttonvokalismus, Nebentonvokalismus, Konsonantismus. Bern/München. (= Bibliotheca Germanica, 22A und 22B).
Klein, E./Mattheier, K.J./Mickartz, H., 1978: Rheinisch. Düsseldorf. (= Dialekt/Hochsprache – kontrastiv, 6).
Klein, Th., 1977: Studien zur Wechselbeziehung zwischen altsächsischem und althochdeutschem Schreibwesen und ihrer sprach- und kulturgeschichtlichen Bedeutung. Göppingen. (= Göppinger Arbeiten zur Germanistik, 205).
Kleiner, S., 2010a: Zur Aussprache von nebentonigem *-ig* im deutschen Gebrauchsstandard. In: ZDL 77. S. 259–303.
Kleiner, S., 2010b: Aktuelle Regionalsprachforschung zum Deutschen. Das IDS-Projekt *Variation des gesprochenen Deutsch*. In: Germanistische Mitteilungen 71. S. 7–31.
Kleiner, S./Knöbl, R., 2011: Hochdeutsch und Hochdeutsch: Regionale Gebrauchsstandards im gesprochenen Deutsch. In: Sprachreport 2/2011. S. 2–10.
Kleiner Deutscher Sprachatlas, 1984–1999: Im Auftrag des Forschungsinstituts für deutsche Sprache – Deutscher Sprachatlas – Marburg. Dialektologisch bearbeitet von W.H. Veith. Computativ bearbeitet von W. Putschke unter Mitarbeit von L. Hummel. 2 Bde. in vier Teilen. Tübingen.
Knetschke, E./Sperlbaum, M., 1967: Anleitung für die Herstellung der Monographien der Lautbibliothek. Basel/New York. (=Phonai, Reihe A/2).
Knobloch, C., 2010: Language and Space. The *kulturmorphologische Ansatz* in dialectology and the German language space ideology, 1920–1960. In: L & S 1. S. 107–125.
Knoop, U., 1982: Das Interesse an den Mundarten und die Grundlegung der Dialektologie. In: Dialektologie 1. S. 1–23.
Knoop, U./Putschke, W./Wiegand, H.E., 1982: Die Marburger Schule: Entstehung und frühe Entwicklung der Dialektgeographie. In: Dialektologie 1. S. 38–92.
König, A., 2008: JuSUF – Der Dialekt der Enkelgeneration. In: Elspaß/König (Hgg.) 2008. S. 169–180.
König, W., 1975: Überlegungen zur Beschreibung von Aufnahmesituation und Informant bei sprachgeographischen Erhebungen. Mit einem Vorschlag zur Operationalisierung individueller Eigenschaften von Informanten. In: Deutsche Sprache 3. S. 346–364.
König, W., 1978: dtv-Atlas zur deutschen Sprache. Tafeln und Texte. Mit 138 farbigen Abbildungsseiten. Graphiker: H.-J. Paul. München.

König, W., 1982: Probleme der Repräsentativität in der Dialektologie. In: Dialektologie 1. S. 463–485.
König, W., 1988: Zum Problem der engen phonetischen Transkription. Schwierigkeiten und Fehlerquellen am Beispiel von deutscher Substandard-Lautung. In: ZDL 55. S. 155–178.
König, W., 1989: Atlas zur Aussprache des Schriftdeutschen in der Bundesrepublik Deutschland. Bd. 1: Text. Bd. 2: Tabellen und Karten. Ismaning.
König, W., 1996: dtv-Atlas zur deutschen Sprache. Tafeln und Texte. Mit 155 farbigen Abbildungsseiten. Graphiker: H.-J. Paul. 11. Aufl. München.
König, W., 1997: Phonetisch-phonologische Regionalismen in der deutschen Standardsprache. Konsequenzen für den Unterricht ‚Deutsch als Fremdsprache'? In: Stickel (Hg.) 1997. S. 246–270.
König, W., 2010: Investigating language in space: Methods and empirical standards. In: L & S 1. S. 494–511.
König, W., 2011: dtv-Atlas Deutsche Sprache. Mit 155 Abbildungsseiten in Farbe. Grafiker H.-J. Paul. 17., durchgesehene und korrigierte Aufl. München.
König, W./Schrambke, R., 1999: Die Sprachatlanten des schwäbisch-alemannischen Raumes. Baden-Württemberg, Bayerisch-Schwaben, Elsaß, Liechtenstein, Schweiz, Vorarlberg. Bühl/Baden.
Kohler, K.J., 1977: Einführung in die Phonetik des Deutschen. Berlin. (= Grundlagen der Germanistik, 20).
Kolde, G., 1981: Sprachkontakt in gemischtsprachigen Städten. Vergleichende Untersuchungen über Voraussetzungen und Formen sprachlicher Interaktion verschiedensprachiger Jugendlicher in den Schweizer Städten Biel/Bienne und Fribourg/Freiburg i.Ue. Wiesbaden. (= ZDL, Beihefte, 37).
Kramer, W./Scheuermann, U./Stellmacher, D. (Hgg.), 1979: Gedenkschrift für H. Wesche. Neumünster.
Krämer-Neubert, S./Wolf, N.R. (Hgg.), 2005: Bayerische Dialektologie. Akten der Internationalen Dialektologischen Konferenz 26.–28. Februar 2002. Heidelberg. (= Schriften zum Bayerischen Sprachatlas, 8).
Kranzmayer, E., 1956: Historische Lautgeographie des gesamtbairischen Dialektraums. Wien.
Kratz, B., 1970: Die Marburger dialektologische Schule. In: ZDL 37. S. 1–25.
Kremer, L., 1984: Die niederländisch-deutsche Staatsgrenze als subjektive Dialektgrenze. In: Grenzen. S. 76–83.
Kremer, L., 1986: „Froulöpraot" und „Mannslöspraoke". Über Unterschiede im Sprachverhalten von Frauen und Männern in Westfalen. In: Westfälische Forschungen 36. S. 2–12.
Kremer, L. (Hg.), 1989: Niederdeutsch in der Schule. Beiträge zur regionalen Zweisprachigkeit. Münster. (= Schriftenreihe des Westfälischen Heimatbundes, Fachstelle Schule).
Kremer, L., 1990: Kontinuum oder Bruchstelle? Zur Entwicklung der Grenzdialekte zwischen Niederrhein und Vechtegebiet. In: Kremer/Niebaum (Hgg.) 1990. S. 85–123.
Kremer, L./Niebaum, H. (Hgg.) 1990: Grenzdialekte. Studien zur Entwicklung kontinentalwestgermanischer Dialektkontinua. Hildesheim/Zürich/New York. (= GL 101–103).
Kretschmer, P., 1969 (1918): Wortgeographie der hochdeutschen Umgangssprache. Göttingen.
Kreymann, M., 1994: Aktueller Sprachwandel im Rheinland. Empirische Studie im Rahmen des Erp-Projektes. Köln/Weimar/Wien. (= Rheinisches Archiv 133).
Kühn, P./Püschel, U., 1983: Die Rolle des mundartlichen Wortschatzes in den standardsprachlichen Wörterbüchern des 17. bis 20. Jahrhunderts. In: Dialektologie 2. S. 1367–1398.
Kunze, K., 1975: Textsorte und historische Wortgeographie. Am Beispiel Pfarrer/Leutpriester (mit 6 Karten). In: Kesting, P. (Hg.): Würzburger Prosastudien II. Kurt Ruh zum 60. Geburtstag. München. S. 35–76.

Kunze, K., 1980: Der Historische Südwestdeutsche Sprachatlas. Quellenbasis, Anlage, Ausweitungs- und Auswertungsmöglichkeiten. In: ZDL 47. S. 1–24.
Kunze, K., 1982a: Erhebung von Sprachdaten aus schriftlichen Quellen. In: Dialektologie 1. S. 554–562.
Kunze, K., 1982b: Der ‚Historische Südwestdeutsche Sprachatlas' als Muster historischer Dialektgeographie. In: Dialektologie 1. S. 169–177.
Künzel, H.J., 2001: Eine Datenbank regionaler Umgangssprachen des Deutschen (DRUGS) für forensische Anwendungen. In: ZDL 68. S. 129–154.
Labov, W., 1980: Einige Prinzipien linguistischer Terminologie. In: Labov, W.: Sprache im sozialen Kontext. Eine Auswahl von Aufsätzen. Hg. von N. Dittmar, B.O. Rieck. Königstein. S. 1–24.
Lameli, A., 2004: Standard und Substandard. Regionalismen im diachronen Längsschnitt. Stuttgart. (= ZDL, Beihefte, 128).
Lameli, A., 2008: Was Wenker noch zu sagen hatte… Die unbekannten Teile des „Sprachatlas des Deutschen Reichs". In: ZDL 75. S. 255–281.
Lameli, A., 2010: Linguistic atlases – traditional and modern. In: L & S 1. S. 567–592.
Lang, J., 1982: Sprache im Raum. Zu den theoretischen Grundlagen der Mundartforschung. Unter Berücksichtigung des Rätoromanischen und Leonesischen. Tübingen. (= Beihefte zur ZRPh, 185).
Lange, K.-P., 2001: Die westfränkische Lautverschiebung nach dem Zeugnis der französischen Etymologie. In: Folia Linguistica Historica 22. S. 149–177.
Langhanke, R./Berg, K./Elmentaler, M./Peters, J. (Hgg.), 2013: Niederdeutsche Syntax. Hildesheim/Zürich/New York. (= GL 220/2012).
Langmantel, V., 1885: Hans Schiltbergers Reisebuch. Nach der Nürnberger Handschrift hg. Tübingen.
Lanwer, J.P., 2011. „Ick lieb dir wohl!" Dialektologische Untersuchungen zur Stilisierung regionaler Substandards in der Face-to-Face-Interaktion. In: NdW 51. S. 107–131.
Lappé, W., 1983: Gesprächsdynamik. Gesprächsanalytische Untersuchungen zum spontanen Alltagsgespräch. Göppingen. (= Göppinger Arbeiten zur Germanistik, 390).
Larsen, N.-E., 1983: Geschlechtsspezifisches Sprachverhalten und die Sprachen Nordfrieslands. In: Kopenhagener Beiträge zur Germanistischen Linguistik 21. S. 7–26.
Lasch, A., 1917: Plattdeutsch. In: PBB 42. S. 134–156.
Lauf, R., 1988: Veränderungen im Langvokalsystem nordniedersächsischer Ortsdialekte zwischen 1879 und 1986. In: NdJb 111. S. 103–114.
Lauf, R., 1996: „Regional markiert": Großräumliche Umgangssprache(n) im niederdeutschen Raum. In: NdJb 119. S. 193–218.
Lausberg, H., 1993: Situative und individuelle Sprachvariation im Rheinland. Variablenbezogene Untersuchung anhand von Tonbandaufnahmen aus Erftstadt-Erp. Köln/Weimar/Wien. (= Rheinisches Archiv, 130).
Lausberg, H./Möller, R., 1996/1997: Rheinische Wortgeographie. Karten des Rheinischen Wörterbuchs und ihre computative Auswertung. Teil I in: RhVjbll 60 (1996). S. 263–293; Teil II in: RhVjbll 61 (1997). S. 271–286.
Lausberg, H./Möller, R., 2000: Rheinischer Wortatlas. Bonn.
Le Dû, J./Le Berre, Y./Brun-Trigaud, G., 2005: Lectures de l'Atlas linguistique de la France de Gilliéron et Edmont. Du temps dans l'espace. Essai d'interpretation des cartes […]. (Paris).
Leemann, A., 2011: Dialektale Intonation des Schweizerdeutschen. In: Glaser/Schmidt/Frey (Hgg.) 2011. S. 185–206.
Lehmberg, M. (Hg.), 2004: Sprache, Sprechen, Sprichwörter. Festschrift für D. Stellmacher. Stuttgart. (= ZDL, Beihefte, 126).

Leibniz, G.W., 1697: Unvorgreiffliche Gedanken betreffend die Ausübung und Verbesserung der Teutschen Sprache [um 1697]. In: Pietsch, P.: Leibniz und die deutsche Sprache (III). In: Wissenschaftliche Beihefte zur Zeitschrift des Allgemeinen Deutschen Sprachvereins. Vierte Reihe, Heft 30 (1908). S. 327–356.

Lenz, A.N., 2003: Struktur und Dynamik des Substandards. Eine Studie zum Westmitteldeutschen (Wittlich/Eifel). Stuttgart. (= ZDL, Beihefte, 125).

Lenz, A.N., 2006: Moselfränkisch. Eine populärwissenschaftliche Einführung am Beispiel der Region Wittlich in der Eifel. Wittlich.

Leonardt, N.K., 2003: „‚Foll subbr' – der Dialekt in der Werbung". In: Brenner u.a. S. 80–85.

Lerchner, G., 1971: Zur II. Lautverschiebung im Rheinisch-Westmitteldeutschen. Diachronische und diatopische Untersuchungen. Halle/S. (= Md. Studien, 30).

Lerchner, G., 1989: Der „neue Substandard" in der kulturell-kommunikativen Tradition des Dialekts. In: Putschke/Veith/Wiesinger (Hgg.) 1989. S. 289–303.

Leuenberger, P., 1997: Stadtsprache – Sprachen in der Stadt am Beispiel Basels. In: Ruoff/Löffelad (Hgg.) 1997. S. 205–210.

Leuenberger, P., 1999: Ortsloyalität als verhaltens- und sprachsteuernder Faktor. Eine empirische Untersuchung. Tübingen/Basel. (= Basler Studien zur deutschen Sprache und Literatur, 74).

Levine, L./Arndt, W., 1959: Grundzüge moderner Sprachbeschreibung. Tübingen. (Phonai, 1).

Lindow, W./Möhn, D./Niebaum, H./ Stellmacher, D./Taubken, H./Wirrer, J., 1998: Niederdeutsche Grammatik. Leer. (Schriften des Instituts für niederdeutsche Sprache, Reihe Dokumentation, 20).

Löffler, H., 1979: Zum graphematischen Standort. In: Kleiber/Kunze/Löffler 1979. S. 34–45.

Löffler, H., 1980a: Dialektfehler. Ansätze zu einer deutschen Fehlergeographie. In: Cherubim, D. (Hg.): Fehlerlinguistik. Beiträge zum Problem der sprachlichen Abweichung. Tübingen. S. 94–105.

Löffler, H., 1980b: Dialekt. In: LGL. S. 453–458.

Löffler, H., 1982a: Interferenz-Areale Dialekt/Standardsprache: Projekt eines deutschen Fehleratlasses. In: Dialektologie 1. S. 528–538.

Löffler, H., 1982b: Gegenstandskonstitution in der Dialektologie: Sprache und ihre Differenzierungen. In: Dialektologie 1. S. 441–463.

Löffler, H., 1986a: Das Erbe Georg Wenkers oder: Wie ‚klein' ist der „Kleine Deutsche Sprachatlas"? In: ZDL 53. S. 187–194.

Löffler, H., 1986b: Sind Soziolekte neue Dialekte? Zum Aufgabenfeld einer nachsoziolinguistischen Dialektologie. In: Kontroversen, alte und neue. Akten des VII. Internationalen Germanisten-Kongresses Göttingen 1985. Bd. 4. Tübingen. S.232–239.

Löffler, H., 1995: Nationalfondsprojekt: Stadtsprache – Sprachen in der Stadt am Beispiel Basels. In: Löffler, H. (Hg.): Alemannische Dialektforschung. Tübingen. S. 295–97.

Löffler, H., 2000: Die Rolle der Dialekte seit der Mitte des 20. Jahrhunderts. In: Sprachgeschichte 2. Aufl., Bd.2. S. 2037–2047.

Löffler, H., 2002: Rez. Kleiner Deutscher Sprachatlas (KDSA). Bd. 2: Vokalismus. Teil 2: Langvokale, Diphthonge, Kombinationskarten [...]. In: ZDL 59. S. 73–74.

Löffler, H., 2003: Dialektologie. Eine Einführung. Tübingen [Fortführung von: Löffler, H.: Probleme der Dialektologie. Darmstadt. 1. Aufl. 1974, 3. Aufl. 1990].

Löffler, H., 2005: Wie viel Variation verträgt die deutsche Standardsprache? Begriffsklärung: Standard und Gegenbegriffe. In: Eichinger/Kallmeyer (Hgg.). S. 7–27.

Löffler, H., 2010: Germanistische Soziolinguistik. 4., neu bearb. Aufl. Berlin. (= Grundlagen der Germanistik, 28).

Lötscher, A., 2004: Dialektsyntax oder Syntax der gesprochenen Sprache? Eine Fallstudie anhand von Nebensatzproblemen im Schweizerdeutschen. In: ZDL 71. S. 156–179.

Lösch, W., 1991: Ergänzende Bemerkungen zur Einführung. In: Thüringisches Wörterbuch. Bd. I. S. VIII–X.
Luther, M., 1916: Weimarer Ausgabe. Abt. 3: Tischreden. Bd. 4. Weimar.
Macha, J., 1983: Die ‚beliebteste' Mundart? Überlegungen zur Bewertung deutscher Dialekte. In: Rheinisch-westfälische Zeitschrift für Volkskunde 28. S.165–184.
Macha, J., 1985: Sprachdemoskopie und ‚Sprecherdialektologie'. Eine Skizze von Problemen und Möglichkeiten. In: Driemaandelijkse Bladen 37. S.121–132.
Macha, J., 1991: Der flexible Sprecher. Untersuchungen zu Sprache und Sprachbewußtsein rheinischer Handwerksmeister. Köln/Wien. (= Veröffentlichung des Instituts für Geschichtliche Landeskunde der Universität Bonn).
Macha, J., 1992: Sprache und Witz. Die komische Kraft der Wörter. Bonn.
Macha, J.,1993a: Nicht mehr Dialekt – sprachlicher Substandard in rheinischen Grundschulen. In: Sieber, P./Klotz, P. (Hgg.): Vielerlei Deutsch. Stuttgart. S. 140–150.
Macha, J., 1993b: „Wie die Alten sungen...?" Generation und Sprache im Rheinland. In: Mattheier, K.J. e.a. (Hg.): Vielfalt des Deutschen. Festschrift für Werner Besch. Frankfurt/Main u.a. S. 601–618.
Macha, J.,1994: Global oder hemisphärisch? Fragen an eine dialektbezogene Sprachdidaktik im deutschsprachigen Raum. In: Burger, H./Häcki Buhofer, A. (Hgg.): Spracherwerb im Spannungsfeld von Dialekt und Hochsprache. Bern et al. S. 29–42. (= Zürcher Germanistische Studien, 38).
Macha, J.,1995a: Regionalsprachlichkeit und Korrektur in der Grundschule. In: Der Deutschunterricht 47. S. 78–83.
Macha, J., 1995b: Zur vis comica von Dialekt und Standardsprache. In: VerhIDK 4. S. 379–387.
Macha, J., 1995c: Zum Auftreten von Dialectus/Dialect im frühneuzeitlichen Deutschland. In: Cajot/Kremer/Niebaum (Hgg.) 1995. Bd. 1. S. 113–120.
Macha, J., 1999: „...ein, wenn gleich dunkles Gefühl von dem gesetzmäßigen Verhalten der Laute...": Rheinische und westfälische Hyperkorrekturen. In: NdW 39. S. 355–362.
Macha, J., 2004: Regionalsprachliche Varietäten des Deutschen und ihre Dynamik. In: Der Deutschunterricht 56. S. 18–25.
Macha, J./Neuß, E./Peters, R. (Hgg.), 2000: Rheinisch-westfälische Sprachgeschichte. Köln/Weimar/Wien. (= Niederdeutsche Studien, 46).
Macha, J./Weger, Th., 1983: Mundart im Bewußtsein ihrer Sprecher. Eine explorative Studie am Beispiel des Bonner Raumes. In: RhVjbll 47. S. 265–301.
Malliga, F., 1997: Tendenzen in der geschlechtsabhängigen Sprachverwendung und Spracheinschätzung. Am Beispiel der Stadt Villach in Kärnten. Wien. (= Schriften zur deutschen Sprache in Österreich, 19).
Marfurt, B., 1977: Textsorte Witz. Möglichkeiten einer sprachwissenschaftlichen Textsortenbestimmung. Tübingen. (= Linguistische Arbeiten, 52).
Markey, Th.L., 1977: Prinzipien der Dialektologie. Einführung in die deutsche Dialektforschung. Mit einer ausführlichen Bibliographie. Grossen-Linden.
Martin, B., 1934: Georg Wenkers Kampf um seinen Sprachatlas (1875–1889). In: Von Wenker zu Wrede. Marburg. S. 1–37. (= DDG 21).
Martin, B., 1959: Die deutschen Mundarten mit 21 Karten im Text. 2., neubearb. Aufl. Marburg.
Martin, B., 1963: Ferdinand Wrede. In: Wrede 1963a. S. 1–7.
Martin, B., 1980 (1924/25–1934): Deutsche Wortgeographie. In: Teuthonista 1 (1924/25) 65–70, 186–187, 227–228; 2 (1925/26) 64–67, 134–136; 3 (1926/27) 63–64, 310–314; 4 (1927/28) 282–284; 5 (1928/29) 212–214; 6 (1929/30) 55–57; 8 (1931/32) 108–110; 9 (1933) 47–50; 10 (1934) 103–106. – Neudruck in: Hildebrand, R./Friebertshäuser, H. (Hgg.), 1980: Sprache und Brauchtum. Bernhard Martin zum 90. Geburtstag. Marburg, S. 28–66. (= DDG 100).

Martin, V.C., 1996: Modelle der Umgangssprache. Überlegungen zum theoretischen Status eines linguistischen Begriffs am Beispiel des Wiener Deutsch. In: ZDL 63. S. 129–156.

Martinet, A., 1956: La description phonologique avec application au parler franco-provençal d'Hautville (Savoie). Genève/Paris. (Zuvor knappere Fassung in: Revue de linguistique romane 15 [1939]. S. 1–86).

Martinet, A., 1964 (1955): Économie des changements phonétiques. Berne (= Bibliotheca Romanica, Series Prima, X); dt. Fassung: Sprachökonomie und Lautwandel. Eine Abhandlung über die diachronische Phonologie. Stuttgart 1981.

Mattheier, K.J., 1973: Die „schlechte" Mundart. Bemerkungen zu einem Komplex von Vorurteilen. In: Rheinisch-westfälische Zeitschrift für Volkskunde 20. S. 168–185.

Mattheier, K.J., 1979: Theorie des Dialekts. Bemerkungen zu einigen neueren Veröffentlichungen im Bereich der allgemeinen und der deutschen Dialektologie. In: RhVjbll 43. S. 369–384.

Mattheier, K.J., 1980a: Pragmatik und Soziologie der Dialekte. Einführung in die kommunikative Dialektologie des Deutschen. Heidelberg.

Mattheier, K.J., 1980b: Sprachveränderungen im Rheinland. In: Ureland, S. (Hg.): Sprachvariation und Sprachwandel. Probleme der Inter- und Intralinguistik. Tübingen. S. 121–137.

Mattheier, K.J., 1982: Datenerhebung und Forschungsziel. In: Dialektologie 1. S. 622–639.

Mattheier, K.J. (Hg.) 1983: Aspekte der Dialekttheorie. Tübingen. (= RGL, 46).

Mattheier, K.J., 1983: Dialekt und Dialektologie. Fünf Bemerkungen zur Dialekttheorie. In: Mattheier (Hg.) 1983. S. 135–154.

Mattheier, K.J., 1990: Dialekt und Standardsprache. Über das Varietätensystem des Deutschen in der Bundesrepublik. In: International Journal of the Sociology of Language 83. S. 59–81.

Mattheier, K.J., 1994a: Die rheinische Sprachgeschichte und der 'Maikäfer'. In: Herborn, W./Jansen, W./Nikolay-Panter, M. (Hgg): Geschichtliche Landeskunde der Rheinlande. Gedenkschrift für G. Droege. Bonn. S. 534–561.

Mattheier, K.J., 1994b: Varietätenzensus. Über die Möglichkeiten, die Verbreitung und Verwendung von Sprachvarietäten in Deutschland festzustellen. In: DialDt. S. 413–442.

Meier, J., 1978: Zur Behandlung der Syntax in den niederdeutschen Dialektwörterbüchern. In: ZDL 45. S. 289–311.

Meier, J., 1986: Grammatische Kategorien im Dialektwörterbuch. In: Lexikographie. S. 151–172.

Menge, H.H., 1980: „Wie zufrieden sind Sie mit der Sprache, dem Dialekt, der hier gesprochen wird?" Zu einer Umfrage unter den Großstädtern der Bundesrepublik. In: NdKbl 87. S. 34–41.

Menge, H.H., 1982: Erhebung von Sprachdaten in ‚künstlicher' Sprechsituation. In: Dialektologie 1. S. 544–549.

Menge, H.H., 1995: „Wie ist es bei Gesprächen mit Ihren Kindern…?" Zu Frage 26 der GETAS- Umfrage von 1984. In: Cajot/Kremer/Niebaum (Hgg.) 1995. Bd 1. S. 655–668.

Menge, H.H., 1997: Zum Stand des Niederdeutschen heute. In: Quickborn 88. S. 30–45.

Menge, H.H., 2013: Mein lieber Kokoschinski! Der Ruhrdialekt. Aus der farbigsten Sprachlandschaft Deutschlands. Bottrop.

Mentz, F., 1892: Bibliographie der deutschen Mundartforschung für die Zeit vom Beginn des 18. Jahrhunderts bis zum Ende des Jahres 1889. Leipzig. (= Sammlung kurzer Grammatiken deutscher Mundarten, 2).

Meyer, P., 1875: Rez. Ascoli 1873 [ohne Titel]. In: Romania 4. S. 293–296.

Michalk, S., 1990: Deutsch und Sorbisch in der Lausitz. In: Kremer/Niebaum (Hgg.) 1990. S. 427–444.

Mickartz, H., 1983: Einstellungsäußerungen zur Verwendung von Hochsprache und Mundart in der Kindererziehung. In: Hufschmidt/Klein/Mattheier/Mickartz 1983. S. 60–116.

Mihm, A., 1985: Prestige und Stigma des Substandards. Zur Bewertung des Ruhrdeutschen im Ruhrgebiet. In: Mihm, A. (Hg.): Sprache an Rhein und Ruhr. Dialektologische und soziolinguistische Studien zur sprachlichen Situation im Rhein-Ruhr-Gebiet und ihrer Geschichte. Stuttgart. S. 163–193.

Mihm, A., 2000a: Zur Deutung der graphematischen Variation in historischen Texten. In: Häcki Buhofer, A. (Hg.): Vom Umgang mit sprachlicher Variation. Soziolinguistik, Dialektologie, Methoden und Wissenschaftsgeschichte. Festschrift für Heinrich Löffler zum 60. Geburtstag. Tübingen/Basel. S. 367–390.

Mihm, A., 2000b: Die Rolle der Umgangssprachen seit der Mitte des 20. Jahrhunderts. In: Sprachgeschichte 2. Aufl., Bd. 2. S. 2107–2137.

Mihm, A., 2004: Zur Neubestimmung des Verhältnisses zwischen Schreibsprachen und historischer Mündlichkeit. In: Patocka/Wiesinger (Hgg.) 2004. S. 340–382.

Mironov, S.A., 1978: Deutsche Dialektgeographie im Verlauf von einhundert Jahren. In: GL 1/78. S. 61–80.

Mittelrheinischer Sprachatlas (MRhSA), 1994–2002: Von G. Bellmann, J. Herrgen und J.E. Schmidt, unter Mitarbeit von G. Drenda (ab Bd. 2: und H. Girnth, Bd. 5: und M. Klenk). 5 Bde. Tübingen. – Einführung in den MRhSA, vgl. Bellmann 1994b.

Mitzka, W., 1938: Der deutsche Wortatlas. In: ZMF 14. S. 40–55.

Mitzka, W., 1939: Der Fragebogen zum Deutschen Wortatlas. In: ZMF 15. S. 105–111.

Mitzka, W., 1943: Deutsche Mundarten. Heidelberg. (= Studienführer, 24).

Mitzka, W., 1951–1980: Deutscher Wortatlas (ab Bd. 5 [1957] W. Mitzka und L.E. Schmitt, ab Bd. 18 [1971] redigiert von R. Hildebrandt; ab Bd. 21 [1978] hg. von R. Hildebrandt, redigiert von K. Gluth). 22 Bde. Gießen (ab Bd. 11: Deutscher Sprachatlas, Reihe Wortatlas).

Mitzka, W., 1952: Handbuch zum Deutschen Sprachatlas. Marburg.

Mitzka, W., 1957: Hochdeutsche Mundarten. In: Stammler (Hg.) 1957. Sp. 1599–1728.

Mitzka, W., 1968: Zur Erforschung der ostniederdeutschen Mundarten. In: Schmitt, L.E. (Hg.) 1968. S. 603–609.

Möhn, D., 1962: 60 Jahre akustische Aufnahmen deutscher Mundarten. In: Phonetica 8. S. 244–250.

Möhn, D., 1964: Die Lautschrift der Zeitschrift „Teuthonista". Ihre Bewährung und Erweiterung in der deutschen Mundartforschung 1924–1964. In: ZMF 31. S. 21–42.

Möhn, D., 1983: Niederdeutsch in der Schule. In: Handbuch zur niederdeutschen Sprach- und Literaturwissenschaft. Hg. v. G. Cordes und D. Möhn. Berlin. S. 631–659.

Möhn, D., 1986: Plattdeutsch in der Schule. Probleme einer mehrsprachigen Erziehung in Norddeutschland. In: Niederdeutsch. Fünf Vorträge zur Einführung. Leer. S. 53–70. (= Schriften des Instituts für niederdeutsche Sprache, Reihe Dokumentation, 12). (Wiederabdruck in: Kremer (Hg.) 1989. S. 19–35).

Möller, F., 2008: Plattdeutsch im 21. Jahrhundert. Bestandsaufnahme und Perspektiven. Mit einem Aufsatz von M. Windzio. Leer. (Schriften des Instituts für niederdeutsche Sprache, 34).

Möller, R., 2001a: Rheinische Wortgeographie – dialektometrische Kartenauswertung. In: DiG 9. S. 35–53.

Möller, R., 2001b: „Wortgebrauchsräume" in der nord- und mitteldeutschen Alltagssprache – eine Untersuchung zum *Wortatlas der deutschen Umgangssprachen*. In: NdW 41. S. 1–31.

Möller, R., 2003: Zur diatopischen Gliederung des alltagssprachlichen Wortgebrauchs. Eine dialektometrische Auswertung von Jürgen Eichhoff: Wortatlas der deutschen Umgangssprachen (Bd. 1–4; 1977, 1978, 1993, 2000). In: ZDL 70. S. 259–297.

Möller, R., 2013: Erscheinungsformen rheinischer Alltagssprache. Untersuchungen zu Variation und Kookurenzregularitäten im „mittleren Bereich" zwischen Dialekt und Standardsprache. Stuttgart. (= ZDL, Beihefte,153).

Möller, R./Elspaß, S., 2008: Erhebung dialektgeographischer Daten per Internet: Ein Atlasprojekt zur deutschen Alltagssprache. In: Elspaß/König (Hgg.) 2008. S. 115–132.

Moosmüller, S., 1987: Soziophonologische Variation im gegenwärtigen Wiener Deutsch. Stuttgart. (= ZDL, Beihefte, 56).
Moser, H., 1950: Schwäbischer Volkshumor. Stuttgart.
Moser, H., ⁶1969: Deutsche Sprachgeschichte. Mit einer Einführung in die Fragen der Sprachbetrachtung. Tübingen.
Moulin, C., 2010: Dialect dictionaries – traditional and modern. In: L & S 1. S. 592–612.
Moulton, W.G., 1960: The Short Vowel Systems of Northern Switzerland. A Study in Structural Dialectology. In: Word 16. S. 155–182.
Moulton, W.G., 1961: Lautwandel durch innere Kausalität: die ostschweizerische Vokalspaltung. In: ZMF 28. S. 227–251.
Moulton, W.G., 1962: Dialect geography and the concept of phonological space. In: Word 18. S. 23–32.
Moulton, W.G., 1963: Phonologie und Dialekteinteilung. In: Sprachleben der Schweiz. Hg. von P. Zinsli u.a. Bern. S. 75–86.
Moulton, W.G., 1968: Structural Dialectology. In: Language 44. S. 451–466.
Moulton, W.G., 1985: Das Handbuch der Dialektologie. Gedanken eines lebhaft interessierten Ausländers zum Erscheinen von: Dialektologie. Ein Handbuch zur deutschen und allgemeinen Dialektforschung [...]. In: ZDL 52. S.181–188.
Müller, G., 1979: Schulte und Meier in Westfalen. In: Kramer/Scheuermann/Stellmacher (Hgg.) 1979. S. 143–164.
Müller, G., 1980: Hochsprachliche lexikalische Norm und umgangssprachlicher Wortschatz im nördlichen Teil Deutschlands. In: NdW 20. S. 111–130.
Munske, H.H., 1983: Umgangssprache als Sprachenkontakterscheinung. In: Dialektologie 2. S. 1002–1018.
Nail, N., 1972: Untersuchungen zum Mundart-Lexikon jugendlicher Sprecher. In: GL 1/72. S. 3–73.
Naumann, C.L., 1976: Grundzüge einer Sprachkartographie und ihrer Automatisierung. In: GL 1–2/76.
Nelde, P.H., 1987: Wortatlas der deutschen Umgangssprachen in Belgien. Bern. (= Wortatlas der deutschen Umgangssprachen. Ergänzungsreihe 1).
Nerbonne, J., 2010: Mapping aggregate variation. In: L & S 2, Bd. 1. S. 476–495.
Nerbonne, J./Heeringa, W./Van der Hout, E./Van der Kooi, P./Otten, S./Van de Vis, W., 1996: Phonetic Distance between Dutch Dialects. In: Durieux, G. (ed.): Proceedings of Computational Linguistics in the Netherlands '95. Antwerpen. S. 185–202.
Nerbonne, J./Heeringa, W., 1997: Measuring Dialect Distance Phonetically. In: Coleman, J. (ed.): Proceedings of the Workshop on Computational Phonology, Special Interest Groep of the Association for Computational Linguistics. Madrid. S. 11–18.
Nerbonne, J./Heeringa, W., 2001: Computational Comparison an Classification of Dialects. In: DiG 9. S. 69–83.
Nerbonne, J./Heeringa, W., 2010: Measuring dialect differences. In: L & S 1. S. 550–576.
Nerbonne, J. /Siedle, C., 2005: Dialektklassifikation auf der Grundlage aggregierter Ausspracheunterschiede. In: ZDL 72. S. 129–147.
Niebaum, H., 1971: Zur niedersächsisch-niederfränkischen Dialektscheide. Ein Versuch anhand der ungerundeten palatalen Längen (mit 5 Karten im Text und einer Faltkarte). In: NdW 11. S. 45–60.
Niebaum, H., 1977: Westfälisch. Düsseldorf. (= Dialekt/Hochsprache – kontrastiv. 5).
Niebaum, H., 1979a: Deutsche Dialektwörterbücher. In: Deutsche Sprache 7. S. 345–373.
Niebaum, H., 1979b: Niederdeutsch und Sprachunterricht. Leer. (= Schriften des Instituts für niederdeutsche Sprache, Reihe Vorträge, 2). (Wiederabdruck in: Kremer (Hg.) 1989. S. 37–62).

Niebaum, H., 1979c: Ein frühes Konzept zur Überwindung der dialektalen Sprachbarriere in Westfalen. In: NdKbl 86. S. 73–77.
Niebaum, H., 1979d: Beiträge zur Geschichte der westfälischen Lexikographie (1750–1850). In: Kramer/Scheuermann/Stellmacher (Hgg.) 1979. S. 165–201.
Niebaum, H., 1980: Westniederdeutsch. In: LGL. S. 458–464.
Niebaum, H., 1983a: Dialektologie. Tübingen. (= Germanistische Arbeitshefte, 26).
Niebaum, H., 1983b (1973): Zur Formengeographie. In: Goossens (Hg.) 1983. S. 158–174.
Niebaum, H., 1984a: Statt einer Einleitung: Bemerkungen zu den Bezeichnungen für 'sprachliche Grenzlinie'. In: Grenzen. S. 9–20.
Niebaum, H., 1984b: Die lexikographische Behandlung des landschaftsgebundenen Wortschatzes in den Wörterbüchern der deutschen Gegenwartssprache. In: Wiegand, H.E. (Hg.): Studien zur neuhochdeutschen Lexikographie IV. Hildesheim/Zürich/New York. S. 309–360. (= GL 1–3/83).
Niebaum, H., 1986a: Lemma und Interpretament. Zur Problematik der Artikelgestaltung in Dialektwörterbüchern. In: Lexikographie. S. 125–143.
Niebaum, H., 1986b: „... Fundgrube zur Bereicherung, ja selbst zur Berichtigung des Hochdeutschen". Zu den Intentionen der frühen niederdeutschen Lexikographie. In: Cox, H.L./Vanacker, V.F./Verhofstadt, E. (Hgg.): Wortes anst – verbi gratia. Donum natalicium Gilbert A.R. de Smet. Leuven/Amersfoort. S. 371–380.
Niebaum, H., 1990: Staatsgrenze als Bruchstelle? Die Grenzdialekte zwischen Dollart und Vechtegebiet. In: Kremer/Niebaum (Hgg.) 1990. S. 49–83.
Niebaum, H., 1994: Lexikalische Dialektbeschreibung. In: DialDt. S. 77–91.
Niederdeutsch, 1989: [Lindow, W.]: Niederdeutsch in den Lehrplänen und Richtlinien der Allgemeinbildenden Schulen. Zusammengestellt nach den amtlichen Unterlagen der Bundesländer Bremen, Hamburg, Schleswig-Holstein, Niedersachsen und Nordrhein-Westfalen. Leer. (= Schriften des Instituts für niederdeutsche Sprache, Reihe: Schulpraxis, 4).
Niedzielski, N./Giles, H., 1996: Linguistic accomodation. In: Kontaktlinguistik 1. S. 332–342.
Panzer, B./Thümmel, W., 1971: Die Einteilung der niederdeutschen Mundarten auf Grund der strukturellen Entwicklung des Vokalismus. München. (= Linguistische Reihe, 7).
Paris, G., 1888: Les parlers de France. In: Revue des patois Galloromanes II. S. 161–175 (wiederabgedruckt in: Paris, G., 1909: Mélanges linguistiques. Paris. S. 432–448).
Patocka, F., 1989: Dialektsyntax und Syntaxgeographie – Möglichkeiten und Grenzen. In: Putschke/Veith/Wiesinger (Hgg.) 1989. S. 47–56.
Patocka, F./Seiler, G., 2008: Dialektale Morphologie, dialektale Syntax. Beiträge zum 2. Kongress der Internationalen Gesellschaft für Dialektologie des Deutschen, Wien, 20.–23. September 2006. Wien.
Patocka, F./Wiesinger, P. (Hgg.), 2004: Morphologie und Syntax deutscher Dialekte und Historische Dialektologie des Deutschen. Beiträge zum 1. Kongress der Internationalen Gesellschaft für Dialektologie des Deutschen, Marburg/Lahn, 5.–8. März 2003. Wien.
Peine, M./Schönfeld, H., 1981: Sprachliche Differenzierungen und ihre Bewertung. In: Autorenkollektiv: Kommunikation und Sprachvariation. Berlin. S. 215–258.
Peßler, W., 1933: Deutsche Wortgeographie, Wesen und Werden, Wollen und Weg. In: Wörter und Sachen 15. S. 1–80.
Peters, F.E., 1975: Baasdörper Krönk. Aus dem Nachlaß hg. von W. Lindow und P. Selk. Husum.
Peters, J., 2006: Dialektintonation. In: Voeste/Gessinger (Hgg.) 2006. S. 179–203.
Peters, J./Gilles, P./Auer, P./Selting, M., 2002: Identification of Regional Varieties by Intonational Cues. An Experimental Study on Hamburg and Berlin German. In: Language and Speech 45. S. 115–139.

Pfälzisches Wörterbuch, 1965–98: Begr. von E. Christmann, fortgeführt von J. Krämer, bearb. von R. Post. 6 Bde., 1 Beiheft. Wiesbaden/Stuttgart.
von Polenz, P., 1954: Die altenburgische Sprachlandschaft. Untersuchungen zur ostthüringischen Sprach- und Siedlungsgeschichte. Tübingen. (= Mitteldeutsche Forschungen, 1).
von Polenz, P., 1983: Deutsch in der Bundesrepublik Deutschland. In: Reiffenstein, I./Rupp, H./ von Polenz, P./Korlén, G.: Tendenzen, Formen und Strukturen der deutschen Standardsprache nach 1945: Vier Beiträge zum Deutsch in Österreich, der Schweiz, der Bundesrepublik Deutschland und der Deutschen Demokratischen Republik. Marburg. S. 41–60.
Pop, S., 1950: La dialectologie. Aperçu historique et méthodes d'enquêtes linguistiques. Première partie: Dialectologie romane. Louvain.
Pop, S., 1955: Bibliographie des questionnaires linguistiques. Louvain. (= Publ. de la Commission d'enquête linguistique, VI).
Post, R., 1986: Zettel und EDV. Methodische und praktische Probleme beim Einsatz von EDV in einem laufenden Dialektwörterbuchunternehmen. In: Lexikographie. S. 115–123.
Post, R., 1990: Pfälzisch. Einführung in eine Sprachlandschaft. Landau.
Post, R., 1998: Möglichkeiten der elektronischen Strukturierung, Vernetzung und Verfügbarmachung von lexikographischen Daten bei der Arbeit am Pfälzischen Wörterbuch. In: Große, R. (Hg.): Bedeutungserfassung und Bedeutungsbeschreibung in historischen und dialektologischen Wörterbüchern. Stuttgart/Leipzig. S. 211–220. (= Abh. d. Sächsischen Akademie der Wissenschaften zu Leipzig, Philol.-hist. Klasse, 75).
Preston, D.R., 1982: Perceptual dialectology. Mental maps of United States dialects from a Hawaiian perspective. In: Working Papers in Linguistics 14. S. 5–49.
Protze, H., 1969: Die deutschen Mundarten. In: Die deutsche Sprache 1969/70. Bd. 1. S. 312–422.
Protze, H., 1997: Wortatlas der städtischen Umgangssprache. Zur territorialen Differenzierung der Sprache in Mecklenburg-Vorpommern, Brandenburg, Berlin, Sachsen-Anhalt, Sachsen und Thüringen. Köln/Weimar/Wien. (= Mitteldeutsche Forschungen, 114).
Purschke, C., 2011: Regionalsprache und Hörerurteil. Grundzüge einer perzeptiven Variationslinguistik. Stuttgart. (= ZDL, Beihefte, 149).
Purschke, C., 2012: „Wenn jüm von Diekbou hört un leest…". Itzehoe im „Lautdenkmal reichsdeutscher Mundarten zur Zeit Adolf Hitlers". In: NdW 52. S. 79–110.
Putschke, W., 1968: Ostmitteldeutsche Dialektologie. In: Schmitt, L.E. (Hg.) 1968. S. 105–154.
Putschke, W., 1969: Über ein Computerprogramm zur Herstellung von Sprachkarten. In: GL 1/69. S. 45–115.
Putschke, W., 1974: Dialektologie. In: Arnold, H.L./Sinemus, V. (Hgg.): Grundzüge der Literatur- und Sprachwissenschaft. Bd. 2: Sprachwissenschaft. München. S. 328–369.
Putschke, W. (Hg.), 1977: Automatische Sprachkartographie. Vorträge des Internationalen Kolloquiums zur Automatischen Sprachkartographie in Marburg vom 11.–16. September. In: GL 3–4/77.
Putschke, W., 1980: Ostmitteldeutsch. In: LGL. S. 474–478.
Putschke, W., 1982: Zur Theoriebildung der ‚klassischen' Dialektologie. In: Dialektologie 1. S. 232–277.
Putschke, W., 1993: Zur Kritik dialektologischer Einteilungskarten. In: VerhIDK 1. S. 421–443.
Putschke, W., 1994: Überlegungen zur Konzeption eines computerdialektologischen Arbeitsplatzes. In: DialDt. S. 245–255.
Putschke, W., 2001: Die Dialektologie, ihr Beitrag zur historischen Sprachwissenschaft im 19. Jahrhundert und ihre Kritik am junggrammatischen Programm. In: Geschichte Sprachwiss. 2. S. 1498–1513.
Putschke, W./Neumann, R., 1982: Automatische Sprachkartographie. In: Dialektologie 1. S. 749–778.

Putschke, W./Veith, W./Wiesinger, P. (Hgg.), 1989: Dialektgeographie und Dialektologie. Günter Bellmann zum 60. Geburtstag von seinen Schülern und Freunden. Marburg. (= DDG 90).
Rabanus, S., 2005a: Dialektwandel im 20. Jahrhundert. Verbalplural in Südwestdeutschland. In: Eggers/ Schmidt/Stellmacher (Hgg.) 2005. S. 267–290.
Rabanus, S., 2005b: Sprachkartographie des Deutschen. Von Schmeller bis zum *Digitalen Wenker-Atlas*. In: Di Meola, C./Hornung, A./Rega, L. (Hgg.): Perspektiven Eins. Akten der 1. Tagung Deutsche Sprachwissenschaft in Italien (Rom, 6.–7.2.2004). Rom. S. 345–363.
Rabanus, S./Kehrein, R./Lameli, A., 2010: Creating digital editions of historical maps. In: L & S 2, Bd. 1. S. 375–385.
Radlof, J.G., 1821–22: Mustersaal aller deutschen Mundarten, enthaltend Gedichte, prosaische Aufsätze und kleine Lustspiele in den verschiedenen Mundarten aufgesetzt. 2 Bde.
Radtke, I., 1974: Deutscher Sprachatlas/Deutscher Wortatlas. Rezeption – Wissenschaftsgeschichte – Applikation. In: Muttersprache 84. S. 372–387.
Von Raumer, R., 1857: Offener Brief an den Herausgeber der Zeitschrift für die deutschen Mundarten. In: Die deutschen Mundarten 4. S. 390–394.
Rawlinson, F., 1972: Möglichkeiten und Grenzen der Untersuchung von DWA-Karten. Dargestellt am Beispiel der Karte „Grummet (zweiter Grasschnitt)". In: GL 1/72. S. 107–124.
Reershemius, G., 2004: Niederdeutsch in Ostfriesland. Zwischen Sprachkontakt, Sprachveränderung und Sprachwechsel. Stuttgart. (= ZDL, Beihefte, 119).
Reichmann, O., 1993: Dialektale Verschiedenheit: zu ihrer Auffassung und Bewertung im 17. und 18. Jahrhundert. In: Mattheier, K.J. et al. (Hgg.): Vielfalt des Deutschen. Festschrift für W. Besch. Frankfurt/Main u.a. S. 289–314.
Reiffenstein, I., 1985: Metasprachliche Äußerungen über das Deutsche und seine Subsysteme bis 1800 in historischer Sicht. In: Sprachgeschichte 2. S. 1727–1750.
Rein, K., 1974: Die mittelbairische Liquiden-Vokalisierung. In: ZDL 41. S. 21–37.
Rein, K., 1978: Zur Erforschung der Dialektsituation im deutschsprachigen Raum. In: Praxis Deutsch 27. S. 6–7.
Rein, K./Scheffelmann-Mayer, M., 1975: Funktion und Motivation des Gebrauchs von Dialekt und Hochsprache im Bairischen. Untersucht am Sprach- und Sozialverhalten einer oberbayerischen Gemeinde (Walpertskirchen, Landkreis Erding). In: ZDL 42. S. 257–290.
Reinert-Schneider, G., 1987: Dialektrenaissance? Überlegungen und Analysen zu Funktionen der Substandardvarietäten in den Massenkommunikationsmitteln, untersucht am Beispiel des Kölner Raumes. Köln.
Reitmajer, V., 1979: Der Einfluß des Dialekts auf die standardsprachlichen Leistungen von bayrischen Schülern in Vorschule, Grundschule und Gymnasium. Eine empirische Untersuchung. Marburg/ Lahn. (= DDG, 106).
Rensch, K.H.M., 1973: Nordkalabrischer Sprachatlas anhand der Parabel vom verlorenen Sohn. Den Haag/Paris. (= Janua Linguarum, Series practica, 221).
Reumuth, K./Schorb, A.O., [8]1963: Der muttersprachliche Unterricht. Beiträge zur deutschen Spracherziehung. Bad Godesberg.
Rhode, L./Roßdeutscher, N., 1973: Aufnahme, Transkription und Auswertung spontanen Sprechens. Vorschläge zur methodischen Erforschung sprachlicher Rollen. In: Wackernagel-Jolles, B.S. (Hg.): Aspekte der gesprochenen Sprache. Deskriptions- und Quantifizierungsprobleme. Göppingen. S. 25–79. (= Göppinger Arbeiten zur Germanistik, 92).
Ribbert, Th./Baader, Th., 1933–1939: Phonologie des Dialekts von Tilligte in Twente. 3 Bde. Nijmegen.
Richey, M., 1755 (1743): *Idioticon Hambvrgense* oder Wörter-Buch, Zur Erklärung der eigenen, in und um Hamburg gebräuchlichen Nieder-Sächsischen Mund-Art. Jetzo vielfältig vermehret, und mit

Anmerckungen und Zusätzen Zweener berühmten Männer, nebst einem Vierfachen Anhange, ausgefertigt. Hamburg. (Nachdruck: Hamburg 1975). 1. Aufl. 1743.
Richter, H., 1973: Grundsätze und System der Transkription -IPA (G)-. Tübingen (Phonai, 3).
Richter, H., 1982: Darstellung und Verwendung verschiedener Transkriptionssysteme und -methoden. In: Dialektologie 1. S. 585–597.
Riel, C.M., 2004: Sprachkontaktforschung. Eine Einführung. Tübingen.
Ris, R., 1978: Sozialpsychologie der Dialekte und ihrer Sprecher. In: Ammon/Knoop/Radtke (Hgg.) 1978. S. 93–115.
Risel, H., 2000: Dialekt und Orthographie – wo sind die Lernhilfen? In: Der Deutschunterricht 52. S. 87–90.
Ronsard, P. de, 1949: Abregé de l'Art Poetique francois (1565). In: Laumonier, P. (Hg.): Pierre de Ronsard: Œuvres complètes. Bd. 14. Paris. S. 3–35.
Rosenberg, P., 1993: Dialekt und Schule. Bilanz und Aufgaben eines Forschungsgebietes. In: Klotz, P./Sieber, P. (Hgg.): Vielerlei Deutsch. Stuttgart. S. 12–58.
Rosenkranz, H., 1988: Der volkskundliche Aspekt im Dialektwörterbuch. In: Dialektlexikographie 1988. S. 86–91.
Ruoff, A., 1973: Grundlagen und Methoden der Untersuchung gesprochener Sprache. Einführung in die Reihe „Idiomatica" mit einem Katalog der ausgewerteten Tonbandaufnahmen. Tübingen. (= Idiomatica, 1).
Ruoff, A., 1997: Sprachvarietäten in Süddeutschland. In: Stickel (Hg.) 1997. S.142–154.
Ruoff, A./Löffelad, P. (Hgg.), 1997: Syntax und Stilistik der Alltagssprache. Beiträge der 12. Arbeitstagung zur alemannischen Dialektologie 25. bis 29. September 1996 in Ellwangen/Jagst. Tübingen. (= Idiomatica, 18).
Sanders, W., 1974: Deutsch, Niederdeutsch, Niederländisch. In: NdW 14. S. 1–22.
Sauerbeck, K.O., 2003: Probleme der Mischmundart. In: ZDL 70. S. 314–324.
Sauerborn, H., 1975: Freiwillige Befragung über das Verhältnis des Lehrers zum Dialekt. Examensarbeit PH Freiburg.
Schatz, J., 1927: Althochdeutsche Grammatik, Göttingen.
Scheuermann, U., 1974: Linguistische Datenverarbeitung und Wörterbuch. Wiesbaden. (= ZDL, Beihefte, 11).
Scheuermann, U., 1978: Die Sprachkarte im Dienste des Dialektwörterbuches. In: NdW 18. S. 70–90.
Scheuermann, U., 1982: Automatische Lexikographie. In: Dialektologie 1. S. 736–749.
Scheuermann, U., 1986: Zettel oder EDV? Probleme bei der Materialaufbereitung zu einem Dialektwörterbuch. In: Lexikographie. S. 103–114.
Scheuringer, H., 1995: Regionale Variation im Deutschen als Dialektalitätsgeographie. In: DiG 3. S. 43–57.
Scheuringer, H., 1997: Sprachvarietäten in Österreich. In: Stickel (Hg.) 1997. S. 332–345.
Scheuringer, H., 2010: Mapping the German language. In: L & S 2, Bd. 1. S. 158–179.
Scheutz, H., 1985a: Strukturen der Lautveränderung. Variationslinguistische Studien zur Theorie und Empirie sprachlicher Wandlungsprozesse am Beispiel des Mittelbairischen von Ulrichsberg/Oberösterreich. Wien.
Scheutz, H., 1985b: Sprachvariation und Sprachwandel. Zu einigen Problemen ihrer Beschreibung und Erklärung. In: Besch/Mattheier (Hgg.) 1985. S. 231–258.
Schiltz, G., 1996: Der Dialektometrische Atlas von Südwest-Baden DASB. Konzepte eines dialektometrischen Informationssystems. 4 Bde. Marburg. (= Studien zur Dialektologie in Südwestdeutschland. Begleitreihe zum Südwestdeutschen Sprachatlas, 5).
Schiltz, G., 1997: A Dialectometric Analysis of the Dialects in the Grand-Duchy of Luxemburg. In: Thomas (Hg.) 1997. S. 94–108.

Schirmunski, V.M., 1962 (1956): Deutsche Mundartkunde. Vergleichende Laut- und Formenlehre der deutschen Mundarten. Aus dem Russischen übers. und wiss. bearb. von W. Fleischer. Berlin. (= Deutsche Akademie der Wissenschaften zu Berlin, Veröff. d. Inst. für deutsche Sprache und Literatur, 25).

Schirmunski, V.M., 2010: Deutsche Mundartkunde. Vergleichende Laut- und Formenlehre der deutschen Mundarten. Hg. und kommentiert von L. Naiditsch. Unter Mitarbeit von P. Wiesinger. Aus dem Russischen übersetzt von W. Fleischer. Frankfurt a.M. u.a.

Schlieben-Lange, B., 1983: Traditionen des Sprechens. Elemente einer pragmatischen Sprachgeschichtsschreibung. Stuttgart u.a.

Schlobinski, P., 1987: Stadtsprache Berlin. Eine soziolinguistische Untersuchung. Berlin/New York.

Schlobinski, P., 1988: Code-Switching im Berlinischen. In: Dittmar, N./Schlobinski, P. (Hgg.): Wandlungen einer Stadtsprache. Berlinisch in Vergangenheit und Gegenwart. Berlin. S. 83–102. (= Wissenschaft und Stadt, 5).

Schlobinski, P./Siever, T., 2005: Sprachliche und textuelle Merkmale in deutschen Weblogs. In: Schlobinski, P./Siever, T. (Hgg.) 2005: Sprachliche und textuelle Merkmale in deutschen Weblogs. Ein internationales Projekt. Hannover. S. 52–85. (= Networx, 46).

Schmeller, J.A., 1821: Die Mundarten Bayerns grammatisch dargestellt. München.

Schmeller, J.A., 1827–37: Bayerisches Wörterbuch [...] mit urkundlichen Belegen. 4 Bde. Stuttgart/Tübingen. – Zweite Ausgabe bearb. von G. K. Frommann. 2 Bde. München 1872–77. – Unveränderter Nachdruck der zweiten [...] Ausgabe. Mit einem Vorwort und einer wiss. Einleitung von O. Maußer. 2 Bde. Leipzig 1939. (Neudruck: Aalen 1973).

Schmid, R., 1973: Dialekt und Vorurteil. Zur Beurteilung von Dialektsprechern. In: Papiere zur Linguistik 5. S. 116–135.

Schmidt, J.E., 1993: Zweidimensionale Dialektologie und eindimensional-vertikale Analyse. Ein exemplarischer Vergleich. In: VerhIDK Bd 2. S. 454–467.

Schmidt, J.E., 1998: Moderne Dialektologie und regionale Sprachgeschichte. In: ZDPh 117, Sonderheft. S. 163–179.

Schmidt, J.E. (Hg.), 2001: Neue Wege der Intonationsforschung. Hildesheim/Zürich/New York. (= GL 157–158).

Schmidt, J.E., 2005a: Die deutsche Standardsprache: eine Varietät – drei Oralisierungsnormen. In: Eichinger/Kallmeyer (Hgg.). S. 278–305.

Schmidt, J.E., 2005b: Sprachdynamik. In: Eggers/Schmidt/Stellmacher (Hgg.) 2005. S. 15–44.

Schmidt, J.E., 2010a: Language and Space: The linguistic dynamic approach. In: L & S 1. S. 201–225.

Schmidt, J.E., 2010b: Dynamic linguistic maps and validation. In: L & S 2, Bd. 1. S. 385–401.

Schmidt, J.E./Herrgen, J., 2011: Sprachdynamik. Eine Einführung in die moderne Regionalsprachenforschung. Berlin. (= Grundlagen der Germanistik, 41).

Schmidt, K.Ch.L., 1800: Westerwäldisches Idiotikon, oder Sammlung der auf dem Westerwalde gebräuchlichen Idiotismen [...]. Hadamar/Herborn.

Schmidt-Rohr, G., 1933: Mutter Sprache. Vom Amt der Sprache bei der Volkswerdung. Jena.

Schmitt, E.H., 1992: Interdialektale Verstehbarkeit. Eine Untersuchung im Rhein- und Moselfränkischen. Stuttgart. (= Mainzer Studien zur Sprach- und Volksforschung, 18)

Schmitt, L.E. (Hg.), 1968: Germanische Dialektologie. Festschrift für W. Mitzka zum 80. Geburtstag. 2 Bde. Wiesbaden. (= ZMF, Beihefte 5)

Schmitt, L.E./Wiesinger, P., 1964: Vorschläge zur Gestaltung eines für die deutsche Dialektologie allgemein verbindlichen Transkriptionssystems. In: ZMF 31. S. 57–61.

von Schneidemesser, L., 1984: A Study of Lexical Stability and Change in the Urban Spoken Language of Gießen, Germany. (Diss.) Ann Arbor/Mich.

Schönfeld, H., 1983: Die deutschen Mundarten. In: Kleine Enzyklopädie Deutsche Sprache. Leipzig. S. 384–415.

Schönfeld, H., 1989: Sprache und Sprachvariation in der Stadt. Zu sprachlichen Entwicklungen und zur Sprachvariation in Berlin und anderen Städten im Nordteil der DDR. Berlin. (= Linguistische Studien, Reihe A. 197).

Schönfeld, H., 1991: Die niederdeutsche Sprache in den Ländern Sachsen-Anhalt und Brandenburg. In: NdJb 114. S. 175–201.

Scholten, B., 1988: Standard und städtischer Substandard bei Heranwachsenden im Ruhrgebiet. Tübingen. (= RGL, 88).

Scholz, A., 1933: Deutsche Mundartenwörterbücher. Versuch einer Darstellung ihres systematisch-historischen Werdegangs von Anbeginn bis zum Ende des 18. Jahrhunderts. Leipzig. (= Form und Geist, 30).

Schophaus, R., 1973: Strukturelle Dialekteinteilung per Bruchrechnung? In: NdW 13. S. 103–115.

Schophaus, R., 1983 (1973): Zur Wortgeographie und zu den Wörterbüchern. In: Goossens (Hg.) 1983. S. 175–198.

Schottelius, J.G., 1663: Ausführliche Arbeit von der Teutschen HaubtSprache/ [...]. Braunschweig. (Nachdruck: Tübingen 1967).

Schrambke, R., 2010: Language and Space: Traditional dialect geography. In: L & S 1. S. 87–107.

Schröder, I./Elmentaler, M., 2009: Sprachvariation in Norddeutschland (SiN). In: NdJb 132. S. 41–68.

Schröder, M., 1995: Humor und Dialekt. Untersuchungen zur Genese sprachlicher Konnotationen am Beispiel der niederdeutschen Folklore und Literatur. Neumünster. (= Name und Wort. Göttinger Arbeiten zur niederdeutschen Philologie, 14).

Schröder, M., 1997: Brauchen wir ein neues Wörterbuchkartell? Zu den Perspektiven einer computerunterstützten Dialektlexikographie und eines Projekts „Deutsches Dialektwörterbuch". In: ZDL 64. S. 57–66.

Schröder, M./Stellmacher, D., 1989: Das Verhältnis von Humor und Dialekt. Ein Problem der Sprachbewertung. In: ZDL 56. S. 171–181.

Schützeichel, R., 1976: Studien zur historischen Sprachgeographie. 2., stark erw. Aufl. Tübingen.

Schützeichel, R., 1979a: Nochmals zur merovingischen Lautverschiebung. In: ZDL 46. S. 205–230.

Schützeichel, R., 1979b: Rezension: Jan Goossens, Deutsche Dialektologie. In: BNF 14. S. 65–69.

Schuppenhauer, C./Werlen, I., 1983: Stand und Tendenzen in der Domänenverteilung zwischen Dialekt und deutscher Standardsprache. In: Dialektologie 2. S. 1411–1427.

Schwarz, E., 1950: Die deutschen Mundarten. Göttingen.

Schwarzenbach, R./Sitta, H., 1983: Mundart und Standardsprache in der deutschen Schweiz. In: Hermanns, F./ Lenschen, W./Merkt, G. (Hgg.): Lernziele Deutsch. Perspektiven für den Deutschunterricht in der französischen und italienischen Schweiz. Neuchâtel. S. 62–71.

Schweizerisches Idiotikon. Wörterbuch der schweizerdeutschen Sprache [...]. Begonnen von F. Staub u. L. Tobler und fortgesetzt unter der Leitung von A. Bachmann u. O. Gröger und (ab Bd 14) H. Wanner u. P. Dalcher. Bde. 1ff. Frauenfeld 1881ff.

Schwerdt, J., 2000: Die 2. Lautverschiebung. Wege zu ihrer Erforschung. Heidelberg. (= Jenaer germanistische Forschungen, 8).

Schwitalla, J., 2012: Gesprochenes Deutsch. Eine Einführung. 4., neu bearb. und erw. Aufl. Berlin. (= Grundlagen der Germanistik, 33).

Séguy, J, 1973: La dialectométrie dans l'Atlas linguistique de la Gascogne. In: Revue de linguistique romane 37. S. 1–24.

Seidelmann, E., 1971: Lautwandel und Systemwandel in der Wiener Stadtmundart. Ein strukturgeschichtlicher Abriß. In: ZDL 38. S. 145–166.

Seiler, G., 2005: Wie verlaufen syntaktische Isoglossen, und welche Konsequenzen sind daraus zu ziehen? In: Eggers/Schmidt/Stellmacher (Hgg.) 2005. S. 313–341.

Seiler, G., 2010: Investigating language in space: Questionnaire and interview. In: L & S 1. S. 512–527.
Selting, M., 2001: Berlinische Intonationskonturen: ‚Die Treppe aufwärts'. In: ZS 20. S. 66–116.
Selting, M., 2005: Variation der Intonation: Unterschiede zwischen Standard und Stadtsprache am Beispiel des Berlinischen. In: Eichinger/Kallmeyer (Hgg.). S. 247–277.
Senft, G., 1982: Sprachliche Varietät und Variation im Sprachverhalten Kaiserslauterer Metallarbeiter. Untersuchungen zu ihrer Begrenzung, Beschreibung und Bewertung. Bern/Frankfurt a.M. (= Arbeiten zur Sprachanalyse, 2).
Siebenhaar, B., 2000: Sprachvariation, Sprachwandel und Einstellung. Der Dialekt der Stadt Aarau in der Labilitätszone zwischen Zürcher und Berner Mundartraum. Stuttgart. (= ZDL, Beihefte, 108).
Siebenhaar, B., 2003: Sprachgeographische Aspekte der Morphologie und Verschriftung in schweizerdeutschen Chats. In: Linguistik online 15. S. 125–139.
Siebenhaar, B., 2005: Die dialektale Verankerung regionaler Chats in der deutschsprachigen Schweiz. In: Eggers/Schmidt/Stellmacher (Hgg.) 2005. S. 691–718.
Siebenhaar, B., 2006: Regionale Variation in deutschen, österreichischen und Schweizer Chaträumen. In: Schlobinski, P. (Hg.) 2006: Von *hdl* bis *cul8r* – Sprache und Kommunikation in den neuen Medien. Mannheim. S. 133–147.
Siebenhaar, B., 2010: Horizontal convergence of linguistic varieties in a language space. In: L & S 1. S. 241–258.
Sieber, P./Sitta, H., 1986: Mundart und Standardsprache als Problem der Schule. Aarau/Frankfurt a.M./ Salzburg.
Sieberg, B., 1984: Perfekt und Imperfekt in der gesprochenen Sprache. Untersuchung zu Gebrauchsregularitäten im Bereich gesprochener Standard- und rheinischer Umgangssprache mit dem Erp-Projekt als Grundlage der Korpusgewinnung. Diss. Bonn.
Siebs, Th., 1969: Deutsche Aussprache. Reine und gemäßigte Hochlautung mit Aussprachewörterbuch. 19. umgearb. Aufl. von H. de Boor, H. Moser, Ch. Winkler. Berlin.
Sieburg, H., 1991: Geschlechtstypischer Dialektgebrauch. Anmerkungen zu einer empirischen Untersuchung von Geschwistern in der rheinischen Ortschaft Fritzdorf. In: RhVjbll 55. S. 294–314.
Sieburg, H., 1992: Geschlechtstypischer Dialektgebrauch. Empirische Untersuchung verschiedengeschlechtlicher Geschwister in der Ortschaft Fritzdorf (Rhein-Sieg-Kreis). Köln/Weimar/Wien. (= Rheinisches Archiv, 129).
Sieburg, H., 1995: Rezension zu Ehmann 1992. In: ZDPh 114. S. 151–156.
Sjölin, B., 1969: Einführung in das Friesische. Stuttgart.
Socin, A., 1888: Schriftsprache und Dialekt im Deutschen nach Zeugnissen alter und neuer Zeit. Beiträge zur Geschichte der deutschen Sprache. Heilbronn. (Nachdruck Hildesheim/New York 1970).
Sonderegger, St., 1968: Alemannische Mundartforschung. In: Schmitt, L.E. (Hg.) 1968. S. 1–29.
Spangenberg, K., 1988a: 80 Jahre Thüringisches Wörterbuch – Geschichtlicher Werdegang und wissenschaftliche Zielstellung. In: Dialektlexikographie 1988. S. 14–26.
Spangenberg, K., 1988b: Stichwortansatz und Artikelaufbau im Dialektwörterbuch. In: Dialektlexikographie 1988. S. 35–46.
Spangenberg, K., 1991 (1965): Einführung in das Thüringische Wörterbuch. In: Thüringisches Wörterbuch. Bd. I. S. II–VII.
Spangenberg, K., 1993: Laut- und Formeninventar thüringischer Dialekte. Beiband zum Thüringischen Wörterbuch. Berlin.
Spangenberg, K., 1998: Die Umgangssprache im Freistaat Thüringen und im Südwesten des Landes Sachsen-Anhalt. Rudolstadt/Jena.

Sperschneider, H., 1959: Studien zur Syntax der Mundarten im östlichen Thüringer Wald. Marburg. (= DDG, 54).
Spiekermann, H., 2005: Regionale Standardisierung, nationale Destandardisierung. In: Eichinger/Kallmeyer (Hgg.). S. 100–125.
Spiekermann, H., 2006: Standardsprache als regionale Varietät – Regionale Standardvarietäten. In: Voeste/Gessinger (Hgg.) 2006. S. 81–99.
Sprachatlas der deutschen Schweiz, 1962–1997: Begründet von H. Baumgartner/R. Hotzenköcherle. Hg. von R. Hotzenköcherle, bearb. von R. Hotzenköcherle, R. Trüb, D. Handschuh, J. Bleiker, R. Meyer, A. Suter, R. Schläpfer, S. Sonderegger, W. Haas, H. Bickel, E. Jäger, Ch. Schmid-Cadalbert. Bd. 1: Lautgeographie: Vokalqualität (1962); Bd. 2: Lautgeographie: Vokalquantität. Konsonantismus (1965); Bd. 3: Formengeographie (1975); Bd. 4: Wortgeographie I: Der Mensch, Kleinwörter (1969); Bd. 5: Wortgeographie II: Menschliche Gemeinschaft, Kleidung, Nahrung (1983); Bd. 6: Wortgeographie III: Umwelt (1988); Bd. 7: Wortgeographie IV: Haus und Hof (1993); Bd. 8: Wortgeographie V: Haustiere, Wald- und Landwirtschaft (1997). Abschlussband (2003) Bern.
Stäheli, F., 1997: Inventarisierung bestehender Tonaufnahmen – Dokumentation schweizerdeutscher Soziolekte im Phonogrammarchiv der Universität Zürich. In: Ruoff/Löffelad (Hgg.) 1997. S. 237–238.
Stalder, F.J., 1806/1812: Versuch eines Schweizerischen Idiotikon mit etymologischen Bemerkungen untermischt. Samt einer Skizze einer Schweizerischen Dialektologie. 2 Bde. Aarau.
Stalder, F.J. 1819: Die Landessprachen der Schweiz oder Schweizerische Dialektologie, mit kritischen Sprachbemerkungen beleuchtet. Aarau.
Stammler, W. (Hg.) 1957: Deutsche Philologie im Aufriß. Bd. I. 2. Aufl. Berlin.
Steinegger, G., 1998: Sprachgebrauch und Sprachbeurteilung in Österreich und Südtirol. Frankfurt/M. u.a. (= Schriften zur deutschen Sprache in Österreich, 26).
Steiner, Ch., 1994: Sprachvariation in Mainz. Quantitative und qualitative Analysen. Stuttgart.
Steinig, W., 1982: Zur sozialen Bewertung von drei sprachlichen Varietäten in Schwaben. Wiesbaden. (= LB-Papiere, 67).
Stellmacher, D.. 1975/76: Geschlechtsspezifische Differenzen im Sprachverhalten niederdeutscher Sprecher. In: NdJb 98/99. S. 164–175.
Stellmacher, D., 1977: Studien zur gesprochenen Sprache in Niedersachsen. Eine soziolinguistische Untersuchung. Marburg. (= DDG 82).
Stellmacher, D., 1980: Ostniederdeutsch. In: LGL. S. 464–468.
Stellmacher, D., 1981a: Niederdeutsch. Formen und Forschungen. Tübingen (= RGL, 31).
Stellmacher, D., 1981b: Niedersächsisch. Düsseldorf. (= Dialekt/Hochsprache – kontrastiv, 8).
Stellmacher, D., 1987: Wer spricht Platt? Zur Lage des Niederdeutschen heute. Eine kurzgefaßte Bestandsaufnahme. Leer.
Stellmacher, D., 1989: Phonologie niedersächsischer Dialekte. In: Veith/Putschke (Hgg.) 1989. S. 359–365.
Stellmacher, D., 1995: Niedersächsischer Dialektzensus: Statistisches zum Sprachgebrauch im Bundesland Niedersachsen. Stuttgart. (= ZDL, Beihefte, 88).
Stellmacher, D. (Hg.), 2000: Dialektologie zwischen Tradition und Neuansätzen. Beiträge der Internationalen Dialektologentagung, Göttingen, 19.–21. Oktober 1998. Stuttgart. (= ZDL, Beihefte, 109).
Stickel, G. (Hg.), 1997: Varietäten des Deutschen. Regional- und Umgangssprachen. Berlin/New York. (= Institut für deutsche Sprache, Jahrbuch 1996).
Stötzer, U., 1970: Lautumschriften. In: Die deutsche Sprache 1969/70. Bd. 2. S. 813–825.
Straßner, E., 1980: Nordoberdeutsch. In: LGL. S. 479–482.

Straßner, E., 1983: Rolle und Ausmaß dialektalen Sprachgebrauchs in den Massenmedien und in der Werbung. In: Dialektologie 2. S. 1509–1525.
Straßner, E., 1986: Dialekt als Ware. In: ZDL 53. S. 310–342.
Streck, T./Auer, P., 2012: Das raumbildende Signal in der Spontansprache: Dialektometrische Untersuchungen zum Alemannischen in Deutschland. In: ZDL 79. S. 149–188.
Strodtmann, J.Chr., 1756: *Idioticon Osnabrvgense,* Ein Hochzeits-Geschenk an den Herrn Professor und Consistorial-Assesor Schütze bey der Verbindung desselben mit der Demoiselle Esmarchinn. Leipzig/Altona. (Nachdruck: Osnabrück 1973).
Suter, R., 1976: Baseldeutsch-Grammatik. Basel. (= Gramm. und Wörterb. des Schweizerdeutschen, 6).
Tatzreiter, H., 1985: Sprachentwicklung und Sprachveränderung in Ortsgemeinschaften. In: Besch/Mattheier (Hgg.) 1985. S. 123–138.
Tatzreiter, H., 1994: Dialektbeschreibung im Bereich der Morphologie. In: DialDt. S. 29–38.
Thüringisches Wörterbuch, 1966ff.: Auf Grund der Sammlungen von V. Michels und H. Hucke bearbeitet von Band IV bis Band VI unter Leitung von K. Spangenberg, fortgesetzt unter Leitung von W. Lösch [...]. Berlin.
Teepe, P., 1983 (1973): Zur Lautgeographie. In: Goossens (Hg.) 1983. S. 138–157.
Titz, J.P., 1642: Zwey Buecher Von der Kunst Hochdeutsche Verse und Lieder zu machen. [...] Gedruckt In Dantzig [...] Im 1642sten Jahre.
Thomas, A.R. (Hg.), 1997: Issues and Methods in Dialectology. Bangor.
Tophinke, D., 2008: Regional. Weblogs zwischen Orthographie und Phonographie. In: Christen, H./Ziegler, E. (Hgg.) 2008: Sprechen, Schreiben, Hören. Zur Produktion und Perzeption von Dialekt und Standardsprache zu Beginn des 21. Jahrhunderts. Beiträge zum 2. Kongress der Internationalen Gesellschaft für Dialektologie des Deutschen Wien, 20. – 23. September 2006. Wien. S. 155–182.
Triandis, H.C., 1975: Einstellungen und Einstellungsänderungen. Weinheim/Basel.
Trüb, R., 1989: Möglichkeiten der Dialektkartographie. Erfahrungen am „Sprachatlas der deutschen Schweiz". In: Putschke/Veith/Wiesinger (Hgg.) 1989. S. 178–194.
Trubetzkoy, N.S., 1931: Phonologie und Sprachgeographie. In: TCLP 4. S. 228–234.
Trudgill, P., 1989: On Dialect. Social and Geographical Perspectives. Oxford.
Trübner 1943: Trübners Deutsches Wörterbuch. Im Auftrag der Arbeitsgemeinschaft für deutsche Wortforschung, hg. von A. Götze. Bd. 4. Berlin.
Twilfer, D., 2012: Dialektgrenzen im Kopf. Der westfälische Sprachraum aus volkslinguistischer Perspektive. Bielefeld. (= Westfälische Beiträge zur niederdeutschen Philologie, 13).
Ullmann, S., 1957: The Principles of Semantics. Glasgow/Oxford.
Vater, J.S., 1816: Proben deutscher Volksmundart. Seetzen's linguistischer Nachlaß und andere Sprach-Forschungen und Sammlungen, besonders über Ostindien. Leipzig.
Veith, W.H., 1970: [-Explikative +applikative -komputative] Dialektkartographie. Ihre wissenschaftlichen Voraussetzungen und Möglichkeiten in der Phonologie auf der Grundlage der kontrastiv-transformationellen Methode und der automatischen Datenverarbeitung. In: GL 4/70. S. 389–497.
Veith, W.H., 1975: Moderne Linguistik in deutscher Dialektologie. In: Michigan Germanic Studies 1. S. 68–84.
Veith, W.H., 1982: Theorieansätze einer generativen Dialektologie. In: Dialektologie 1. S. 277–295.
Veith, W.H., 1984: Kleiner Deutscher Sprachatlas (KDSA). Dialektologische Konzeption und Kartenfolge des Gesamtwerks. In: ZDL 51. S. 295–331.
Veith, W.H., 1989a: Die laufenden Sprachatlaswerke des Deutschen. Einführung in den vorliegenden Band. In: Veith/Putschke (Hgg.) 1989. S. 1–13.

Veith, W.H., 1989b: Sprachatlanten weltweit. Eine Auswahlbibliographie zu abgeschlossenen und fortgeschrittenen Projekten. In: Veith/Putschke (Hgg.) 1989. S. 415–434.
Veith, W.H., 2000: Kleiner Niederländischer Sprachatlas (KNSA). In: ZDL 67. S. 260–286.
Veith, W.H./Putschke,W. (Hgg.) 1989: Sprachatlanten des Deutschen. Laufende Projekte. Tübingen. (= Studien zum Kleinen Deutschen Sprachatlas, 2).
Vennemann, Th., 1984: Hochgermanisch und Niedergermanisch. Die Verzweigungstheorie der germanisch-deutschen Lautverschiebungen. In: PBB (T) 106. S. 1–45.
Vennemann, Th., 1994: Dating the division between High and Low Germanic. In: Swan, T. u.a. (Hgg.): Language Change and Language Structure. Older Germanic Languages in a Comparative Perspective. Berlin. S. 271–303. (= Trends in Linguistics: Studies and Monographs, 73).
Viereck, W., 1975: Regionale und soziale Erscheinungsformen des britischen und amerikanischen Englisch. Tübingen. (Anglistische Arbeitshefte, 4).
Viereck, W., 1978: Sprachliche Variation im Englischen und ihre Erforschung. In: ZDL 45. S. 161–174.
Vieregge, W.H., 1987: Basic Aspects of Phonetic Segmental Transcription. In: Almeida, A./Braun, A. (Hgg.): Probleme der phonetischen Transkription. Stuttgart. S. 5–55. (= ZDL, Beihefte, 54).
Visionen, 1991: H. Bauer Verlag (o.O.).
Voeste, A./Gessinger, J. (Hgg.) 2006: Dialekt im Wandel. Perspektiven einer neuen Dialektologie. In: OBST 71.
Wagener, P., 1985: Zur Dialektgeographie Südniedersachsens. In: NdJb 108. S. 147–163.
Wagener, P., 1988: Untersuchungen zur Methodologie und Methodik der Dialektologie. Marburg. (= DDG, 86).
Wagener, P., 2002: Gesprochenes Deutsch online. Zur Modernisierung des Deutschen Spracharchivs. In: ZDL 59. S. 314–335.
Wagener, P., 2005: Korpuslinguistik im Internet. Neue Wege dialektologischer Forschung am Beispiel des virtuellen Deutschen Spracharchivs. In: Eggers/Schmidt/Stellmacher (Hgg.) 2005. S. 363–374.
Wagener, P./Bausch, K.-H. (Bearb./Hgg.), 1997: Tonaufnahmen des gesprochenen Deutsch. Dokumentation der Bestände von sprachwissenschaftlichen Forschungsprojekten und Archiven. Tübingen. (= Phonai, 40).
Wagner, E., 1987: Das fränkische Dialektbuch. München.
Wandl-Vogt, E., 2008: An der Schnittstelle von Dialektwörterbuch und Sprachatlas: Das Projekt „Datenbank der bairischen Mundarten in Österreich electronically mapped (dbo@ema)". In: Elspaß/König (Hgg.) 2008. S. 197–211.
Wängler, H.-H., 1974 (1958): Atlas deutscher Sprachlaute. 5. berichtigte Aufl. Berlin.
Wattel, E./Van Reenen, P., 2010: Probabilistic maps. In: L & S 2, Bd. 1. S. 495–505.
Weber, T., 2013: Neue Fragen an alte Daten. Niederdeutsche Syntaxgeographie auf der Grundlage von Zwirner- und DDR-Korpus. In: Langhanke/Berg/Elmentaler/Peters (Hgg.) 2013. S. 157–179.
Wegera, K.-P., 1983: Probleme des Dialektsprechers beim Erwerb der deutschen Standardsprache. In: Dialektologie 2. S. 1474–1492.
Weijnen, A.A., 1946: De grenzen tussen de Oost-Noordbrabantse dialecten onderling. In: Weijnen, A.A./Randers, J.M./Ginneken, J. van (Hgg.) 1946: Oost-Noordbrabantse dialectproblemen. Amsterdam. S. 1–15. (= BMDC, 8).
Weijnen, A.A., 1975: Transformational Topolinguistics. In: Weijnen, A.A.: Algemene en vergelijkende dialectologie, General and Comparative Dialectology [...]. Amsterdam. S. 115–130.
Weinreich, U., 1954: Is A Structural Dialectology Possible? In: Word 10. S. 388–400.
Weise, O., 1909: Der gegenwärtige Stand der Forschung auf dem Gebiete der Syntax deutscher Mundarten. In: Germanisch-romanische Monatsschrift 1. S. 733–742.
Weisgerber, B., 1996: Mundart, Umgangssprache, Standard. In: Kontaktlinguistik 1. S. 258–271.

Wenker, G., 1877 (1915): Das rheinische Platt. Den Lehrern des Rheinlandes gewidmet. Düsseldorf (Neudruck in DDG 8. Marburg 1915).
Wenker, G., 1878: Sprach-Atlas der Rheinprovinz nördlich der Mosel sowie des Kreises Siegen nach systematisch aus ca. 1500 Orten gesammeltem Material zusammengestellt, entworfen und gezeichnet von Dr. G. W., Marburg. [hs.].
Wenker, G., 1881: Sprachatlas von Nord- und Mitteldeutschland. Auf Grund von systematisch mit Hülfe der Volksschullehrer gesammeltem Material aus circa 30000 Orten. Abtheilung I, Lieferung 1 (6 Karten und Textheft). Straßburg/London 1881.
Wenker, G., 1886: (Vortrag über das Sprachatlasunternehmen). In: Verhandlungen der 38. Versammlung deutscher Philologen und Schulmänner in Gießen vom 30. September bis 3. Oktober 1885. Leipzig. S. 187–194.
Wenker, G., 1895: Über den Sprachatlas des Deutschen Reiches. In: Verhandlungen der 43. Versammlung deutscher Philologen und Schulmänner. Leipzig. S. 34–43.
Wenker, G., 2013: Schriften zum „Sprachatlas des Deutschen Reichs". Hg. und bearb. von A. Lameli […]. 3 Bde. Hildesheim 2013. (= DDG, 111.1–3).
Werbow, S.N., 1963: „Die gemeine Teutsch". Ausdruck und Begriff. In: ZDPh 82. S. 44–63.
Werlen, E., 1984: Studien zur Datenerhebung in der Dialektologie. Wiesbaden. (= ZDL, Beihefte 46).
Werlen, I., 1994: Neuere Fragestellungen in der Erforschung der Syntax deutscher Dialekte. In: DialDt. S. 49–75.
Werlen, I./Lieverscheidt, E./Wymann, A./Zimmermann, H., 1992: „…mit denen reden wir nicht". Schweigen und Reden im Quartier. Basel/Frankfurt a.M. (= Nationales Forschungsprogramm 21: Kulturelle Vielfalt und nationale Identität).
Wiegand, H.E., 1977: Einige grundlegende semantisch-pragmatische Aspekte von Wörterbucheinträgen. Ein Beitrag zur praktischen Lexikologie. In: Kopenhagener Beiträge zur germanistischen Linguistik 12. S. 59–149.
Wiegand, H.E., unter Mitarbeit von G. Harras, 1971: Zur wissenschaftshistorischen Einordnung und linguistischen Beurteilung des Deutschen Wortatlas. In: GL 1–2/71.
Wiesinger, P., 1964a: Das phonetische Transkriptionssystem der Zeitschrift „Teuthonista". Eine Studie zu seiner Entstehung und Anwendbarkeit in der deutschen Dialektologie mit einem Überblick über die Geschichte der phonetischen Transkription im Deutschen bis 1924. In: ZMF 31. S. 1–20.
Wiesinger, P., 1964b: Das phonetische Transkriptionssystem der Association Phonétique Internationale (API) aus der Sicht der deutschen Dialektologie. In: ZMF 31. S. 42–49.
Wiesinger, P., 1970: Phonetisch-phonologische Untersuchungen zur Vokalentwicklung in den deutschen Dialekten. 2 Bde. Berlin.
Wiesinger, P., 1980a: „Sprache", „Dialekt" und „Mundart" als sachliches und terminologisches Problem. In: Göschel/Ivić/Kehr (Hgg.) 1980. S. 177–194.
Wiesinger, P., 1980b: Deutsche Sprachinseln. In: LGL. S. 491–500.
Wiesinger, P., 1982: Probleme der Dialektgliederung des Deutschen. In: ZDL 49. S. 145–168.
Wiesinger, P., 1983a: Die Einteilung der deutschen Dialekte. In: Dialektologie 2. S. 807–900.
Wiesinger, P., 1983b: Deutsche Dialektgebiete außerhalb des deutschen Sprachgebiets: Mittel-, Südost- und Osteuropa. In: Dialektologie 2. S. 900–929.
Wiesinger, P., 1985: Gesellschaftliche und sprachliche Probleme bei der Erforschung örtlicher Sprachgemeinschaften. Schwerpunkte der Forschungsgeschichte. In: Besch/Mattheier (Hgg.) 1985. S. 24–48.
Wiesinger, P., 1987: Bibliographie zur Grammatik der deutschen Dialekte. Laut-, Formen-, Wortbildungs- und Satzlehre 1981–1985 und Nachträge aus früheren Jahren. Bern/Frankfurt a.M.
Wiesinger, P., 1988: Die sprachsoziologischen Verhältnisse in Österreich. Vorläufige Ergebnisse einer Umfrage. In: Jahrbuch für Internationale Germanistik 20. S. 71–81.

Wiesinger, P., 1991: Zur Periodisierung der deutschen Sprachgeschichte aus regionaler Sicht. In: Besch, W. (Hg.): Deutsche Sprachgeschichte. Grundlagen, Methoden, Perspektiven. Festschrift für J. Erben. Frankfurt/M. u.a. S. 403–414.
Wiesinger, P., 1994: Zum gegenwärtigen Stand der phonetisch-phonologischen Dialektbeschreibung. In: DialDt. S. 3–27.
Wiesinger, P., 1996: Schreibung und Aussprache im älteren Frühneuhochdeutschen. Zum Verhältnis von Graphem – Phonem – Phon am bairisch-österreichischen Beispiel von Andreas Kurzmann um 1400. Berlin/New York. (= Studia Linguistica Germanica, 42).
Wiesinger, P., 1997: Sprachliche Varietäten – Gestern und Heute. In: Stickel (Hg.) 1997. S. 9–45.
Wiesinger, P., 2005: Möglichkeiten und Grenzen der historischen Dialektologie auf dem Gebiet der Lautentwicklung. Am Beispiel des Mittelalemannischen und südwestlichen Schwäbischen. In: Eggers/Schmidt/Stellmacher (Hgg.) 2005. S. 405–453.
Wiesinger, P./Raffin, E., 1982: Bibliographie zur Grammatik der deutschen Dialekte. Laut-, Formen-, Wortbildungs- und Satzlehre 1800–1980. Unter Mitarb. von G. Voigt. Bern/Frankfurt a.M.
Wilking, S., 2003: Der Deutsche Sprachatlas im Nationalsozialismus. Studien zu Dialektologie und Sprachwissenschaft zwischen 1933 und 1945. Hildesheim/Zürich/New York. (= GL 173–174).
Winkler, J., 1874: Algemeen Nederduitsch en Friesch Dialecticon. 2 Bde. 's-Gravenhage.
Winteler, J., 1876: Die Kerenzer Mundart des Kantons Glarus in ihren Grundzügen dargestellt. Leipzig/ Heidelberg.
Winteler, J., 1878: Über die Begründung des deutschen Sprachunterrichts auf die Mundart des Schülers. Bern.
Wirrer, J., 1998: Zum Status des Niederdeutschen. In: ZGL 26. S. 308–340.
Wirrer, J., 2011: Die Ochsen, die Kühe und die Schäfchen und die Vögelchen auf dem Mäuerchen. Zur Elizitierung linguistischer Daten vermittels Übersetzung. In: Pöckl, W./Ohnheiser, I./Sandrini, P. (Hgg.): Translation, Sprachvariation, Mehrsprachigkeit. Festschrift für Lew Zybatow zum 60. Geburtstag. Frankfurt am Main u.a. S. 361–376.
Witkowski, T., 1988: Grammatische Angaben im Dialektwörterbuch. In: Dialektlexikographie 1988. S. 58–64.
Wodak, R., 1982: Erhebung von Sprachdaten in natürlicher oder simuliert-natürlicher Sprachsituation. In: Dialektologie 1. S. 539–544.
Wolf, L., 1975: Aspekte der Dialektologie. Eine Darstellung von Methoden auf französischer Grundlage. Tübingen. (= Romanistische Arbeitshefte, 15).
Wolf, N.R., 1975: Regionale und überregionale Norm im späten Mittelalter. Graphematische und lexikalische Untersuchungen zu deutschen und niederländischen Schriftdialekten. Innsbruck.
Wolf, N.R., 1983: Durchführung und Verbreitung der zweiten Lautverschiebung in den deutschen Dialekten. In: Dialektologie 2. S. 116–121.
Wolf, N.R., 2008: Von der Lust, in einem Sprachatlas zu lesen. In: Elspaß/König (Hgg.) 2008. S. 213–229.
Wortatlas der kontinentalgermanischen Winzerterminologie (WKW), 1990–1996: Hg. von W. Kleiber. Einleitung sowie sechs Lieferungen. Bearb. von S. Bingenheimer u.a. Tübingen.
Wortmann, F., 1960: Zur Geschichte der ê- und ô-Laute in Niederdeutschland, besonders in Westfalen. In: Münstersche Beiträge zur niederdeutschen Philologie. Köln/Graz. S. 1–23. (= Niederdeutsche Studien, 6).
Wrede, F., 1894: Berichte über G. Wenkers Sprachatlas des Deutschen Reichs. VII. In: AfdA 20 (wiederabgedruckt in: Wrede 1963a. S. 51ff.).
Wrede, F., 1895: Über richtige Interpretation der Sprachatlaskarten. In: Der Sprachatlas des Deutschen Reiches. Dichtung und Wahrheit. Marburg. S. 31–52.
Wrede, F., 1963a: Kleine Schriften. Hg. v. L. Berthold, B. Martin und W. Mitzka. Marburg. (= DDG 60).

Wrede, F., 1963b (1892–1902): Berichte über Georg Wenkers Sprachatlas des Deutschen Reiches. In: AfdA 18–28 (1892–1902). Wiederabdruck in: Wrede 1963a. S. 9–224.
Zehetner, L.G., 1977: Bairisch. Düsseldorf. (= Dialekt/Hochsprache – kontrastiv, 2).
Zehetner, L., 1985: Das bairische Dialektbuch. Unter Mitarbeit von L.M. Eichinger, R. Rascher, A. Rowley, C.J. Wickham. München.
Zesen, Ph., 1640: Philippi Caesii Deutscher Helicon. Wittenberg [...] im Jahre 1640. (2.Aufl. 1641).
Ziegler, E., 2005: Die Bedeutung von Interaktionsstatus und Interaktionsmodus für die Dialekt-Standard-Variation in der Chatkommunikation. In: Eggers/Schmidt/Stellmacher (Hgg.) 2005. S. 719–745.
Zimmermann, G., 1992: Das Sächsische. Sprachliche und außersprachliche Einschätzungen der sächsischen Umgangssprache. In: Muttersprache 102. S. 97–113.
Zürrer, P. (1999): Sprachinseldialekte. Walserdeutsch im Aostatal (Italien). Aarau/Frankfurt a.M./Salzburg. (= Sprachlandschaft, 23).
Zwirner, E., 1962: Deutsches Spracharchiv 1932–1962. Münster.
Zwirner, E., 1965: Deutsches Spracharchiv Münster. In: ZMF 32. S. 374–378.

www.ingramcontent.com/pod-product-compliance
Lightning Source LLC
Chambersburg PA
CBHW080407230426
43662CB00016B/2342